ゲームの理論と経済行動 I

J.フォン・ノイマン　O.モルゲンシュテルン
銀林 浩　橋本和美　宮本敏雄 監訳
阿部修一　橋本和美 訳

筑摩書房

John von Neumann & Oskar Morgenstern
THEORY OF GAMES
AND
ECONOMIC BEHAVIOR
Princeton University Press
Princeton, 1953

第1版への序文

　本書は，ゲームの数学的理論の詳しい説明とその種々な適用を示したものである．ゲームの理論は，著者の1人が1928年以来展開してきたものであるが，完全な形で出版されるのは今度がはじめてである．その適用は2つの種類に分けられる．1つは，本来の意味でのゲームへの適用であり，もう1つは，経済学的問題や社会学的問題のなかで，ゲームの理論の視角から接近するのが最良であるような問題への適用である．

　本来のゲームへの適用は，ゲーム自体を研究するのに役立つと同時に，少なくともそれと同じくらいに，ゲームの理論を補強するのに役立つ．この相互補完的関係は，研究が進むにつれて明らかになるであろう．われわれの主たる関心は，もちろん，経済学と社会学の諸問題にある．本書では，この面でのごく単純な問題しか扱うことができなかったが，しかしそれらの問題は基本的な性格をもつものである．それに加えて，われわれが第1に狙ったのは，利害が平行しているのかそれとも対立しているのか，完全情報なのかそれとも不完全情報なのか，自由な理性的意志決定のもとにあるのかそれとも偶然の影響を受けているのか，

といった問題を含めて，上記主題を扱う厳密な方法の存在を立証することである．

ジョン・フォン・ノイマン
オスカー・モルゲンシュテルン

プリンストン，ニュー・ジャージー
1943 年 1 月

第2版への序文

　第2版はいくつかの細かい点を除けば，第1版とまったく同じである．われわれは，可能な限り完全に誤植を取り除くよう努めた．この面でわれわれを援助してくれた幾人かの読者に謝意を表したい．われわれは，数値的効用の公理的取扱いに関する付録を第Ⅲ巻巻末につけた．数値的効用に関しては，第1章3節でかなり詳しく論じたが，そこでは主として定性的に扱ったに過ぎない．第1版の中では，この証明を雑誌に発表すると予告したが，のちにそれを付録として本書に加えた方がよいと考えるにいたった．産業立地論への適用に関する付録と4人および5人ゲームの問題についての付録も予定していたが，他の仕事に忙殺され，断念せざるをえなかった．

　第1版が公けにされてから，本書の主題を扱った論文がいくつか発表された．

　数学に関心をもっている読者には，つぎの論文が注目に値するであろう．A. Wald は，ゼロ和2人ゲームの理論と緊密に関連し，この理論から導出される，統計的推定の基礎に関する新しい理論を展開した（"Statistical Decision Functions Which Minimize the Maximum Risk——最大危険を最小

にする統計的決定関数", *Annals of Mathematics*, Vol. 46 (1945), pp. 265-280). かれはまた, ゼロ和2人ゲームの主定理 (17.6. を参照) を, ある種の連続 - 無限の場合に適用できるよう拡張した ("Generalization of a Theorem by von Neumann Concerning Zero-Sum Two-Person Games――ゼロ和2人ゲームに関するフォン・ノイマンの定理の一般化", *Annals of Mathematics*, Vol. 46 (1945), pp. 281-286). この主定理 (これは, 17.6. 中の2番目の脚注に示した, より一般的な定理をも含む) の新しい, きわめて簡単な, 初等的な証明が, L. H. Loomis によって与えられた ("On a Theorem of von Neumann――フォン・ノイマンの定理について", *Proc. Nat. Acad.*, Vol. 32 (1946), pp. 213-215). さらに, ゼロ和2人ゲームにおける純粋戦略と混合戦略の役割に関して, いくつかの興味ある結果が I. Kaplanski によって導かれた ("A Contribution to von Neumann's Theory of Games――フォン・ノイマンのゲームの理論への1つの寄与", *Annals of Mathematics*, Vol. 46 (1945), pp. 474-479). われわれも, この問題のいろいろな数学的側面にたち戻りたいと思う. なお第II巻 28.1.4. 中の脚注に提出した群論的問題は C. Chevalley によって解かれた.

経済学に関心をもっている読者には, L. Hurwicz の解説 ("The Theory of Economic Behavior――経済行動の理論", *American Economic Review*, Vol. 35 (1945), pp. 909-925) と J. Marschak の解説 ("Neumann's and

Morgenstern's New Approach to Static Economics——ノイマンとモルゲンシュテルンによる静態経済学への新しい接近法", *Journal of Political Economy*, Vol. 54 (1946), pp. 97-115) が役立つであろう．これらの解説は本書が扱った問題に対する1つの平易な接近法を与えている．

ジョン・フォン・ノイマン
オスカー・モルゲンシュテルン

プリンストン，ニュー・ジャージー
1946年9月

第3版への序文

　第3版は，第2版が出てからわれわれの気付いた誤植を訂正したことを除けば，第2版と異なるところはない．この面でわれわれを援助してくれた幾人かの読者に謝意を表したい．第2版が出版されてから，この問題に関する文献がいちじるしく増加した．これらの著作のすべてを網羅した目録をつくれば，数百件にも及ぶので，ここではそれらを列挙することはやめて，この問題に関するつぎの著書をあげるだけにしておこう．

　(1) H. W. Kuhn and A. W. Tucker (編), "Contributions to the Theory of Games, I――ゲームの理論への寄与，I", *Annals of Mathematics Studies*, No. 24, Princeton (1950)，これには，13人の著者による15編の論文が収録されている．

　(2) H. W. Kuhn and A. W. Tucker (編), "Contributions to the Theory of Games, II――ゲームの理論への寄与，II", *Annals of Mathematics Studies*, No. 28, Princeton (1953)，これには，22人の著者による21編の

論文が収録されている*).

(3) J. McDonald, *Strategy in Poker, Business and War*——ポーカー,企業活動および戦争における戦略, New York (1950).

(4) J. C. C. McKinsey, *Introduction to the Theory of Games*——ゲームの理論入門, New York (1952)**).

(5) A. Wald, *Statistical Decision Functions*——統計的決定関数論, New York (1950).

(6) J. Williams, *The Compleat Strategyst, Being a Primer on the Theory of Games of Strategy*——全能な戦略者,戦略ゲームの理論への手びき, New York

---

*) このあと同じシリーズの No.37, No.39, No.40 として,

Harold W. Kuhn, "Lectures on the Theory of Games——ゲームの理論の講義" (1953)

M. Dresher, A. W. Tucker and P. Wolfe (編), "Contributions to the Theory of Games, III——ゲームの理論への寄与, III" (1957)

R. Duncan Luce and A. W. Tucker (編), "Contributions to the Theory of Games, IV——ゲームの理論への寄与, IV" (1959)

が出版され,さらに同じシリーズの No.38, No.52 として,

H. W. Kuhn and A. W. Tucker (編), "Linear Inequalities and Related Systems——線型不等式とそれに関係のある系" (1956)

M. Dresher, L. Shapley and A. W. Tucker (編), "Advances in Game Theory——ゲームの理論の進歩" (1964)

が出版されている.[訳注]

**) 前半の邦訳:興津洋一訳『ゲームの理論入門 上』(パトリア書店).

(1953)[*].

(6) を除く上記のすべての著書には，この主題に関する文献目録が記載されている．ゲームの理論をめぐる精力的作業が，ここ数年来，RAND Corporation (Santa Monica, California) の研究員たちによってすすめられてきた．この研究の文献目録は，RAND 出版物 RM-950 に含まれている．

n 人ゲームの理論では，《非協力》ゲームの方向にいっそうの進歩がみられた．これに関して，とくにあげねばならないのは，J. F. Nash の労作，"Non-cooperative Games――非協力ゲーム", *Annals of Mathematics*, Vol. 54 (1951), pp. 286-295 である．この労作については上記 (1), (2), (4) でも言及されている．

経済学におけるさまざまな発展のなかで，われわれがとくにあげるのは，《線型計画法》と《割当て問題》である．これらの問題も，ゲームの理論との関連がますます密になってくるように思われる．この問題についても上記 (1), (2), (4) で指摘されている．

3.1. と第2版の付録で示唆した効用の理論は，理論的にも実験的にも，またさまざまな論争のなかで，かなりの発展をとげた．この問題については，とくにつぎの文献を参照されたい．

M. Friedman and L. J. Savage, "The Utility Analy-

---

[*] 邦訳：竹内 啓訳『ウィリアムズのゲームの理論入門』（白楊社）．

sis of Choices Involving Risk——危険を含む選択の効用分析", *Journal of Political Economy*, Vol. 56 (1948), pp. 279-304.

J. Marschak, "Rational Behavior, Uncertain Prospects, and Measurable Utility——理性的行動, 不確実な見込みおよび可測的効用", *Econometrica*, Vol. 18 (1950), pp. 111-141.

F. Mosteller and P. Nogee, "An Experimental Measurement of Utility——効用の実験的測定", *Journal of Political Economy*, Vol. 59 (1951), pp. 371-404.

M. Friedman and L. J. Savage, "The Expected-Utility Hypothesis and the Measurability of Utility——期待効用の仮説と効用の可測性", *Journal of Political Economy*, Vol. 60 (1952), pp. 463-474.

また, *Econometrica*, Vol. 20 (1952) 掲載の基数的効用に関するシンポジウムの中の以下の論文を参照されたい.

H. Wold, "Ordinal Preferences or Cardinal Utility? ——序数的選好かそれとも基数的効用か"

A. S. Manne, "The Strong Independence Assumption—Gasoline Blends and Probability Mixtures——強い独立性の仮定—ガソリンの混合と確率的混合"

P. A. Samuelson, "Probability, Utility, and the Independence Axiom——確率, 効用, 独立性の公理"

E. Malinvaud, "Note on von Neumann-Morgenstern's Strong Independence Axiom——フォン・ノイ

マン＝モルゲンシュテルンの強い独立性の公理についてのノート"

　上記シンポジウム参加者の幾人かによってなされた方法論上の批判に関連して，われわれは公理的方法を，通常の注意を払いながら通常のやり方で適用したのだ，ということを述べておきたい．したがって，3.1.-3.5.で行なった発見法的準備は，3.6.と付録における効用概念の厳密な公理的な取扱いを補完しているのであって，前者の役割は，それに続く節で展開される公理的手続の妥当性を評価し，その妥当領域を限定するための観点を読者に伝えるところにある．詳しくいうと，これらの節で行なったわれわれの議論と《自然的演算》の選択は，Samuelson-Malinvaud の《独立性公理》に該当するものを含んでいるのである．

ジョン・フォン・ノイマン
オスカー・モルゲンシュテルン

プリンストン，ニュー・ジャージー
1953年1月

読者への注意

　本書で研究される問題の性格および用いられる手法の性格からして，多くの場合に，徹底した完全に数学的な取扱いが不可欠である．しかし，本書で用いられる数学的手法は，高等代数や微積分法などが含まれていないという意味では，初等的である（2つの例外があるが，それらはあまり重要ではない．すなわち，19.7.の例およびそれにつづく議論，ならびに A.3.3. の注釈の部分で簡単な積分がいくつか用いられている）．集合論，線型幾何学，群論に由来するいくつかの概念が重要な役割を演ずるが，それらはいずれも，それぞれの専門書のはじめの章に載っているようなものであるし，そのうえ，本書中でもそれらの概念を解説するために特別の予備的な節を設けて，分析と解説を加えている．それにもかかわらず，本書は真の意味では初等的とはいえない．というのは，数学的推論がしばしば錯綜をきわめており，また，論理的可能性が複雑に組み合わされているからである．

　このようなわけで，高等な数学の何か特定分野の特殊な知識は必要ではないが，しかし本書で展開される主題に完全に通暁しようと望む読者には，型通りの初歩的な段階を

遥かに越えた数学的推論の手法に慣れ親しんでおくことが必要であろう．それらの推論手法の性格は，主として，数理論理学，集合論，関数解析に属するものといえる．

　本書では，ある程度数学に通じている読者が，この研究を進める中で必要となる知識を習得できるような形で，問題を叙述していくよう心がけた．われわれは，この努力の甲斐があるよう願っている．

　以上のような次第で，本書の叙述は厳密な数学的論文にみられるものとは異なっている．定義や推論はすべて，数学的論文の場合よりもかなり大雑把になっている．それだけでなく，純粋に言葉だけによる議論や分析が，本書のかなりの部分を占めている．とくに，主要な数学的推論については，それに並行する言葉による説明をできる限りすべて与えるようにした．この手続きによって，数学的手法の意味を，非数学的な言語で解明できるものと信じている．またこの手続きによって，数学的手法がいかなる場合に，単なる言語的解明を超えるものを達成しうるかも，明らかになると思う．

　以上のような方法論的立場に加えてさらに，本書は，理論物理学のすぐれた実例にならうよう心がけた．

　数学に格別の関心をもたぬ読者は，自分の判断であまりにも数学的だと感じたら，最初はそれらの節を飛ばして読んでもさしつかえない．過度に数学的かどうかのこのような判断は，もちろん主観的なもので，ここでは特定の節をあげることはさしひかえたい．もっとも，平均的読者には，

目次に星印をうった諸節がそう映るのではないかと思う．いずれにしても，それらの節を飛ばして読んでも，もちろん厳密な意味では，論理的連係が中断されることにはなろうが，本書のはじめの部分を理解するには，ほとんど支障のないことがわかるであろう．さきに進むにつれて，そうした省略が次第に重大な意味をもつようになり，推論におけるそうした空隙がますます決定的になってくるに違いないので，そうした事態に立ちいたったときには，最初からもう一度読みかえすことを読者におすすめする．読みかえしているうちに，意味が通ずるようになるからである．

謝　　辞

　著者は，プリンストン大学と同高等研究所に対し，深く感謝の意を表したい．これらの人々の寛大な援助がなかったら，本書が陽の目をみることもなかったであろう．

　著者はまた，戦時下の困難にもかかわらず，本書の出版にあらゆる努力を惜しまれなかったプリンストン大学出版局に，厚く御礼を申し上げる．出版局は，終始，著者らの望みに対し最大の理解を示してくれた．

目　　次

第1版への序文
第2版への序文
第3版への序文
読者への注意

第1章　経済問題の定式化

1. 経済学における数学的方法 …………………………… 29
   1.1. 序　論 …………………………… 29
   1.2. 数学的方法を適用する際の困難点 …………… 31
   1.3. 目標の限定 …………………………… 40
   1.4. 結　論 …………………………… 43
2. 理性的行動の問題に関する定性的議論 ……………… 45
   2.1. 理性的行動の問題 …………………………… 45
   2.2. 《ロビンソン・クルーソー》経済と社会的交換経済 …………………………… 49
   2.3. 変数の数と参加者の数 ………………………… 55
   2.4. 参加者が多数の場合：自由競争 ……………… 57
   2.5. 《ローザンヌ学派》の理論 …………………… 61
3. 効用の概念 …………………………… 62
   3.1. 選好と効用 …………………………… 62
   3.2. 測定の原理：予備的考察 …………………… 65
   3.3. 確率と数値的効用 …………………………… 66

3.4.	測定の原理：詳細な議論	73
3.5.	数値的効用の公理的取扱いの概念構造	81
3.6.	公理系とその解釈	85
3.7.	公理系に関する一般的注意	89
3.8.	限界効用概念の役割	94
4.	理論の構造：解と行動規準	97
4.1.	1人の参加者に対する解の概念	97
4.2.	全参加者への拡張	103
4.3.	配分の集合としての解	105
4.4.	《優越》あるいは《支配》の非推移性	110
4.5.	解の正確な定義	115
4.6.	《行動規準》としての解の解釈	119
4.7.	ゲームと社会組織	125
4.8.	結論	126

第2章　戦略ゲームの一般的な形式的記述

5.	序論	132
5.1.	経済学からゲームの理論へ	132
5.2.	分類と手続きについての一般原理	133
6.	ゲーム概念の単純化	138
6.1.	専門用語の説明	138
6.2.	ゲームの構成要素	140
6.3.	情報と予知性	143
6.4.	予知性，推移性および合図	145
7.	ゲームの完全な概念	153
7.1.	手番の特性の可変性	153
7.2.	一般的記述	159
8.	集合と分割	168
8.1.	集合によるゲームの記述	168

8.2. 集合，集合の性質とその図表示 ………………… 168
　8.3. 分割，分割の性質とその図表示 ………………… 174
　8.4. 集合と分割の論理的解釈 ………………… 180
*9. ゲームの集合論的記述 ………………… 183
　*9.1. ゲームを記述する分割 ………………… 183
　*9.2. 分割とその性質に関する議論 ………………… 191
*10. 公理主義的定式化 ………………… 196
　*10.1. 公理系とその解釈 ………………… 196
　*10.2. 公理系の論理学的検討 ………………… 203
　*10.3. 公理系に関する一般的注意 ………………… 204
　*10.4. 図による表示 ………………… 205
11. ゲームの記述の最終的単純化と戦略 ………………… 210
　11.1. 戦略の概念とその定式化 ………………… 210
　11.2. ゲームの記述の最終的単純化 ………………… 216
　11.3. ゲームの単純化された形態における戦略の役割 ………………… 221
　11.4. ゼロ和制限の意義 ………………… 222

第3章　ゼロ和2人ゲーム：理論

12. 予備的考察 ………………… 224
　12.1. 一般的視点 ………………… 224
　12.2. 1人ゲーム ………………… 225
　12.3. 偶然と確率 ………………… 229
　12.4. つぎの目標 ………………… 230
13. 関数計算 ………………… 230
　13.1. 基本的な定義 ………………… 230
　13.2. Max 演算と Min 演算 ………………… 234
　13.3. 可換性の問題 ………………… 238
　13.4. 混合の場合．鞍点 ………………… 242
　13.5. 基本的事実の証明 ………………… 246

14. 確定ゲーム	251
14.1. 問題の定式化	251
14.2. 劣ゲームと優ゲーム	255
14.3. 補助ゲームの検討	257
14.4. 結論	266
14.5. 確定性の分析	271
14.6. プレイヤーの交換，対称性	275
14.7. 不確定的ゲーム	278
14.8. 確定性の詳しい分析の計画	282
*15. 完全情報ゲーム	283
*15.1. 目標設定，帰納法	283
*15.2. 正確な条件（第1段階）	287
*15.3. 正確な条件（全段階）	292
*15.4. 帰納的段階の正確な議論	296
*15.5. 帰納的段階の正確な議論（つづき）	302
*15.6. 完全情報の場合の結論	306
*15.7. チェスへの適用	309
*15.8. 言葉によるもう1つの議論	312
16. 線型性と凸性	318
16.1. 幾何学的背景	318
16.2. ベクトルの演算	321
16.3. 支持超平面の定理	329
16.4. 行列についての定理	335
17. 混合戦略．あらゆるゲームの解	343
17.1. 2つの基本的な例についての議論	343
17.2. 視点の一般化	347
17.3. 個々のプレイに適用される手続きとしての正当化	351
17.4. 劣ゲームと優ゲーム（混合戦略に関する）	356
17.5. 一般確定性	359

17.6.	主定理の証明	363
17.7.	純粋戦略による取扱いと混合戦略による取扱いとの比較	368
17.8.	一般確定性の解析	373
17.9.	良い戦略の，さらにいくつかの特性	377
17.10.	失敗とそれらの帰結．恒久的な最適性	380
17.11.	プレイヤーの入れかえ．対称性	386

第4章 ゼロ和2人ゲーム：実例

18.	いくつかの基礎的なゲーム	394
18.1.	最も単純なゲーム	394
18.2.	これらのゲームについての詳しい定量的な議論	397
18.3.	定性的特性	403
18.4.	二，三の特定のゲームについての議論（一般化された硬貨合せ）	408
18.5.	もう少し複雑な二，三のゲームについての議論	414
18.6.	偶然と不完全情報	424
18.7.	この結果の説明	429
*19.	ポーカーとハッタリ	432
*19.1.	ポーカーの記述	432
*19.2.	ハッタリ	438
*19.3.	ポーカーの記述（つづき）	441
*19.4.	規則の正確な定式化	444
*19.5.	戦略の記述	446
*19.6.	問題の記述	452
*19.7.	離散的問題から連続的問題への移行	455
*19.8.	解の数学的決定	460
*19.9.	解の詳細な分析	469
*19.10.	解の解釈	472

- *19.11. より一般な形態のポーカー ………………… 480
- *19.12. 離散的手札 ……………………………… 481
- *19.13. m 種の可能なビッド ………………………… 484
- *19.14. 交互のビッド ………………………………… 487
- *19.15. すべての解の数学的記述 ………………… 496
- *19.16. 解の説明．まとめ ………………………… 500

訳者補注 …………………………………………………… 505

第2巻目次

第5章　ゼロ和3人ゲーム
　20.　予備的考察
　21.　単純多数決3人ゲーム
　22.　非対称な例
　23.　一般的な場合
　24.　異論の検討

第6章　一般理論の定式化，ゼロ和 n 人ゲーム
　25.　特性関数
　26.　与えられた特性関数をもつゲーム
　27.　戦略的同値，非本質的ゲームと本質的ゲーム
　28.　群，対称性および公平性
　29.　ゼロ和3人ゲーム再説
　30.　正確な一般的定義
　31.　最初の結果
　32.　本質的ゼロ和3人ゲームの解の決定
　33.　まとめ

第7章　ゼロ和4人ゲーム
　34.　予備的考察
　35.　立方体 Q の特別な点についての議論
　36.　主対角線の検討
　37.　中心とその近傍
　38.　中心の近傍に対する解の族

第8章　参加者 $n \geqq 5$ の場合についての若干の考察
　39.　ゲームのさまざまな類のもつ自由度
　40.　対称な5人ゲーム

第9章　ゲームの合成と分解
　41.　合成と分解
　42.　理論の修正

43. 分解分割
44. 分解可能ゲーム，理論の再度の拡張
45. 融通額の限界．拡張された理論の構造
46. 分解可能ゲームの解の決定
47. 新理論における本質的3人ゲーム

第3巻目次
第10章 単純ゲーム
48. 勝利結託と敗北結託
49. 単純ゲームの特徴づけ
50. 多数決ゲームと主要解
51. 単純ゲームを列挙する方法
52. 小さな n に対する単純ゲーム
53. $n \geqq 6$ に対する単純ゲームでの新しい事態
54. 適当なゲームにおけるすべての解の決定
55. 単純ゲーム $[1, \cdots, 1, n-2]_h$

第11章 一般非ゼロ和ゲーム
56. 理論の拡張
57. 特性関数とそれに関連する話題
58. 特性関数の解釈
59. 一般的考察
60. $n \leqq 3$ の場合のすべての一般ゲームの解
61. $n = 1, 2$ の場合の結果の経済学的解釈
62. $n = 3$ の場合の結果の経済学的解釈：特殊な場合
63. $n = 3$ の場合の結果の経済学的解釈：一般の場合
64. 一般市場

第12章 支配と概念の拡張
65. 一般化．特殊な場合
66. 効用概念の一般化

67. 実例についての検討
付録　効用の公理主義的取扱い

東京図書版訳者あとがき
文庫版解説
索　　引

ゲームの理論と経済行動　I

第1章　経済問題の定式化

1. 経済学における数学的方法

1.1. 序　　論

1.1.1. 本書は，経済理論の根本問題のうち，これまでの文献にみられたものとは違った取扱いを必要とするいくつかの問題について，1つの分析視角を提出しようとするものである．ここでの分析は，経済行動の研究から生ずる若干の基礎的な問題にかかわっているが，これらの問題は，長い間，経済学者の注目の的だったものであり，最大効用を獲得しようとする個人の努力，あるいは，最大利潤を追求しようとする企業家の努力を正確に記述しようとするさまざまな試みから生じてきたものである．この仕事が，いかにきびしく，また事実克服しがたい困難を含んでいるかは，人のよく知るところである．たとえば，2人ないしはそれ以上の人々の間で，直接あるいは間接に財貨の交換が行なわれる場合，双方独占，複占，寡占ならびに自由競争といったような，いくつかの典型的な状況を前提としているときでさえ，そうなのである．経済学の研究に携わる者にとって，これらの問題の構造は周知のものと思われてい

るのだが，実はそれが多くの点で，現在彼らが考えているものとはまったく異なった構造をもっているということを，本書において明らかにするつもりである．さらに，それらの問題の正確な提示とそれにつづく問題の解決とは，旧来のあるいは当代の数理経済学者が用いている手法とはかなり違った数学的方法の助けをかりてはじめて得られるものであることも明らかにしたい．

1.1.2. 本書の考察では，1928年と1940-41年にいくつかの段階にわたって，著者の1人が展開した《戦略ゲーム》の数学的理論を大幅に援用しなければならない[1]．そこで，この理論を提示した後に，上に述べた意味での経済問題への応用を試みることにしよう．そうすれば，こうした応用が，いまなお未解決の多くの経済学的問題に，1つの新しい視点を与えることになることが明らかになるであろう．

われわれはまず最初に，このゲームの理論は経済理論とどのような仕方で関係づけられるか，また両者に共通な要素が何であるかを示す義務があろう．そのためには，これらの共通の要素がはっきりわかるような形で，ある種の基本的な経済問題の性格を簡潔に描写するのが一番よいであろう．

---

[1] この研究の第1段階を画したのは，1928年に発表されたJ. von Neumann: "Zur Theorie der Gesellschaftsspiele", *Math. Annalen*, vol. 100, pp. 295-320 である．この論文の中での考察の，細部にわたる仕上げとその後の理論の発展とは，ここではじめて発表される．

そうすれば，上の両者の関係を設定するのがなんら無理なことでないばかりか，反対に，この戦略ゲームの理論が，経済行動の理論を展開するのに適した用具であることが明らかになるであろう．

しかし，著者たちの議論の意図を誤解しないように注意しておきたいのだが，ここでの議論は，これら2つの領域の間にある類似性を単に指摘するだけにとどまるものではない．われわれとしては，二，三の納得のゆく定式化を展開したのちに，経済行動の典型的な諸問題が，適当な戦略ゲームの数学的概念と厳密に一致することを満足できる形で立証したいのである．

1.2. 数学的方法を適用する際の困難点

1.2.1. はじめに，経済理論の性格についていくつかの点を指摘し，それから，経済理論の発展に対して数学がどんな役割を果たしうるのかという問題を簡単に論ずるのが適切であろう．

まず最初に，つぎの点を指摘しておきたい．それは，経済理論の普遍的な体系が現在まだ存在していないということ，たとえそのような体系がいつか展開されるにしても，われわれの存命中に完成されることはまずあるまいということである．その理由は簡単にいうと，経済学というのはきわめて複雑な科学であり，とくに，経済学者が扱っている事実についての知識がきわめて限られ，その記述が非常に不完全なものであることを考えると，そうした体系はと

ても早急に構築できるような状態にない，ということである．普遍的な体系を打ち建てようと試みているのは，おそらくこうした状態を正しく判断できない人たちだけであろう．物理学のような，経済学よりもはるかに進んでいる諸科学でさえ，現在利用できるような普遍的な体系は存在していないのである．

　物理学との比喩をさらに続けよう．物理学の特定の理論が，普遍的な体系の基礎になっているかのように見えることがまれにあるが，しかし，これまでのところ，どんな場合をとってみても，そうした体裁が保たれたのは，せいぜい10年くらいの間に過ぎない．物理学の研究者は日常，そのような高い目標を追っているのではなく，むしろ《機の熟した》特殊な問題を扱っているのである．仮に，そのような高い水準に達しようと真剣に努力したとしても，おそらく物理学にはなんの進歩ももたらされないであろう．物理学者は，個別的な問題を研究しているのであって，それらの中には実際的に大きな意義をもつ問題もあれば，それほどではない問題もある．かつては分割され，遠く隔たっていた諸領域が将来は統合され，この種の個別的な問題にとって代わるようになるかもしれない．しかしながら，そのような幸運な事態が生ずるのはきわめてまれであって，それも，おのおのの領域が完全に探究しつくされたのちにはじめて起こりうるのである．経済学は，物理学に比べてはるかに難しく，未知の事柄がはるかに多く，また科学としての発展も，明らかに物理学よりもずっと初期の段階に

ある．こうした事実を考えるならば，経済学においても，明らかに上に述べたような発展以上のことは期待できないであろう．

つぎに，注意しなければならない点は，科学的な問題が異なれば，それに応じて異なった分析方法を用いる必要が生ずるということである．もちろん，これらの方法は，のちにより優れた方法が現われれば捨て去らねばならないかもしれない．このことから，つぎの2つの帰結が生ずる．1つは，経済学のいくつかの部門では，最も実り豊かな研究は，細心の，忍耐を要する記述という仕事となるだろうということである．実際，現在および今後しばらくの間は，このような研究が圧倒的に大きな部分を占めるに違いない．いま1つは，経済学の他の諸部門では，すでに理論を厳密な形で展開することが可能であって，そのためには，数学の利用が必要になるであろうということである．

数学は，現に経済理論に利用されている．それはむしろ過大なほどであるともいえる．それにもかかわらず，数学の利用は十分成功していない．これは，他の諸科学でみられる事情とは対照的である．他の諸科学では，数学の利用は多大の成功を収めてきているし，多くの科学は数学なしにはほとんどやってゆけないほどである．もっとも，この事情を説明することはしごく簡単である．

1.2.2. 経済学には本来数学を利用してはならないという，なにか深い理由があるわけではない．人間的な要素や心理的な要因などが介入するために，あるいは（経済学者

の主張するところによると）重要な要因を測定する方法がないために，数学を利用することはできないという議論がよく聞かれるが，こうした反論はすべてまったくの誤りとして退けることができる．実は，こうした反論はほとんどすべて，いまでは数学が主要な分析の用具になっている分野でも数世紀前には実際に唱えられていたか，あるいは《唱えられていたと推定される》．この《唱えられていたと推定される》というのは，つぎの事情を指している．たとえば，物理学における数学的ないしは準数学的な発展段階に先行する時期，すなわち16世紀に身を置いてみよう．あるいは，化学や生物学の場合には18世紀を思い浮かべてみたらよい．数理経済学に原理的に異議を唱える人々の懐疑的な態度を是認したとしても，当時の物理科学や生物科学の状況が，例外は別として，現在の経済学の状況よりもましであったとは決していえないであろう．

重要な要因を測定する方法がないという点に関していえば，熱理論の実例が最も示唆に富んでいる．数学的熱力学が発展する以前の熱理論では，量的測定の可能性は，現在の経済学のそれよりも有望だったとはいえない．熱の量と質，つまり熱エネルギーと温度の正確な測定は，数学的熱力学の成果なのであって，その前提条件ではなかった．このことは，価格，貨幣，利子率などという正確で量的な概念が，すでに何世紀も前に展開されているという事実と対比して考えてみる必要がある．

経済学における量的測定に対するこれ以外の異論の多く

は，経済的諸量が無限分割を許さないという点に集中している．この無限分割が不可能であるということは，微積分，したがって（！），数学を利用することとは両立しないというのである．しかし，物理学や化学における（不連続的な）原子論，電磁気学における量子論など，ならびにこれらの諸部門における解析学の周知の一連の成功からみて，どうしてそのような異論がいまに至るまで維持されているのか理解に苦しむというほかはない．

この点で，数学的手法に対する反論として経済学の文献によくでてくるもう1つの議論をあげるのが適切であろう．

1.2.3. われわれが経済学に適用しようとしている考え方を明らかにするために，これまで物理学からいくつかの例証をあげてきたが，今後もそのようにするつもりである．しかし，社会科学者の中には，いろいろな理由から，このような対比をすること自体に反対する者が少なくない．それらの理由の中で一般に流布しているのは，経済理論なるものは，社会現象，つまり人間的現象についての科学であり，したがって人間の心理状態を考慮に入れなければならないから，これを物理学などになぞらえることはできないという主張である．このような主張は，少なくとも早計というべきであろう．他の諸科学に進歩をもたらしたものが何であるかを見いだし，またそれと同じ原理が適用されれば経済学に進歩がもたらされないかどうかを検討することは，疑いもなく理にかなっている．仮に別の原理を採用しなければならなくなるにしても，それは，経済理論の現実

の発展過程の中ではじめて明らかにされることなのである．そしてもしそうなるならば，それはそれ自体1つの大きな変革となるであろう．しかし，経済学が現在まだそのような状態に達していないことは確実だし，また将来根本的に別の科学的原理が必要になるかどうかもさだかではない．したがって，物理科学を確立するに至ったのと同じやり方でわれわれの問題を追求する以外の，別の行き方を考えるなどというのは決して賢明であるとはいえないであろう．

1.2.4. 数学が経済学のなかであまり成功を収めてこなかった理由は，したがって別のところに求めなければならない．実際に成果が得られなかったのは，主としていろいろ不利な事情が重なったからであり，そのうちのいくつかは次第に取り除いていくことができる．不利な事情としてまず第1にあげられるのは，経済の問題が明確に定式化されてこなかったということである．つまり，経済問題があまりにもあいまいな言葉で叙述されていたため，問題の本質がどこにあるかがわからず，そのために数学的取扱いははじめから絶望視されてきたのである．対象となる概念や論点に明確さが欠けているところで，厳密な数学的方法を用いたとしても何の役にも立たないことは明らかである．したがって，まずなすべき事は，いっそう注意深い記述的研究を通じて問題に関する知識を明確にすることである．しかし，経済学のなかで記述的問題を十分に扱ってきた部門においてさえ，数学的用具が適切に利用されてきたことはめったになかった．たとえば，方程式や未知数の数を単に

勘定するだけで，経済的な一般均衡を決定しようとする試みの場合のように，数学的用具が不適当に扱われるか，あるいは文章表現を単に記号の形に焼き直すだけに終わって，それにつづいて数学的分析を進めてこなかったのである．

つぎに，経済学の経験的な基礎知識が決定的に不十分だということがあげられる．経済学に関連のある事実についての知識は，物理学の数学化が達成された時点に物理学で獲得されていたものと比べて，比較にならないほど少ない．実際，17世紀の物理学，とりわけ力学の領域に生じた決定的な転回は，天文学におけるそれ以前の蓄積があってはじめて可能となったのである．それは，数千年にわたる系統的，科学的な天文学的観測によって裏付けられていたのであって，この観測は比類ない才幹をもった観察者チコ・ド・ブラーエにおいてその頂点に達したのであった．このようなことは，経済学ではまだまったく起こっていない．物理学においても，もしチコ・ド・ブラーエがいなかったとしたら，ケプラーやニュートンの出現は考えられなかったに違いない．したがって，経済学に，物理学以上の安易な発展の道を期待できるという根拠は，なにもないのである．

上に述べたことは，もちろん経済‐統計的研究に対する軽視と解されてはならない．こうした研究は，適切な方向に進めば，確実に進歩を約束するものである．

数理経済学がたいした成果をあげてこなかったのは，上に述べたいろいろな事情が重なったためである．有力な武

器であるが，本来きわめて扱いにくい用具である数学を不十分かつ不適当に利用している限り，根底にあるあいまいさや無知がなくなるわけはない．

以上述べたことに照らしてみるならば，われわれ自身の立場はつぎのようにいうことができよう．すなわち，本書の目的は経験的研究をめざすものではない．さきに必要と認められた程度の規模で，経済科学の経験的な側面を発展させることは，もちろん大変な仕事である．もっとも，科学的手法の改善や他の分野で得られた経験のおかげで，記述的経済学の発展には，天文学との比較から考えられるほどの時間はかからないであろう．しかしいずれにしても，そのような仕事は個人的に計画してできる範囲を越えているように思われる．

本書では，数学的取扱いに適し，しかも経済的にも重要な，人間行動に関するいくつかのごく普通の経験だけを利用してゆくようにするつもりである．

これらの現象を数学的に取り扱えることがわかれば，1.2.2.でふれた《主要な》反論は克服できるものと，われわれは確信している．

しかしながら，のちにわかるように，この人間行動の数学化の過程はまだまったくわかっていない．事実，さきに述べた異論の根拠は，ある程度まで，このような行動に直接数学を適用することが明らかに不可能だという点にあるように思われる．そこでわれわれは，これまで数理経済学で用いられたことがないような数学的方法を開発せざるを

えないし，研究がさらに進めば，これによって，将来新しい数学の部門が創設されるようになるということも十分考えられる．

最後に，経済理論の数学的取扱いについての不満の1つは，主として，単に命題が述べられているだけで，証明が提示されることがほとんどないという事実にあるといってよい．数式を用いたこれらの命題は，文章の形で述べられた同じ命題と比べて実際には少しも改善されていない．証明が欠けているのは，多くの場合，あまりに広くあまりに複雑な分野に対して数学的取扱いが企てられてきたからであり，これらの分野では，今後相当長い間，つまりもっと多くの経験的知識が得られるまでは，数学的に進歩するなどという期待はとてももてないであろう．これらの分野にこのようなやり方で取り組んできたこと，たとえば経済変動の理論や生産の時間的構造の理論などは，それに付随する困難がいかに過小評価されていたかを物語るものである．これらの困難は非常に大きく，しかもわれわれはいまのところ，これらの困難に対する装備をまったくもっていないという状態にある．

1.2.5. 数学を新しい主題に適用して成功を収めた場合には，数学的手法，実は数学そのものに変化が生じる可能性があることについてこれまでふれてきた．これらの変化の性格と広がりを，それ自身の展望のなかで思い描くことは重要である．

忘れてならないことは，これらの変化がかなり大きなも

のになる可能性があるということである．数学が物理学に適用された決定的局面，つまりニュートンによる，力学という理論的分科の創設は，微積分学の発見をひき起こしたし，逆にまた，ニュートン力学は微積分学の発見と切り離しては考えられない．（他にもいくつか例があるが，これに匹敵するほどのものはない．）

社会現象の重要性，その現われ方の豊富さと多様さ，ならびにその構造の複雑さは，少なくとも物理学の場合のそれらにまさるとも劣らない．したがって，この分野で決定的な成功を収めるためには，微積分学の発見に匹敵するほどの数学的発見が必要なのではないかと，半ば期待もされるし半ば危惧もされる．（ついでながら，この意味からいうと，われわれの現在の努力はまだそれほどのものとはいえない．）まして，物理学で非常に役に立った手法がそのまま社会現象にも役立つとはとても思われない．事実，その可能性はきわめて小さい．なぜなら，のちに明らかになるように，われわれの議論のなかには，物理科学の場合とはまったく異質なある種の問題が現われてくるからである．

このような考察は，微積分や微分方程式などが数理経済学の主要な用具として一般に過大評価されて使われていることと関連して，注目されてよいであろう．

1.3. 目標の限定

1.3.1. したがって，ここで前に述べた立脚点に戻らなければならない．つまり，他の観点からみた場合にはわれ

われの場合ほど重要でないかもしれないが，まず最初に，明確に記述できるような問題から手がける必要があるということである．なお，こうした処理しやすい問題の取扱いからは，すでによく知られた結果が導かれるだけかもしれないが，それでもこれらの問題には，これまでしばしば厳密な証明が欠けていたということを付け加えておかねばならない．正確な証明が与えられるまでは，それぞれの理論は科学的理論としては存在しないも同然である．惑星の運動は，ニュートンの理論によってその軌道が計算され，説明されるはるか以前から知られていたし，また同じことは，もっと小さなそれほど劇的ではない他の多くの例にも当てはまる．経済理論でも同様に，ある種の結果，たとえば双方独占の場合の不確定性はすでに知られているかもしれない．それでも，厳密な理論からそれらの結果を導くことは意義がある．同じことは，経験的に確立されたあらゆる経済的命題についてもいえるし，またいわなければならない．

1.3.2. 最後に，ここで扱われる問題の実践的意義について問題提起をするつもりはないことを付言しておきたい．このことは，理論構築のためにどんな分野を選択すべきかについて上に述べたこととも合致している．ここでも，事情は他の諸科学の場合と変わらない．他の諸科学においても，実践的見地からみて最も重要な問題は，その発展の長い実り多い期間を通じてまったく手がとどかなかったといってよい．経済学においても，事情はまったく同様である．経済学で最も重要なことは，雇用をいかに安定させるか，

国民所得をどのようにして増大させるか，あるいは所得をどのように分配するか，を知ることである．しかし，実際にこれらの問題に答えられる者はだれもいないし，われわれとしても，現在これらの問題に対して科学的な解答がありうるなどという主張にかかずらわる必要はない．

どのような科学においても偉大な進歩が生ずるのは，究極の目標に比べて控え目な問題を研究してゆくなかで，のちにますます拡張されてゆくような方法が開発された時期である．自由落下はまったくありふれた日常的な物理現象であるが，力学が生み出されたのは，まさに，この実に単純な事実の研究の結果であり，それを天文学のデータと比較考量したおかげであった．

経済学にもこれと同じ控え目という基準を適用すべきであると，われわれは考える．経済のあらゆる現象を，しかも《体系的に》説明しようなどとしても徒労である．まずはじめに，ある限られた分野の知識をできる限り精密にし，それに完全に精通してから，つぎにそれより多少広い他の分野にというふうに進んでゆくのが健全なやり方というものである．またこのようにすれば，理論がまったく歯の立たないような経済改革や社会改革に，いわゆる《理論》なるものを適用しようとする，あの有害無益な実践行為からまぬがれることにもなるであろう．

われわれは，個人の行動やごく単純な交換形態について，できる限り多くのことを知る必要があると考えている．この観点は，限界効用学派の創始者たちによって実際に採用

されて，著しい成功を収めたものであるが，それにもかかわらず一般にはあまり受け入れられていない．経済学者たちは，はるかに大きな，より《緊急の》問題にしばしば言及するが，それらの問題に関する命題を作る妨げになるような事柄は一切無視してしまうようである．このような短見は，《緊急の》問題の解決を遅らせるのはもちろん，一般に進歩をいたずらに遅らせるだけである．このことは，たとえば物理学のようなより進んだ科学の経験からも明らかである．近道があると考える理由はどこにもないのである．

1.4. 結　　論

1.4. 経済学者の当面する運命が，他の諸部門の科学者が経験したものより安易なものではありえないということを自覚することが肝要である．経済学者に対して期待すべきことは，まず第1に，経済生活の最も単純な事実の中に含まれている問題を取り上げ，ついで，これらの事実を説明でき，しかも厳密な科学的規準に真にかなうような理論を打ち建てることである．そうなれば，経済学という科学も大きく成長し，はじめに扱うべき問題[1]よりはるかに重要な問題を次第に取りあげてゆけるようになると信じてよいであろう．

---

1) 最初に取りあげられる問題も，現実にある程度の意義をもっている．というのは，少数の個人の間で行なわれる交換の形態は，近代産業の最も発達したある種の市場に見いだされる交換形態，あるいは国際貿易における国家間のバーター取引にみられる交換形態と同じだからである．

本書で扱われる分野はきわめて限られており，われわれはこの意味で控え目な態度でこの分野に接近してゆく．ここでの研究結果が，最近得られた見解あるいは長い間保持されてきた見解と一致するかどうかは問題にしない．なぜなら，重要なことは，経済的事実についての日常の常識的解釈を注意深く分析し，それに基づいて理論を徐々に展開していくことだからである．この予備的段階は当然発見法的なものになる．すなわち，それは，法則を導くための非数学的な考察から，数学による形式的な手続きへの移行段階なのである．最終的に得られる理論は，数学的に厳密でしかも概念的に一般的なものでなければならない．つぎに，この理論が最初に適用されるのは，結果が自明であって，しかも理論など実は必要としないような初歩的な事柄でなければならない．この初歩的な段階での適用は理論を補強するのに役立つ．つぎの段階は，理論が多少複雑な状況に応用されるにつれて展開されてくる．この段階までくれば，理論はすでに，自明なことや常識的なことをある程度越えた結果を導いてくれる可能性がある．この段階では，理論と応用とは互いに他を補強しあう．この先に真の成功の領域が横たわっている．つまり，理論による正真正銘の予測がそれである．周知のように，数学化されたあらゆる科学は，これら一連の発展段階を通過してきたのである．

2. 理性的行動の問題に関する定性的議論

2.1. 理性的行動の問題

2.1.1. 経済理論の扱うべき対象は，価格と生産ならびに所得とその支出とのきわめて複雑にからみ合った機構である．経済学が発展するにつれて，この巨大な問題に対する取組みは，経済社会を構成している個人の行動を分析することによって可能となることがわかり，いまではそのことがほとんど一般に認められている．この分析は多くの点で相当に前進してきており，意見の相違はなおかなりあるものの，こうした接近法の重要性は，そこに大きな困難があるにもかかわらず，疑いえないものとなっている．当然のことながら，研究がさしあたり経済静学の諸条件に限られるとしても，その障害は相当に大きなものがある．主要な困難点の1つは，個人の動機についてどのような仮定を設けたらよいか，という点にある．この問題は，これまで伝統的に，消費者は最大効用あるいは最大満足を，また企業家は最大利潤を獲得しようとするという仮定に立って述べられてきた．

効用概念の概念上，実践上の困難点，なかでも効用を1つの数として記述しようとする際の困難点はよく知られているが，それらを論ずるのが本書の主要な目的ではない．しかしながら，われわれはいくつかの箇所で，とくに 3.3. と 3.5. でこれらの困難点を論じないわけにはいかない．同時に，この非常に重要な問題に関する本書の立場は，大体

において便宜主義的なものにならざるをえないということも指摘しておかねばならない．われわれは，効用の測定とか選好の測定とかいう問題とは別の1つの問題に集中したいと考えている．したがって，他のあらゆる条件は合理的に可能な範囲でできるだけ単純化したい．それゆえ，経済系に参加するすべての人々の努力目標は，消費者の場合も企業家の場合も，貨幣あるいは同じことだが，ただ1種の貨幣商品であると仮定する．この貨幣あるいは貨幣商品は，無限分割ができ，他のものと自由に交換でき，自由に譲渡できるものであり，さらに各参加者が望むどんな《満足》あるいは《効用》とも量的な意味で等置できるものと仮定する．（つまり，効用の数値的性格を仮定するわけである．これについては，上に引用した3.3.を参照．）

効用や選好という概念は，経験的に観察できる結果を伴わない単なる言葉だけの定義，つまり日常語をいいかえただけのまったく同義反復的な定義に過ぎないので，これらの概念を論ずることはまったく不必要であるという主張が，経済文献のなかにときにはみうけられる．しかし，これらの概念が，物理学のなかで十分に確立された，不可欠なくつかの概念，たとえば力，質量，電荷などと比べて質的に劣っているとは，われわれには思えない．すなわち，これらの概念はいずれも，直接的な形においては単に言葉だけの定義に過ぎないが，実は，その定義のうえに築き上げられる理論全体を通じてはじめて経験的統制に従うようになるのであって，それ以外の方法でそうなるのではない．

いいかえると，効用概念は，これを利用した経済理論が構築され，その理論の結果が経験あるいは少なくとも常識と比較対照されることによってはじめて，同義反復の地位以上に高められるのである．

2.1.2. 最大の効用や満足を獲得しようと努力する個人はまた，《理性的に》行動するといわれている．しかしいまのところ，理性的行動の問題を満足できる形で扱ったものはないといっても過言ではない．たとえば，最適な状態に達する方法がいくつかあるかもしれないし，それらの方法は，個人のもっている知識や理解力に，また個人のとりうる行動の道筋に依存しているかもしれない．これらすべての問題を定性的に研究するだけでは，問題は論じつくしたことにならない．なぜなら，これらの問題には，当然のことながら，量的な関係が含まれているからである．したがって，定性的記述のあらゆる要素を考慮に入れるような形で，これらの問題を定量的に定式化することが必要であろう．これはきわめて困難な仕事なので，この問題を扱っている多くの文献の中でもまだほとんど達成されていないといってさしつかえない．その主な理由は，疑いもなく，この問題に適合した数学的な方法を開発し，それをこの問題に適用できなかった点にある．もしもそれらが開発されていたら，理性的行動という概念に対応すると思われる最大化問題が，まったくあいまいな形でしか定式化されていなかったことが明らかになるであろう．実際，4.3.-4.5.で行なわれるさらに徹底した分析からも明らかになるように，

理性的行動と最大化問題とのこの重要な関連は,《理性的》という言葉の通俗的ならびに《哲学的》な用法が示すものよりもはるかに複雑なのである.

個人の行動に関する貴重な定性的,予備的記述を最初に提示したのはオーストリア学派であり,とりわけ孤立した《ロビンソン・クルーソー》経済の分析に,その重要な貢献がみられる.2人ないしはそれ以上の人々の間の交換についてもボェーム・バヴェルクが行なったいくつかの考察があるが,それにも,のちにふれる機会があろう.個人の選択を無差別曲線分析の形で説明する最近の理論は,これとまったく同じ事実,あるいは同じだと主張される事実に基づいて築かれているが,そこで使われている方法は,しばしば多くの点でより優れていると考えられている.この点については,2.1.1 および 3.3. の議論を参照していただきたい.

しかし,交換の問題をまったく違った角度から,つまり《戦略ゲーム》の視点から研究するならば,この問題を本当に理解することができるのではないかと思われる.このような接近法はすぐあとで,とくにいくつかの先駆的な考え方,たとえばボェーム・バヴェルクによって提示された考え方に正確な量的定式化を与えたあとで,明らかにするつもりである.なお,このバヴェルクの見解は,ゲームの理論の原型ともみられるものである.

2.2. 《ロビンソン・クルーソー》経済と社会的交換経済

2.2.1. 《ロビンソン・クルーソー》のモデルによって表わされる型の経済，すなわちただ1人の孤立した人間の経済，あるいは単一の意志のもとに強固に組織された経済を，さらに綿密に考察することにしよう．この経済には，一定量のさまざまな財とそれらがみたしうる数多くの欲望とが登場する．問題は，最大の満足を獲得することにある．これは，とくに効用の数値的性格に関する前記の仮定を考えれば，実は通常の最大化問題であり，この問題の困難点は，明らかに変数の数と最大にすべき関数の性質だけにかかっている．しかしこれらの困難は，理論的なものというより，技術的なものといわねばならない[1]．ここで生産が連続的であるということと，消費もまた相当の時間にわたる（耐久消費財がよく利用されるから）という事実を捨象すれば，最も単純なモデルが得られる．このモデルは，経済理論のための真の基盤として使うことができると考えられていた．しかし，（オーストリア学派の著しい特徴をなす）この試みは，しばしば論争の的となった．社会的交換経済の理論に対して，このきわめて単純化された，孤立した1個人のモデルを用いることには異議があるというのである．その主要な点は，このモデルには，多面的な社会的影響にさらされている個人が表現されていないというところにある．つ

---

1) この最大化のための理論があらゆる点で完成されているかどうかということは，以下の叙述にとって重要なことではない．

まり，模倣，宣伝，慣習などといった要因にさらされている社会的な環境の中で選択を行なう場合には，個人はまったく異なった行動をとるかもしれないから，そのような個人をこそ分析しなければならないというのである．これらの要因はたしかに大きな差異をもたらすであろうが，それらの要因が最大化過程という形式的性格を変えるかどうかということこそ問題にすべきである．実際には，最大化問題という形式的性格は全然変わらないし，またここでは形式的な問題だけを扱うので，上記の社会的要因は考慮に入れなくてもよいのである．

《クルーソー》と社会的交換経済の参加者との間の，その他のいくつかの相違点は，われわれにとって重要ではない．たとえば，クルーソーの場合には，交換手段としての貨幣はなく，ただ計算基準としての貨幣があるだけで，それにはどんな財をあててもよい．クルーソーの場合の困難点は，2.1.1.で効用概念の数値的性格あるいは貨幣的性格を仮定したことによって，事実上解消されている．ここで改めて強調しておきたいのは，このようにすべてを極端に単純化してもなお，クルーソーが直面する形式的問題は，社会的交換経済の参加者が直面するものとは本質的に異なっているという事実であり，われわれが関心をもつのも，まさにその点にほかならない．

2.2.2. クルーソーには，ある種の物質的データ（欲望と財）が与えられており，かれの仕事は，結果として最大の満足が得られるように，これらの物質的データを組み合

わせ，利用することである．明らかにクルーソーは，この結果に影響を及ぼすあらゆる変数，たとえば資源の割当，同一の財を種々の欲望に充当するための使用法の決定などを自分だけで制御することができる[1]．

したがって，クルーソーが直面する問題は，通常の最大化問題であって，この問題の困難点は，前に指摘したとおり，概念的なものではなくて，まったく技術的なものに過ぎない．

2.2.3. つぎに，社会的交換経済の参加者について考察することにしよう．もちろん，かれの問題にも，通常の最大化問題と共通する要素がたくさんある．しかし，この問題には，それとはまったく性格の異なったある種の非常に重要な要素も含まれている．かれもやはり，最適の結果を手に入れようと努力する．しかし，この結果を達成するには，かれは他の人々と交換関係に入らなければならない．2人ないしはそれ以上の人々が互いに財を交換する場合には，各人に対する結果は，一般に自分自身の行動に依存するだけでなく，他の人々の行動にも依存する．それゆえ，各参加者が最大化しようとする関数（上記の各人の《結果》）は，

---

[1] ときには，制御できない要因も介入してくることがある．たとえば，農業における天候などがそれである．しかし，これらの要因はまったく統計的な現象である．したがって，それらは，確率計算のよく知られた手続きによって，つまりさまざまな事象の確率を決定し，《数学的期待値》の概念を導入することによって除去することができる．なお，3.3.で論じられている，このような要因の効用概念に及ぼす影響を参照されたい．

自分がすべての変数を制御するわけにはいかないような関数なのである．これは，もはや単純な最大化問題ではなくて，いくつかの互いに矛盾する最大化問題を特殊な錯綜した形で組み合わせたものである．この場合は，いずれの参加者も前とは別の原理によって導かれるのであり，だれも自己の利害に影響を及ぼすすべての変数を決定するわけにはいかないのである．

この種の問題は古典数学ではまったく扱われていない．いささか大げさないい方になるが，これは，条件付最大化問題でも，変分法の問題でも，また関数解析などの問題でもないのである．最も《初等的な》状況，たとえばすべての変数が有限個の値しかとりえない場合でも，このことはまったく変わりはない．

この疑似最大化問題についてのよくある誤解を，とくに鮮明に表明しているのは，社会的努力の目標が《最大多数の最大幸福》にあるという，あの有名な命題である．しかし，2つあるいはそれ以上の関数を，同時に最大にするという要請に答えるような形で，指導原理を定式化することは不可能である．

このような，2ないしはそれ以上の関数を同時に最大化しようという原理は，文字通り自己矛盾である．（ある関数が最大値をとるときには，他の関数は一般には最大値をとらないからである．）これは，たとえば企業が最大価格で最大の売上高を得たいとか，あるいは最小経費で最大収益をあげたいとかいうのと同じである．もちろん，これ

らの要因の間に軽重がつけられていたり，あるいはそれらの加重平均を目標とするのであれば，話は別である．しかし，社会的経済の参加者の場合には，この種のことはなんら考えられていないのであって，すべての最大値がさまざまな参加者によって同時に求められているのである．

　誤解のないようにいっておくが，51ページの脚注1で述べたクルーソーの場合のように，確率論の方法に頼ることで，この矛盾が避けられると考えてはならない．どの参加者も，自分自身の行動を記述する変数の値を決定することはできるが，他人の行動を記述する変数の値を決定することはできない．しかも，こうした《他人に属する》変数は，かれ自身の立場からは，統計的な仮定によって記述することはできないものなのである．それは，他の参加者もかれ自身と同じように理性的原理（それらが何を意味するかは別としても）によって導かれるからであり，これらの理性的原理と，すべての参加者の葛藤する利害の相互作用とを組み入れようとしない手続きは決して正しいとはいえないからである．

　ときには，これらの利害のいくつかがさまざまな程度で一致することもある．その場合には，単純な最大化問題に近づくことになる．しかしまた，それらの利害が互いに対立することもある．一般理論というものは，そうしたあらゆる可能性，あらゆる中間段階およびそれらのあらゆる組合せを包括するものでなければならない．

2.2.4. クルーソーの立場と社会的交換経済の参加者の

それとの間の相違はまた，つぎのように説明することもできる．クルーソーには，自らの意志で制御できる変数のほかに，多数の《不活性な》データが与えられている．これらのデータは，かれには環境の変更できない物質的背景を表わしている．（これらのデータは外見的に変数のようにみえるときでも，実際は一定の統計的法則によって支配される確率変数なのである．51ページの脚注1を参照．）クルーソーが扱わなければならないデータは，1つとして（クルーソー自身と同じ動機に基づく）他の人間の経済的な意志や意図を反映してはいない．これに反して，社会的交換経済の参加者が直面するデータは，他の参加者の行動や意志にも依存する（たとえば価格のように）ものなのである．どの参加者の行動も，他の参加者の行動や意志に対するかれの期待によって影響を受け，また逆に，他の参加者の行動や意志はかれの行動に対する期待を反映する．

したがって，クルーソー経済の研究とそれに適合した方法の利用とは，経済理論にとって，これまでの最も徹底した批判で考えられてきたものよりずっと限定された価値しかもっていない．このように価値が限定される理由は，前の 2.2.1. で述べた社会的関係（その重要性を疑うつもりはないが）の特殊性にあるのではなく，むしろ本来の（クルーソーの）最大化問題と，上に素描したより複合的な最大化問題との間の概念上の相違から生ずるのである．

以上のことから，ここで直面しているのは，単に技術的な困難ではなくて，本当に概念上の困難であるということ

を，読者は理解されたであろう．そして，この問題こそ，《戦略ゲーム》の理論を生み出すもととなった主題にほかならない．

2.3. 変数の数と参加者の数

2.3.1. 前節では，社会的交換経済における諸事象を示すために形式的な構成を用いたが，この中には，社会的交換経済の参加者の行動を記述するための多くの《変数》が登場してきた．実際，どの参加者にも，1組の変数，つまり《各自の》変数群が割り当てられている．この1組の変数は，その参加者の行動を完全に記述しており，その参加者の意志を正確に表わしている．個人に割り当てられたこの1組の変数を，変数の**分集合**と呼ぶことにする．また，あらゆる参加者の分集合をあわせたものが全部の変数の集合で，これを**全集合**と呼ぶことにする．したがって，変数の総数は，第1に参加者の数，つまり分集合の数によって規定され，第2に各分集合内の変数の数によって規定される．

純数学的な観点からみれば，1つの分集合に属するすべての変数をカッコでくくって，単一のベクトル変数として，つまりこの分集合に対応する参加者その人の《変数》として扱ってもなんらさしつかえない．実際，このような手続きは，数学上の議論においてしばしば利用されている．こうした手続きを用いても概念的にはまったく変わらないし，それでいて記号の方は大幅に単純化される．

しかしながら，しばらくの間は各分集合内の変数を互いに区別していくことにする．ふつう扱われる経済モデルでは，こうした手続きが自然である．たとえば，各参加者に対して，かれが手に入れたいと望む各特定財の量を個々の変数で記述するのが望ましい．

2.3.2. ここで，つぎのことを強調しておかねばならない．それは，参加者の分集合内の変数の数がどんなに増加しても，われわれの問題をただ技術的に複雑にするに過ぎないということである．たとえば，参加者がただ1人で，分集合が1つしかなく，したがってこの分集合が全集合と一致するようなクルーソー型の経済では，変数の数の増加によって，必要な最大値の決定は技術的にはより難しくなるかもしれないが，問題の《純最大化》という性格は少しも変わらない．これに反して，参加者の数，つまり変数の分集合の個数が増加すると，これとはまったく違った事態が生ずる．のちに重要な意味をもつことになるゲームの用語を用いれば，これは，ゲームにおけるプレイヤーの数の増加ということに相当する．ところが，最も単純な例をとっても，3人ゲームは2人ゲームとは根本的に異なっているし，4人ゲームはまた3人ゲームとは大いに違っている．すでにみたように，この問題は単純な最大化問題とは質的に異なるが，問題の組合せ論的な複雑さは，プレイヤーの数が1つ増加するごとに驚くほど増大する．この点については，のちの議論で十分にお目にかける予定である．

この問題を詳細に検討してきた理由は，とりわけ経済学

のたいていのモデルでは，これら2つの現象が奇妙に混同されているからである．プレイヤーの数，すなわち社会的交換経済への参加者の数が増加すると，ふつう経済系の複雑さも増大する．たとえば，交換される商品の種類やサービスの数，使用される生産工程の数などが増加する．したがって，各参加者の分集合に属する変数の数も，多くの場合増加するであろう．しかも，参加者の数，つまり分集合自身の数も増加しているのである．このように，上に論じた数の増加の2つの要因はいずれも，変数の数全体の増加を招く一因となる．要は，それぞれの要因の固有の役割を具体的にとらえることである．

2.4. 参加者が多数の場合：自由競争

2.4.1. 2.2.2.-2.2.4.では，クルーソー型の経済と社会的交換経済とを対比するにあたって，後者の特徴を強調したが，この特徴は，参加者の数が中程度の大きさであるとき，とくに顕著になるのである．各参加者が，事前にかれ自身の方策を予期した他の参加者の反応によって，逆に再び影響を受けるという事実，またどの参加者に対しても，このことが当てはまるという事実は，複占，寡占などの古典的問題の最も著しい困難点（売り手に関する限り）であった．しかし参加者の数が本当に多くなると，どの参加者の影響も無視できるようになり，したがって上に述べた困難も減少し，より平凡な理論の適用が可能になるという希望がいくらかでてくる．いうまでもなくこれらのことこそ，

《自由競争》の古典的な条件にほかならず，事実，この問題が経済理論における多くの優れた成果の出発点となったのである．そして参加者が大数の場合*)，つまり自由競争の場合と比べて，売り手が少数の場合，つまり独占，複占，寡占などの場合はむしろ例外であり，異常なものとさえ考えられていた．（これらの場合でさえ，参加者の数は，買い手の間の競争を考えればまだ非常に多い．本当に少数の参加者しか含まないのは，双方独占，独占と寡占の間，あるいは2つの寡占の間の交換などの場合である．）

2.4.2. 伝統的な観点に対して公平であるために，つぎのことはいっておかねばならない．それは，大数の場合の方がしばしば中程度の大きさの場合よりも処理しやすいということは，精密科学や物理科学の多くの部門では周知の事実である，ということである．約 10^{25} 個の自由に運動する分子からなる気体についての準精密な理論は，9個の主要な惑星からなる太陽系の理論に比べて比較にならないほど単純である．また，ほぼ同じ大きさの3ないし4個の恒星からなる多重星の理論に比べればなおさらそうである．これは，もちろん第1の場合には，統計学や確率の法則が十分に適用できるからである．

しかしながら，われわれの問題にとっては，このような類比ではまだまだ不十分である．2つ，3つ，4つ，…の物体に関する力学の理論はよく知られており，それは（特

---

*) 確率論における大数の法則が適用できるくらいの，という意味．[訳注]

殊な計算的側面は別として）一般的な理論的側面では，大数の統計的理論の基礎となっている．社会的交換経済あるいはそれと同値な《戦略ゲーム》にとっては，参加者が2人，3人，4人，…の理論はこれまでのところまだできていない．こうした理論の必要性こそ，これまでの議論で確証しようとしてきたものであり，また今後の研究でみたそうとするものなのである．いいかえれば，参加者の数が中程度の大きさの理論が十分に展開されたのちにはじめて，参加者が大数の場合に事態が単純化されるかどうかを決定することができるようになるであろう．この点をもう一度述べるとつぎのようになる．主として，上に述べた他の分野からの類推に基づいて（！），このような単純化が実際に可能となるであろうという希望を，われわれはいだいている．自由競争について現在行なわれている主張は，きわめて価値のある予想であり，勇敢に結論を先取りしているもののように思われる．しかし，予想や先取りは結論そのものではないし，また上述の手続きをふまない限り，これらの主張を確立された結論であるかのように扱うことは，科学的に健全な態度とはいえないであろう．

　交換比率の不確定性の幅は，参加者が少数の場合にはたしかに存在するのであるが，経済学の文献の中には，この幅が参加者の数の増加とともにせばまり，ついにはなくなるということを証明していると称する理論的な議論がよくみうけられる．もしそうだとすれば，自由競争の理想的状態（参加者がきわめて多数の場合）に連続的に移ってゆく

ことが保証され，そこではあらゆる解が，厳密にしかも一意的に決定されるということになるであろう．この主張が十分一般的に成り立つことが示されるのは望ましいけれども，これに類した主張で，これまでに明確に証明されたというものは1つも存在しない．自由競争のような大数の極限の場合に，問題の性格が変わるということについてなんらかのことが証明される前に，まず参加者が少数の場合について問題が定式化され，解決されそして理解されねばならないのであって，それ以外に出口はないのである．

2.4.3. 参加者の数が増加しさえすれば，終局的には必ず自由競争の状態に達するということは確実でもなければ，ありそうなことでもないから，それだけにこの問題は本当に根本的に再検討することが望ましい．自由競争に関する古典的な定義の中にはたいてい，参加者が大数であるということのほかに別の仮定が含まれている．たとえば，どんな理由によるにせよ，参加者がいくつかの集団を作って統一的に行動するような場合には，明らかに参加者が大数であることは有効ではなくなる．その場合には，主要な交換は，独立に行動する多数の個人の間ではなくて，少数の大きな《結託》[1] の間で直接に生ずることになるからである．のちに述べる《戦略ゲーム》の議論から，《結託》の役割と規模が問題全体を通じて決定的に重要であることがわかるであろう．したがって，上に述べた中程度の大きさの場

---

[1] たとえば，労働組合，消費協同組合，産業カルテルなどがそれである．政治の分野でも，いくつかの組織が考えられる．

合の困難というものは，決して新しいものではないが，大数の場合でも依然として深刻な問題なのである．少数の参加者から多数の参加者への《極限的移行》の理論が満足すべきものであるためには，このような大結託がどのような条件のもとで生じ，どのような場合に生じないか，すなわち参加者の大数性がいつ有効になり，なんらかの程度での自由競争にいつ到達することになるかが説明されねばならない．これら2つの可能性のうちどちらが現実に生ずるかは，その状況の物質的データに依存する．この問題に答えることは，思うに自由競争の一切の理論に真に挑戦することになろう[*]．

2.5. 《ローザンヌ学派》の理論

2.5. この節を終わるにあたって，ローザンヌ学派の均衡理論，および《個別的計画化》や個別的計画の連携を考慮に入れたその他のさまざまな体系の均衡理論にふれておかねばならない．こうした均衡理論の体系はいずれも，社会的経済への参加者の相互依存関係に注意を払っている．しかしながら，それにはいつも強い制限がついている．ある場合には，自由競争が仮定されていることもあるが，この仮定のもとでは，参加者は固定した諸条件に直面し，あたかも多数のロビンソン・クルーソーのように行動し，ひ

---

[*] ゲームの理論のその後の発展のなかで，この問題に対するある種の解答が与えられた．たとえば，鈴木光男編『競争社会のゲームの理論』（勁草書房）第6章参照．[訳注]

たすら自分自身の個人的満足を最大にしようと努力するとされている．なお，これらの個人的満足も，この条件のもとでは相互に無関係なのである．また他の場合には，別の制約条件が使われることもある．これらの条件はいずれも，なんらかの型あるいは，あらゆる型の参加者によって形成される《結託》という自由行動を排除してしまっている．そして，参加者の部分的な利害の一致と部分的な利害の対立が，どのような仕方で参加者に影響を及ぼすか，またそれに応じて，参加者がどのように協力したり，反発したりするかという点について，一定の仮定が，ときには明確な形で，またときには暗黙のうちに設けられていることが多い．このようなやり方は，少なくともわれわれが議論しようとしている地平に立ってみれば，まだ証明されていないことを仮定しているのだから，論点先取の類になることがわかっていただけたと思う．このようなやり方は真の困難を避けて，経験的な基礎をもたない言葉だけの問題にかかずらわっていることになろう．もちろん，これらの研究の重要性を疑うつもりはないが，それらの研究は少なくともわれわれの提起した問題に答えるものではありえない．

3. 効用の概念

3.1. 選好と効用

3.1.1. 本書では，個人的選好という基本的な概念を，それより多少広い範囲に適用できる効用という概念を使

3. 効用の概念

って記述したいと考えているが，これについては，すでに2.1.1. で述べた．多くの経済学者は，そこであげた仮定があまりにも強すぎるし（2.1.1. で仮定として列挙したいくつかの性質を参照），われわれの観点が，現代のより精緻な《無差別曲線》の手法からかえって後退していると感ずるかもしれない．

そこで特定の議論を進めるに先立って，ここで一般的な弁解を述べておきたい．われわれの手続きは最悪の場合でも，単に科学的分析にあたっての古典的な予備的手段を適用したものに過ぎない．すなわち，いろいろな困難を分割して，1つの困難，つまり当面の研究対象だけに注意を集中し，仮定を単純化・定式化することによって，他のすべての困難をできるだけ合理的に減らそうとしたのである．なお付言すれば，選好と効用のこうした多少強引な取扱いが，ここでの議論の大部分を占めるが，ここで問題になっている仮定を避けた場合に，われわれの理論にどんな変化が生ずるかについても，付随的にではあるが，ある程度考察するつもりである（66., 67. を参照）．

しかしながら，少なくとも前にあげた仮定の一部，つまり効用を数値的に測定可能な量として扱うという仮定は，文献でよく考えられているほど根本的なものではない．この特定の論点については，以下の節で確証する予定である．ここでは，効用というような，概念的に非常に重要な問題を，圧縮した形で付随的にしか論じられないが，この点については読者のお許しを得ておきたい．しかし，効用の測

3.1.2. 歴史的にみると, 効用ははじめは量的に測定可能なもの, つまり 1 つの数で表わせるものと考えられていた. この最初の素朴な効用観に対しては, たしかにもっともな異議をさしはさむことができるし, これまでにもそうした異議が唱えられてきた. 測定というもの, あるいはむしろ測定可能であるという主張はすべて, 究極的には, ある種の直接的な感覚に根ざしていなければならない[1]. これらの感覚が直接的であるというのは, それ以上分解することもできなければ, またたしかに分解する必要もないという意味である. 効用の場合には, 選好, つまり 1 つの物 (あるいは物の集まり) が他の物 (あるいは物の集まり) より好ましいという直接的な感覚がその基礎をなしている. しかし, これによっていえるのは, 1 人の人間にとって, ある物の効用が他の物の効用よりも大きいということだけである. 選好だけでは, 1 人の人間の効用を数値的に表わすための基礎にもならないし, まして異なる人々の間の効用を比較するための手段にもならない. 同じ個人にとっての 2 つの効用を加えるための, 直観的に意味のある方法が存在しない以上, 効用は非数値的なものであるという仮定はもっともらしく思われる. 現代の無差別曲線の手法

---

1) 物理学の部門でこれに対応するものに, たとえば光, 熱, 筋力などの感覚がある.

は，このような状況を記述するための1つの数学的な手続きなのである．

3.2. 測定の原理：予備的考察

3.2.1. 以上に述べてきたすべてのことは，熱理論の初期に存在していた状況を強く思い起こさせる．つまり，熱理論も，ある物体が他の物体よりも熱いと感じる直観的に明確な感覚に基礎を置いていたが，どのくらい熱いとか，何倍熱いとか，またそれがどんな意味なのか，といったことを客観的に表現する直接的な方法がなかったのである．

この熱との比較から，このような理論の究極的な形態がどのようになるかを，前もって予想することがどんなに難しいかがわかる．上のような粗雑な指摘だけでは，そのあと事態がどのようになったかは少しもわからない．よく知られているように，その後，熱というのは実は1つの数ではなくて，熱量と温度という2つの数によって量的に記述できる，ということがわかったのである．熱量はどちらかといえば直接数値的なものである．というのは，熱量は加法的であること，そしてともかくも数値的である力学的エネルギーと予想もしなかったような仕方で関連していることがわかったからである．温度も数値的ではあるが，それは熱量に比べればはるかに微妙なやり方でそうなったのであった．つまり，温度はどんな直接的な意味でも加法的ではないが，理想気体の法則的な変動に関する研究と，エントロピー定理に関連した絶対温度の役割とから，温度にも

厳密な数値的尺度の導入できることが明らかになったのである.

3.2.2. 熱理論の歴史的発展が示すように,どんな概念に対しても,最終的に否定的な結論を下す場合には,とくに慎重でなければならない.たとえ効用が今日たしかに非数値的なものであるかのようにみえても,熱理論が経験した歴史がくり返されないとも限らないし,それがどんな分かれ道をたどり,どんな形をとっていくかは誰も予言することはできない[1].このことからいっても,数値的効用が形式的に可能であることを理論的に説明する勇気を決して失ってはならないのである.

3.3. 確率と数値的効用

3.3.1. 上で効用の数値的な測定可能性に対する否定を再度くつがえしたが,この二重否定を越えてもう一歩踏み出すことができる.この二重否定は,数値的効用は不可能だという早まった主張に対する警戒に過ぎなかった.のちにわかることであるが,無差別曲線分析ができるとすれば,それと同じ仮定のもとでももう少し努力しさえすれば,数値的効用にたどりつくことができるのである.

これまでいろいろなところで指摘されているように,効

---

[1] さまざまな種類の形式的可能性を示す格好の例としては,熱の場合とまったく違った発展をたどった光,色および波長の理論があげられる.これらの概念も,熱の場合とはまったく違ったやり方ではあったが,いずれも数値的になったのである.

用の数値性は，効用の差が比較できるという仮定に基づいている．これは，選好，つまりどちらが好ましいかを明言できるという仮定，すなわち，効用の単なる比較可能性よりはずっと強い仮定であるように思われるし，また事実そうなのである．しかし，経済的選好，つまり《どちらの方が経済的に好ましいか》ということが問題になる場合には，この2つの違い，つまり効用の単なる比較可能性と効用差の比較可能性との違いは大した問題でなくなってしまうとも考えられる．

3.3.2. そこで，選好体系が包括的で完全であるような個人，すなわちどんな2つのものに対しても，またどんな2つの仮想の事象に対しても，どちらが好ましいかをはっきり明言できるような，そういう人間をしばらくのあいだ頭に描いてみよう．

もっとはっきりいうと，この人間に期待することは，かれの前に可能性として提示されたどんな2つの事象に対しても，どちらが好ましいかをはっきり明言できるということである．

このモデルをごく自然な形で拡張して，このような個人は，事象を比較できるだけでなく，ある確率つきでの事象の結合，つまり試行さえも比較できる[1]というように考えてもよい．

---

1) かれが，明らかに確率に依存しているような経済活動に従事する場合には，このことは実際に必要となる．51ページの脚注1で述べた農業の例を参照．

2つの事象の結合というのは，つぎのような意味である．2つの事象を B, C とし，簡単のために，それらが五分五分の確率で生起するものと仮定しよう．その場合，それらの《結合》とは，B が 50% の確からしさで，（B が起こらなければ）C が残りの 50% の確からしさで起こるという見込みのことをいうのである．この場合，2つの事象 B, C は互いに排反しており，したがって，それらがともに起こることは決してないということ，また B と C のどちらかは必ず起こるということを強調しておかねばならない．

もう一度いうと，ここで考えている個人は，事象 A と2つの事象 B, C の五分五分の結合とを比べて，A の方が好ましいか，あるいは逆が好ましいかについてはっきりした直観をもっていると期待しているのである．もしかれにとって B よりも，また C よりも A が好ましいとすれば，B, C の五分五分の結合よりも A が好ましいことは明らかである．同じように，かれにとって A よりも B, C が好ましいとすれば，A よりもこの結合の方が好ましいであろう．しかしながら，この人にとって，たとえば B よりも A が好ましく，同時に A よりも C が好ましいという場合には，この結合よりも A が好ましいという確言は，本質的に新しい情報を含んでいることになる．はっきりいうと，いまかれにとって，B, C の五分五分の結合よりも A が好ましいとすれば，これは，B に対する A の選好の方が A に対する C の選好よりも大きいということであり，これによって

数値的評価に対する納得のゆく基礎が提供される[1],[2].

この考え方が受け入れられれば，A に対する C の選好と B に対する A の選好とを比較する基準が得られたことになる．これから，効用あるいはむしろ効用差が数値的に測定できるようになるということはよく知られている．

A, B, C の間でこの程度の比較ができるだけで，効用の《隔たり》の数値的測定に十分であるということは，経済学ではパレートによってはじめて指摘された．しかしながら，これとまったく同じ議論が，直線上の点の位置についてはすでに 2000 年も前に，ユークリッドによってなされているのである．事実，それこそが数値的距離を導きだす古典的方法の基礎だったのである．

さらに任意の確率を使うことができるならば，この数値的尺度の導入はもっと直接的に達成される．実際，3 つの

---

[1] 簡単な例をあげよう．ある個人にとって，1 杯のコーヒーより 1 杯の紅茶の方が，また 1 杯のミルクより 1 杯のコーヒーの方が好ましいものと仮定しよう．いま後者の選好（すなわち効用の差）の方が前者の選好よりも大きいかどうかを知りたいとすれば，かれをつぎのような状況に置いてみればよい．すなわち，その内容物が五分五分の確率で紅茶かミルクに決まるような 1 杯のコップを想定させ，それと 1 杯のコーヒーのどちらが好ましいか，を決定させればよい．

[2] ここでは，2 つの《事象》のうちどちらが好ましいかを決定できる個人の直観だけを仮定していたことに注意していただきたい．2 つの選好の相対的な大きさ，つまりつぎに述べる用語法では，2 つの効用差の直観的評価についてはなにも仮定していなかったのである．前者の情報は，単に《問いかける》だけで再現できるという形で入手されるはずだから，この点は重要である．

事象 C, A, B を考えて，それらに対する個人の選好順位がこのとおりであったとしよう．α を 0 と 1 の間の実数とし，事象 A が，C に確率 α を，B に残りの確率 $1-\alpha$ を付与した結合とちょうど同じ程度に好ましいとしよう．このとき，α は，B に対する A の選好と C の選好との割合を数値的に表わすものとして使うことができる[1]．この考えを正確にしかも完全に叙述するには，公理的方法によらなくてはならない．この基礎に立てば，簡単な取扱いが実際に可能となる．これについては，3.5.-3.7. で論ずることにする．

3.3.3. 誤解のないように述べておくが，選好の基礎として上に用いられた《事象》というのは，未来の事象だと考えねばならない．そうしないと，すべての論理的に可能な事象が平等に比較できなくなるからである．しかしながら，未来の異なる時点での事象の間の選好という問題[2]にかかわりあうと，ここでの問題に関する限り不必要に複雑

---

[1] この絶好の機会に，もう 1 つの実例をあげて説明しよう．上の手法を使うと，ある財 1 単位のもつ効用と，同じ財 2 単位のもつ効用との割合 q を直接決定することができる．当の個人には，確実にその財 1 単位を得るか，あるいは確率 α で 2 単位の財を得る（したがって，確率 $1-\alpha$ ですべてを失う）賭をするか，そのどちらかを選ぶ機会を与えればよい．もしかれが前者を選ぶとすれば，$\alpha < q$，後者を選ぶとすれば，$\alpha > q$，どちらを選んでいいかわからない場合には，$\alpha = q$ である．

[2] 周知のように，この問題は，貯蓄や利子などの理論ときわめて興味のある関係にあるのだが，この関係についてはまだよくわかっていない．

なことにまきこまれることになろう．とはいえ，このような困難は，関心の対象となっているあらゆる《事象》を，なるべくならばごく近い未来の，同一の基準化された時点におくことにすれば，避けることができよう．

上記の考察は，確率というものの数値的な概念に本質的に依存しているので，ここで確率というものについて，二，三ふれておいた方がよいように思われる．

確率というのは，評価という性格をもった，多かれ少なかれ主観的な概念だとよく考えられてきた．ここでは，効用の個人的な数値的評価を組み立てるのに確率を使おうと思っているので，確率に対するこのような考え方は，循環論法の危険があって役に立ちそうもない．これを切り抜ける最も単純な手続きは，確率というものを，上のように解釈するのではなくて，長期間にわたる相対頻度として解釈するという客観的に基礎づけられた立場に立つことである．これによってただちに数値的な扱いに必要な基盤が得られるのである[1]．

3.3.4. 個人の効用を数値的に測定するための，この手続きは，もちろん個人の選好体系が完全であるという仮定に基づいている[2]．ところで，個人が 2 つの事象のいずれ

---

1) 確率を相対頻度として解釈することに異論があれば，確率と選好という 2 つの概念をまとめて公理化してもよい．このようにしても，満足できる効用の数値的概念が得られる．このことについては，いずれ別の機会に論ずることにしたい．
2) 異なる個人の効用を定量的または定性的に比較するための基礎は，何一つできていない．

が好ましいともいえないし，またそれらが同じくらい好ましいともいえないような場合が考えられる．ある意味では，その方がむしろ現実的であるかもしれない．しかし，そのような場合には，無差別曲線分析もまた適用不可能になるのである[1]．

上のような仮定が，個人に対しても組織に対しても，どれほど現実的であるかは，はなはだ興味ある問題ではあるが，それは事実の問題である．この問題はたしかにもっと研究する価値のある問題である．これについては，3.7.2. でもう一度簡単に検討することにしたい．

いずれにしても，無差別曲線による分析というものは，中途半端なものであるということが示せたと思う．つまり，個人の選好が完全に比較可能であるといえないならば，無差別曲線は存在しない[2]．また，個人の選好が完全に比較可能であれば，（一意的に定義された）数値的効用が得られ，無差別曲線は余分なものになってしまう．

もちろん，以上の議論は，（貨幣的な）費用や利潤による数値的な計算ができる企業家に対しては，別に必要ではない．

3.3.5. 効用の測定可能性にこれほどかかわりあう必要

---

1) これらの問題は，系統上からいえば，順序集合の数学的理論の問題である．とりわけ上記の問題は，事象が選好に関して全順序集合をなしているかどうか，あるいは単に順序集合（半順序集合）をなしているかどうか，という問題に相当している．

2) 同じ無差別曲線上の点は同じとみなされなければならないから，これは比較不可能の例にはならない．

はないのではないか，という異議が提出されるかもしれない．なぜなら，ここでその行動を記述しようとしている普通の個人というのは，明らかに自分の効用を正確に測定しているわけではなく，むしろ五里霧中でその経済活動を営んでいるからだというのである．光，熱，筋力などに関する個人の行動についても，多くの場合，同じことがいえる．しかしながら，物理科学を構築するためには，これらの現象は計量されなければならなかった．あとになって，個人は，こうした測定の結果を日常生活にも，直接あるいは間接に利用するようになったのである．同じことが，将来，経済学にもみられるようになるかもしれない．この用具を利用する理論のおかげで，経済行動に対する理解がもっと深まるならば，個人の生活も実質的に影響されるようになるかもしれない．そうしたわけで，これらの問題を研究することは，決して的はずれなものではないのである．

3.4. 測定の原理：詳細な議論

3.4.1. 上に述べたところを読んで，読者は，われわれが論点を先取りすることによって，つまり効用の数値的尺度が存在するということを実際に仮定することによって，このような尺度を手に入れたかのように感じられるかもしれない．実際，ある個人にとって A よりも C が，B よりも A が好ましく，そのうえ B, C の五分五分の結合よりも A が好ましいとすれば，このことによって，B に対する A の選好の方が A に対する C の選好よりも大きいという数

値的評価に対する納得のゆく基礎が提供される，と 3.3.2. では論じた．その箇所で，ある選好（つまり効用差）が他の選好（つまり効用差）よりも大きいことがありうると仮定しているのではないか，少なくともこのような言明が意味をもっていると仮定しているのではないか，あるいはそれを当然のこととしているのではないか，という反論が生ずるかもしれない．しかし，そうした見方はわれわれの手続きに対する完全な誤解なのである．

3.4.2. われわれは，この種のことをなんら要請あるいは仮定してはいない．ここで仮定しているのは，ただ1つのこと，つまり，考えている事象が，ある確率つきで結合されるということだけである．このことを信ずべき経験上の根拠は十分にある．したがって，事象に付随した効用がどんなものであろうと，それに対しても同じことが仮定されなければならない．以上のことを，もっと数学的に述べればつぎのようになる．

科学においては，元来は数学的ではないが，物理的な世界のある側面に付随した量がよくでてくる．これらの量は，物理的に定義されたある種の自然な演算が施しうるということによって，いろいろな種類に分けられる．たとえば，《質量》という物理的に定義された量には，加法という演算が可能である．《距離》という物理的幾何学的に定義された量[1]にも，同じように加法の演算が可能である．他方，

---

1) 議論の都合上，幾何学を物理学の1分科であると考えることにする．これは十分に支持できる見解である．ここで《幾何学》と

《位置》という物理的幾何学的に定義された量には，加法という演算は許されない[1]が，2つの位置の《重心》を作るという演算は可能である[2]．また，ふつう《ベクトル量》と呼ばれている速度や加速度のような物理的幾何学的な量にも，加法の演算が可能である．

3.4.3. このような《自然的》演算に，たとえば上記の《加法》の場合のような，数学的演算を連想させる名前がついている場合には，慎重に誤解を生まないように注意しなければならない．このような名称をつけたのは，同じ名前をもっている2つの演算がまったく同じだと主張するためではない．明らかにそうではないのだ．同じ名称をもっているのは，それらの演算が同じような特徴をもっているということ，またそれらの間に，最終的にはある対応が確立される望みがあるということを意味しているに過ぎない．このような対応づけがもしも可能だとすれば，それはもちろん，いま問題にしている物理的領域に対する数学的モデルを見つけることによってなされる．このモデルのなかでは，これらの量は数によって表現され，したがって，モデ

は，同じく議論の都合上，ユークリッド幾何学のことであるとする．

1) ここで考えているのは《等質》ユークリッド空間で，そこでは座標の原点あるいは座標系のようなものは，前もってなんら設定されていない．
2) もちろん，これらの位置に置かれた2つの与えられた質量 α, β に関してである．このとき，総質量が1になるよう，すなわち $\beta = 1 - \alpha$ になるように標準化しておくと便利であろう．

ルのなかでの数学的演算がそれと同名の《自然的》演算を表わすようになるのである．

ここで前に述べた例に戻ろう．《エネルギー》や《質量》は，適当な数学的モデルのなかでは数で表わされ，《自然的》加法は普通の算術的加法となる．《位置》も《ベクトル量》も，それぞれ座標ないしは成分と呼ばれる3つの数の組[1]で表わされる．2つの位置[2] $(x_1, x_2, x_3), (x'_1, x'_2, x'_3)$ の《重み》$\alpha, 1-\alpha$（前ページの脚注2を参照）つきの《重心》という《自然的》概念は，

$(\alpha x_1 + (1-\alpha)x'_1, \alpha x_2 + (1-\alpha)x'_2, \alpha x_3 + (1-\alpha)x'_3)$

で表わされる[3]．同じように，ベクトル (x_1, x_2, x_3) と (x'_1, x'_2, x'_3) の《加法》という《自然的》演算は，$(x_1 + x'_1, x_2 + x'_2, x_3 + x'_3)$ という数学的操作[4]で表わされる．

上に，《自然的》演算と数学的演算について述べたことは，自然的関係と数学的関係についても同じように当てはまる．物理学でみられるさまざまな《より大きい》という概念，たとえば，より大きいエネルギー，より強い力，より高い温度，より速い速度などはその好例である．

これらの《自然的》関係は，それらに基づいて数学的モデルを作り，それらと物理的領域とを関連づけるための最

---

1) ここで考えているのは3次元ユークリッド空間である．
2) この場合は，位置を3つの数値座標で表わしている．
3) これは，ふつう $\alpha(x_1, x_2, x_3) + (1-\alpha)(x'_1, x'_2, x'_3)$ とも表わされる．16.2.1.の（16:A:c）を参照．
4) これは，ふつう $(x_1, x_2, x_3) + (x'_1, x'_2, x'_3)$ と表わされる．16.2.1.の初めを参照．

良の基礎なのである[1),2)].

3.4.4. ここで,さらにつぎのことを指摘しておかねばならない.上記の意味での物理的領域に対する満足すべき数学的モデルが見いだされたとし,考えている物理量が数によって表わされたと仮定しよう.その場合,(この数学的モデルによる)記述が,必ずしもその物理量に数を対応させるただ1つの方法というわけではない.というのは,そのような記述によっては,対応の総体,数学的にいえば写像の族全体が指定されるだけで,その中のどの対応をとってもそこでの理論にはさしつかえないということがありうるからである.1つの対応から他の対応への移行によって,この物理量を表わす数値の間のある変換がひきおこされる.そのような場合,われわれは,この理論では,問題の物理

---

1) これだけがその基礎というわけではない.温度はその格好の反例である.温度に対する現代の数学的モデル,すなわち絶対温度の尺度を確立するためには,《より大きい》という《自然的》関係だけでは十分でなかった.そのためにいろいろな方法が工夫され,実際に使われた.3.2.1.を参照.

2) 誤解のないようにしていただきたいが,ここでは数学的モデルの形成,つまり物理理論の形成を完全に描写しようとしているわけではない.これは,多くの予期しない局面を伴う,きわめて変化に富んだ過程であることを忘れてはならない.ここで重要なのは,たとえば概念を分解すること,つまり,表面的には1つの物理的実体であるかのようにみえるものを,いくつかの数学的な概念に分離することである.たとえば,力とエネルギー,熱量と温度を《分解》したことは,それぞれの分野で決定的な役割を果たした.

このような分解がどれほど経済理論の前途に起こるかは,まったく予測できない.

量は，そのような変換の系を除いて数で表わされる，という言い方をする．このような変換の系は，数学的には群[1]といわれるものになる．

こうした事情を示す例はたくさんある．たとえば，距離という幾何学的概念は，（正の）定数を掛けることを除いて数で表わされる[2]．質量という物理量についても，事情は同じである．またエネルギーという物理的概念は，1次式変換，すなわち定数を足すことと（正の）定数を掛けることを除いて数になる[3]．位置という概念は，非斉次直交変換[4]を除いて数の組によって表わされる．ベクトルという概念は，同じく斉次直交変換[5], [6]を除いて数の組によって

---

1) 28.1.1.で他の事柄と関連して群が登場してくる．参考文献はそこを参照されたい．
2) すなわち，ユークリッド幾何学では，距離の単位は絶対的には定まらない．
3) すなわち，力学では，エネルギーの0および単位は絶対的には定まらない．上の脚注2を参照．距離には自然な0がある．任意の点からその点自身までの距離がそれである．
4) すなわち，(x_1, x_2, x_3) は次式で与えられる (x_1^*, x_2^*, x_3^*) で置きかえることもできる．

$$x_1^* = a_{11}x_1 + a_{12}x_2 + a_{13}x_3 + b_1$$
$$x_2^* = a_{21}x_1 + a_{22}x_2 + a_{23}x_3 + b_2$$
$$x_3^* = a_{31}x_1 + a_{32}x_2 + a_{33}x_3 + b_3$$

a_{ij}, b_i は定数，行列 (a_{ij}) は直交行列といわれるものである．
5) すなわち，幾何学では，位置に関しては座標の原点も座標軸も絶対的には定まらない．ベクトルについては，原点は定まるが，座標軸は絶対的には定まらない．
6) 上の脚注4において $b_i = 0$ の場合をいう．行列式 $\neq 0$ となる

表わされる.

3.4.5. ある物理量が,任意の単調変換を除いて数になるということも考えられる.これは,《より大きい》という《自然的》関係しか存在しないような量の場合である.たとえば,《より熱い》という概念しか知られていなかった時代の温度の場合がそうであった[1].またこれは,鉱物の硬さを測るモース硬度の場合にも当てはまるし,普通の選好概念に基礎を置くときの効用概念にも当てはまる.これらの場合に,数による表現がいかに任意的であるかを考えると,問題の量がもともと数値的でないのではないかと考えたくなるのも当然である.しかしながら,このような定性的ないい方はやめて,その代わりに,どのような変換系を除いてこの数値的な表現が定まるか,ということを客観的に述べた方がよいであろう.この系があらゆる単調変換からなる場合は,もちろん極端な場合である.このほかにも,上に述べたいろいろな段階の変換系がありうる.つまり,空間における非斉次直交変換あるいは斉次直交変換,1変数の1次式変換,正の定数倍など[2]がそれである.逆の極端な場合は,数値的表現が絶対的に定まるという場合で,そ

ような行列 (a_{ij}),つまり正則行列の全体という,より広い範囲の行列が使える場合もある.ここでは,これらの事柄を詳しく論ずる必要はない.

1) しかし,これは量的に再現可能な温度の測定方法ではない.
2) これらのものよりは広いが,必ずしも単調変換の全体を含まないような中間的な変換系の場合も考えられる.相対論の各種の形態は,このような変換系の多少専門的な例である.

の場合には，どんな変換系（もちろん恒等変換を除く）もまったく許されない[1]．

3.4.6. ある物理量が与えられたとしよう．それはある変換系を除いて数になるのだが，その変換系は，時代とともに，すなわちその問題の発展段階とともに変化することもありうる．たとえば，温度の場合には，それは最初，単調変換だけを除いて定まる数であった[2]．温度測定，とりわけ理想気体による温度測定法の進歩とともに，変換系は1次式変換にせばめられることになった．つまり，絶対零度と絶対単位が欠けているだけになった．それに続く熱力学の発展は，絶対零度を固定することになった．したがって，熱力学における変換系は，正の定数倍だけからなることになったのである．このような例はあげればきりがないが，これ以上検討する必要はないであろう．

効用についても，事情は同じようなものである．この領域におけるただ1つの《自然的》データは，《より大きい》という関係，つまり選好の概念だけであるという態度をとる人もあろう．その場合には，効用は単調変換を除いて定

---

1) 普通の言葉でいえば，絶対の0と絶対単位が定まるような物理量に対して，このことが当てはまる．たとえば，光速が規範的な役割を果たすような物理理論，たとえばマクスウェルの電磁気学や特殊相対論などにおける速度の絶対値（ベクトル量ではない）の場合がそれである．
2) 《より熱い》という概念，すなわち《より大きい》という《自然的》関係しか知られていなかった時代のことである．この点については，前に詳細に論じておいた．

まる数となる．実際，これは，経済文献の中で一般に受け入れられている立場であり，無差別曲線分析の手法に最もよく表現されている．

変換系をせばめるためには，効用の領域でもっと多くの《自然的》演算あるいは関係を見つけださなければならない．たとえば，効用差に対する相等関係があれば十分であるということは，パレート[1]によって指摘された．われわれの用語法でいえば，これは，変換系を1次式変換にまでせばめることに相当する[2]．しかしながら，この差の相等関係は，真の《自然的》関係，つまり再現可能な測定によってとらえられる関係であるとは思われないので，パレートの指摘はわれわれの目的には適合しない．

3.5. 数値的効用の公理的取扱いの概念構造

3.5.1. ある特定の方法が失敗したからといって，他の方法によって同じ目的が達せられないと決める必要はない．効用の領域には，変換系を他の方法（たとえば，パレートの方法）とまったく同じ程度にせばめるような《自然的》演算が存在するというのが，われわれの主張である．それは，3.3.2.で述べたように，2つの効用を2つの相補的な

---

1) V. Pareto: *Manuel d'Économie Politique*, Paris, 1907, p.264.
2) 直線上の点に対してユークリッドが行なったことがまさにこれである．《選好》に基づく効用概念は，直線上での《右にある》という関係に対応しており，効用差の相等関係は，線分の幾何学的合同関係に対応している．

確率 $\alpha, 1-\alpha$ $(0<\alpha<1)$ を付けて結合することである. この手続きは, 3.4.3. で述べた重心の形成によく似ているので, 同じ用語法を使った方が便利であろう. そこで, 効用 u, v に対して,《自然的》関係 $u>v$, および《自然的》演算 $\alpha u+(1-\alpha)v$, $(0<\alpha<1)$ が考えられるなどという. 前者は, u の方が v よりも《好ましい》という意味であり, 後者は, それぞれ重み $\alpha, 1-\alpha$ を付与した u, v の重心, あるいは u を確率 α で, v を確率 $1-\alpha$ で選ぶという結合を表わしている. これらの概念の存在と, その再現可能な測定とが認められれば, われわれのとるべき道は明らかである. つまり, 効用に対する関係 $u>v$ と演算 $\alpha u+(1-\alpha)v$ とを数に関する同名の概念に移すような, 効用と数との間の対応を見つければよいのである.

この対応を
$$u \longrightarrow \rho = \mathrm{v}(u)$$
で表わすことにしよう. u は効用で, $\mathrm{v}(u)$ は, この対応によって効用に付与される数である. これについての, われわれの要請は以下のとおりである.

(3:1:a)　　　$u > v$　ならば　$\mathrm{v}(u) > \mathrm{v}(v)$

(3:1:b)　　$\mathrm{v}(\alpha u+(1-\alpha)v) = \alpha \mathrm{v}(u)+(1-\alpha)\mathrm{v}(v)$ [1]

仮に, このような対応が2通り存在して

(3:2:a)　　　　　$u \longrightarrow \rho = \mathrm{v}(u)$

---

[1] いずれの場合にも, 左側は効用の《自然的》概念を表わし, 右側は, 数についての通常の概念を表わしていることに注意されたい.

3. 効用の概念

(3:2:b) $$u \longrightarrow \rho' = v'(u)$$

となったとすれば，これから，数の間の1つの変換

(3:3) $$\rho \Longleftrightarrow \rho'$$

がひきおこされる．これを

(3:4) $$\rho' = \varphi(\rho)$$

と書くことにしよう．

(3:2:a), (3:2:b) は (3:1:a), (3:1:b) をみたすから，(3:3) の変換，すなわち (3:4) の関数 $\varphi(\rho)$ は，関係 $\rho > \sigma$ と演算 $\alpha\rho + (1-\alpha)\sigma$ を保存するはずである[1]（前ページの脚注1を参照）．つまり，

(3:5:a) $\rho > \sigma$ ならば， $\varphi(\rho) > \varphi(\sigma)$

(3:5:b) $\varphi(\alpha\rho + (1-\alpha)\sigma) = \alpha\varphi(\rho) + (1-\alpha)\varphi(\sigma)$

したがって，$\varphi(\rho)$ は1次式変換，すなわち

(3:6) $$\rho' = \varphi(\rho) = \omega_0 \rho + \omega_1$$

でなければならない．ただし，ω_0, ω_1 は一定の数（定数）で，$\omega_0 > 0$ である．

これから，つぎのことがわかる．効用のこのような数値的評価[2]がもしも存在するならば，それは1次式変換[3]を除いて定まる[4]．すなわち，この場合には，効用は1次式

---

1) ここでは，これらの関係と演算は数 ρ, σ に対して適用されていることに注意されたい．
2) すなわち，(3:1:a) と (3:1:b) をみたす対応 (3:2:a).
3) すなわち，(3:6) の形の変換．
4) 3.4.4. であげた，同じ事情にある物理的な例を想起されたい．（ここでの議論はそれより多少詳しい．）われわれは，効用の絶対の0と絶対単位を決めるつもりはない．

変換を除いて数となる．

　上記の意味での数値的効用の存在をいうためには，効用に対する関係 $u>v$ と演算 $\alpha u+(1-\alpha)v$ とのいくつかの性質を公理化することが必要である．これらの公準系あるいは公理系を選定し，つづいてそれらを分析することは，数学的に一定の興味のある問題につながる．以下で，読者に見通しを与えるために，この事情を大まかに素描することにしよう．完全な議論については付録を参照されたい．

3.5.2. 公理系を選択することは，必ずしも純粋に客観的な仕事であるとはいえない．ふつう公理系はある一定の目的を達成することが要請される．つまり，ある特定の定理，あるいは一連の定理が公理から導かれねばならない．この限りでは，問題は正確で客観的である．ところが，これを越えたところに，それほど客観的でない他の重要な要請がつねに存在する．つまり，公理はあまり多くあってはならないし，公理系はできるだけ単純で明確なものであってほしい．また各公理は，その妥当性がすぐに判断できるくらい直観的な意味をもっていなくてはならない[1]．われわ

---

[1] 最初の要請と最後の要請とは，少なくともある程度まで，矛盾しているといえる．つまり，公理を技術的に可能な限り統合して，その数を減らすと，いろいろな直観的背景が見分けにくくなるおそれがある．たとえば，3.6.1. の (3:B) の公理群をもっと少ない数の公理で置きかえることもできようが，そうすると，これにつづく 3.6.2. の分析がわかりにくくなるであろう．

　これらの要請の間で適当な釣合いをはかるのは，実際的な（ある程度審美的ともいえる）判断の問題である．

れの公理系のような場合には，この最後の条件が，漠然としているにもかかわらず，とりわけ重要である．というのは，われわれは，直観的な概念を数学的な取扱いに適したものにしたいと思っているし，これがどんな仮定を必要とするかをできるだけ明確にしたいと思っているからである．

われわれの問題の客観的な部分は明らかである．つまり，公理系から，3.5.1.で述べた性質 (3:1:a), (3:1:b) をもつ対応 (3:2:a) の存在が導かれなければならない．しかし，上に指摘した，より直観的な審美的とさえいえる要請のために，この公理的な取扱いはただ1通りには決まらない．以下では，実質的に満足できると思われる1つの公理系を定式化することにしよう．

3.6. 公理系とその解釈

3.6.1. われわれの公理系は以下のとおりである．

なんらかのもの $u, v, w, \cdots$ の系 U を考える[1]．U には，関係 $u > v$ と任意の数 α $(0 < \alpha < 1)$ についての演算
$$\alpha u + (1-\alpha)v = w$$
が与えられている．

これらの概念はつぎの公理をみたしているとする．

(3:A) $u > v$ は，U における**全順序関係**である[2]．

---
1) もちろん，この U は（抽象的な）効用の系になるように，公理系によって特徴づけようとしているのである．公理的方法の一般的性格については，10.1.1.の最後の部分の注意と引用文献を参照．
2) この概念に関するより体系的な数学的議論については，65.3.1.を参照．これと同値な選好体系の完全性という概念については，

これはつぎのことを意味している. $v>u$ のとき, $u<v$ とも書くことにすると

(3:A:a)　任意の2つの u,v に対して, 3つの関係
$$u=v, \quad u>v, \quad u<v$$
のうちの1つ, しかもただ1つだけが成り立つ.

(3:A:b)　$u>v$, $v>w$ ならば, $u>w$[1].

(3:B)　**順序関係と結合演算**[2]

(3:B:a)　$u<v$ ならば, $u<\alpha u+(1-\alpha)v$.

(3:B:b)　$u>v$ ならば, $u>\alpha u+(1-\alpha)v$.

(3:B:c)　$u<w<v$ のとき, 不等式
$$\alpha u+(1-\alpha)v < w$$
をみたす α が存在する.

(3:B:d)　$u>w>v$ のとき, 不等式
$$\alpha u+(1-\alpha)v > w$$
をみたす α が存在する.

(3:C)　**結合演算の性質**

(3:C:a)　$\alpha u+(1-\alpha)v = (1-\alpha)v+\alpha u$.

(3:C:b)　$\alpha(\beta u+(1-\beta)v)+(1-\alpha)v = \gamma u+(1-\gamma)v$
　　（ただし $\gamma=\alpha\beta$）.

これらの公理から, 3.5.1.で述べた性質 (3:1:a), (3:1:b) をもつ対応 (3:2:a) の存在が導かれる. したがって, 3.5.

　　前に3.3.2.と3.4.6.の初めに考察した.
[1]　条件 (3:A:a), (3:A:b) は65.3.1.の (65:A:a), (65:A:b) に対応している.
[2]　ここにでてくる α,β,γ はつねに >0, <1 であることに注意していただきたい.

1.の結論は U に当てはまる．つまり，U は，ここでの解釈では（抽象的な）効用の系であるが，これは，1次式変換を除いて定まる数の系となるのである．

写像 (3:2:a) の作成，すなわち公理系 (3:A)-(3:C) に基づいて，(3:1:a), (3:1:b) をみたす (3:2:a) の写像 $u \longrightarrow \rho = v(u)$ を作ることは，純粋に数学的な仕事である．この仕事は，多少厄介ではあるが，ふつうよくやられている仕方で進められ，とりたてていうほどの困難はない（付録を参照）．

ここではまた，これらの公理に関する通常の論理学的な議論[1]をする必要もないであろう．

しかしながら，公理系 (3:A)-(3:C) のおのおのの直観的な意味づけ，すなわちその妥当性について，二，三述べておくのがよいであろう．

3.6.2. 前項であげた公理系を分析すれば，つぎのようになる．

(3:A:a*) これは，個人の選好体系の完全性を表わしている．効用ないしは選好を論ずる場合，たとえば《無差別曲線分析》では，このことを仮定するのが通例である．これらの問題については，3.3.4.と3.4.6.ですでに検討した．

---

[1] 10.では，同じような事情がもっと徹底した形で論じられる．そこでの公理系は，われわれの主要な目的にとってより核心的な主題を表わしている．論理学的な議論は10.2.で述べられるが，10.3.の一般的注意のいくつかは，いまの場合にも当てはまる．

(3:A:b*) これは選好の《推移性》で，一般に認められた妥当な性質である．

(3:B:a*) これは，つぎのことを述べたものである．すなわち，もしvがuよりも好ましいならば，vに確率$1-\alpha$を付与したものも（uには残りの確率αを付与する），uより好ましい．uとvについては，重なりも落ちも排除されている（3.3.2.を参照）から，このことは当然である．

(3:B:b*) これは，(3:B:a*)と双対になっており，《好ましい》を《好ましくない》に変えただけである．

(3:B:c*) これは，つぎのことを述べたものである．すなわち，もしwがuよりも好ましく，またvがwよりもさらに好ましいときには，vに確率$1-\alpha$を付けて，uと結合しても（uには確率αを付ける），この確率$1-\alpha$が十分小さいものである限り，wの方がそれより好ましいということは変わらない．いいかえると，v自身がどれほど望ましくても，これに十分小さい確率を付与することによって，その影響を望みのままに弱めることができる．これは，《連続性》についての妥当な仮定である．

(3:B:d*) これは，(3:B:c*)と双対になっており，《好ましい》を《好ましくない》に変えただけである．

(3:C:a*) これは，u, vの結合がその成分u, vの順序によらないことを表わしている．成分が互いに余事象になっているから，これは当然である．上記の(3:B:a*)

を参照.

(3:C:b*) これは,つぎのことを述べたものである.すなわち,2つの成分 u, v を,引きつづく2つの段階で,すなわちまず確率 $\beta, 1-\beta$ で結合し,ついで確率 $\alpha, 1-\alpha$ で結合しても,1つの演算,つまり確率 $\gamma, 1-\gamma$ $(\gamma = \alpha\beta)$[1] で結合したものと,結果としては同じになる.この場合にも,上記の (3:C:a*) の場合と同じことがいえる.しかしながら,この公理はさらに深い意味をもっているのではないかと思われる.この点については,以下の 3.7.1. で若干ふれる.

3.7. 公理系に関する一般的注意

3.7.1. ここで立ち止まって,いったん状況を振り返った方がよいように思われる.われわれは,公理をあまりに多くあげすぎたのではあるまいか? われわれは,公理系 (3:A)-(3:C) から,3.5.1. の (3:2:a) ならびに (3:1:a),(3:1:b) の意味での効用の数値的性格を導き出すことができる.そのうち (3:1:b) は,効用の数値が数学的期待値と同じように(確率を付けて)結合できる,ということを述べている! ところが,数学的期待値という概念は,これまでたびたび疑問をもたれてきたものであり,その概念の妥当性は,たしかに《期待》というものの性格に関するあ

---

1) u に v を引きつづいて2回結合するさい,(3:C:b) の左辺を算術的に正しく計算すれば,当然このようになる.

る種の仮定に依存している[1]．そうだとすると，われわれは，ある意味で論点を先取りしていることになるのではなかろうか？　つまり，前にあげた公理系は，暗黙のうちに，数学的期待値を持ち込むような仮定を密輸入しているのではないだろうか？

もっとはっきりいうと，《一か八かの賭》というような，ただ１回限りの行為の（正あるいは負の）効用というものは，数学的期待値とは両立しないものであるが，個人にとってそのようなものは存在しえないのだろうか？

公理系 (3:A)-(3:C) は，賭の効用の可能性をどのように回避したのだろうか？　われわれのみる限りでは，公理系 (3:A)-(3:C) は別にこの問題を避けようとしているわけではない．公理 (3:C:b) は，《賭の効用》の拒否に一番近いものとみられる (3.6.2. での議論を参照) が，それでさえ，今日経済学のために利用可能な心理学の体系よりはるかに洗練された体系が利用されない限りは，一応納得できるし，妥当なものといわねばならないであろう．公式 (3:C:b) は数学的期待値を使うのと結果としては同じことになるが，この公式をみたすような，数値的効用が (3:A)-(3:C) の基礎の上に作り出されるという事実は，つぎのことを示しているように思われる．それは，ここでは実際に，数学的

---

[1] Karl Menger: "Das Unsicherheitsmoment in der Wertlehre", *Zeitschrift für Nationalökonomie*, vol. 5 (1934), pp. 459 ff. Gerhard Tintner: "A contribution to the non-static Theory of Choice", *Quarterly Journal of Economics*, vol. LVI (1942), pp. 274 ff.

期待値の計算が適用できるようなものとして数値的効用を定義した，ということである[1]．公理系 (3:A)-(3:C) から，それに必要な概念構成が保証されるので，《賭の特殊な効用》というような概念は，この公理系の枠内では，矛盾なしに定式化することはできないのである[2]．

3.7.2. さきに 3.6.1. で述べたように，われわれの公理系は，効用に対する関係 $u > v$ と演算 $\alpha u + (1-\alpha)v$ を基礎としている．ここで注目に値するのは，演算の方が関係よりも直接的に与えられているとみられることである．というのは，それぞれ効用 u, v をもった二者択一的な 2 つの状況を想像できる人が，それぞれ一定の確率 $\alpha, 1-\alpha$ でこれら 2 つの状況を同時にもつという望みをいだきえないなどとは，ほとんど考えられないからである．他方，$u > v$ についての公理 (3:A:a) にもられた仮定，すなわちこの順序の完全性に対しては疑念が生ずるかもしれない．

この点をしばらく考えてみよう．ある人が，それぞれ効用 u, v をもつ 2 つの場合のどちらが好ましいかを，つねに

---

1) たとえば，《セント・ペテルスブルグの逆理》を，(数学的期待値の代わりに)，いわゆる《道徳的期待値》を使って《解決》できる，というダニエル・ベルヌーイの周知の指摘があるが，これは，効用を貨幣財産の対数として数値的に定義しようとするものである．[以下訳注] セント・ペテルスブルグの逆理と道徳の期待値については，たとえば，渡辺孫一郎『確率論』(日新出版) あるいは，武隈良一『偶然の数学』(共立出版) を参照．
2) これは逆説的な主張のように思われるかもしれない．しかし，このようなとらえにくい概念を真剣に公理化しようとしたことがある人なら，おそらくこの主張に同意されるだろう．

決定できるかどうか[1] は疑わしいという点についてはすでに考えた．しかしながら，この疑念にどれほど価値があるにしても，この可能性，すなわち（個人の）選好体系の完全性は，《無差別曲線分析》に対しても仮定しないわけにはいかないのである（3.6.2.で述べた（3:A:a）についての注意を参照）．しかし，$u>v$ に関するこの性質[2] を仮定すれば，さきのようにはるかに疑義の少ない清算[3] $\alpha u+(1-\alpha)v$ を用いて，数値的効用も得られるのである！[4]

完全比較可能性という仮定（3:A:a）がなくても，$\alpha u+(1-\alpha)v$ ならびに部分的比較可能性，つまり $u>v$ につい

---

1) あるいは，どちらの場合もまったく同等に好ましいと主張できるかどうか．
2) すなわち，効用の完全性に関する公理（3:A:a）．
3) すなわち，公理群（3:B），(3:C) と自明な公理（3:A:b）．
4) この点で，読者は，《無差別曲線》による，効用の非数値的取扱いの方が，どのような数値的取扱いよりも好ましいという，よく知られた議論を思い出されるかもしれない．それは，無差別曲線の方がより単純で，より少ない仮定の上に立っているからだというのである．数値的取扱いがパレートによる効用差の相等関係（3.4.6.の終りを参照）に基づくものであれば，この異議は正当であるかもしれない．実際，効用差の相等関係は，効用の完全比較可能性に関するはじめの仮定に付け加えられたより強い，より複雑な仮定である．

しかし，われわれは，この代わりに演算 $\alpha u+(1-\alpha)v$ を使ったのであり，この方が，効用差の完全比較可能性という仮定よりずっと弱い仮定である，というわれわれの見解に，読者も賛成されるであろう．

したがって，われわれの手続きはパレートのそれとは異なっており，技巧的な仮定をしなければならず，そのため単純さが損なわれるという異議は当たらないと考えられる．

ての残りの仮定（3:A:b）に基づいて[1]数学的理論を作ることも可能である[2]．それから，多次元ベクトルとしての効用概念が導かれる．これは，より複雑な，十分に満足できるとはいえない構成になるが，それをここで系統的に論ずることはしない．

3.7.3. このような簡単な説明では，問題を完全に論じたとはいえないが，本質的な論点は伝えられたと思う．誤解のないように，さらにつぎの注意を付け加えておいた方がよいであろう．

（1） われわれが考えているのは，1人の人間が経験する効用だけであるということをここで改めて強調しておきたい．これらの考察から，異なった個人に属する効用の比較に関することは何もでてこない．

（2） 数学的期待値（文献については，90ページの脚注1を参照）を利用する手法の分析がこれで終わったなどといえないことはいうまでもない．3.7.1.で述べたことはそのような方向をめざしたものであるが，この点については，まだまだ多くのことが論じられねばならない．それらの中には，興味ある問題もたくさん含まれているが，それらは本書の研究範囲を越えている．われわれの目的にとっては，

---

1) これは，（3:A:a）における《……のうちの1つ，しかもただ1つだけ》を弱め，《……のうちのたかだか1つ》に置きかえて，（3:A:a'）とすることに相当する．その場合，条件（3:A:a'），（3:A:b）は（65:B:a），（65:B:b）に対応している．
2) この場合には，公理群（3:B），（3:C）にも多少修正を加える必要がある．

関係 $u > v$ と演算 $\alpha u + (1-\alpha)v$ に対して，3.6.1. で述べた単純で妥当な公理系 (3:A)-(3:C) が成り立てば，効用は，これまでの節で論じた意味での1次式変換を除いて数になるということを確かめるだけで十分である．

3.8. 限界効用概念の役割

3.8.1. これまでの分析から，数値的な効用概念を自由に利用してよいことが明らかになった．他方，以下の議論からわかるように，われわれは，考えているあらゆる経済主体が，客観的な状況の物質的条件を完全に知悉している，と仮定せざるを得ない[*]．あらゆる経済主体がそうした状況のなかで，統計的，数学的などのすべての演算を行なうのであるが，そうしたことができるのは，状況の物質的条件を完全に熟知しているからである．この仮定の性格と重要性に対しては，文献のなかで広く注意が払われてきているが，問題が徹底的に検討しつくされているというにはおそらくほど遠いであろう．われわれは，ここでこの問題に立ち入るつもりはない．問題はあまりにも広範であるから，《困難を分割する》のが一番よいと思われる．そこで，われわれはこうした複雑さを避けたいと思う．こうした複雑さはそれ自体興味のあるものであるが，ここでの問題とは別に考察されるべきであろう．

本書の考察では，これ以上議論せずに客観的な状況の物

---

[*] この仮定は，ゲームのプレイヤーがそのゲームの規則を知悉していなければならない，ということに対応する．[訳注]

3. 効用の概念

質的条件に関する《情報完備性》を仮定するが，内心では，われわれの考察は，この問題の研究に寄与するものと考えている．のちにわかるように，ふつう個人の《情報不備》に帰せられる多くの経済的，社会的現象がわれわれの理論にも登場してくるが，それらの現象は，われわれの理論を使って十分説明できるのである．われわれの理論は《情報完備性》を仮定しているので，このことから，これらの現象は個人の《情報不備》とはなんら関係がない，と結論することができる．これについてのとくに顕著な例は，33.1.の《差別》，38.3.の《寛容な収奪》および46.11., 46.12.の《融通》あるいは《譲渡》などの概念に見いだされる．

上に述べたことに基づいて，われわれは，経済的，社会的理論において型どおりの意味での情報不備[1]が一般に重視されていることについて，あえて異議を唱えたいと思う．一見，この要因に帰せられるべきだと思われる現象で，それとはまったく関係のないことがのちに明らかとなるもの

---

1) のちにみるように，考えているゲームの規則によって，ある参加者がある範囲の情報をもちえないということが前もって規定されることがありうる．6.3. と 6.4. を参照．（このようなことの起こらないゲームについては，14.8. と 15.3.2. の（15:B）を見ていただきたい．これらのゲームは《完全情報ゲーム》と呼ばれている．）われわれは，この種の《情報不備》のあることを認識して，それを前提として考えてゆく．（上の完全情報と対比して，これはむしろ《不完全情報》と呼んだ方がよい．）しかし，われわれは，複雑性，知能などの概念を用いて漠然と定義される他のすべての型の情報は使わないことにする．

があるからである[1].

3.8.2. さて, 一定の物質的条件と自由に処分できる一定量の諸財をもった孤立した個人を考えてみよう. 上に述べたことから考えると, かれは, この状況のなかで得られる効用の最大値を決めることのできる立場にある. この最大値というのははっきり定義できる量であるから, 個人のもっている諸財の蓄積に, 特定の財 1 単位が加えられたときに生ずる最大効用の増加分についても, 同じことがいえる. もちろん, これは, いま問題にしている財の, 古典的な意味での限界効用である[2].

これらの量は, 《ロビンソン・クルーソー》経済においては, 明らかに決定的な重要性をもっている. 上記の限界効用は, 明らかに, かれが通常の合理性の基準に従って行動するとして, その財の追加 1 単位を入手するために払ってもよいと考える最大の努力に対応している.

しかしながら, 社会的交換経済の参加者の行動を決定する際には, 限界効用がどれほどの意味をもっているかは少しもわかっていない. 前にみたように, この場合の理性的行動のいくつかの原理さえまだ定式化されていないし, それらの原理がクルーソー型の最大化要求によっては決して表現されないということもわかっている. したがって, 限

---

1) われわれの理論では, これらの現象は, 複数の《安定した行動規準》がありうるということに基づいている (4.6. と 4.7. の末尾を参照).
2) もっと正確にいうと, いわゆる《間接的に依存する期待効用》のことである.

界効用は、この場合にいったいどれほどの意味をもつかはまったくわからないというほかはない[1]。

この主題について積極的に論ずることは、社会的交換経済における理性的行動の理論を、前に述べたように、《戦略ゲーム》の理論を用いて展開するのに成功したのちに、はじめて可能になるであろう。のちにわかるように、限界効用は、実際にはこの場合にも重要な役割を果たすのであるが、これはふつう考えられているよりもはるかに微妙な形においてなのである。

4. 理論の構造：解と行動規準

4.1. 1人の参加者に対する解の概念

4.1.1. ここまでくれば、さきに提案した手続きを積極的に述べることができる。ここではまず第1に、主要な専門的な概念や手法を簡単に述べて、それらを説明していくことにする。

前に述べたように、本書では、社会的交換経済の参加者の《理性的行動》を規定する数学的に完全ないくつかの原理を見つけ、それらの原理から、そのような行動の一般的特徴を導きだしたいと考えている。これらの原理は完全に一般的なもの、すなわちどんな状況にも必ず当てはまるも

---

1) 以上のことは、もちろん、さきに述べた単純化した仮定の枠内での話である。これらの仮定をゆるめると、さらにいろいろな困難が生じてくる。

のでなければならないが、さしあたり、いくつかの特徴的な特殊な場合にだけ、解が発見できればそれで満足することにしよう．

まず第1にわれわれは、どのようなものをこの問題の解とみなすことができるのか、つまり解がもたらすべき情報とはどれだけのものなのか、また解の形式的構造についてどれだけのことを期待すべきなのか、といったことについて明確な考えをもっていなければならない．これらの事柄が明らかにされたのちに、はじめて正確な分析ができるようになる．

4.1.2. 解とは、最も直接的にいえば、各参加者に対して、起こりうると考えられるありとあらゆる状況のなかで、どう行動すべきかを指示する1組の指針であると考えてよいであろう．この点について、この見解ではあまりにも広すぎるという異議がでてくるかもしれない．この異議によれば、われわれは《理性的行動》に関する理論を作りたいと思っているので、合理的な社会で生起する状況とは異なる状況における行動について、個人的な忠告を与える必要はなかろう、というのである．つまり、われわれが理性的行動なるものをどんなやり方で特徴づけるにしても、他人の側にも同様に理性的行動だけがあると仮定してよいだろう、というのである．そして、このような手続きから、おそらく状況の一意的な連鎖が導かれてくるであろうから、われわれの理論は、それだけにかかわっていればよい、というのである．

以上の異議は，つぎの2つの理由で成り立たないと思われる．

　まず第1に，《ゲームの規則》，すなわち考えている経済行動の現実的背景をなす物質的条件は，統計的法則であることが多い．したがって，経済の参加者の行動の結果は，偶然に依存する事象（既知の確率をもつ）との関連ではじめて決まってくる（51ページの脚注1および6.2.1.を参照）．この点を考慮に入れるならば，完全に合理的な社会においてさえ，行動の指針は，きわめて多様な状況に対処するものでなければならない．これらの状況のうちには，とても最適[1]にできないようなものもありうるのである．

　第2に，この方がいっそう基本的なのだが，理性的行動の指針は，他人の側に非理性的行動がありうるということに対しても明確に対処できるものでなければならない．たとえば，あらゆる参加者に対して，《最適》あるいは《理性的》と呼ばれる1組の指針が見いだされたと考えてみよう．つまり各参加者がその指針を守るとすれば，どの参加者にも最適の結果が保証されるとしてみよう．そのとき，参加者のうちの何人かがこれらの指針を守らなかった場合にはどうなるかということについては，疑問が残っている．仮に，指針を守らない参加者が有利になり，そしてまったく

---

1) 偶然によって決まる多様な可能性があるにもかかわらず，ただ1つの最適行動というものが考えられるのは，いうまでもなく《数学的期待値》という概念を用いるからである．上記の引用箇所を参照．

特殊なことであるが，指針を守る参加者の方が不利になるとしたら，上の《解》は，はなはだ疑わしいものとなるであろう．ここでは，まだこれらの事柄について明確に論ずることはできないが，このような条件のもとでは，上のような《解》，あるいは少なくとも解の根拠は，不十分，不完全であると考えざるをえない，という点だけは明らかにしておきたい．《理性的行動》の指導原理や客観的妥当性をどのように定式化するにしても，《他人》に対しては，ありとあらゆる行動を認めるというだけの余地がなくてはならない．このようにしてはじめて，満足すべき包括的な理論が展開できるのである．しかし，《理性的行動》が，他のどんな行動よりも優越しているということが確立されるべきだとすれば，その理性的行動の記述のなかには，考えられるありとあらゆる状況に対する行動の指針が組み込まれていなければならない．もちろん，そのなかには，理論が示す規準に照らせば，非理性的であるとされるような行動を他人がとるというような状況も含まれていなければならない．

4.1.3. ここまでくると，以上に述べたことが，日常行なわれているゲームの考え方と非常によく似ていることに，読者は気づかれたことであろう．この相似性はきわめて重要である，いやそれどころか，それ以上のものであると思われる．これまでさまざまな幾何学的・数学的モデルが物理科学のなかでみごとな役割を果たしてきたが，ゲームもまた経済的・社会的問題に対して，これと同じ役割を果たすし，また果たすべきものと思われる．このようなモデル

は，正確で包括的ではあるが，あまり複雑でない定義に基づく理論的構成物である．しかも，それらのモデルは，当面の研究にとって本質的と思われる点において，実在と類似したものでなければならない．以上の点をもう一度詳しく述べると，つぎのようになる．数学的取扱いを可能にするためには，定義は正確でしかも包括的でなければならない．この数学的取扱いは，単に形式的表現を与えるだけでなく，完全な数値的結果が算出できるまで進められねばならないが，そのためには，モデルはあまり複雑であってはならない．一方，操作を具体的な意味のあるものにするためには，現実との類似性が必要である．この類似性は，さしあたり《本質的》と考えられる二，三の特徴的な点に限られるのが普通である．なぜなら，そうでないと，上に述べた要請が互いに矛盾することになるからである[1]．

経済活動のモデルがこれらの原理に従って構成されるならば，それがゲームを記述したものとなることは明らかである．経済系の核心そのものである市場を形式的に記述する場合に，このことがとくにはっきり現われてくる．しかしこのことは，市場問題に限らずあらゆる場合に無条件に当てはまる．

4.1.4. 解，すなわち《理性的行動》の特徴づけがどの

---

1) たとえば，ニュートンの，少数の《質点》による太陽系の記述がその一例である．これらの質点は互いに引力を及ぼし合いながら，惑星と同じように運動するとされている．このモデルは本質的な点では実在と類似しているが，惑星についての他の豊富な物理的性質は，これからは説明されない．

ようなものから構成されなくてはならないかについては，4.1.2.ですでに述べた．それによれば，解とは，考えられるありとあらゆる状況における行動の指針を全部まとめたものであった．これは，社会的経済にも，ゲームにも同じように当てはまる．したがって，上記の意味での結果の全体は，非常に多くの複雑な組合せを列挙したものになる．しかし，あらゆる個人の努力尺度をなす効用の概念が，単純化の末，1つの数値によって完全に記述されるということを，われわれはすでに受け入れている（2.1.1.および3.3.を参照）．それによって，解から得られる複雑なデータの組合せを，非常に簡潔にしかも意味のある形で要約することが可能になる．それには，考えている参加者が《理性的に》行動した場合，かれがどれだけの額[1], [2]を手に入れることができるかということを述べればよい．この《手に入れることができる》というのは，もちろん最低限としての話である．他の参加者が誤りを犯す（つまり非理性的に行動する）ならば，かれはもっと多くの額を手に入れることになるかもしれない．

これまでの議論はすべて，当然のことながら，さきに指摘した方向に沿って，満足すべき理論を打ち建てるための準備として進められてきたことを忘れてはならない．われ

---

[1] 効用のこと．なお，企業家にとっては利潤，プレイヤーにとっては利得ないしは損失をさす．

[2] 偶然という要素がはっきり介在しておれば，もちろん《数学的期待値》になる．4.1.2.の初めに述べたことおよび3.7.1.の議論を参照．

われは，以下の考察において成功の尺度として役立つような，いくつかの要請を定式化する．これらの要請をまだみたせない前であっても，それらの要請について推論することは通常の発見法的手続きに合致している．実は，こうした予備的推論は，満足すべき理論を発見する過程での不可欠な部分なのである[1]．

4.2. 全参加者への拡張

4.2.1. いままで考察してきたのは，解が1人の参加者に対してどうあるべきかということだけであった．これから，全参加者を同時に視野に入れることにしよう．すなわち，社会的経済，あるいはそれと同値な，参加者が一定数（たとえばn人）のゲームを考えよう．解がもたらすべき全情報は，すでに論じたように，組合せ論的な性格のものである．さらに，各参加者が理性的な行動を通じてそれぞれどのくらいの額を獲得するかを述べることによって，ただ1つの量的な言明のなかに，上述の情報の決定的な部分が含まれるということが示された．いま何人かの参加者が《獲得する》利得の額を考えてみよう．仮に解が量的な意味でこれらの利得を指定する[2]だけのことであれば，解はよ

---

1) 物理学の発展にくわしい人であれば，このような発見法的考察がどんなに重要であるかを知っているであろう．あるべき理論に関する要請についての，《理論以前の》議論がなかったとしたら，一般相対論も量子力学も生まれなかったであろう．

2) もちろん，上に大まかに述べたように，組合せ論的な意味で，これらの利得がどのようにして得られるかという手続きを指定す

く知られた配分という概念と一致するであろう．つまり，解は利得総額が参加者の間にどのように配分されるべきかということ[1]を示すだけのものになるであろう．

ここで，配分の問題は，利得の和が恒等的に事実上 0 である場合にも，また利得の和が変動する場合にも解決されなければならない，ということを強調しておきたい．この問題は，これまで一般的な形では，経済学の文献のなかで正しく定式化されてもいなければ，解決されてもいなかった．

4.2.2. この種の解，すなわち最適な（理性的）行動に対する合理的な要件をみたすただ 1 つの配分が見つかったとしよう．それで満足できない理由はないように思われる．（もちろん，われわれはまだこれらの要件を定式化していない．完全な議論については，4.6. および 4.8.1. を参照．）仮に上のような解が見つかったとすれば，考えている社会構造は極端に単純なものとなろう．そこには，各参加者の量的な取り分が正確に決定されるような，絶対的な均衡状態が存在することになるであろう．

ることはいうまでもない．
1) 普通にゲームといわれるものでは，利得の和はつねに 0 である．つまり，参加者の一方がある額を得れば，他方はそれだけの額を失う．したがって，この場合には，純粋に分配，つまり配分の問題があるだけで，総効用，つまり《社会的生産物》を増加させるということはまったく問題になりえない．経済の問題では，後者の問題がつねに生ずるが，配分の問題も依然として重要である．われわれは，のちに利得の和が 0 であるという条件を取り除いて，ゲームの概念を拡張する予定である（第 11 章を参照）．

しかしながら，のちにわかるように，必要な性質をすべて備えている，このような解は一般には存在しない．したがって，解の概念は相当拡張されねばならないであろう．これは，《常識》的な観点からよく知られてはいるが，これまで適切な視点から検討されてこなかった社会組織に固有な，ある種の特徴と密接に結びついていることが，のちにわかるであろう（4.6.および4.8.1.を参照）．

4.2.3. この問題を数学的に分析してみると，ある種の重要なゲームについて，上記の意味での解，つまり単一の配分としての解が定義され，求められることがわかる．このようなゲームの場合には，各参加者は適切に理性的に行動することによって，少なくとも自分に帰属するだけの額は獲得できる．実際かれは，他の参加者も理性的に行動する場合には，ちょうどそれだけの額を手に入れ，他の参加者が理性的に行動しない場合には，それ以上の額を獲得することになるかもしれない．

利得の和が0となる2人ゲームはこの種のものである．これらのゲームは，主要な経済過程に対してはそれほど典型的なものではないが，それらは，どんなゲームにもみられる普遍的に重要なある種の特徴を備えており，そこから得られる結果は，ゲームの一般理論の基礎となる．これらのゲームについては，第3章で詳しく論ずることにしよう．

4.3. 配分の集合としての解

4.3.1. 2人とゼロ和という，上記の2つの制約のうち

いずれか一方を取り除くと，状況は著しく変化する．

第2の制約を取り除いた最も単純なゲームは，利得の和が変動する2人ゲームである．このゲームは，2人の参加者からなる社会的経済に対応するものであり，参加者の相互依存性ならびにその行動に伴う総効用の可変性がともに考量されている[1]．実際問題としては，これはまさに双方独占の場合にほかならない（61.2.–61.6.を参照）．このような場合の配分の問題を解決しようとして，一般に努力が払われているが，そのなかで《不確定性の幅》が障害になっていることはよく知られており，これは，解の概念がさらに拡張されねばならないことを示唆している．この問題については，上記の引用箇所で論ずることにする．さしあたり，われわれは，困難の度合を示す標識としてだけこの場合を用いることにし，最初の積極的な段階の基礎として，よりふさわしいもう1つの場合に移ることにしたい．

4.3.2. 第1の制約を取り除いた最も単純なゲームは，利得の和が0となる3人ゲームである．この3人ゲームは，上述の2人ゲームとは違って，どのような基礎的な経済問題にも対応するものではないが，それにもかかわらず人間関係における基本的な可能性を表現している．3人ゲームの本質的な特徴は，どの2人のプレイヤーも第3のプレイヤーに対して連合し，協力して，それによって有利性を確保できる，ということにある．問題は，この有利性による

---

1) われわれが譲渡可能な効用を使っていることを想起されたい．2.1.1.を参照．

利益を，連合した2人の仲間の間にどのように分配すべきかということである．そのような配分の体系はすべて，任意の2人の参加者が連合できるという可能性を考慮に入れたものでなければならない．つまり，1つの連合が形成されつつある間にも，各参加者は，頼りにしている同盟者がかれを裏切って，第3の参加者と提携することもありうるという事実を考慮に入れなければならないのである．

もちろん，ゲームの規則は，結託による利益が仲間の間にどのように分配されるべきかを規定するであろう．しかし，22.1.で行なわれる詳細な議論によると，これは，一般に最終的な決定とはなりえないことがわかる．たとえば，3人の参加者からなるあるゲームで，2人の参加者がきわめて有利な結託を形成することができるが，ゲームの規則によって，この利得の大部分は第1の参加者に入ることになっているものとしてみよう．そのうえ，この結託の第2の参加者は，第3の参加者とも結託することができ，この結託は全体としては前の結託ほどの利益はないが，それでも，第2の参加者には前の結託よりも大きい個人的利得を約束するものとしよう．このような場合には，第1の参加者は，最初の結託がこわれないようにするために，その結託から得られる利得の一部分を第2の参加者に譲渡するだろう，と考えるのが明らかに理にかなっている．いいかえると，一定の条件のもとでは，結託の参加者は進んで自分の仲間に補償を支払うものと考えなければならない．

それゆえ，結託内での割当ては，ゲームの規則に依存す

るだけでなく，他の結託もありうるということからくる上記の補償にも依存する[1].

したがって，つぎのような事柄に関する情報がなければ，どのような連合が形成されるかについていかなる理論的言明[2]も期待できないことは常識からも想像できる．すなわち，考えられる連合の参加者たちは，かれらのうちの誰かが，第3のプレイヤーと連合を作ろうとして離脱するという，思いがけない事態を避けるためには，戦利品を分配しなければならないが，この分配法に関する情報が必要なのである．この点については，第5章で定量的に詳しく論ずることにする．

ここでは，上記の定性的考察からみて妥当と思われる結果で，第5章でより厳密に立証されるようなものだけを述べれば十分である．この場合に適切な解の概念とは，3つの配分からなる系のことである．これらの配分は，上記の3つの連合あるいは3つの同盟に対応しており，それぞれの同盟内での戦利品の分配法を表わしている．

4.3.3. いま述べたことは，一般的状況の原型であるこ

---

1) このことによってゲームの規則が破られるというわけではない．というのは，このような補償の支払いが，もしも行なわれるとすれば，それらの支払いは，ある合理的な考慮に基づいて自由になされるからである．
2) 明らかに2人の参加者からなる3通りの連合がいずれも可能である．たとえば，21.であげるゲーム（単純多数決ゲーム）では，解の内部で，どれか特定の同盟を選好するということは対称性からいってはじめから認められていない．すなわち，このゲームは3人の参加者全員に対して対称なのである．なお33.1.1.を参照．

とがのちに明らかになるであろう．あとでわかるように，首尾一貫した理論は，単一の配分からなる解を求めることからではなくて，むしろ配分の系からなる解を求めることから生れてくる．

上に述べた3人ゲームでは，解の中のどの配分をとっても，それ自体では何ら解ではないことは明らかである．特定の同盟はどれも，参加者が行動計画を立てるときに，その脳裏に浮かぶある特定の動機に対応しているに過ぎない．結果としては，ある特定の同盟が形成されるとしても，同盟者の間の利得の分配は，各人がその同盟を解消して入ることもできた他の同盟の（理念上の）存在によって決定的な影響を受ける．したがって，3つの同盟とそれらの配分とを合わせてはじめて，合理的な全体が形成されるのであって，逆にその全体によってすべての細目が決定され，しかもこの全体はそれ自身の安定性をもっているのである．真に重要な実体はまさにこの全体であり，これはその構成要素である個々の配分よりも重要なのである．現実には，配分の1つが実現されるとしても，すなわちある特定の同盟が現実に形成されるとしても，他の同盟は，《影の実体》として存在している．つまり，それは実体化されることはないが，現実の実体が形成され，確立されるのに本質的な影響を及ぼしているのである．

社会的経済，あるいはそれと同値な参加者 n 人のゲームといった一般的問題を考えるにあたっても，（あとの成功をまってはじめて正当化される楽観論ではあるが）われわれ

は同じことを期待することにしよう.つまり,解というのは,全体としてある種の均衡と安定性をもつ配分の系[1]であると考えることにする.この均衡と安定性については,のちに明らかにするつもりである.この安定性が結局どんなものであるにしても,それは系全体の性質であって,系を構成する個々の配分の性質ではない,ということをここで強調しておきたい.3人ゲームに関する以上の簡単な考察はこの点を明らかにするものであった.

4.3.4. 配分の系を,われわれの問題の解として特徴づける正確な基準は,もちろん数学的な性格のものである.それゆえ,正確でしかも徹底的な議論については,のちに行なう数学的な理論展開を参照していただかねばならない.厳密な定義そのものは30.1.1.で述べることにして,その前に,予備的な定性的素描をここでしておくことにしよう.これは,定量的な議論の基礎になる考え方を理解するのに役立つであろう.さらに,これによって,われわれの考察が,社会理論の一般的枠組のなかで,どのような位置を占めているかもいっそう明らかになるであろう.

4.4. 《優越》あるいは《支配》の非推移性

4.4.1. 解の最初の素朴な考え方は捨てねばならないことはわかったが,もう一度この考え方に戻ることにしよう.つまり,ふたたび解をただ1つの配分として考えることに

---

[1] 4.3.2.で述べたように,この配分の系に,結託を形成している仲間の間の補償を含ませてもよい.

しよう．仮にこの種の解が存在するとすれば，それは，ある納得できる理由で，他のすべての配分に優越した配分でなければならないであろう．配分のあいだのこうした優越という概念は，環境の物質的，社会的構造を考慮に入れて定式化されなければならない．すなわち，配分 x が配分 y に優越しているということが，恒常的な形で定式化されねばならない．いま社会，すなわち参加者の全体が，配分 y によってもたらされる分配問題の静学的な解決を《受け入れる》かどうかという問題の前に立たされたと仮定しよう．その際さらに，これに代わる配分 x による別の解決法も示されたと仮定しよう．その場合，配分 x が配分 y に優越しているとは，代替的な配分 x があれば，配分 y による解決を拒否するのに十分であるということを意味している．つまりここでいっているのは，十分多くの参加者が，自らの利害の判断に基づいて y よりも x を選好するということであり，また x から有利性が引きだせると確信している，あるいは確信しうるということである[*]．このように x と y を比較する場合には，参加者は，これに代わる任意の第3の配分を考慮することによって影響されてはならない．つまり，優越関係というのは，2つの配分 x と y だけに関係する基礎的な関係であると考えるのである．3つあるいはそれ以上の（最終的にはすべての）配分を比較することは，優越という基礎的な概念の上に打ち建てられる上部構造と

---

[*] 29.1.4.の（29:B:a）ならびに 29.2.1.を参照．[訳注]

して，この後に続くはずの理論の主題である．

上の定義で論じたように，y の代わりに x を採用することによって，一定の利益が得られることを利害関係者が確信できるかどうかは，そのときの状況の物質的な事実，ゲームの用語でいえば，ゲームの規則に依存する．

以下でわれわれは，多様な連想をともなう《優越》という言葉の代わりに，もっと専門用語らしい言葉を使うことにしたい．すなわち，2つの配分 x と y の間に，上記の関係が存在するとき[1]，x は y を**支配する**ということにしよう．

そこで単一の配分からなる解とはどのようなものと考えるべきかということを，もう少し慎重に述べるならば，そのような配分は，他のすべての配分を支配し，他のいかなる配分によっても支配されない，ということになる．

4.4.2. 上で定式化した（あるいは指摘したといった方がよいかもしれないが）支配という概念には，明らかに，選好の場合あるいは一般に定量的な理論に現われてくる大きさの場合とよく似た順序づけという性格がある．単一の配分からなる解[2] という概念は，この順序づけ[3] との関連

---

1) すなわち，このことが数学的に正確な形で成り立つときに，ということである．これについては，30.1.1. で述べる．
2) この解がはかない希望に過ぎないことはすでに示したが，なおこれを1つの例証として使ってゆくことにする．そのわけは，ある種の複雑さが生じないとするとどういうことになるかを示すことによって，こうした複雑さに対するよりよい見通しが得られるからである．この段階でのわれわれの真の関心は，もちろんこうした複雑さにある．これはまったく根本的なものである．
3) 順序づけについての数学的理論はごく単純なものであり，それ

でいうと最大元，つまり第 1 要素という概念に相当している．

いま問題にしている順序づけ，すなわち支配という概念が，仮に推移性という重要な性質をもっているとすれば，つまり，x が y を支配し，y が z を支配するときにはいつでも，x が z を支配するということが仮に成り立つとすれば，このような第 1 要素を探し求めることは妥当なことといえるであろう．すなわち，この場合には，つぎのような手続きを進めることが許されよう．まず，ある任意の x から出発して，x を支配するような y を探し求める．もしそのような y が存在すれば，そのうちの 1 つを選んで，つぎにこの y を支配するような z を探し求める．もしそのような z が存在すれば，そのうちの 1 つを選んで，さらにこの z を支配するような u を探し求める……．実際問題では，この過程は，多くの場合，有限回の手続きの後に，ある w で終わるか，あるいは系列 $x, y, z, u, \cdots$ が無限に続くが，これらの $x, y, z, u, \cdots$ がある極限 w に収束するか，のいずれかである．そして，上記の推移性によって，この最後の w は，いずれの場合にも，それ以前に得られた $x, y, z, u, \cdots$ をすべて支配し，他のいかなる要素によっても支配されない．

この問題を詳しく扱うには，徹底した議論が必要なので，ここではこれ以上立ち入らないことにする．多分読者もす

を使えば，おそらく単なる言葉だけの議論よりも，これらの条件をより深く理解することができよう．それに必要な数学的考察については，65.3.を見ていただきたい．

ぐ気づかれたように，系列 $x, y, z, u, \cdots$ に沿って進むことは，相継ぐ《改良》によって，最後には《最適》の，すなわち他のすべての要素を支配し，他のいかなる要素によってもまったく支配されないような《第1要素》に達するという手続きに対応している．

以上に述べたことは，推移性が成り立たない場合には，まったく違ってくる．その場合には，相継ぐ改良によって最適要素に到達しようとするどんな試みも，失敗に終わる可能性がある．x が y によって，y が z によって支配され，しかも z が x によって支配されるということが起こりうるからである[1]．

4.4.3. ところで，われわれが依拠しようとしている支配という概念は，実は推移的なものではない．この概念については前に（4.4.1.参照）一応述べたが，そこでも指摘したように，x が y を支配するというのは，ある集団 S があって，それに属する各人が個別に y という状況よりも x という状況を選好し，また，その集団 S を作れば，つまり同盟を結べば，この選好を確保できると確信している場合であった．これらの点については，30.2.で詳細に論ずることにしたい．このような参加者の集団を，y に対する x の支配についての《有効集合》ということにする．ところ

---

[1] 推移性が成り立つ場合には，このようなことは起こりえない．なぜなら，x は決して自分自身を支配することはないからである．実際，たとえば y が x を支配し，z が y を支配し，しかも x が z を支配しているならば，推移性によって，x が x を支配することになるからである．

で，x が y を支配し，y が z を支配しているとき，これら2つの支配についての有効集合が全然交わらないということもありうる．その場合には，z と x との関係についてなんの結論も引きだすことはできない．前の2つの有効集合と交わらないような第3の有効集合によって，z が x を支配するということも起こりうるからである．

とくに上記の形式的な表現において，推移性が欠けていると，厄介な複雑さが生ずるようにみえるかもしれないし，できれば理論からこの複雑さを取り除きたいと思われるかもしれない．しかし，読者がすぐ前の項をもう1度みなおされるならば，こうした複雑さは，実は，あらゆる社会組織における最も典型的な現象を示唆したものに過ぎないことがわかるであろう．さまざまな配分 $x, y, z, \cdots$ の間の支配関係，つまりさまざまな社会状態の間の優越関係は，これらの社会状態が互いに他を不安定にさせ，それをくつがえしうるいろいろな仕方に対応している．この種のさまざまな関係の中で有効集合として行動する参加者のいろいろな集団が，たとえば，y が x を，z が y を支配し，しかも x が z を支配するというような《三すくみ》の支配の状態をもたらすということもありうる．これこそまさに，こうした現象を扱う理論が直面する最も特徴的な困難点の1つにほかならない．

4.5. 解の正確な定義

4.5.1. そこで，われわれの仕事は，最適という概念，

つまり第1要素という概念に代わって，静態的均衡のなかでその機能を引き継ぐことのできるものをとりあげることである．前の素朴な概念が維持できないことになった以上，こうした転換はどうしても必要である．われわれは，4.3.2.-4.3.3.で，ある3人ゲームの特殊な場合にこの素朴な概念が使えなくなることを指摘したが，いまでは，それが使えなくなる原因をもっと深く見通すことができるようになった．つまり，その原因は支配という概念の性格，とりわけその非推移性にある．

こうした型の関係は，なにもわれわれの問題だけに固有なものではない．こうした関係を示す例は，他の多くの分野でもよく知られているが，残念なことに，それらは決して一般的な数学的取扱いを受けてこなかった．ここでいっているのは，選好の比較あるいは《優越》，すなわち順序づけという一般的な性格をもつ概念で，推移性が欠けているようなものすべてについてである．たとえば，チェスの勝抜き試合でのプレイヤーの強さ，スポーツや競技における《ペーパー・フォーム》などがそれである[1]．

4.5.2. 4.3.2.-4.3.3.で論じた3人ゲームの場合には，解は一般に単一の配分にはならないで，配分の集合になると

---

[1] これらの問題のうちのいくつかは，偶然性と確率を導入することによって数学的に論じられている．このような接近法には，ある程度の正当性があることは否定できないが，そのような場合でさえ，それによって完全な理解が得られるかどうかはなはだ疑わしい．こうした接近法は，社会組織に関するわれわれの考察にとってはまったく不十分であろう．

いうことが示された．それは，《第1要素》という概念が，適当な性質をもつ要素（配分）の集合という概念で置きかえられねばならないということであった．32.で3人ゲームを徹底的に議論する際に，4.3.2.-4.3.3.で3人ゲームの解として導入された3つの配分からなる系が，30.1.1.の定義に従って厳密な仕方で導きだされる．(33.1.1.での解釈をも参照．そこでは，いくつかの特別な解に注意が向けられる．) これらの定義に含まれる条件は，第1要素を特徴づける条件によく似たものとなろう．もちろんそれらは，要素（配分）の集合に対する条件であるが，もしこの集合がただ1つの要素からなる場合には，われわれの条件は，(あらゆる配分からなる系全体における) 第1要素の特徴づけになる．

これらの条件に対する詳しい根拠はこれまでのところまだ示してはいないが，読者にある程度納得してもらえるように，それらをつぎの項で述べることにしよう．解の定性的性質に関するいくつかの論拠，あるいはむしろ1つの可能な解釈は，それにつづく項で与えることにする．

4.5.3. 解の定義は以下のとおりである．要素（配分）の集合 S が解であるというのは，それがつぎの2つの性質をもつときである：

(4:A:a)　　S に含まれるどの y も，S に含まれる x によって支配されない．

(4:A:b)　　S に含まれないどの y も，S に含まれるある x によって支配される．

(4:A:a) と (4:A:b) は，つぎの1つの条件にまとめることができる．

(4:A:c)　S は，S の要素によって支配されないような要素の全体である[1]．

この種の演習に関心のある読者は，ただ1つの要素 x からなる集合 S に対しては，この条件はまさしく x が第1要素（最大元）であることを表わしているという，前に述べた主張を確かめてみられるとよい．

4.5.4. 上記の定義の条件を一見すると，すっきりしない感じをもたれるかもしれないが，それはおそらくこれらの条件の循環的性格のためであろう．この点がとくに目立つのは，S の要素が当の S に依存する関係によって特徴づけられている，(4:A:c) の条件であろう．肝要なことは，この状況の意味を誤解しないようにすることである．

上の定義の条件 (4:A:a) と (4:A:b)，あるいは (4:A:c) は S に対して循環的，すなわち陰伏的であるから，それらをみたす S が実際に存在するかどうか，また，そのような S が存在するとしても，それが一意的であるかどうかはまったくわからない．これらの問題は，この段階ではまだ解決できない問題であり，実は以下に述べる理論全体の主要な主題なのである．しかしながら，これらの定義の条件が，

---

[1] (4:A:c) は，(4:A:a) と (4:A:b) を合わせたものとまったく同値である．実際に，(4:A:c) の方が単純な考えを率直に表現しているが，数学的訓練を受けていない読者には，いくらかわかりにくいかもしれない．

特定の集合 S が与えられたときに、それが解であるかどうかを疑問の余地なく述べていることだけは明らかである。定義という概念には、定義される対象の存在と一意性という性質を伴っていなければ意味がないと主張する人には、ここでは S を定義したのではなくて、S の性質を定義したのであり、また解を定義したのではなくて、ありとあらゆる解の特徴を述べたのだ、といわねばならない。このように規定された解がまったく存在しないか、ただ1つだけ存在するか、それとも2つ以上存在するかということは、今後検討すべき問題である[1]。

4.6.《行動規準》としての解の解釈

4.6.1. 単一の配分という概念は、経済理論ではこれまでもよく使われており、十分理解されているが、われわれが導いた配分の集合という概念はあまり知られていない。したがって、この配分の集合という概念を、社会現象に関する思考のなかで十分確立されたなにか他の概念と関連させることが望ましい。

実は、われわれが考えている配分の集合 S は、社会組織と結びついた《行動規準》に対応しているように思われる。この主張をもっと綿密に検討することにしよう。

---

1) いうまでもないことだが、(4:A:a) と (4:A:b)、あるいは (4:A:c) の循環性、あるいはむしろ陰伏性というのは、決して、これらの定義が同義反復だという意味ではない。それらは、もちろん解 S に、非常に重大な制約を課しているのである。

社会的経済の物質的基礎が与えられているものとする．あるいは，問題の視野をさらに拡げて社会というものの物質的基礎が与えられているとしてもよい[1]．これまでのあらゆる伝統や経験によれば，人間は，このような背景に自己を順応させてゆく独特な方法を身につけている．このような方法は，1つの固定した割当て，すなわち単一の配分を設定することではなくて，むしろさまざまな選択の可能性を設定することからなっている．これらの可能性はいずれも，おそらく，ある種の一般的な諸原理を反映してはいるが，多くの特殊な点では互いに異なっている[2]．このような配分の系は，《確立された社会秩序》あるいは《公認の行動規準》を表わしているといえる．

配分をでたらめにまとめても，明らかに，そのような《行動規準》とはならないであろう．配分の系は，事物の可能な秩序としてその系を特徴づける一定の条件をみたしているはずである．この秩序が可能であるためには，明らかに，安定性という条件を備えていなければならない．前の項で示したわれわれの手続きは，疑いもなく，多くの点でこの

---

1) ゲームの場合には，これは，前に述べたとおり，ゲームの規則が与えられているということにほかならない．しかし，ここでの比喩としては，ゲームよりも社会的経済との類比の方が有用である．したがって，読者はゲームとの類比をしばらくの間忘れて，もっぱら社会組織の点から考えていただきたい．
2) ただ1つの固定した割当てが通用しうるほど，構成が例外的に単純な，極端な，あるいは数学的な言葉でいえば，《退化した》場合もあるかもしれない．しかし，このような例は典型的なものでないから無視してよいであろう．

考えに沿ったものであることは読者にもわかっていただけるであろう．そこであげた配分 $x, y, z, \cdots$ の集合 S は，いま《行動規準》と名付けたものに相当しており，解 S を特徴づける条件 (4:A:a) と (4:A:b)，あるいは (4:A:c) は，実は，上記の意味での安定性を表現しているのである．

4.6.2. 定義の条件を (4:A:a) と (4:A:b) の 2 つに分けたことは，この際，とくに適切である．y が x によって支配されるということは，配分 x がもし考慮に入れられるならば，配分 y が拒否されるという意味であることを思い起こしていただきたい（これは，どのような配分が最終的に受け入れられるかということを予言しているわけではない．4.4.1. および 4.4.2. を参照）．したがって，(4:A:a) は，行動規準が内的矛盾のないことを表現している．すなわち，S に属する，すなわち《公認の行動規準》に合致するどの配分 y も，同じ性質をもつ別の配分 x によってくつがえされることはない，つまり支配されることはないということである．他方，(4:A:b) は，どのような非公認の手続きも《行動規準》によって拒否されるということを表現している．すなわち，S に属さない配分 y は，S に属するある配分 x によってくつがえされる，つまり，支配されるということである．

ここで注意してほしいのは，4.5.3. では，S に属する y が，どのような x によっても決して支配されない[1]，と

---

1) あとでわかるように，このような条件は一般にはみたされえない．つまり，実際に興味のあるあらゆる場合に，さきの条件

いうことを要請しているわけではないということである．もちろん，仮に y がある x によって支配されるとすると，(4:A:a) によって x は S の外部になければならないことになる．社会組織の用語でいうと，《公認の行動規準》に合致する配分 y は，他の配分 x によってくつがえされることがあるかもしれないが，しかしその場合には，x はたしかに公認のものではない[1]ということになる．ところが，いま1つの条件 (4:A:b) によって，今度は x が，やはりこの規準に合致する z，つまり公認の第3の配分 z によって支配されるということが結論される．y と z はともに公認されているから，z は y をくつがえすことはできない．これもまた，《支配》の非推移性のもう1つの実例である．

したがって，われわれの解 S は，内的安定性をもつような《行動規準》に相当する．つまり，いったんこれらの解が一般に受け入れられれば，それらは，他のすべてのものを支配し，そのどの部分も，公認の規準の枠内では他から支配されることはない．現実の社会組織における事態のあり方はまさしくこうであり，それは，4.5.3.で示した解の定義の条件の循環的性格が完全に適切であることをはっきり示している．

(4:A:a), (4:A:b) とともに，この条件をみたす S を見つけることは不可能である．31.2.3.の (31:M) を参照．

[1] われわれはしばらくの間，(公認の《行動規準》に)《合致する》という言葉を，S に含まれているという言葉と同じ意味に，《くつがえす》という言葉を，支配するという言葉と同じ意味に使うことにする．

4.6.3. われわれは,前にある重要な異議を述べたが,それについてはわざと議論をしなかった.それは,4.5.3.の条件 (4:A:a) と (4:A:b),あるいは,(4:A:c) の意味での解 S の存在も一意性も明らかでない,あるいは確立されていないという異議であった.

もちろん,解の存在は本質的なものである.仮に解 S に関する条件が,どんな特殊な場合にもみたされないことがわかったとすれば,たしかに理論を根本的に変えなくてはならないであろう.したがって,あらゆる個々の場合に,解 S が存在する[1]という一般的証明があればそれにこしたことはない.以下の研究からわかるように,このような証明は完全に一般的な形ではまだなされてはいないが,これまで考察されたすべての場合には,たしかに解が見つけられている.

一意性に関しては,事情はまったく違っている.なんども触れたように,われわれの定義の条件の循環的性格から,解は一般に一意的でないということがむしろいえそうである.事実,のちにわかるように,たいていの場合,解はいくつも存在するのである[2].解を,安定した《行動規準》と解釈することについてこれまで述べてきたことから考えると,解がいくつもあるということには,単純な,ある種の合理的な意味があるといえる.つまり,同一の物質

---

1) ゲームの用語でいえば,どんな数の参加者に対しても,またどんなゲームの規則に対しても解があるということ.
2) 65.8. には,興味ある例外が示されている.

的背景が与えられていても，さまざまな《確立された社会秩序》あるいは《公認の行動規準》が可能であり，それらのものはすべて，前に述べた内的安定性という特徴をもっている．この安定性という概念は，明らかに《内的》な性格のもの，すなわち当の規準が一般に受け入れられているという仮定のもとでだけ有効なのであるから，これらの異なった規準が互いに矛盾するということは十分にありうることである．

4.6.4. われわれの上記の接近法は，社会的目標に関するいくつかの原理があらかじめ認められてはじめてその基礎の上に1つの社会理論を作ることが可能になるという，広く流布されている見解と比較するべきであろう．こうした先験的な原理があるとすれば，それは，全体として達成されるべき目標と，個人の間の分配との双方に関する量的言明を含んでいるはずである．これらの言明がいったん受け入れられれば，問題は単純な最大化問題に過ぎなくなる．

しかし，このような原理は，それ自体として満足のゆく形で表明されたことはかつてなかったし，また，それを擁護して述べられた議論は，通常，内的安定性に関する議論であるか，あるいはそれほど明確には定義されていない，主として分配についての願望の類であるかの，いずれかであったということに注意していただきたい．

後者の議論の根拠についてはあまりいうことはない．われわれの関心は，必然的に恣意的なものになる先験的原理を追究するとどうなるかということを決めることではなく

て，諸力の均衡がどこにあるかを検討することにあるからである．

前者の議論の根拠についていえば，われわれの目標は，まさにこれらの議論に，全体としての目標と個人の間の分配との双方に関する，正確で満足できる形式を与えることにある．そのためには，内的安定性の問題をそれ自体の問題として全面的に取りあげることが必要となる．この点について，首尾一貫した理論ならば，経済的な利害，影響および支配力の相互作用全体を正確に説明できないはずはないであろう．

4.7. ゲームと社会組織

4.7. われわれは，前項でゲームとの類比を意識的に控えてきた（120ページの脚注1を参照）が，ここでゲームとの類比を再び取りあげるのは時宜にかなっているであろう．一方では，4.5.3.の意味での解Sと，他方では，安定した《行動規準》という意味での解Sとの間の類比を用いれば，解概念に関するもろもろの主張を両方向にわたって確かめることができる．少なくとも，この提案は読者に好意をもって受け入れられるのではないだろうか．戦略ゲームに関する数学的理論の手続きは，戦略ゲームの概念と社会組織の概念との間に対応関係が確立することによって，確実に妥当性を増すものと思われる．他方，われわれあるいは他のいろいろな論者が社会組織に関してこれまでに行なってきた多くの言明は，ほとんどすべて，現在流布しているあ

る見解と衝突する．また，これまで述べられたたいていの見解は，事態の性質上，社会理論の分野の内部では，ほとんど証明しようもなければ，反証しようもなかったのである．したがって，われわれのすべての主張が，戦略ゲームの理論からの特殊な例によって確かめられれば，大きな助けになるであろう．

物理科学でモデルを使用する場合の標準的な手法の1つは，実際このようなものである．こうした現実とモデルの両方向の手続きは，4.1.3. の議論では強調しなかったモデルのある重要な機能を明らかにする．

1つの実例をあげよう．同一の物質的背景に基づく，複数の安定した《社会秩序》あるいは《行動規準》がありうるかどうかという問題は，高度に論争的な問題である．とくにこの問題があまりにも複雑であるため，それが通常の方法で解決されるという望みはほとんどない．しかし，3人ゲームあるいは4人ゲームで，1つのゲームに4.5.3.の意味での解がいくつもあるような特殊な例をのちにあげることにしよう．これらの例のいくつかは，ある種の単純な経済問題に対するモデルとなることがわかるであろう（62. を参照）．

4.8. 結　論

4.8.1. 第1章を終わるにあたって，形式的な注意を二，三述べておきたい．

まずはじめに，つぎの点から述べることにしよう．われ

われの考察は単一の配分から出発した．これは，もともと，前に述べたこまごました行動の指針の組合せから量的単純化によって抽出されたものであった．ついで，この単一の配分から配分の集合 S に進まなければならなかった．そして，この配分の集合は，ある一定の条件のもとで解となった．解は必ずしも一意的であるとは限らないから，どんな特定の問題に対しても，完全な解答をするには，1つの解を発見するのではなくて，すべての解の集合を決定しなければならない．したがって，どんな特定の問題においても，われわれが追究する実体は，実は配分の集合の集合なのである．これは，それ自体不自然なほど複雑のようにみえるかもしれない．さらに，この屋上屋を重ねる過程をこれ以上進めることは，おそらくは困難を伴うであろうが，それだからといって，そうしなくてもよいという保証は得られていない．しかし，こうした疑問に対しては，つぎの2点を述べれば十分である．第1に，戦略ゲームの理論の数学的構造から，ここでの議論の進め方が形式的に妥当であるということが保証される．第2に，前に論じた《行動規準》（配分の集合に相当する）と，同一の物質的背景を基礎とする《行動規準》の多様性（配分の集合の集合に相当する）との関連から考えて，ちょうどこのくらいの複雑さが手頃なのである．

配分の集合を《行動規準》と解釈することに対しては，批判があるかもしれない．前に 4.1.2. と 4.1.4. で，より素朴な解の概念を導入したが，これこそ《行動規準》を直

接定式化したものと，読者は思われるかもしれない．それは，各参加者に対する行動指針の集合という，解の予備的な組合せ論的概念であって，ゲームのありとあらゆる状況の中でどう行動すべきかを各参加者に教えるものであった．(そして，これらの指針から，単一の配分が量的な単純化として抽出されたのであった．上記の引用箇所を参照．) しかしながら，《行動規準》のこのような単純な見解が支持できるのは，結託と，結託を行なう仲間の間の補償がなんらの役割も演じないようなゲームの場合だけである．なぜなら，上記の行動指針には，結託や補償に対する取決めが含まれていないからである．結託や補償を無視できるようなゲームも存在する．たとえば，4.2.3.で述べたゼロ和2人ゲーム，もっと一般的には，27.3.および31.2.3.の (31:P) で論ずる《非本質的ゲーム》などがそれである．しかし，典型的な一般ゲーム，とりわけ社会的交換経済のあらゆる重要な問題は，結託や補償をぬきにしては考えられない．したがって，単一の配分の代わりに，配分の集合を考えざるを得なかったのであるが，これと同じ論法から，行動指針を《行動規準》と考えるこうした狭い解釈を棄てざるをえなかったのである．実際，これらの行動指針の集合は，のちにゲームの《戦略》と呼ばれることになるのである．

4.8.2. つぎに，理論の静態的性格と動態的性格について述べておかねばならない．本書の理論はあくまでも静態的であるということを，われわれは強調しておきたい．動態理論の方が疑いもなくより完全であり，したがってより

好ましい．しかし，静態的側面が十分解明されない限りは，いくら動態理論を築き上げようとしても無駄であることは，科学の他の諸部門で十分立証されている．他方，これまでの議論の過程で行なわれた明らかに動態的ないくつかの論法について，読者は疑念をいだかれるかもしれない．このことは，とくに，《支配》関係の影響のもとでのさまざまな配分の相互作用についてなされたすべての考察に当てはまる（4.6.2.を参照）．しかしわれわれには，これらの論法は完全に妥当なものと思われる．静態理論とは均衡を扱うものである[1]．均衡の本質的特徴は，それが変化の傾向をもたないということ，つまり動態的発展に導く要因がないということにある．こうした特徴を分析しようとすれば，ある種の初歩的な動態的概念を利用しなければならないことは明らかである．その場合，使われる動態的概念が，あくまでも初歩的であるという点が肝要である．いいかえれば，一般に均衡点から遠く離れた運動を正確に研究する本来の動学にとっては，こうした動態的な現象に関するはるかに深い知識が要求されるのである[2], [3]．

---

1) 動態理論でも均衡が扱われる．もっとも，それらは《動態的均衡》とも呼ばれてはいるが．
2) 上記の静学対動学の議論は，もちろん，この場合だけにしか当てはまらないものではない．たとえば，力学にくわしい読者ならば，ここで静力学と動力学に関する古典的理論の周知の特徴が改めて明確に述べられていることがわかるであろう．われわれがこでいっているのは，これが力と構造変化を含む科学的な見方の一般的特徴だということである．
3) 静態的均衡の議論にはいりこんでいる動態理論は，古典力学に

4.8.3. 最後に，社会現象を扱う理論が，数理物理学の現在の形から決定的にかけ離れていくと思われる1つの点を指摘しておきたい．もちろん，これは，多分に不確実さやあいまいさを含む主題についての，単なる推量に過ぎない．

本書の静態理論によって，均衡，つまり 4.5.3. の意味での解（これは配分の集合である）が明確になった．動態理論なるものがもし見つかったとしたら，それはおそらく形式的にはもっと単純な概念，すなわち単一の配分あるいはそれに類するものを用いて変化を記述するものとなるであろう．もっとも，その単一の配分は，瞬間ごとの有効さしかもっていないであろう．このことは，理論のこの部分の形式的構造，つまり静学と動学との間の関係が古典的な物理学理論の場合とは全般的に異なっている，ということを示している[1]．

以上の考察から，社会理論では理論形態がきわめて複雑であるということを改めて覚悟しなければならないことがわかる．われわれの静態的な分析においてさえ，たとえば，数理物理学で使われているのとは非常に違った概念的，形式的機構をつくり出すことが必要になった．たとえば伝統的な見解では，解といえばもっぱら一意的に定義された1

おける《仮想変位》に類似している．読者は，この点で 4.3.3. で述べた《影の実体》についての議論を思い出してほしい．

[1] とりわけ古典力学とは異なっている．前ページの脚注2で使ったような類比はここでは通用しない．

つの数，あるいは数の組と考えられているが，このような見解は，他の分野では成功を収めたかもしれないが，われわれの目的にとってはあまりにも狭すぎることがわかった．こうしてここでの数学的方法の力点は，数理物理学で支配的な微分方程式の解法から離れて，組合せ論と集合論へますます傾いてゆくように思われる．

第2章　戦略ゲームの一般的な形式的記述

5. 序　　論

5.1. 経済学からゲームの理論へ

5.1. 第1章の議論を通じて，理性的行動の理論，すなわち経済学の基礎と社会組織を支配する主なからくりについての理論にとって，《戦略ゲーム》の徹底的な研究が欠かせないことが明らかになったと思う．したがってつぎにくる段階は，この戦略ゲームの理論を独立した1個の主題として取りあげることである．しかし，ゲームの理論を独自の問題として研究しようとすると，これまでの観点は重大な修正を余儀なくされる．第1章の主たる関心事は経済学にあった．そこでは，このゲームという主題に固有な定式化や問題点にも次第に接近はしたのだが，それは，ゲームについて前もっての基本的理解がないと，経済学の分野においても前進することが不可能だと確信したからであった．だから，ゲームに触れたとしても，経済的視点が第1章全体を通じての主潮であったことには変わりがない．しかしながら，この第2章以降では，ゲームをゲームそのものとして取り扱わなければならない．したがって，これか

ら扱われる論点のいくつかに経済との関連がまったくなくても気にかけないことにしよう．そうしない限り，ゲームの主題そのものも正当に処理することはおぼつかないからである．もちろん，主要な概念の多くはそれでもまだ経済学の文献中にみられるものではある（次節参照）が，しかし細部の点に関しては，経済とはまったく関係がないということも少なくない．そして以下では，こうした細部の点が叙述の大半を占め，経済的理論の支配的な原理の影が薄くなってしまうこともありうるのを，覚悟せねばならない．

5.2. 分類と手続きについての一般原理

5.2.1.《戦略ゲーム》のある種の側面は，第1章の終りの数節でも重要であったが，それらはこれからの議論の最初の段階では現われてこない．はっきりいうと，プレイヤーの間の結託とかれらが互いに支払う補償については，最初は触れない（この点については，第1章の4.3.2., 4.3.3.を参照せよ）．まず，その理由を簡単に説明しよう．そうすれば，主題の一般的配列についても，ある程度明らかにできるからである．

ゲームを分類するときの重要な視点は，つぎのとおりである．（ゲームの終了時に）全プレイヤーが取得する利得の総和がつねに0であるか，あるいはそうでないか？ もし，この利得和が0であれば，プレイヤーは互いにやり取りするだけで，財貨の生産も破壊も行なわれていないわけである．娯楽として実際に行なわれるゲームはほとんどみなこ

の部類にはいる．しかし，経済的に意味のある構造は，このようなものとは本質的に異なっている．そこでは，利得総額，つまり社会的総生産は，一般に0ではないし，一定でさえもない．すなわち，社会的総生産は，プレイヤーつまり社会経済の参加者の行動に依存して変動する．こうした区別は，すでに4.2.1.，とくに104ページの脚注1において言及したところである．本書では，最初に述べた第1の部類のゲームを**ゼロ和ゲーム**，あとに述べた第2の部類のゲームを**非ゼロ和ゲーム**あるいは**一般ゲーム**と呼ぶことにする．

われわれは主としてゼロ和ゲームの理論を構築するが，逆にこの理論の助けをかりれば，どのような限定もつけずにあらゆるゲームを扱うことが可能となる．もっと正確にいうと，一般n人ゲームは（それゆえとくに和の変動するn人ゲームも）ゼロ和$n+1$人ゲームに帰着されることが示せるのである（56.2.2.を参照）．しかも，そのゼロ和n人ゲームの理論は，今度はゼロ和2人ゲームの特殊な場合に基づいて構成される（25.2.を参照）．それゆえ，われわれの議論はまずゼロ和2人ゲームの理論から始まることになるが，実際にそれに着手するのは第3章にはいってからである．

ところで，ゼロ和2人ゲームにおいては，結託や補償はなんの役割も演じない[1]．このようなゲームに本質的な問

---

1) この確言の十分に満足すべき《証明》は，結託や補償という概念を使わずに，すべてのゼロ和2人ゲームの完全な理論を構築し

題はそれとは異なった性格のものである．ゼロ和2人ゲームの主要な問題はつぎの点にある．各プレイヤーはどのようにして自分の方針を立てるのか，いいかえると，厳密な概念としての戦略とはいかなるものか？ また，各プレイヤーは，ゲームの各時点でどの程度の情報を利用することができるか？ 相手の戦略を見抜いているプレイヤーは，どんな行動をとるか？ ゲームの完全な理論を知っているプレイヤーは，どんな行動をとるか？ といった点である．

5.2.2. これらの問題点はいずれも，プレイヤーの数がどうであれ，また，結託や補償が本領を発揮するようになったとしても，あらゆるゲームにとって重要なものであることはたしかである．しかし，ゼロ和2人ゲームの場合には，のちの議論で示すように，これらの問題だけが重要な意義をもつ唯一のものなのである．また，上に述べた2人ゲームについてのこれらの問題は，いずれも経済学で重要性を認められてきたものであるが，ゲームの理論では，他と複合した形ではなく，より純粋な形で現われてくるものと考えられる．それゆえ，それらの問題はより厳密に論ず

うるという事実そのものの中にのみ見いだすことができる．このことは，第3章で行なわれるが，決定的な成果は 17. に含まれている．しかし，常識からいっても，《協定》や《結託》がここではなんの役割も演じないことは明らかである．実際，こうした何らかの取決めがあったとすると，それには少なくとも2人のプレイヤー，したがって，この場合にはすべてのプレイヤーが加わっていなければならないが，その2人のプレイヤーの利得和はいつも0である．つまり，そこには反対者もいなければ，獲得すべき共通目標もなくなってしまうからである．

ることができるし処理することもできるわけで，この点についてはのちに示したいと思う．この分析の過程においては，経済学本来の領域とはむしろへだたった，まったく日常的なゲームに属する情景や実例に依拠した方が，技術的にいっても便利であろう．それゆえ，以下の議論では，カルテル，市場，寡占などの経済的構造からの実例でなくて，チェス，《硬貨合せ》，ポーカー，ブリッジなどの遊技的構造からの実例を主として用いることにしよう．

この時点で，われわれが，ゲーム終了時における全取引きを純然たる貨幣的なものとみなしていること，いいかえると，どのプレイヤーももっぱら貨幣的利潤動機しかもっていないと考えていることを想起しよう．効用概念を用いてこのことの意味を分析することは，すでに第1章の2.1.1.ですませている．さしあたっては，とくに最初に議論すべき《ゼロ和2人ゲーム》に対しては（5.2.1.の議論参照），このような単純化は絶対的要請である．のちにこの仮定の補正についていろいろ検討するつもりではあるが（第12章とくに66.参照），理論の大部分を通じてこの仮定は堅持される．

5.2.3. 最初になすべき仕事は，ゲームを構成する要素に対して厳密な定義を与えることである．ゲームの概念が完全に数学的（あるいは組合せ論的）な厳密さで叙述されない限り，5.2.1.の終りに定式化した問題に正確かつ完全な解答を与えることはおぼつかない．本書の最初の目標は，5.2.1.で説明したとおり，ゼロ和2人ゲームの理論にある

けれども，ゲームの構成要素の厳密な記述をこの場合に限定せねばならぬ必要は少しもないことは明らかである．したがって，まず最初に一般 n 人ゲームの記述から始めることにする．この一般 n 人ゲームを記述するにあたっては，ゲームに現われてくる，考えられるすべての多様性や複雑性を，それらが明らかに非本質的な性格のものでない限り，すべて努めて正当に取りあげるつもりである．こうして，いくつかの相継ぐ段階を通って，多少複雑であるが，完全な，数学的に厳密な1つの構図に到達する．そうすると，そのあとで，この一般的構図を，実は，それよりはるかに単純ではあるが，一般的構図と完全かつ厳密に同値な構図で置きかえることが可能となるのである．そのうえ，こうした単純化を可能にする数学的道具立ては，われわれのつぎの問題，つまり厳密な戦略概念を導入するという問題にとっても，枢要な重要性をもっていることがわかる．

ゲームのこの単純な最終的定式化にいたるまでに，かなり込み入った，複雑ないくつかの定式化をへる廻り道が避けられぬことは，肝に銘ずべきである．その理由は，起こりうるすべての複雑性が考慮に入れられていることをまず示さなければならないからであり，次いで，この数学的道具立てによってその複雑な構図と単純な構図との同値性が実際に保証されることを，確認する必要があるからである．

以上のことは，任意の数のプレイヤーからなるあらゆるゲームに対してなされうるし，またなさなければならない．しかし，完全な一般性をもってこの目標が達成されたのちに

は，理論のつぎの目標は，すでに述べたようにゼロ和2人ゲームの完全な解を見いだすことである．したがって，本章ではすべてのゲームを扱うが，次章ではゼロ和2人ゲームだけを取りあげる．これらを解決し，二，三の重要な実例を論じてから，研究範囲を再び拡げ，最初にゼロ和 n 人ゲームを扱い，つぎに完全な一般ゲームへと進んでゆく．

結託や補償が再び登場してくるのは，もっぱらこのあとの方の段階に進んでからである．

6. ゲーム概念の単純化

6.1. 専門用語の説明

6.1. ゲームの組合せ論的な概念を厳密に定義する前に，まずいくつかの用語の使用法をはっきりさせておかなければならない．ゲームの議論に対して基礎となる概念でありながら，日常の言語においてはきわめてあいまいに使われているものがある．これらの概念を表わす語は，1つの語が場合によって違った意味に使われていたり，もっとひどい場合には，違った語があたかも同義語であるかのように使われていることもある．したがって，専門用語の確定した使用法を採り入れ，今後どんな場合にもそれを厳格に守らなければならない．

まず，ゲームという抽象的概念とそのゲームに属する個個のプレイとを区別しなければならない．ゲームとは，ひと口でいえば，それを記述する規則の総体のことである．

一方，ゲームは初めから終りまで特定の形で演じられるわけだが，その際の個々の特定の実演が**プレイ**である[1]．

第2に，ゲームの構成要素である手番についても，対応する区別がなされなければならない．手番は，いくつかの可能性，いいかえると選択肢の中からその1つを選びだす機会である．この選択は，ゲームの規則によって前もって詳細に規定された条件のもとで，プレイヤーのひとりによって行使される場合もあるし，偶然に依存するなんらかの装置，たとえばサイコロなどによって実現される場合もある．このように，**手番**とは一定の指定を伴った抽象的な《機会》のことであって，ゲームの構成要素にほかならない．これに対して，具体的な場面で，つまり1回ずつのプレイにおいて選択された特定の個々の可能性が**手**と呼ばれるものである．したがって，手番と手との関係は，ゲームとプレイとの関係と同じである．ゲームは手番の系列からなり，プレイは手の系列からなっている[2]．

最後に，ゲームの規則とプレイヤーの**戦略**とを混同しな

---

1) たいていのゲームの日常的用語法では，プレイはゲームとも呼ばれている．たとえば，チェス，ポーカー，その他多くのスポーツ競技などがそうである．ブリッジでは，プレイは《ラバー》（三番勝負），テニスでは《セット》に該当するが，これらのゲームでも具合の悪いことに，プレイの一定の構成部分がやはり《ゲーム》と呼ばれている．それに比べれば，フランスの用語法はかなり明確である．そこでは《ゲーム》＝《jeu》（遊戯），《プレイ》＝《partie》（勝負）となっている．
2) この意味で，チェスであれば，第1手番に手《E2-E4》を打つなどということができる．

いようにしなければならない．厳密な定義はのちに与えるが，いま強調している両者の違いは，最初から明確になっていなければならない．各プレイヤーは，自分の戦略，すなわち自分の手を支配する一般的な方針を自由に選んでよい．どんな特定の戦略にもよしあしがある．このよしあしということ自体，正確な意味に解釈されなければならない（14.5.と 17.8.-17.10. を参照）が，いずれにしても，それを使うか使わないかはプレイヤーの自由裁量に任される．これに対して，ゲームの規則は至上命令である．もし，ゲームの規則が破られることにでもなれば，そのすべてのかけひきは，定義によって，これらの規則で記述されたゲームではなくなってしまう．たいていの場合，規則を犯すことは物理的にも不可能である[1]．

6.2. ゲームの構成要素

6.2.1. さて，n 人のプレイヤーからなるゲーム Γ を考えよう．プレイヤーは，簡単のため，背番号 $1,\cdots,n$ で表わすことにする．例のよくある情景から，このゲームは手番の系列であると規定することができる．そして，これらの手番の個数も順序もあらかじめ決められているものと仮

---

[1] たとえば，チェスでは，ゲームの規則は，プレイヤーがその王を《詰め》の位置に動かすことを禁じている．これは，歩を横に動かしてはいけないのとまったく同じ絶対的意味での禁止条項である．しかし，1 つあとの手番で，相手が自分を《王手詰め》にできるような位置に自分の王を動かすことは，ただ単に馬鹿げた振舞いというだけで，禁止されてはいない．

定してよい．のちにみるように，これらの仮定はそんなに重要なものではないし，さして困難なく取り除くこともできるのである．さしあたりは，Γ の手番の個数（一定）を ν で表わすことにする．ν は，整数値 $1, 2, \cdots$ をとる．ν 個の手番自身は，$\mathscr{M}_1, \cdots, \mathscr{M}_\nu$ で表わし，この時間的順序で生起するものと仮定する．

各手番 $\mathscr{M}_\kappa$ $(\kappa = 1, \cdots, \nu)$ は，現実にはいくつかの選択肢（可能性）からなり，手番 $\mathscr{M}_\kappa$ を実現する手とは，それらの選択肢の中から1つを選ぶことである．これらの選択肢の個数を α_κ で表わし，選択肢自身を $\mathscr{A}_\kappa(1), \cdots, \mathscr{A}_\kappa(\alpha_\kappa)$ で表わすことにする．

手番には2つの種類がある．第1種の手番あるいは**人為手番**とは，ある特定の指定されたプレイヤーが自分の手を選択する機会である．これは，プレイヤーの自由な裁量のみに依存するもので，それ以外のものには依存しない．第2種の手番あるいは**偶然手番**とは，一定の確率分布をもって選択の結果を生起させるような，なんらかの機械的な装置に依存する選択の機会である[1]．それゆえ，各人為手番に対して，どのプレイヤーがこの手番で選択を行なうか，つ

---

[1] たとえば，十分にまぜたトランプの束からカードを配ること，あるいはサイコロを振ることなど．また，戦略がいくらかの役割を演じるような，体力や熟練が物をいうある種のゲーム，たとえばテニス，フットボールなどのゲームを含めてもよい．これらのゲームにおいては，プレイヤーの行動はある程度までは人為手番，すなわちプレイヤーの自由な決定に依存しているが，この程度を越えると偶然手番となり，確率が当該プレイヤーの指標となる．

まりそれが《だれの番》であるかが指定されていなければならない．人為手番 $\mathscr{M}_\kappa$ に属するプレイヤー（つまりそのプレイヤーの番号）を k_κ で表わすことにする．したがって $k_\kappa=1,\cdots,n$ である．偶然手番に対しては，$k_\kappa=0$ とおくものとする．この場合には，選択肢 $\mathscr{A}_\kappa(1),\cdots,\mathscr{A}_\kappa(\alpha_\kappa)$ の生起確率がそれぞれ与えられていなければならない．これらの確率をそれぞれ，$p_\kappa(1),\cdots,p_\kappa(\alpha_\kappa)$ で表わすことにする[1]．

6.2.2. 手番 $\mathscr{M}_\kappa$ における手というのは，選択肢 $\mathscr{A}_\kappa(1),\cdots,\mathscr{A}_\kappa(\alpha_\kappa)$ の中から1つを選ぶこと，いいかえるとその番号 $1,\cdots,\alpha_\kappa$ の中からどれか1つを選ぶことである．こうして選ばれた番号を σ_κ で表わす．したがって，手は1つの数 $\sigma_\kappa(=1,\cdots,\alpha_\kappa)$ によって特徴づけられる．プレイ全体は，すべての手番 $\mathscr{M}_1,\cdots,\mathscr{M}_\nu$ に対してそれに属するそれぞれの手を指定することによって記述される．すなわち1つのプレイは，番号の列 $\sigma_1,\cdots,\sigma_\nu$ で表わされる．

ところで，プレイが任意の列 $\sigma_1,\cdots,\sigma_\nu$ で表わされるとすると，ゲーム Γ の規則は，各プレイヤー $k=1,\cdots,n$ に対して，プレイの結末がどうなるかを指定していなければならない．すなわち，プレイが終了した時点で各プレイヤ

---

[1] $p_\kappa(1),\cdots,p_\kappa(\alpha_\kappa)$ は確率であるから，必ず負でない実数でなければならない．それらの事象は互いに排反してすべてをつくしていなければならないから，確率の和（一定の κ に対する）は1でなければならない．すなわち，

$$p_\kappa(\sigma) \geq 0, \qquad \sum_{\sigma=1}^{\alpha_\kappa} p_\kappa(\sigma) = 1.$$

ーがどれほどの利得を得るかを指定していなければならない．プレイヤー k の利得を $\mathscr{F}_k$ で表わすことにする．k が実際に支払いを受ける場合には $\mathscr{F}_k > 0$ であり，反対に支払う場合には $\mathscr{F}_k < 0$，どちらでもなければ $\mathscr{F}_k = 0$ である．したがって，各人の $\mathscr{F}_k$ は，$\sigma_1, \cdots, \sigma_\nu$ の関数

$$\mathscr{F}_k = \mathscr{F}_k(\sigma_1, \cdots, \sigma_\nu) \quad (k = 1, \cdots, n)$$

として与えられていなければならない．いいかえると，ゲーム Γ の規則は，この関数 $\mathscr{F}_k$ を，ただの関数[1]として，つまり変数 $\sigma_1, \cdots, \sigma_\nu$ の値を指定すれば一意的に定まるものとして備えていなければならない．しかも，各 σ_κ は，つねに，$\{1, \cdots, \alpha_\kappa\}$ を変域とする（整数値）変数である．これらの σ_κ に特定の数値を与えること，すなわち，特定の値の列 $\sigma_1, \cdots, \sigma_\nu$ を取り出すということは，ゲーム Γ の構成物ではなくて，前に述べたように，プレイそのものにほかならない．

6.3. 情報と予知性

6.3.1. ゲーム Γ の記述はまだ終わらない．各プレイヤーがくださなければならない決定の各時点での，すなわち，人為手番がかれの番であるとわかった時点での，そのプレイヤーの情報状態についてまだ詳しく指定していないからである．したがって，問題のこの側面をこれから検討することにしよう．

---

1) 関数概念の体系的な説明については，13.1. を参照．

こうした議論をするには，打たれる手に対応する手番 $\mathscr{M}_1, \cdots, \mathscr{M}_\nu$ を順に追ってゆくのが一番わかりやすい.

そこで，ある特定の手番 $\mathscr{M}_\kappa$ に注意を向けよう．もし，手番 $\mathscr{M}_\kappa$ が偶然手番であれば，それ以上いうべきことは何もない．その手は偶然によって決定されるので，どんな人であれ，その意志や他の事柄についてのその知識によって，この選択に影響を及ぼすことはできないからである．しかし，$\mathscr{M}_\kappa$ がプレイヤー k_κ に属する人為手番であれば，k_κ が $\mathscr{M}_\kappa$ に関する決定，つまり手 σ_κ を打つ場合，その情報状態がどうなっているかはきわめて重要になってくる．

かれの知りうるのは，たかだか，$\mathscr{M}_\kappa$ に先行する手番，つまり手番 $\mathscr{M}_1, \cdots, \mathscr{M}_{\kappa-1}$ に対応する手に関する情報だけである．すなわち，かれは，せいぜい $\sigma_1, \cdots, \sigma_{\kappa-1}$ の値を知りうるだけである．しかしまた，それだけ全部を知りうるとも限らない．プレイヤー k_κ が σ_κ の選択をせまられている瞬間に，$\sigma_1, \cdots, \sigma_{\kappa-1}$ に関する情報がどれほど与えられているかは，Γ の重要な特性である．このような制約がどんな性格のものであるかについては，すぐあとでいくつかの例をあげて示す．

$\mathscr{M}_\kappa$ における k_κ の情報状態を記述する最も単純な方法は，$\lambda = 1, \cdots, \kappa-1$ の中のいくつかの数からなる集合 Λ_κ を指定することである．そして，k_κ は Λ_κ に属する λ に対する σ_λ の値は知りうるけれども，他の λ に対する σ_λ の値は全然知らないものとするのである．

この場合，λ が Λ_κ に属する番号であれば，λ は κ に対

して**予知的**であるということにする．λ が κ に対して予知的であれば，$\lambda=1,\cdots,\kappa-1$ つまり $\lambda<\kappa$ になるが，逆は必ずしも真ではない．いいかえると，λ, κ の代わりに，それぞれに対応する手番 $\mathscr{M}_\lambda, \mathscr{M}_\kappa$ を考えれば，予知性から先行性は導かれる[1] けれども，逆に先行性は予知性を必ずしも意味しないということになる．

6.3.2. ここに述べた予知性の概念は，実は少し狭すぎるのであるが，もう少し詳しく検討してみる価値がある．予知性同士で，また予知性と先行性（上述脚注1参照）との間でさまざまの組合せ的可能性がひき起こされる．これらの可能性は，それが生ずるゲームにおいて一定の重要性をもっているので，以下で，とくに特徴的な実例の中からいくつかを選んで，この点を説明することにしよう．

6.4. 予知性，推移性および合図

6.4.1. まず最初に，予知性と先行性とが一致するようなゲームがあることを指摘しておこう．すなわち，（人為）手番 $\mathscr{M}_\kappa$ を打つプレイヤー k_κ が，それに先行するすべての手番 $\mathscr{M}_1,\cdots,\mathscr{M}_{\kappa-1}$ で選ばれた手の結果を知っている場合である．チェスはこのような《完全》情報ゲームの典型的な例である．完全情報ゲームは，一般に，格別理性的な性格のものとみなされている．厳密にいってこれがどういう意味であるかについては，15. とりわけ 15.7. で説明する

---

[1] 要するに $\lambda<\kappa$ であれば，$\mathscr{M}_\lambda$ は $\mathscr{M}_\kappa$ の前に生ずる．

予定である．

チェスはさらに，手番がすべて人為手番であるという特徴をもっている．ところで，偶然手番を含むゲームにおいても，最初に述べた特性，つまり予知性が先行性と一致するという性質をもつことがありうる．西洋双六はそのような例である[1]．ゲームの《理性的性格》については前のチェスの例に関連して触れたが，偶然手番があるとそれが損なわれるのではなかろうかという疑念が生じる．

15.7.1. で，この《理性的性格》についての十分納得のいく解釈を与えるが，それを認めるとすれば，今の場合でもそれが損なわれないということがわかる．すべての手番が人為手番であるか否かは重要ではない．本質的なのは，予知性が先行性と一致するかどうかということである．

6.4.2. つぎに，予知性が必ずしも先行性と一致しないゲームを考えよう．すなわち，(人為) 手番 $\mathscr{M}_\kappa$ で手を打つプレイヤー k_κ が，それ以前に起こったことをすべて知りつくしているわけではないという場合である．そうなるようなゲームは実にたくさんある．これらのゲームには，ふ

---

1) 西洋双六では，偶然手番はサイコロ投げで行なわれ，これが，各プレイヤーの駒(複数)の前進する歩程の合計を決める．人為手番は，各プレイヤーがこうして自分に割り当てられた全歩程をその駒(複数)の間にいかに配分するかという決定に当たる．また，リスクをダブルにする決定，相手がダブルしてきたときに，それを受け入れるかあきらめるかという選択も人為手番である．しかしながら，手番ごとに，あらゆる先行手番に属する手の結果は，だれでも盤上に見ることができる．

つう，人為手番とともに偶然手番が含まれていることが多い．一般に世上では，これらのゲームは混合的性格のものと考えられている．すなわち，ゲームの結果は基本的には偶然に依存するけれども，これらのゲームは，プレイヤーの戦略的能力によっても大きく影響されるというのである．

ポーカーとブリッジはそのうってつけの例である．そのうえ，これら2つのゲームは，いったん予知性が先行性と別物になってしまうと予知性という概念にどんな奇妙な性格が現われてくるかをも如実に示してくれる．この点は，もう少し詳しく検討してみる価値があろう．

先行性，すなわち手番の時間的順序には，推移性という属性がある[1]．ところが，いまの場合には，予知性は推移的であるとは限らない．事実，ポーカーでもブリッジでも，予知性は推移的ではない．そしてこの非推移性が起こる状況はきわめて独特である．

ポーカー：$\mathscr{M}_\mu$ をプレイヤー1への配分カード，つまりプレイヤー1の《手札》，$\mathscr{M}_\lambda$ をプレイヤー1の第1回のビッド，つまりせり値とする．前者は偶然手番，後者は人為手番である．$\mathscr{M}_\kappa$ をプレイヤー2の第1回の（プレイヤー1のつぎの）ビッドとする．これはプレイヤー2の人為手番である．そうすると，$\mathscr{M}_\mu$ は $\mathscr{M}_\lambda$ に対して，$\mathscr{M}_\lambda$ は $\mathscr{M}_\kappa$

---

[1] すなわち，$\mathscr{M}_\mu$ が $\mathscr{M}_\lambda$ に先行し，$\mathscr{M}_\lambda$ が $\mathscr{M}_\kappa$ に先行すれば，$\mathscr{M}_\mu$ は $\mathscr{M}_\kappa$ に先行する．推移性の有無が重要な意義をもつ特殊な状況は，支配関係について述べた第1章の4.4.2.と4.6.2.でも分析しておいた．

に対して予知的であるが、$\mathscr{M}_\mu$ は $\mathscr{M}_\kappa$ に対して予知的ではない[1]．したがって，ここで非推移性が生じるが，しかしそれにはふたりのプレイヤーが関係している．実際，どんなゲームでも，ひとりの特定のプレイヤーの人為手番の間で，予知性が非推移的でありうるなどとは，一見しただけではありそうもない．もしこのことが起こるとすれば，このひとりのプレイヤーが，手番 $\mathscr{M}_\lambda$ から $\mathscr{M}_\kappa$ へ移る間に，$\mathscr{M}_\mu$ に関する手の結果を《忘れる》必要があろう[2]．このような《記憶忘失》がどうして起こりうるか，またどうしてそうならざるをえないかはたしかに考えにくい．けれども，つぎにあげる例は，まさしくそのようなことの起こる実例なのである．

ブリッジ：ブリッジは，4人（A, B, C, D で表わされる）で行なわれるが，本来2人ゲームとして分類されるべきものである．実際，A と C は自発的に作られる結託よりも強い結合を形成し，B と D もこうした結合を形成する．A が，C とではなく，B あるいは D と協力することは，《規則違反》であり，プレイの最中に B のカードをのぞいたり，台札と同種のカードを持ちながら出さなかったりする

---

1) すなわち，プレイヤー1は自分自身の《手札》が何かを見て，第1回のビッドをする．プレイヤー2は，プレイヤー1の第1回のせり値を知って，自分の第1回のビッドをする．しかし，その際プレイヤー2はプレイヤー1の《手札》については何も知らない．

2) $\mathscr{M}_\mu$ は $\mathscr{M}_\lambda$ に対して予知的で，$\mathscr{M}_\lambda$ は $\mathscr{M}_\kappa$ に対して予知的であるが，$\mathscr{M}_\mu$ は $\mathscr{M}_\kappa$ に対して予知的でないと仮定している．

のと同じ意味で,《いんちき》である.そして,いんちきはゲームの規則に違反している.3人(ないしはそれ以上の人数)でポーカーをする場合には,そのうちの2人(ないしはそれ以上の人)が,利害の一致をもとに,協力して残りの人に対抗しても何ら差しつかえない.しかし,ブリッジの場合には,AとC(同じくBとD)は協力しなければならないが,AとBが協力することは禁じられている.このことを記述する最も自然なやり方は,AとCが実は1人のプレイヤー1であり,BとDがやはり1人のプレイヤー2であるといい切ってしまうことである.あるいは同じことだが,ブリッジは2人ゲームであり,この2人のプレイヤー1,2は,それぞれ直接プレイをするのではなく,プレイヤー1は2人の代理人AとCを通して行動し,プレイヤー2は2人の代理人BとDを通して行動するとすることである.

今,プレイヤー1の代理人AとCを考えよう.ゲームの規則は,AとCとの間の通信,すなわち情報交換を禁止している.たとえば,$\mathscr{M}_\mu$をAに配られたカードの《手札》,$\mathscr{M}_\lambda$をAが最初に出すカード,$\mathscr{M}_\kappa$をCが最初に出すカードとする.$\mathscr{M}_\mu$は偶然手番であり,$\mathscr{M}_\lambda$と$\mathscr{M}_\kappa$は上述の約定によってプレイヤー1の人為手番である.その場合,$\mathscr{M}_\mu$は$\mathscr{M}_\lambda$に対して,$\mathscr{M}_\lambda$は$\mathscr{M}_\kappa$に対して予知的であるが,$\mathscr{M}_\mu$は$\mathscr{M}_\kappa$に対して予知的ではない[1].したがって,

---

1) Aは自分自身の《手札》を知って第1回目のカードを出す.Cは,Aが出した(第1回目の)カードを知ってこの約定に協力す

ここでも非推移性が生じるが,今度は1人のプレイヤーだけがこれに関係している. A と C に,プレイヤー1という《人格を分身する》ことによって, $\mathscr{M}_\lambda$ と $\mathscr{M}_\kappa$ の間で, $\mathscr{M}_\mu$ の必要な《記憶忘失》が起こったことが,注目に値する.

6.4.3. 上に述べた例は,予知性という関係の非推移性が実践的な戦略の非常によく知られた要素,つまり《合図》の可能性に対応していることを示している. $\mathscr{M}_\kappa$ の段階では, $\mathscr{M}_\mu$ の知識を少しも利用できないとしても,それでも $\mathscr{M}_\lambda$ の結果を $\mathscr{M}_\kappa$ で観察することができ, $\mathscr{M}_\lambda$ が $\mathscr{M}_\mu$ ($\mathscr{M}_\mu$ の結果についての知識)によって影響されているとすれば, $\mathscr{M}_\lambda$ は,実際には, $\mathscr{M}_\mu$ から $\mathscr{M}_\kappa$ への信号となりうる. つまり, $\mathscr{M}_\lambda$ は情報を間接的に中継する媒介となりうる. そこで, $\mathscr{M}_\lambda$ と $\mathscr{M}_\kappa$ が,同一プレイヤーの手番であるか,あるいは異なる2人のプレイヤーの手番であるかによって,相反する2つの状況が生ずる.

第1の場合は,すでに見たようにブリッジに生じるが,この場合には,プレイヤー($k_\lambda = k_\kappa$)の関心は,《合図》を促進すること,すなわち情報を《彼自身の組織内に》伝播するようにすることである. この目的のために,ブリッジでは,《事前に約束した信号》のうまい体系が作られている[1]. これらの信号は戦略の一部であるが,ゲームの規則

　　るわけだが,しかしこの際, C は A の《手札》については知らないことになっている.
1) このような《合図》は,ブリッジでは,それがゲームの規則によって許されている範囲内の行為によって行なわれるならば,まったく公正であると考えられていることに注意されたい. たとえば,

の構成部分ではない（6.1.を参照）．したがってまた，ブリッジという同じゲームではあっても，つねに変化することができる[1]．

第2の場合は，すでにみたようにポーカーで生じるが，この場合には，プレイヤー（ここでは k_λ であり，$k_\lambda \neq k_\kappa$ であることに注意）の関心は《合図》を阻止すること，すなわち情報が相手 k_κ に拡がらないようにすることである．これはふつう，$\mathscr{M}_\lambda$ での手を打つ場合に，でたらめな，一見非論理的な行動を取ることによって実現される．これは，相手が実際見ている $\mathscr{M}_\lambda$ の結果から，直接の情報をもたない $\mathscr{M}_\mu$ の結果について推測することをいっそう困難にする効果がある．つまり，このような手段は，《信号》を不確実であいまいなものにする．19.2.1.で示すように，これこそ，ポーカーにおける《ハッタリ》の機能なのである[2]．

 A と C （プレイヤー1の2人の代理人，6.4.2.を参照）が，ただし，プレイの開始前に（！），ツーの代での切札指定の《最初のビッド》が残りの組札の弱さを《示す》ものと約束することは認められている．しかし，ビッドをする声の抑揚やテーブルをたたいて，その弱さを知らせることは違反である．つまり《いんちき》である．

1) これらの信号が，2人のプレイヤーつまり A と C の間および B と D の間でも違うことがありうる．しかし，1人のプレイヤー，たとえば A と C の《組織内》では，それらは一致していなければならない．

2) さらに，19.2.1.で示されるように，《ハッタリ》というのは，直接的には，世上に考えられているように，手札が弱いのに余分の利得をせしめようとする試みでは決してない．上記引用箇所を参照．

われわれは，これら2つのやり方を**正の合図**と**負の合図**と呼ぶことにする．負の合図つまり相手を惑わせることは，ブリッジも含めてほとんどすべてのゲームにみられることを付言しておかなければならない．負の合図は，複数のプレイヤーの間の予知性の非推移性に基づいているから，このことが容易に起こりうるのである．これに対して，正の合図はずっとまれである．たとえば，ポーカーにはこのような合図は全然ない．事実，正の合図は，前に指摘したように，1人のプレイヤーだけが関係している場合の予知性の非推移性を意味している．つまり，これには，適当な機構による，そのプレイヤーの《記憶忘失》が必要なのである．この記憶忘失は，ブリッジでは，2人の人格にプレイヤーを《分身する》ことによって達成されるのであった．

いずれにしても，ブリッジとポーカーとは，これら2種類の非推移性，それぞれ正の合図と負の合図という相反する2つの現象のかなり特徴的な実例であるように思われる．

どちらの合図の仕方も，現実のプレイにおいては，つまり，《よい》プレイ，あるいは《理性的な》プレイをしようとする際には，平衡をとるという微妙な問題をひき起こす．《素直な》プレイの仕方に含まれているより，信号を多くしよう，あるいは少なくしようとすると，どうしても《素直な》プレイの仕方からそれてしまう．そして，このことは通常，一定の犠牲を払ってはじめて可能なのであって，その直接の結果は損失ということになりかねない．こうして，

問題は，この《過剰な》信号を，情報を促進するか阻止するかによって，それによる利益が直接の損失を上廻るように調整することである．ここではまだ明確には定義されてはいないにしても，その中には最適化の過程と似た要請が含まれていることに気づかれよう．のちに，2人ゲームの理論において，この問題がどう処理されるかを示す予定であるし，この問題を1つの特徴的な実例（単純化されたポーカー，19.参照）について徹底的に論じるつもりである．

最後に，予知性が非推移的なあらゆる重要なゲームは，ほとんど例外なく，偶然手番を含むゲームであることに注意しよう．これら2つの現象の間に外見上のはっきりした関係がないことを考えると，これはふしぎなことである[1],[2]．しかし実際は，つぎに行なう分析から，偶然手番があろうがなかろうが，こうした状況における戦略の本質的な側面にはほとんど影響がないことがわかるのである．

7. ゲームの完全な概念

7.1. 手番の特性の可変性

7.1.1. 6.2.1.でわれわれは，手番 $\mathcal{M}_\kappa$ での α_κ 個の選

---

1) 6.4.1.で論じたような，予知性が先行性に一致する場合の，したがってまた，予知性が推移的である場合の対応する問題を参照されたい．そこで述べたように，その場合には手番があってもなくても，ゲームの基本的性格に影響はなかった．
2) 《硬貨合せ》は，この点で，一定の重要性をもつゲームである．このゲームとこれに関連した他のゲームについては，18.で論じる．

択肢 $\mathscr{A}_\kappa(1), \cdots, \mathscr{A}_\kappa(\alpha_\kappa)$ を導入した．また手番を人為手番あるいは偶然手番として特徴づける添字 k_κ を導入したが，これは，人為手番の場合には，その手番で手を打つプレイヤーの背番号であった．偶然手番の場合には，さらに，上記の選択肢の生起確率 $p_\kappa(1), \cdots, p_\kappa(\alpha_\kappa)$ を導入した．6.3.1.では，予知性の概念を集合 Λ_κ を使って叙述した．集合 Λ_κ とは，κ より小さい手番の番号 $\lambda(=1, \cdots, \kappa-1)$ の中で，κ に対して予知的であるようなすべての番号の集合である．しかしながら，これらすべての対象，つまり $\alpha_\kappa, k_\kappa, \Lambda_\kappa$, および $\sigma = 1, \cdots, \alpha_\kappa$ に対する $\mathscr{A}_\kappa(\sigma), p_\kappa(\sigma)$ が，この特定の κ だけに依存するのか，それともそれ以外のものにも依存するのかはとくに述べなかった．《それ以外のもの》といっても，もちろん，ただ $\mathscr{M}_\kappa$ に先行する手番に対応する手の結果のみなのだから，番号 $\sigma_1, \cdots, \sigma_{\kappa-1}$ の中のどれかのことである（6.2.2.を参照）．

こうした依存関係については，さらに詳しく論じる必要がある．

まず第1に，選択肢の個数 α_κ ではなく選択肢 $\mathscr{A}_\kappa(\sigma)$ 自身なら，それが $\sigma_1, \cdots, \sigma_{\kappa-1}$ に依存するとしても，重要な問題は起こらない．われわれは，手番 $\mathscr{M}_\kappa$ に対応する手の選択が $\mathscr{A}_\kappa(\sigma)$ 自身の間で行なわれるのではなく，その番号 σ の間で行なわれると仮定してもいっこうにさしつかえない．要するに，プレイの利得を表わす式，つまり関数 $\mathscr{F}_k(\sigma_1, \cdots, \sigma_\kappa)$ $(k=1, \cdots, n)$ の中にでてくるのは，$\mathscr{M}_\kappa$

の番号である σ, つまり σ_κ だけだからである[1] (6.2.2. を参照).

第2に, $\mathscr{M}_\kappa$ が偶然手番であることがわかった場合, すなわち $k_\kappa = 0$ (6.2.1.の末尾を参照) の場合に, $\sigma_1, \cdots, \sigma_{\kappa-1}$ への起こりうるあらゆる依存関係は, あるとしても, 複雑さの原因とはならない. これらの依存関係は, 本書で行なうプレイヤーの行動の分析には影響を及ぼさないからである. とくに, 確率は偶然手番に関連してのみ生ずるから, これですべての確率 $p_\kappa(\sigma)$ も片がついてしまう. (他方, 集合 Λ_κ は偶然手番では考える必要がない.)

第3に, $\mathscr{M}_\kappa$ が人為手番であることがわかれば, $\alpha_\kappa, k_\kappa, \Lambda_\kappa$ の $\sigma_1, \cdots, \sigma_{\kappa-1}$ への依存関係は考慮の対象になる[2]. この場合, こうした可能性は実際に複雑さの原因となる. そ

---

1) $\mathscr{M}_\kappa$ の段階で与えられる選択肢 $\mathscr{A}_\kappa(\sigma)$ の形態と性格は, $\mathscr{A}_\kappa(\sigma)$ が先行する $\sigma_1, \cdots, \sigma_{\kappa-1}$ の値に依存するとすると, これらの値に関するある種の情報をプレイヤー k_κ ($\mathscr{M}_\kappa$ が人為手番であれば) に伝達するかもしれない. しかし, 一方このような情報はいっさい, $\mathscr{M}_\kappa$ の段階で k_κ に利用できる情報として, 別に指定されているべきものである. われわれは, 6.3.1.で情報の問題に関する最も簡単な定式化について論じているが, その議論は 7.1.2.でいっそう完成される. $\alpha_\kappa, k_\kappa, \Lambda_\kappa$ に関する議論は以下でひき続いて行なうが, 可能な情報源としての $\mathscr{A}_\kappa(\sigma)$ の役割に関する限りでは, その議論は $\mathscr{A}_\kappa(\sigma)$ にも同じくあてはまる.
2) $\mathscr{M}_\kappa$ が人為手番になるかどうかということ自体, $k_\kappa \neq 0$ で特徴づけられるから, k_κ に依存し, したがって k_κ が $\sigma_1, \cdots, \sigma_{\kappa-1}$ に依存するとすれば, 間接的に $\sigma_1, \cdots, \sigma_{\kappa-1}$ に依存する (6.2.1. の終りを参照).

してこれこそ現実に起こりうることでもある[1]．その理由は以下に述べるとおりである．

7.1.2. プレイヤー k_κ は，$\mathscr{M}_\kappa$ の時点で，$\alpha_\kappa, k_\kappa, \Lambda_\kappa$ の値について知っていなければならない．なぜなら，これらの値は，その時点ではかれが守らなければならないゲームの規則の一部であるからである．それらの値が $\sigma_1, \cdots, \sigma_{\kappa-1}$ に依存する限り，かれは，それらの値から，$\sigma_1, \cdots, \sigma_{\kappa-1}$ の値についてある程度の情報を引きだすことができるかもしれない．ところが，かれは，Λ_κ に属さない λ での σ_λ については，何一つ知らないものと仮定されているのだ！ この矛盾をどうやって避けたらよいかを知ることはたやすくない．

正確にいうと，つぎの特別の場合には矛盾はない．すなわち，Λ_κ がすべての $\sigma_1, \cdots, \sigma_{\kappa-1}$ に対して独立であり，α_κ, k_κ が Λ_κ に属する λ での σ_λ にのみ依存するような場合である．その場合には，プレイヤー k_κ は，明らかに Λ_κ からは以前の手の値について何の情報も引きだせないし，また α_κ, k_κ からは，かれがとにかく知っていること，すな

---

[1] たとえば，チェスでは，$\mathscr{M}_\kappa$ の段階での可能な選択肢の数 α_κ は，その局面での駒の配置に，したがってそれ以前のプレイの経過に依存している．ブリッジでは，つぎの場に最初のカードを出すプレイヤー，すなわち $\mathscr{M}_\kappa$ でのプレイヤー k_κ は前の場で勝った人である．つまり，これもそれ以前のプレイの経過に依存している．いくつかの種類のポーカーとこれに関連した他のいくつかのゲームでは，ある時点でプレイヤーが利用できる情報の量，すなわち $\mathscr{M}_\kappa$ での Λ_κ は，かれと他の人とのそれ以前の行動に依存している．

わち Λ_κ に属する λ での σ_λ の値以外についての情報を引きだすことはできない.もし,事情が以上のようなものであれば,**特殊な依存形**が成り立っているという.

しかし,特殊な依存形がつねに成り立っているであろうか? 極端な例をとってみよう.Λ_κ がつねに空集合である,つまり k_κ が $\mathscr{M}_\kappa$ で何も知らないことになっているのに,たとえば α_κ が $\sigma_1,\cdots,\sigma_{\kappa-1}$ のあるものに明示的に依存しているとしたら,どうなるであろうか?

これは明らかにおかしい.$\alpha_\kappa, k_\kappa, \Lambda_\kappa$ を知ることによって得られるあらゆる数値的情報は,$\mathscr{M}_\kappa$ の段階でプレイヤー k_κ に利用できる情報として,はじめからしかも明示的に指定されているべきことを,われわれは要請していたのだ.しかしながら,そうしようとして,$\alpha_\kappa, k_\kappa, \Lambda_\kappa$ が明示的に依存しているような,これらすべての σ_λ の添字 λ を Λ_κ の中に繰り入れてしまうと,逆に誤りを犯しかねない.まず第1に,Λ_κ についていえば,このような要請の中にひそむ循環論法を避けるために多大の注意を払う必要がある[1].しかし,仮に Λ_κ が κ のみに依存し,$\sigma_1,\cdots,\sigma_{\kappa-1}$ に関係しない場合,つまり各時点で各プレイヤーに利用できる情報が,それ以前のプレイの経過にいっさい無関係である場合には,こうした困難は生じないかもしれないが,

---

1) とくに,Λ_κ が σ_λ に依存しているかどうかは,あらゆる値の系列 $\sigma_1,\cdots,\sigma_{\kappa-1}$ に対して Λ_κ の値がどうなるかを考察しない限り決められない.そうだとしたら,Λ_κ のどの値もこれらの λ を含んでいなければならないのだろうか?

それでも上記のような手順はなお認めることができない.たとえば, α_κ が, $\lambda=1,\cdots,\kappa-1$ の中のいくつかの λ に対応する σ_λ の結合に依存しているために, ゲームの規則によって, プレイヤー k_κ が $\mathscr{M}_\kappa$ の時点でこの結合の値を実際に知るのはよいとしても, それ以上のこと, つまり個々の $\sigma_1,\cdots,\sigma_{\kappa-1}$ の値を知ることは許されないという場合を考えてみるとよい. もう少し具体的にいえば, たとえば, κ にともに先行する μ, λ に対して $(\mu, \lambda<\kappa)$, 和 $\sigma_\mu+\sigma_\lambda$ の値を知ることはできるが, σ_μ と σ_λ の個々の値を知ることは許されないという場合を考えてみるとよい.

上に述べた状況を, k_κ の情報状態を集合 Λ_κ を使って表わすこれまでのより簡単な構図に帰着させようとして, いろいろ工夫することもやればできるかもしれない[1]. しかし, $\mathscr{M}_\kappa$ の段階での k_κ の情報のいろいろな成分を切り離そうとしても, それら成分自体が, 相異なるプレイヤーの人為手番に起因していたり, 同一のプレイヤーの人為手番であっても, 情報状態が異なっていたら, それは, まったくお手あげになってしまう. 上の例でも, このことは, $k_\mu \neq k_\lambda$ の場合, あるいは $k_\mu = k_\lambda$ でしかもこのプレイヤーの情報状態が $\mathscr{M}_\mu$ と $\mathscr{M}_\lambda$ で同一でない場合には, 起こりうる[2].

---

[1] 上記の例では, $\mathscr{M}_\mu$ を修正して, 選択されるのが σ_μ ではなくて $\sigma_\mu+\sigma_\lambda$ であるような, 新しい手番で置きかえることにすればよい. $\mathscr{M}_\kappa$ は元のままとしてよいだろう. そうすれば, k_κ は, $\mathscr{M}_\kappa$ の段階でこの新しい手番 $\mathscr{M}_\mu$ に関する手の結果だけについて知っていることになる.

[2] 上の脚注1の例でいうと, つぎのようになる. $k_\mu \neq k_\lambda$ とする

7.2. 一般的記述

7.2.1. これらの困難を克服するために試みうる多少とも技巧的な工夫がまださまざまある．しかし，最も自然なやり方は，これらの困難を率直に認め，われわれの最初の定義を適宜に修正することであろうと思われる．

それは，情報状態を表わす手段としては，Λ_κ を使うことを止めてしまうということである．その代わりに，われわれは，プレイヤー k_κ の人為手番 $\mathscr{M}_\kappa$ の時点でのかれの情報状態を別の手段によって明示的に記述しよう．すなわち，その手番に先行する変数 σ_λ，すなわち $\sigma_1, \cdots, \sigma_{\kappa-1}$ のいくつかの関数を列挙して，この関数の数値，しかもそれだけを当該プレイヤーがこの時点で知りうるものと仮定するのである．ここで指定されるのは関数の族であって，以後これを Φ_κ で表わす．

したがって，Φ_κ は関数
$$h(\sigma_1, \cdots, \sigma_{\kappa-1})$$
の集合である．Φ_κ の要素は，全体でちょうど $\sigma_1, \cdots, \sigma_{\kappa-1}$ への依存関係のすべてを網羅しているので，Φ_κ 自身は固定されている[1]，つまり κ だけに依存することになる．α_κ, k_κ

と，新しい手番 $\mathscr{M}_\mu$ （そこでは $\sigma_\mu \div \sigma_\lambda$ が選択されるが，これは当然人為手番のはずである）で手を打つプレイヤーは現実にはどこにも存在しない．$k_\mu = k_\lambda$ であっても，$\mathscr{M}_\mu$ から $\mathscr{M}_\lambda$ に移る際に情報状態が変わるならば，新しい手番 $\mathscr{M}_\mu$ に対する情報状態を満足に指定することは困難である．

[1] それでも，この定式化は，Φ_κ で表わされる情報状態が σ_1,

は，$\sigma_1,\cdots,\sigma_{\kappa-1}$ に依存するかもしれないものであり，しかも，それらの値は $\mathcal{M}_\kappa$ の時点で k_κ に知られているので，関数

$$\alpha_\kappa = \alpha_\kappa(\sigma_1,\cdots,\sigma_{\kappa-1}), \qquad k_\kappa = k_\kappa(\sigma_1,\cdots,\sigma_{\kappa-1})$$

は Φ_κ に属しているはずである．もちろん，$(\sigma_1,\cdots,\sigma_{\kappa-1}$ の値の特殊な組について）$k_\kappa=0$ であることがわかれば，いつでも手番 $\mathcal{M}_\kappa$ は偶然手番であるから（上記を参照），情報は不要となり，Φ_κ を使う必要はない．しかし，これはたいしたことではない．

Λ_κ を使った以前の記述形式は，明らかに Φ_κ を使った現在の記述形式の特殊な場合である[1]．

7.2.2. ここへきて，議論の方向を変えたことに，いくらかの不満を感じる読者もあるかもしれない．議論がこの方向へ変わってきたのは，1つには，現実にある典型的なゲーム（156 ページの脚注1を参照）に生じる複雑さに起

$\cdots,\sigma_{\kappa-1}$ に依存しているという可能性は排除しない．たとえば，σ_λ の値のある組に対しては，Φ_κ のすべての関数 $h(\sigma_1,\cdots,\sigma_{\kappa-1})$ が σ_μ を明示的に含んでいるが，σ_λ の値の他の組に対しては σ_μ を明示的には含まないような場合がそれである．しかし，それでもともかく Φ_κ 自身は固定されている．

1) Φ_κ が，たまたま，いくつかの一定の変数 σ_λ，たとえば λ がある与えられた集合 M_κ に属するような変数 σ_λ のあらゆる関数からなる場合には，Φ_κ による記述は，Λ_κ による記述に帰着される．なぜなら，M_κ に属する λ に対する σ_λ はたしかに Φ_κ に含まれ，M_κ に属さない μ の σ_μ は含まれないので，ここでの M_κ はちょうど前の集合 Λ_κ と一致するからである．しかし，すでに示したように，一般的には，われわれはこのような集合 M_κ の存在をあてにすることはできない．

因することはたしかである．しかし，Λ_κ を Φ_κ に置きかえなければならなかったのは，もっぱら絶対的な形式的（つまり数学的）一般性を確保したかったためである．7.1.2.で論じ，とくにそこでの脚注で説明した決定的困難のために，われわれはこの段階にいたらざるをえなかったのだが，これらの困難は実は誇張して考えられたものである．つまりそれらの困難は，現実のゲームである最初の例に必ずしも特徴的なものではなかったのである．たとえば，チェスやブリッジは，Λ_κ だけを使って記述することができるのである．

ゲームの中には，Φ_κ を使って議論しなければならないようなものもある．だが，これらのゲームは大部分，本質的でないいろいろな工夫を用いることにすれば，Φ_κ を Λ_κ に還元できるものなのである．しかし，この主題全体にはもっと精緻な分析が必要であって，ここで論ずるのは適当ではないであろう[1]．Φ_κ を必要とするような確実な経済モデルもあるにはある[2]．

---

1) ここでいっているのは，プレイヤーが何枚かのカードを裏にして捨てることができ，これらの捨て札を後で拾うか，さもなくば公然と使うことができるようなトランプ・ゲームのことである．《二重目隠しチェス》もこの類推に入る．これは現実との類推から，《戦争ゲーム》と呼ばれることもある（このゲームの記述については，9.2.3.を参照）．この記述に関していうと，各プレイヤーは，先行する他のプレイヤーの手の《可能性》について知っているが，これらの手自身については知らない．そして，この《可能性》は先行するすべての手の関数である．
2) すなわち，参加者は，他の参加者の以前の行動の全詳細につい

しかしながら，最も重要なのは以下のことである．

われわれが自ら定めた目標を追究しようとするにあたって，プレイヤーの種々の決定の全相互作用やかれらの変化しつつある情報状態などについて，ありとあらゆる組合せ的可能性をもれなく検討したという確信を得ておく必要がある．これらの問題は，経済学の文献では広範に論じられてきているものである．これらの問題が完全に扱えることを筆者は示したい．それにしても，上の理由から，われわれは，不当に特殊化して論じたためにある本質的な可能性を見落とした，という非難は一片たりとも受けたくないのである．

さらにまた，いま議論に導入されているすべての形式的要素は，最終的定式化では，議論を何ら複雑にするものではないことがのちに判明する．つまり，これらの要素は，ただ形式的記述にいたる現在の予備的段階を複雑にするに過ぎない．問題の最終的形態は，これらの要素から影響を受けないことがわかるのである（11.2.を参照）．

7.2.3. 論ずべき点がもう1つだけ残っている．この議論を始めるにあたって，6.2.1.の冒頭に述べた限定的仮定では，手番の個数 ν とその配列が前もって最初から与えられている，すなわち確定されているということであった．こうした限定は本質的でないことを，これから示すことにしよう．

───────────

ては知らないが，しかしこれらの行動の統計的結果については知りうるものとすればよい．

まず，手番の《配列》を考えよう．各手番の性格，つまり対応するプレイヤー k_κ の性格の考えられる可能性は，（とくに 7.2.1. で）すでに十分検討されている．手番 $\mathscr{M}_\kappa$ $(\kappa=1,\cdots,\nu)$ の順序は，最初から単なる時間的順序であったから，この点で論ずるべきことは別にない．

つぎに，手番の個数 ν を考えよう．この数も，本当は，変数つまりプレイの経過に依存しうるものである[1]．ν のこうした可変性を記述する場合には，ある程度の注意が必要である．

プレイの経過は，手の系列 $\sigma_1,\cdots,\sigma_\nu$ によって特徴づけられる（6.2.2. を参照）．ν が変数 $\sigma_1,\cdots,\sigma_\nu$ の関数であるとは単純にはいい切れない．なぜなら，列の長さ ν がどうなるかが前もってわかっていなければ，1 つの系列全体 $\sigma_1,\cdots,\sigma_\nu$ は到底思い浮かべられないからである[2]．正しくいうとつぎのようになる．変数 $\sigma_1,\sigma_2,\sigma_3,\cdots$ の値が順次選

---

1) たいていのゲーム，たとえばチェス，西洋双六，ポーカー，ブリッジでも，ν は変数である．ブリッジの場合には，この可変性は，第 1 に《ビッド》の回数が変わりうるためであり，第 2 に《ラバー》，つまり 1 つのプレイをするために必要とされる場の数が変わりうるためである．ν が一定であるようなゲームの例を見つけることの方が，むしろ難しい．のちにみるように，どんなゲームでも細工をすれば，ν を固定することができる．ν が最初から固定されているゲームは，とかく単調になりがちである．

2) つまり，ゲームの長さが，すべての手番に関連して選択される手全体に依存しているというわけにはいかない．なぜなら，ある手番がそもそも起こるかどうかということが，ゲームの長さに依存しているからである．この議論は，明らかに循環論となる．

択される様子を考えてみよう[1]. 手のこうした継続がどんどん限りなく行なわれるとした場合, ゲームの規則というものはこの手続きをある時点 ν で停止させるはずである. その場合, 停止が生ずる番号 ν は, もちろんその時点までのすべての手に依存する. ν とは, その特定プレイにおける手番の個数である.

ところで, このような停止規則は, どんなプレイをもいつかは停止させるということを保証するようなものでなければならない. つまり, $\sigma_1, \sigma_2, \sigma_3, \cdots$ と続く手を, 停止が決して起こらないようなやり方 (これは, 上記脚注1の制限を受ける) で配列することは不可能でなければならない. これを保証する一番明白なやり方は, 一定の時点, つまり ν^* 以前に, 停止が必ず起こるような停止規則を考えることである. つまり, ν は $\sigma_1, \sigma_2, \sigma_3, \cdots$ に依存するかも知れないが, $\sigma_1, \sigma_2, \sigma_3, \cdots$ に依存しないある ν^* があって, 必ず $\nu \leq \nu^*$ となるようにすることである. このような場合には, 停止規則の上界は ν^* であるという. これから考えるゲームには, 適当な, しかし一定の上界 ν^* をもつような停止規則があるものと仮定してしまう[2],[3].

---

1) σ_1 の変域は $1, \cdots, \alpha_1$ である. σ_2 の変域は $1, \cdots, \alpha_2$ で, その長さ α_2 は σ_1 に依存しうる. すなわち $\alpha_2 = \alpha_2(\sigma_1)$ である. σ_3 の変域は $1, \cdots, \alpha_3$ で, この α_3 は σ_1, σ_2 に依存しうる. すなわち, $\alpha_3 = \alpha_3(\sigma_1, \sigma_2)$ である等々という意味である.
2) このような停止規則は, 実際にどんなゲームにとっても不可欠なものである. たいていのゲームでは, ν の一定の上界 ν^* を見つけることはそう困難ではない. しかしながら, ときによって,

7. ゲームの完全な概念

ゲームの日常的な形の規則では，ごく例外的な条件のもとでゲームが限りなく続いて終わらないということも排除されていない．こうしたあらゆる場合に，上界 ν^* の存在を確保する目的で，実際的な安全装置がゲームの規則にあとで組み込まれているのである．それでも，これらの安全装置は，その目的がどんな場合にも明らかであるのに，いつも絶対的に有効であるとは限らない．例外的にしか無限のプレイが存在しない場合でさえ，これらの安全装置は実際的な重要性をあまりもっていないといわざるをえない．それにもかかわらず，少なくとも数学的な観点からは，典型的な例をいくつか論ずることははなはだ有益である．

ここで4つの例をあげよう．これらは，有効性が少なくなる順に並べてある．

エカルテ：1つのプレイは《ラバー》（三番勝負）であり，《ラバー》は3勝負のうち2《勝負》勝てば，その勝敗が決まる（139ページの脚注1を参照）．1つの勝負は，5《点》とると勝敗が決まり，各《場》では，2人のプレイヤーのいずれか一方に1点または2点が与えられる．したがって，1つの《ラバー》は，たかだか3勝負で終了し，1勝負は最高9《場》で終了する．1つの《場》が，13, 14 あるいは 18 個の手番からなることを確証するのは容易である．それゆえ，$\nu^* = 3 \cdot 9 \cdot 18 = 486$ となる．

ポーカー：2人のプレイヤーは最初から互いに限りなく《高値》をつけてせり合っていくこともやろうとすればできる．したがって，《高値》の許される回数を制限する但し書きを規則に加えるのがならわしになっている．（これらの人為手番における選択肢の数 α_κ を有限にするように，せり値の額もまた制限されている．）この但し書きは，もちろん有限な ν^* を保証している．

ブリッジ：プレイは《ラバー》であり，もし双方（プレイヤー）がいつまでたってもかれらのコントラクトを作らないと，これはどこまでも永続する．《ラバー》を失う恐れのある方は，このようにしていつまでも馬鹿げたほどの高値をつけて，プレイを終わらせないようにすることは考えられないことではない．このようなことは実際には行なわれないが，ゲームの規則には，これを防止するようなものは，はっきりとは書かれていない．いずれにして

ところで，この上界 ν^* を使えば，ν の可変性を完全に取り除くことができる．

これを簡単に行なうには，ゲームの構図を拡大して，つ

も，理論的には，ある停止規則がブリッジに導入されなければならない．

チェス：プレイをいつまでも終わらせずに，つまり《王手詰め》をせずに，プレイが限りなく続けられるような手（通常の用語では《手番》）の例を，とくに《終盤戦》で作ることは簡単である．最も単純なのは，いわゆる《千日手》で，手の同一サイクルを無限にくり返すものである．しかし，このような周期的なものでない手の無限列も存在する．これらはすべて，《引分け》を確保できない恐れのあるプレイヤーにとってはきわめて現実性のあるやり方である．こうした理由から，各種の《引分け規則》つまり停止規則が，こうした現象を防止するのに使われている．

よく知られている《引分け規則》の1つは，つぎのようなものである．すなわち，周期的なサイクル，つまり千日手がどんなものであっても3回くり返されたら，プレイは《引分け》に終わるとする．この規則は，手の無限列のほとんどを排除することはできるが，すべてを排除するものではない．したがって，本当には有効ではない．

もう1つの《引分け規則》は，つぎのようなものである．つまり，40個の手番の間に，歩が1つも動かされず，士官が1つも取られないと，プレイは《引分け》に終わるとする．駒の操作は《非可逆的》なので，あとで元に戻すことができない．ν^* は巨大な数になるにはなるけれども，この規則が有効であることは容易にわかる．

3) 純粋に数学的な観点から，以下のような問題を提出することもできよう．つまり停止規則が有効であるというのは，相継ぐ手の列 $\sigma_1, \sigma_2, \sigma_3, \ldots$ を適当に配列して，決して停止が起こらないようにすることは不可能であるという意味だとする．すなわち，$\sigma_1, \sigma_2, \sigma_3, \ldots$ に依存する有限の ν がつねに存在するものと仮定する．この仮定はそれだけで，停止規則の上界となる一定の，有限な

ねに ν^* 個の手番 $\mathscr{M}_1, \cdots, \mathscr{M}_{\nu^*}$ が存在するようにすればよい．各列 $\sigma_1, \sigma_2, \sigma_3, \cdots, \sigma_\nu$ に対して，手番 $\mathscr{M}_\nu$ までは一切これまでどおりとし，手番 $\mathscr{M}_\nu$ より後の手番はすべて《空手番》とする．すなわち，いいかえると，ある手番 $\mathscr{M}_\kappa$ ($\kappa=1,\cdots,\nu^*$) を考えたとき，個数 ν が κ より小さいような手の列 $\sigma_1, \sigma_2, \sigma_3, \cdots, \sigma_\nu$ に対しては，この $\mathscr{M}_\kappa$ はただ1つの選択肢しかない，つまり何事も起こらない偶然手番であるとする[1]わけである．

それゆえ，6.2.1.の冒頭で行なった仮定，とりわけ ν が最初から与えられているという仮定は今やっと事後的に正当化された．

ν^* の存在を保証するものであろうか？ つまり，すべて $\nu \leq \nu^*$ となるような一定の有限な ν^* が存在するだろうか？

現実のあらゆるゲーム規則は ν^* を直接設けようとしているので，この問題は純粋に学問的なものである（とはいえ，165ページの脚注 1 を参照）．それにもかかわらず，これは数学的にきわめて興味ある問題である．

答は《しかり》である．つまり，かかる ν^* はつねに存在する．たとえば，D. König: "Über eine Schlussweise aus dem Endlichen ins Unendliche", *Acta Litt. ac Scient. Univ. Szeged, Sect. Math.*, Vol. III/II (1927), pp. 121-130, とくに付録，pp. 129-130 を参照.

1) もちろん，これは，$\alpha_\kappa = 1$, $k_\kappa = 0$, $p_\kappa(1) = 1$ ということである.

8. 集合と分割

8.1. 集合によるゲームの記述

8.1. われわれは，すでにゲームという概念の満足すべき一般的な記述を得ているが，あらためてこれを，これからの数学的議論の基礎として使えるような公理的な正確さと厳密さで述べ直すこともできよう．しかしながら，それを行なう前に，別の定式化を一考するのもよかろう．この定式化は，これまでの節で得られたものとまったく同値なものであるが，一般的な形で述べれば，より統一的かつ単純で，はるかにすぐれた透明な記号法に導いてくれる．

この定式化を得るには，いままで行なってきた以上に広く，集合の考えとりわけ分割の理論の記号法を用いなければならない．それには，ある分量の説明と図解が不可欠であり，この点についてこれから説明することにしよう．

8.2. 集合，集合の性質とその図表示

8.2.1. 集合というのは，《もの》の任意の集まりのことである．これらの《もの》が，その集合の元または要素であるが，その性質や数についてはなんの制限もない．元は，その集合を構成し決定するが，その際，元同士の間の順序や元同士の関係はどんな種類のものでも，一応無視してしまう．つまり，2つの集合 A, B は，A の各元が B の元であり，また逆に B の各元が A の元であるとき，あらゆる点で同一であると考え，

$$A = B$$

と書く．α が集合 A の元であるとき，α は A に属すると いい，

$$\alpha \in A$$

と書く[1]．

われわれの関心は，例外はあるが，主として**有限集合**，つまり有限個の元からなる集合に置かれる．

もの $\alpha, \beta, \gamma, \cdots$ が与えられたとき，それから構成される集合を $\{\alpha, \beta, \gamma, \cdots\}$ で表わすことにする[*]．元を1つも含まない集合，すなわち**空集合**も集合の仲間に入れるのが便利である[2]．空集合は $\emptyset$ で表わすことにする[**]．とくに，ただ1つの元からなる集合，すなわち**1元集合**を作ること

---

1) 集合論に関する数学の文献は山ほどもある．しかし，以下本文で説明すること以上の事柄については全然使わない．これ以上のことに関心のある読者は，集合論に関するつぎの入門書をみれば，さらに多くの知識が得られよう．A. Fraenkel: *Einleitung in die Mengenlehre*, 3rd Edit., Berlin, 1928. 簡潔で専門的にも優れたものとしては，つぎのものがある．F. Hausdorff: *Mengenlehre*, 2nd Edit., Leipzig, 1927. (またたとえば，銀林浩『集合の数学』(明治図書) 参照．[訳注])

2) 2つの集合 A, B がともに元を1つももたなければ，それらは同じ元をもっているといってよい．それゆえ，上に述べた定義から，$A = B$ となる．すなわち，空集合はただ1つしか存在しない．このような推論は奇妙に思われるかもしれないが，完全に正当なものである．

*) 原書では，$(\alpha, \beta, \gamma, \cdots)$ となっているが，現在の慣用に従ってこうした．[訳注]

**) 原書では，$\ominus$ となっているが，これも慣用上 $\emptyset$ に変えた．[訳注]

ができる．この1元集合 $\{\alpha\}$ とそのただ1つの元 α とは別のものであるから，決して混同してはならない[1]．

どんなものでも集合の元となりうることをもう一度強調しておきたい．もちろん，ここでは対象は数学的なものだけに限定される．しかし，たとえば集合そのものが元となってもいっこうにさしつかえないのである（脚注1を参照）．これによって，集合の集合，集合の集合の集合などといったものが導かれる．これは，それと同値な他の名称，たとえば集合の系とか集合の族とか呼ばれることもある．しかし，このような特別な名称は本来は必要ではない．

8.2.2. 集合に関する主要な概念と演算は，以下のとおりである．

(8:A:a)　　A のすべての元が B の元であれば，A は B に含まれるといい，A を B の**部分集合**，また B を A の**拡大集合**とよぶ．記号で[*]，$A \subset B$ あるいは $B \supset A$．このことが成り立ち，しかも B が A の元以外の元を含んでいれば，A は B の**真部分集合**である，あるいは

---

1) 数学の部門によっては，$\{\alpha\}$ と α を同一のものとみなしてよい場合がある．しかし，これはたまたま行なわれるのであり，根拠ある慣例ではない．しかも，そうしたことは，一般的にはたしかに正しくないのである．たとえば，α を1元集合ではないことがわかっているもの，たとえば2元集合 $\{\alpha, \beta\}$ とか空集合 $\emptyset$ であるとしよう．すると，$\{\alpha\}$ は1元集合であるが，α は1元集合ではないから，$\{\alpha\}$ と α とは区別されなければならない．

*) 原書は $\subseteq$ および $\supseteq$ だが，現在の慣用は，等号を含めて $\subset$ および $\supset$ とすることが多いので，それに従った．[訳注]

B は A の**真拡大集合**であるという．記号で[*]，$A \subsetneqq B$ あるいは $B \supsetneqq A$．A が B の部分集合で，B が A の部分集合であれば，$A=B$ となることがわかる．これは，8.2.1. の初めに定式化した原理の再録である．A が B の部分集合で，$A=B$ でないとき，かつその場合に限り，A は B の真部分集合となることがわかる．

(8:A:b)　2つの集合 A, B の**合併**あるいは**結び**とは，A のすべての元と B のすべての元を一緒にした集合であり，これを $A \cup B$ で表わす．3つ以上の集合の合併も同様に定義される[1]．

(8:A:c)　2つの集合 A, B の**共通分**あるいは**交わり**とは，A と B に共通なすべての元の集合であり，これを $A \cap B$ で表わす．3つ以上の集合の共通分も同様に定義される．

(8:A:d)　2つの集合 A, B の**差集合**（A は被減集合，B

---

[*]　原書は ⊂ および ⊃ だが，上述の変更に従い，$\subsetneqq, \supsetneqq$ とした．[訳注]

1) 合併を別名和集合，共通分を別名積集合ともいうが，こうした和集合，積集合，および差集合などの用語は伝統的なものである．それは数の演算とのある種の代数的類推に基づいているのであるが，ここでは，そうした点は使わない．実際に，これらの演算 ∪, ∩ をもつ代数系はブール代数という名で知られていて，それ自体かなり興味あるものである．たとえば，A. Tarski: *Introduction to Logic*, New York, 1941 を参照．さらに Garrett Birkhoff: *Lattice Theory*, New York, 1940 を参照．このあとの著書は，現代の抽象的方法を理解するためには大変有益な書物である．バーコフの本の第6章では，ブール代数が扱われており，これ以上の文献はそこにあげてある．

は減集合）とは，B に属さない A のすべての元の集合であり，これを $A-B$ で表わす．

(8:A:e)　特に，B が A の部分集合である場合，差集合 $A-B$ を A に関する B の**補集合**ともいう．A がどんな集合であるかがはっきりしている場合には，単に $\overline{B}$ と書き*)，何も指定せずにただ B の補集合と呼ぶ．

(8:A:f)　2つの集合 A, B が共通の元をもたなければ，つまり $A \cap B = \emptyset$ であれば，A, B は**交わらない**とか，A, B は**互いに素**であるという．

(8:A:g)　集合の系（集合の集合）$\mathscr{A}$ は，$\mathscr{A}$ の異なるどの2元の対も交わらないとき，つまり $\mathscr{A}$ に属している任意の A, B に対して，$A \neq B$ なら $A \cap B = \emptyset$ が成り立つとき，互いに交わらない集合の系（または**族**）という．

8.2.3. この点については，いくつか図を使って説明した方が便利である．

考えている集合の元を点で表わすことにする（図1）．集合は，その集合に属する点（元）を線で囲んで表わし，集合を示す記号をその線上の一，二箇所に記入することにする（図1）．図1では，A, C は交わっていないが，A, B は交わっている．

この方法を使って，集合の合併，共通分および差集合を表わすこともできる（図2）．この図では，A は B の部分集

---

*)　原書では，$-B$ と表わされているが，これもわが国の慣用に従って $\overline{B}$ とした．［訳注］

図1

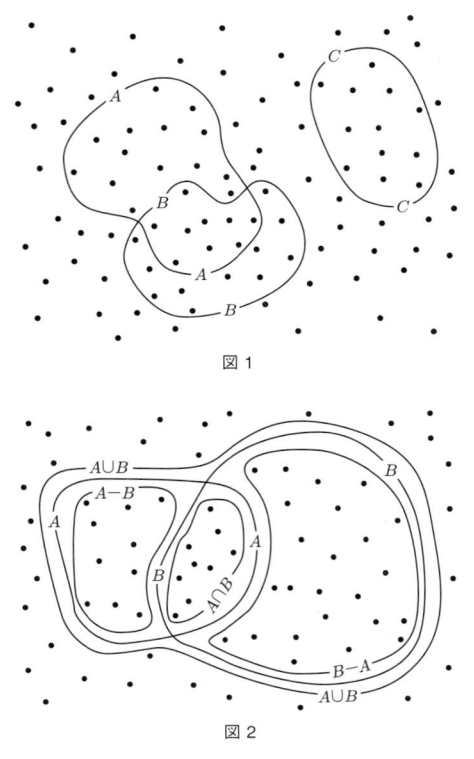

図2

合ではなく，B も A の部分集合ではない．したがって，差集合 $A-B$ あるいは $B-A$ は，どちらも補集合にはならない．つぎの図では，B が A の部分集合であるから，$A-B$ は A に関する B の補集合である（図3）．

図3

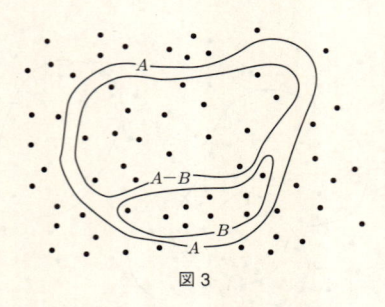

8.3. 分割，分割の性質とその図表示

8.3.1. 集合 Ω と集合の系 $\mathscr{A}$ が与えられているものとしよう．$\mathscr{A}$ がつぎの2つの条件をみたすとき，$\mathscr{A}$ は $\dot{\Omega}$ の**分割**であるという．

(8:B:a)　$\mathscr{A}$ のどの元 A も Ω の部分集合であり，かつ空集合ではない．

(8:B:b)　$\mathscr{A}$ は互いに交わらない集合の系である．

この概念も，広範な文献の主題となっている[1]．

---

1) G. Birkhoff, 前記引用文献を参照．上の条件 (8:B:a), (8:B:b) は慣習的なものと少し違った点がある．正確にいうと，
(8:B:a) について：$\mathscr{A}$ の元 A が空集合ではないという条件を付さないこともある．事実，われわれは，9.1.3. で1つの例外を設けなければならなくなる（187ページの脚注1を参照）．
(8:B:b) について：$\mathscr{A}$ のすべての元の合併がちょうど集合 Ω

2つの分割 $\mathscr{A}, \mathscr{B}$ に対して，つぎの条件がみたされるとき，$\mathscr{A}$ は $\mathscr{B}$ の**部分分割**である，あるいは分割 $\mathscr{A}$ は $\mathscr{B}$ より**細かい**という．

(8:B:c)　$\mathscr{A}$ のどの元 A も，$\mathscr{B}$ のある元 B の部分集合である[1]．$\mathscr{A}$ が $\mathscr{B}$ の部分分割で，かつ $\mathscr{B}$ が $\mathscr{A}$ の部分分割であれば，$\mathscr{A} = \mathscr{B}$ となることに注意されたい[2]．

つぎに，(8:B:d) を定義しよう．

(8:B:d)　2つの分割 $\mathscr{A}, \mathscr{B}$ が与えられたとする．A が $\mathscr{A}$ の元を動き，B が $\mathscr{B}$ の元を動くときのすべての共通分 $A \cap B$ の系を作る．このうち空集合でないものだけを考えれば，それらも明らかに分割となる．これを，$\mathscr{A}, \mathscr{B}$ の**重合せ**という[3]．

全体となることを要求するのが普通である．われわれにとっては，この条件を外した方が便利なので，そうしてある．

1) $\mathscr{A}, \mathscr{B}$ も集合であるから，$\mathscr{A}, \mathscr{B}$ に関して，部分集合（包含）関係と部分分割関係とを比較してみるのがよい．ただちに証明できるように，もし $\mathscr{A}$ が $\mathscr{B}$ の部分集合であれば，たしかに $\mathscr{A}$ は $\mathscr{B}$ の部分分割であるが，その逆は（一般には）真でない．

2) 証明：$\mathscr{A}$ の任意の元 A を考えよう．A は $\mathscr{B}$ のある元 B の部分集合でなければならず，B は $\mathscr{A}$ のある元 A_1 の部分集合でなければならない．だから，A, A_1 は空でない集合 A のすべての元を共有しているから共通の元をもつ，つまり交わる．それらはともに分割 $\mathscr{A}$ に属しているから，実は $A = A_1$ でなければならない．だから，$A \subset B$ で，$B \subset A (= A_1)$ である．したがって，$A = B$，それゆえ A は $\mathscr{B}$ に属する．

すなわち，$\mathscr{A}$ は $\mathscr{B}$ の部分集合である：$\mathscr{A} \subset \mathscr{B}$（上の脚注1を参照）．同様に，$\mathscr{B} \subset \mathscr{A}$．したがって $\mathscr{A} = \mathscr{B}$ である．

3) $\mathscr{A}$ と $\mathscr{B}$ の重合せが $\mathscr{A}, \mathscr{B}$ 両者の部分分割であること，および分割 $\mathscr{C}$ が $\mathscr{A}, \mathscr{B}$ 両者の部分分割であれば，$\mathscr{C}$ は $\mathscr{A}$ と $\mathscr{B}$ の重合

最後に，2つの分割 $\mathscr{A}, \mathscr{B}$ と与えられた集合 C に対して，集合 C 内での上述のような関係を定義することにしよう．

(8:B:e)　$\mathscr{A}$ に属する集合で C の部分集合になっているどの A も，$\mathscr{B}$ に属する集合でしかも C の部分集合になっているある B に含まれるとき，$\overset{.}{C}$ 内で $\mathscr{A}$ は $\mathscr{B}$ の**部分分割**であるという．

(8:B:f)　$\mathscr{A}$ と $\mathscr{B}$ の元が C 内の同一の部分集合になっているとき，$\overset{.}{C}$ 内で $\mathscr{A}$ は $\mathscr{B}$ に**一致する**という．

前ページの脚注2は，これに必要な修正を加えれば，ここでも明らかにあてはまる．また $C=\Omega$ の場合には，上に述べた（C についての）相対的な概念は，最初に述べた限定なしの概念と一致する．

8.3.2. ここでも 8.2.3. と同じように，いくつかの図を使って分割を説明することにしよう．

まず，分割を図に描くことにしよう．分割の元（集合である）に名称はつけないが，それらを線 ---------- で囲んで表わすことにする（図4）．

つぎに，2つの分割 $\mathscr{A}, \mathscr{B}$ を区別するために，$\mathscr{A}$ の元の囲み線は ---------- で表わし，$\mathscr{B}$ の元の囲み線は ･･････････ で表わすことにする（図5）．この図では，$\mathscr{A}$ は $\mathscr{B}$ の部分分割である．つぎの図では，$\mathscr{A}$ は $\mathscr{B}$ の部分分割ではなく，$\mathscr{B}$ も $\mathscr{A}$ の部分分割ではない（図6）．この図で $\mathscr{A}, \mathscr{B}$ の重合せを求めることは，読者にお任せする．

せの部分分割であることは容易に証明される．G. Birkhoff, 前記引用文献を参照．

図 4

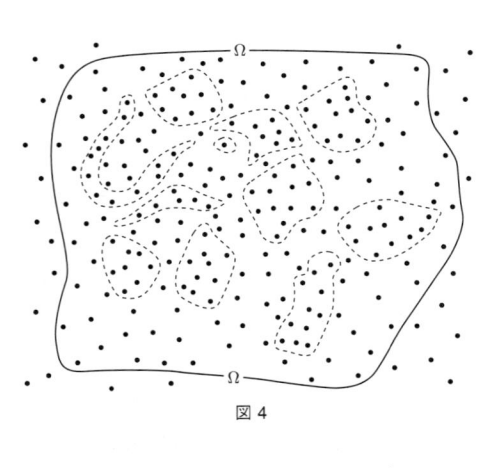

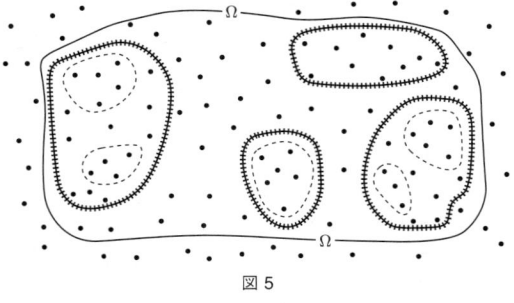

図 5

図6

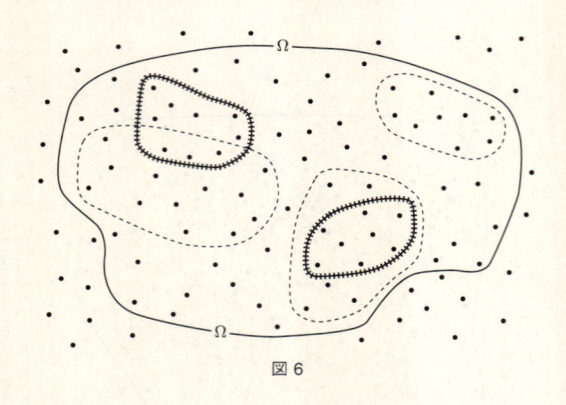

　集合 Ω を1つの点で表わし，Ω の部分集合である分割の各元をこの点から上方に引かれた線で表わすと，分割のもう1つの，より単純な図表示が得られる．たとえば，図5の分割 $\mathscr{A}$ は，ずっと単純な線図で表わされる（図7）．こうした表示は，分割の各集合内の元を示すことはできないし，図6で行なったように，Ω のいくつかの分割を同時に表わすのに使うこともできない．けれども，Ω の2つの分割 $\mathscr{A}, \mathscr{B}$ が図5のような関係にあれば，つまり $\mathscr{A}$ が $\mathscr{B}$ の部分分割であれば，こうした欠陥は障害とはならない．この場合，図7にあるように，Ω を再び基底の点で表わし，この点から上方に引かれる線で $\mathscr{B}$ の各元を表わすことができる．また $\mathscr{A}$ の各元 A は，$\mathscr{B}$ のある元 B の部分集合になっているから，この $\mathscr{B}$ の元 B を表わす $\mathscr{B}$ 線の上端を始

図7

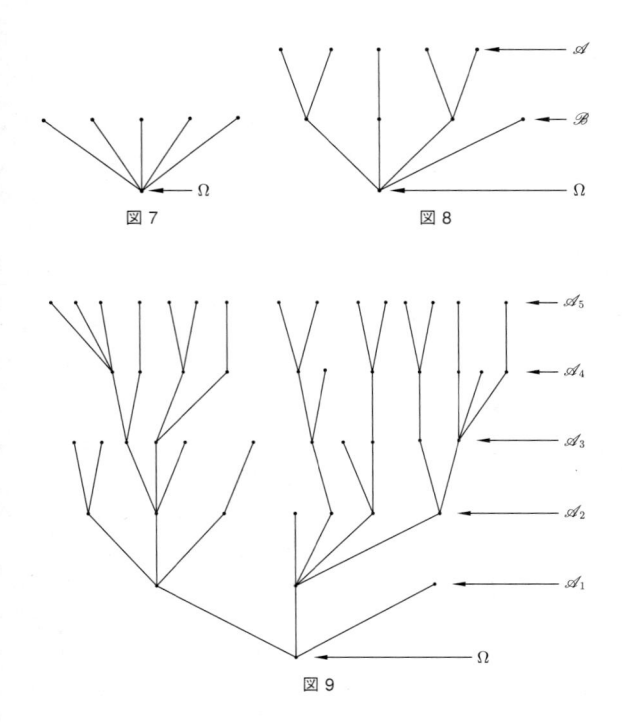

図8

図9 (ラベル: $\mathscr{A}_1, \mathscr{A}_2, \mathscr{A}_3, \mathscr{A}_4, \mathscr{A}_5, \Omega$)

点にさらに上方に引かれるもう1つの線で，$\mathscr{A}$ の元 A を表示することができる．このようにして，図5の2つの分割 $\mathscr{A}, \mathscr{B}$ を表示することができる（図8）．この表示法は，これに対応する図5の表示ほどは細部をわかりやすく示してはくれない．しかし，この表示法の単純さのおかげで，

かえって，図4-図6で実際になしうるよりも，はるかに表示を拡大することが可能となる．たとえば，分割の系列 $\mathscr{A}_1, \cdots, \mathscr{A}_\mu$ があって，各分割がすぐ前の分割の部分分割であるような場合に，上の表示法を使ってこの分割の系列を一目瞭然に図示することができる．ここでは，$\mu = 5$ となるような代表例をあげておく（図9）．

この種の図式は，これまで数学でも扱われており，木という名で知られている．

8.4. 集合と分割の論理的解釈

8.4.1. 8.2.1.-8.3.2.で導入した諸概念には，一定の論理的解釈を施すことができるが，それによって，これらの概念は以下のゲームの議論で大いに役に立つ．

まず，集合に対する解釈から始めることにしよう．

Ω は任意の集合とする．どんな**性質**でもよいから考えると，Ω の元はその性質をもっていたりいなかったりする．このような性質は，（Ω 内では）それをもつ Ω のすべての元のなす部分集合を指定することによって，完全に特徴づけられる．つまり，もし2つの性質がこの意味で同じ部分集合に対応しているとすると，Ω の同じ元が同時にこれら2つの性質をもっていることになる．いいかえると，これら2つの性質は $\dot{\Omega}$ 内で同値である，あるいは Ω 内で一方の性質から他方の性質が導かれるし，その逆もいえる．

ところで，Ω の元に関する性質が Ω の部分集合とこのような単純な対応関係にあるだけでなく，これらの性質に関

する基本的な論理演算も，8.2.2.で論じた集合演算に対応している．

たとえば，2つの性質の**選言**，すなわち2つの性質のうち少なくとも1つが成り立つという主張は，明らかにそれらの集合を合併すること，つまり演算 $A \cup B$ に対応している．2つの性質の**連言**，すなわち両者が共に成り立つという主張は，それらの集合の共通分を作ること，つまり演算 $A \cap B$ に対応している．最後に，性質の**否定**すなわち正反対の主張は，その集合の補集合を作ること，つまり演算 $\overline{A}$ に対応している[1]．

上では，Ω の部分集合を Ω の元に関する性質に対応させたが，その代わりに，それらを Ω の不定の元に関する**情報**に相関させることもできる．なぜなら，こうした情報なるものは，結局は，Ω のこの未知の元が一定の指定された性質をもっている，と主張することに等しいからである．だから情報とは，こうした性質をもつすべての元の集合によっても表わされる．つまり，所与の情報は，Ω の未知の元の存在範囲をその部分集合にまでせばめるものなのである．

とくに，空集合というのは，決して起こらないという性質，つまり不合理な情報に対応していることに留意しなければならない．また，2つの互いに交わらない集合は，2つの両立しない性質，つまり2つの互いに両立せぬ情報に対応していることにも注意する必要がある．

---

1) 集合論と形式論理学との関連については，たとえば G. Birkhoff, 前記引用文献，第8章を参照．

8.4.2. さて，つぎに分割について考えよう．

8.3.1 の定義 (8:B:a), (8:B:b) に戻って，これを現在の用語であらためて述べると，つぎのようになる．分割とは，Ω の未知の元に関する，どれをとってみてもそれ自身意味のある，互いに2つずつ両立せぬ情報の系のことである．いいかえると，分割とは，Ω の未知の元に関する情報がのちにどのくらい考えられるか，つまりこれらの元のもつ可能性の範囲がのちにどの程度までせばめられるかを前もって述べることである．しかし，分割によって与えられるのは，現実の情報ではない．現実の情報というのは，分割に属する元，つまり分割を構成する集合を指定することに相当する．なぜなら，このような元こそ，Ω の部分集合すなわち現実の情報だからである．

したがって，Ω の分割とは，1つの**情報パターン**のことであるということができる．Ω の部分集合に関していうと，8.4.1.でみたように，それらは確定した情報に対応している．分割に対して用いられた用語法と混同しないようにするために，この場合に，すなわち Ω の部分集合に対しては，**実情報**という語を用いることにする．

そこで，8.3.1. の定義 (8:B:c) を取りあげ，これを現在の用語法で述べることにしよう．この定義は，Ω の分割 $\mathscr{A}, \mathscr{B}$ に対して，$\mathscr{A}$ が $\mathscr{B}$ の部分分割であるという意味を表わしている．つまり，それは，$\mathscr{A}$ によって伝達される情報は $\mathscr{B}$ によって伝達されるすべての情報（とおそらくそれ以上の情報）を内に含んでいる，すなわち情報パターン $\mathscr{A}$

は情報パターン $\mathscr{B}$ より詳しい，と主張することに等しい．

以上の指摘は，8.3.2.の図4-図9の意味に新たな光を投げかける．とりわけ，図9の木は，一連の，絶えず詳しくなる情報パターンを描いているものとみられる．

9. ゲームの集合論的記述

9.1. ゲームを記述する分割

9.1.1. 手番の個数は一定であると仮定しよう．われわれは，いまではそのように仮定してもよいことを知っている．この手番の個数を再び ν で表わし，手番自身は $\mathscr{M}_1, \cdots, \mathscr{M}_\nu$ で表わすことにする．

ゲーム Γ のありとあらゆるプレイを考え，それらのプレイ全体からなる集合 Ω を作ることにしよう．前の方の節で行なった叙述によると，ありとあらゆるプレイとは，要するにありとあらゆる番号の列 $\sigma_1, \cdots, \sigma_\nu$ のことであった[1]．これらの列は有限個しかないから[2]，Ω はもちろん有限集合である．

しかしながら，Ω をもっと直接的に構成する方法もある．たとえば，各プレイをその過程で生起する $\nu+1$ 個の相継ぐ局面[3]の列として表わすことによって Ω を作ることも

---

1) とくに，6.2.2.を参照．$\sigma_1, \cdots, \sigma_\nu$ の変域は，164ページの脚注1に記述されている．
2) 上の脚注1に基づく証明はすぐにできる．
3) つまり，$\mathscr{M}_1$ の直前，$\mathscr{M}_1$ と $\mathscr{M}_2$ の間，$\mathscr{M}_2$ と $\mathscr{M}_3$ の間，$\cdots$，$\mathscr{M}_{\nu-1}$ と $\mathscr{M}_\nu$ の間，$\mathscr{M}_\nu$ の直後．

できる．もちろん，一般的には，ある与えられた局面のつぎに，任意の局面がこられるわけではなくて，一定の時点でとりうる局面は，それ以前の局面によって限定されてくる[1]．その限定される様子はゲームの規則によって正確に規定されなければならない．しかし，ゲームの規則に関する記述は，まず Ω を構成することから始めねばならないので，Ω 自身をゲームの規則にあまり強く依存させてしまうことは好ましくない．そこで，Ω の中に無意味な局面の列[2]をも同じように入れておくことにしよう．こうしてもさしつかえないことは明らかである．それゆえ，最初はどんな限定もつけずに，Ω を，$\nu+1$ 個の相継ぐありとあらゆる局面のすべての列からなるものとしておく．

これから述べるべきことは，現実に起こりうるプレイが，こうした，おそらく余分なものを含むかもしれぬ集合 Ω から，どのようにして取りだされてくるかということである．

9.1.2. ν と Ω が与えられているものとし，プレイの経過をさらに綿密に追っていこう．

プレイが進行している一定時点，つまりある与えられた手番 $\mathscr{M}_\kappa$ の直前の時点を考えよう．この時点で，つぎの一般的な指定事項がゲームの規則によって与えられていなければならない．

---

1) これは，164 ページの脚注 1 で述べたように，列 $\sigma_1, \cdots, \sigma_\nu$ の展開と同様である．
2) すなわち，このような局面の列は，完全に定式化されたゲームの規則によると禁じられてしまうことがあとでわかるのだが，そのような列のこと．

まず第1に, 手番 $\mathscr{M}_\kappa$ にいたるまでの以前の事象[1]が, どの程度プレイの経過を決定してきたかを記述することが必要である. これらの事象のどんな特定の列も, 集合 Ω をある部分集合 A_κ にまでせばめるであろう. つまり, A_κ とは, Ω の中のプレイで, $\mathscr{M}_{\kappa-1}$ までの経過がいま述べた事象の特定の列に一致するようなものすべての集合である. これまでの節の用語法でいうと, Ω は, 9.1.1.で指摘したように, すべての列 $\sigma_1, \cdots, \sigma_\nu$ の集合であるが, そうすると, A_κ は, $\sigma_1, \cdots, \sigma_{\kappa-1}$ が与えられた数値(上の脚注1を参照)をとるようなすべての列 $\sigma_1, \cdots, \sigma_\nu$ の集合ということになる. しかし, 現在のより広い視点からみれば, A_κ は Ω の部分集合であるというだけで十分である.

ところで, ゲームが $\mathscr{M}_{\kappa-1}$ までにとるであろう種々の可能な経路は, それぞれ異なった A_κ で表わされるはずである. こうした任意の2つの経路が互いに異なるものであれば, この2つの経路によって, プレイの互いに交わらない2つの集合が生み出される. なぜなら, どんなプレイも, 2つの異なった経路を同時にたどって $\mathscr{M}_\kappa$ にいたることはできないからである. これは, 任意の2つの異なる集合 A_κ が互いに交わらないということを意味している.

こうした, $\mathscr{M}_{\kappa-1}$ までのゲームのありとあらゆるプレイの経路は, Ω の互いに交わらない部分集合の族によって形式的に完全に表わされる. 上記のすべての集合 A_κ の族が

---

[1] すなわち, それに先行する手番 $\mathscr{M}_1, \cdots, \mathscr{M}_{\kappa-1}$ に関連して選択された手, つまり数値 $\sigma_1, \cdots, \sigma_{\kappa-1}$ のこと.

それである．この族を $\mathscr{A}_\kappa$ で表わすことにする．

$\mathscr{A}_\kappa$ に含まれるすべての集合 A_κ の合併は，実際に，実現可能なすべてのプレイを含んでいなければならない．しかし，Ω が余分なプレイをも含みうることにしたので（9.1.1. の終りを参照），この合併は必ずしも Ω 全体に一致するとは限らない．つまり，

(9:A) $\mathscr{A}_\kappa$ は $\dot{\Omega}$ の分割である．

分割 $\mathscr{A}_\kappa$ はまた，$\mathscr{M}_\kappa$ 以前に起こった一切のこと[1]を知っている人，たとえばプレイの経過を監視する審判員，あるいはすべてお見通しの《神様》の情報パターンを表わしているといってもよいかもしれない[2]．

9.1.3. 第2に，手番 $\mathscr{M}_\kappa$ の性質がどんなものになっているかがわかっていなければならない．これは 6.2.1. の k_κ で表わされる．つまり，手番が人為手番でプレイヤー k_κ に属していれば，$k_\kappa = 1, \cdots, n$，手番が偶然手番であれば $k_\kappa = 0$ で表わされる．k_κ は，$\mathscr{M}_{\kappa-1}$ までのプレイの経過によって決まる．すなわち $\mathscr{A}_\kappa$ に内包される情報によって決まる[3]．このことは，$\mathscr{A}_\kappa$ の各集合 A_κ 内では k_κ は定数でなければならないが，A_κ が違えば変わりうることを

---

1) すなわち，手番 $\mathscr{M}_1, \cdots, \mathscr{M}_{\kappa-1}$ に打たれたすべての手の結果，前に述べた用語法では，$\sigma_1, \cdots, \sigma_{\kappa-1}$ の値のこと．
2) 一般には，$\mathscr{A}_\kappa$ に内包される情報のすべてを知っているプレイヤーがひとりもいないかもしれないから，このような審判員あるいは《神様》にあたる概念は導入しておく必要がある．
3) 7.2.1. の表示法と上述の脚注の意味では，$k_\kappa = k_\kappa(\sigma_1, \cdots, \sigma_{\kappa-1})$ と書ける．

意味している.

したがって, 各 $k=0,1,\cdots,n$ に対して, $k_\kappa=k$ であるようなすべての集合 A_κ を合併して, 集合 $B_\kappa(k)$ を作ることができる. その場合, 各 $B_\kappa(k)$ はどの2つも明らかに互いに交わらない. それゆえ, $B_\kappa(k)$ ($k=0,1,\cdots,n$) は, Ω の互いに交わらない部分集合の族をなしている. この族を $\mathscr{B}_\kappa$ で表わすことにする.

(9:B)　$\mathscr{B}_\kappa$ も Ω の分割である. $\mathscr{A}_\kappa$ のどの A_κ も, $\mathscr{B}_\kappa$ のある $B_\kappa(k)$ の部分集合であるから, $\mathscr{A}_\kappa$ は $\mathscr{B}_\kappa$ の部分分割である.

$\mathscr{A}_\kappa$ の集合 A_κ の数がどうなるかをとくに指定することはできなかったが, $\mathscr{B}_\kappa$ についてはそうではない. $\mathscr{B}_\kappa$ はきっかり $n+1$ 個の集合 $B_\kappa(k)$ ($k=0,1,\cdots,n$) からなっていて, それは $k=0,1,\cdots,n$ によって確定的に番号づけられている[1]. そしてこの番号づけは, 関数 k_κ に代わりうるものであるから重要である (前ページの脚注3を参照).

9.1.4. 第3に, 手番 $\mathscr{M}_\kappa$ に属する手が, どんな条件のもとで打たれるかが詳しく記述されなければならない.

まず最初に, $\mathscr{M}_\kappa$ が偶然手番の場合を考えよう. つまり, $B_\kappa(0)$ 内での話である. この場合, 重要な量は, 選択肢の

---

[1] それゆえ, $\mathscr{B}_\kappa$ は単なる集合や単なる分割ではなくて, 実はもう少し内容のある概念である. それは, 番号順に, 集合 $B_\kappa(k)$ ($k=0,1,\cdots,n$) からなっているのである.

　一方 $\mathscr{B}_\kappa$ は, 分割を特徴づける 8.3.1. の性質 (8:B:a), (8:B:b) をもっている. ただし, (8:B:a) においては, 集合 $B_\kappa(k)$ の中には空集合がありうるという例外を設けなければならない.

個数 α_κ とこれら各選択肢の生起確率 $p_\kappa(1), \cdots, p_\kappa(\alpha_\kappa)$ とである（6.2.1.の末尾を参照）．これは 7.1.1. の 2 番目の議論にあたるが，そこで指摘したように，これらの量はすべて，いま $\mathscr{M}_\kappa$ を偶然手番と仮定したので，$\mathscr{A}_\kappa$ に内包される情報のみによって決定される（186 ページの脚注 3 を参照）．つまり，α_κ と $p_\kappa(1), \cdots, p_\kappa(\alpha_\kappa)$ は，$\mathscr{A}_\kappa$ の各集合 A_κ 内では定数でなければならない[1]が，しかしそれらは，A_κ が違えば変わることもある．

これらの集合 A_κ の各内部で，選択肢 $\mathscr{A}_\kappa(1), \cdots, \mathscr{A}_\kappa(\alpha_\kappa)$ の中から 1 つが選択される，つまり手が決まる，さらにいいかえると，番号 $\sigma_\kappa = 1, \cdots, \alpha_\kappa$ の 1 つが選ばれるわけである（6.2.2.参照）．A_κ の中で打たれる手 σ_κ は，プレイの経路を，それに対応する α_κ 個の互いに交わらない A_κ の部分集合にそれぞれ限定するが，この α_κ 個の部分集合を指定することによって，この手の結果は完全に記述されうる．これらの部分集合を C_κ とし，$B_\kappa(0)$ の部分集合であるようなすべての A_κ の中に含まれるすべての C_κ から成る系を $\mathscr{C}_\kappa(0)$ とする．したがって，$\mathscr{C}_\kappa(0)$ は $B_\kappa(0)$ の分割である．また，$\mathscr{C}_\kappa(0)$ のどの C_κ も $\mathscr{A}_\kappa$ のある A_κ の部分集合であるから，$\mathscr{C}_\kappa(0)$ は $\mathscr{A}_\kappa$ の部分分割でもある．

α_κ は $\mathscr{C}_\kappa(0)$ によって決定される[2]から，これ以上とく

---

1) $B_\kappa(0)$ 内での話であるから，これはすべて，$B_\kappa(0)$ の部分集合であるような集合 A_κ だけに関係している．
2) α_κ は，1 つの A_κ の部分集合であるような，$\mathscr{C}_\kappa(0)$ の元 C_κ の個数である．

に指定する必要はない．以上の記述から，$p_\kappa(1), \cdots, p_\kappa(\alpha_\kappa)$ についてはつぎのことがわかる．$\mathscr{C}_\kappa(0)$ の各 C_κ に対して，ある数 $p_\kappa(C_\kappa)$ つまり C_κ の生起確率が，142 ページの脚注 1 に相当する制約をみたすように，付随していなければならない[1]．

9.1.5. 第 2 に，$\mathscr{M}_\kappa$ が，たとえばプレイヤー $k (=1, \cdots, n)$ に属する人為手番である場合を考えよう．つまり，集合 $B_\kappa(k)$ 内での話である．この場合には，プレイヤー k の $\mathscr{M}_\kappa$ の時点での情報状態を指定しなければならない．これは，6.3.1. では集合 Λ_κ によって表わされ，7.2.1. では関数の族 Φ_κ によって表わされたが，後者の記述の方がより一般的で最終的なものであった．このあとの記述に従うと，k は，$\mathscr{M}_\kappa$ の時点では Φ_κ の中のすべての関数 $h(\sigma_1, \cdots, \sigma_{\kappa-1})$ の値，しかもそれしか知らないことになっている．この情報量によって，$B_\kappa(k)$ はさらにいくつかの互いに素な部分集合に分割される．これらの部分集合は，$\mathscr{M}_\kappa$ の時点での k の種々の可能な情報状態に対応している．それらの集合を D_κ，それらの集合の系を $\mathscr{D}_\kappa(k)$ と書く．それゆえ，$\mathscr{D}_\kappa(k)$ は $B_\kappa(k)$ の分割である．

もちろん，$\mathscr{M}_\kappa$ の時点での k のこの情報は，この時点で現実に存在している $\mathscr{A}_\kappa$ に内包された情報全体（9.1.2. の意味で）の一部分である．したがって，$B_\kappa(k)$ の部分集合

---

[1] すなわち，各 $p_\kappa(C_\kappa) \geqq 0$ で，各 A_κ に対して，A_κ の部分集合であるような $\mathscr{C}_\kappa(0)$ のすべての C_κ にわたる和を作ると，$\sum p_\kappa(C_\kappa) = 1$ となる．

であるような $\mathscr{A}_\kappa$ の A_κ の中では，いかなるあいまいさもあってはならない．つまり，この A_κ は $\mathscr{D}_\kappa(k)$ に属する2つ以上の D_κ とは交わらない．ということは，当の A_κ が $\mathscr{D}_\kappa(k)$ のある1つの D_κ の部分集合でなければならないということである．いいかえれば，$B_\kappa(k)$ 内で $\mathscr{A}_\kappa$ は $\mathscr{D}_\kappa(k)$ の部分分割であるということである．

実際には，プレイの経過は，$\mathscr{M}_\kappa$ の時点で $\mathscr{A}_\kappa$ の集合 A_κ 内にせばめられている．しかし，手番 $\mathscr{M}_\kappa$ で手を打つプレイヤー k がそこまで知っているとは限らない．すなわち，k という個人から見る限りでは，プレイは，$\mathscr{D}_\kappa(k)$ の集合 D_κ 内で行なわれているということしかわからない．さて，プレイヤー k は，いよいよ，選択肢 $\mathscr{A}_\kappa(1), \cdots, \mathscr{A}_\kappa(\alpha_\kappa)$ の中から1つを選択しなければならない．つまり，番号 $\sigma_\kappa = 1, \cdots, \alpha_\kappa$ のうちの1つを選択しなければならない．7.1.2.と 7.2.1.，とりわけ 7.2.1.の終りに指摘したように，α_κ は一定ではなくて変わりうるが，しかし，それは $\mathscr{D}_\kappa(k)$ に内包された情報によってのみ決定されなければならない．すなわち，α_κ は，われわれが自らせばめてきた $\mathscr{D}_\kappa(k)$ のこの集合 D_κ 内では，定数でなければならない．こうして，D_κ で表わされる制約の下で $\mathscr{M}_\kappa$ に属する手 σ_κ を打つと，プレイの経路は，D_κ のそれらに対応する α_κ 個の互いに交わらない部分集合にそれぞれ限定されるから，$\sigma_\kappa = 1, \cdots, \alpha_\kappa$ の中から1つを選択することは，D_κ のこの α_κ 個の部分集合を指定することによって完全に記述されうる．これらの部分集合を C_κ とし，すべての D_κ の中のす

べての C_κ からなる系を $\mathscr{C}_\kappa(k)$ とする.それゆえ,$\mathscr{C}_\kappa(k)$ は $B_\kappa(k)$ の分割である.また,$\mathscr{C}_\kappa(k)$ のどの C_κ も $\mathscr{D}_\kappa(k)$ のある D_κ の部分集合であるわけだから,$\mathscr{C}_\kappa(k)$ は $\mathscr{D}_\kappa(k)$ の部分分割でもある.

α_κ は $\mathscr{C}_\kappa(k)$ によって決定される[1].したがって,これについてはもう指定の必要はない.α_κ は 0 であってはならない,すなわち $\mathscr{D}_\kappa(k)$ のある D_κ が与えられれば,D_κ の部分集合であるような $\mathscr{C}_\kappa(k)$ の元 C_κ が必ず少なくとも 1 つは存在しなければならない[2].

9.2. 分割とその性質に関する議論

9.2.1. われわれは,これまでの節で,手番 $\mathscr{M}_\kappa$ に先行する時点での状況を完全に記述した.そこで,これらの手番 $\kappa=1,\cdots,\nu$ に進んでゆくとどんなことが起こるか,それをこれから述べることにしよう.これらの手番に,もう 1 つの番号 $\kappa=\nu+1$ を加えるのが便利である.これはプレ

---

[1] α_κ は,1つの D_κ の部分集合であるような,$\mathscr{C}_\kappa(k)$ の元 C_κ の個数である.

[2] われわれは $k=1,\cdots,n$ に対してしかこれを要求しないが,これは,$k=0$ に対しても同様にいえることなのである.すなわち,$k=0$ に対しても,$\alpha_\kappa \neq 0$ だから,$B_\kappa(0)$ の部分集合である与えられた A_κ に対して,A_κ の部分集合であるような C_κ は,必ず少なくとも 1 つは存在しなければならないのである.しかし,これは 189 ページの脚注 1 から導かれるので,とくに述べる必要がなかったのである.実際,このような C_κ が 1 つもないとすると,同所の $\sum p_\kappa(C_\kappa)$ は 0 となってしまって 1 とはならないからである.

イの終了に対応するもので，最終手番 $\mathscr{M}_\nu$ の直後にくる．

これまでに述べたように，各 $\kappa=1,\cdots,\nu$ に対してつぎの分割がある．

$$\mathscr{A}_\kappa, \quad \mathscr{B}_\kappa = (B_\kappa(0), B_\kappa(1), \cdots, B_\kappa(n)),$$
$$\mathscr{C}_\kappa(0), \mathscr{C}_\kappa(1), \cdots, \mathscr{C}_\kappa(n), \quad \mathscr{D}_\kappa(1), \cdots, \mathscr{D}_\kappa(n).$$

$\mathscr{A}_\kappa$ を除けば，これらの分割はすべて手番 $\mathscr{M}_\kappa$ に関係している．したがって，$\kappa=\nu+1$ に対しては，これらの分割を定義する必要もないし，定義することもできない．しかし，9.1.2.の議論が示しているように，$\mathscr{A}_{\nu+1}$ には明確な意味がある．すなわち，それは，プレイに関して考えられうるすべての情報を表わしている，つまり個々のプレイそのものを表わしている[1]．

ここで，つぎの2点が浮かんでくる．つまり，上に述べた意味からすると，$\mathscr{A}_1$ は情報が全然利用できない時点に対応している．したがって，$\mathscr{A}_1$ はただ1つの集合 Ω からなるべきである．他方，$\mathscr{A}_{\nu+1}$ は，それまでに行なわれてきたプレイを完全に指定することができるということに対応している．したがって，$\mathscr{A}_{\nu+1}$ は1元集合の系にほかならない．

さて，$\kappa=1,\cdots,\nu$ として，κ から $\kappa+1$ への移行について述べることにしよう．

9.2.2. κ を $\kappa+1$ で置きかえた場合，$\mathscr{B}_\kappa, \mathscr{C}_\kappa(k), \mathscr{D}_\kappa(k)$

---

[1] 186ページの脚注1の意味では，すべての $\sigma_1,\cdots,\sigma_\nu$ の値のこと．また，列 $\sigma_1,\cdots,\sigma_\nu$ は，6.2.2.で述べたように，プレイそのものを特徴づけている．

にどんな変化が生じるかについては，確定的なことは何もいえない．こうした置きかえが行なわれると，これらの対象，つまりこれらが表わすものに何かが生じることは，これまでの議論からもわかる．

しかし，$\mathscr{A}_\kappa$ から $\mathscr{A}_{\kappa+1}$ がいかにして得られるかは述べることができる．

$\mathscr{A}_{\kappa+1}$ に内包された情報は，$\mathscr{A}_\kappa$ に内包された情報に手番 $\mathscr{M}_\kappa$ に属する手の結果[1]を加えることによって得られる．このことは，9.1.2.の議論から当然明らかである．それゆえ，$\mathscr{A}_\kappa$ の情報を超える $\mathscr{A}_{\kappa+1}$ の情報は，まさに $\mathscr{C}_\kappa(0), \mathscr{C}_\kappa(1), \cdots, \mathscr{C}_\kappa(n)$ に内包された情報にほかならない．

これは，分割 $\mathscr{A}_\kappa$ に $\mathscr{C}_\kappa(0), \mathscr{C}_\kappa(1), \cdots, \mathscr{C}_\kappa(n)$ のすべてを重ね合わせることによって $\mathscr{A}_{\kappa+1}$ が得られるということを意味している．つまり，$\mathscr{A}_\kappa$ に属する各 A_κ と任意の $\mathscr{C}_\kappa(0), \mathscr{C}_\kappa(1), \cdots, \mathscr{C}_\kappa(n)$ に属する各 C_κ との交わりを作り，空集合を捨て去ることによって，$\mathscr{A}_{\kappa+1}$ が得られるということである．

以前の節で論じたように，集合 $B_\kappa(k)$ に対する $\mathscr{A}_\kappa$ と $\mathscr{C}_\kappa(k)$ との関係に基づいて，この重合せの過程を多少詳しく述べることができる．

$B_\kappa(0)$ の中では，$\mathscr{C}_\kappa(0)$ は $\mathscr{A}_\kappa$ の部分分割である（9.1.4.の議論を参照）．したがって，そこでは，$\mathscr{A}_{\kappa+1}$ は単に $\mathscr{C}_\kappa(0)$ とまったく一致してしまう．$B_\kappa(k)$ $(k=1,\cdots,n)$

---

1) これまでの用語法では，σ_κ の値．

の中では，$\mathscr{C}_\kappa(k)$ と $\mathscr{A}_\kappa$ はともに $\mathscr{D}_\kappa(k)$ の部分分割である（9.1.5.の議論を参照）．したがってそこでは，まず $\mathscr{D}_\kappa(k)$ の各元 D_κ をとり，つぎに，こうした各 D_κ に対して，この D_κ の部分集合であるような，$\mathscr{A}_\kappa$ のすべての A_κ と，同じく D_κ の部分集合であるような，$\mathscr{C}_\kappa(k)$ のすべての C_κ とをとり，交わり $A_\kappa \cap C_\kappa$ のすべてを作ることによって，$\mathscr{A}_{\kappa+1}$ が得られる．

このような各集合 $A_\kappa \cap C_\kappa$ は，プレイヤー k が，目下の情報 D_κ を得て，しかしながら実際は（D_κ の部分集合である）A_κ の中にいるという状況のもとで，手番 $\mathscr{M}_\kappa$ の時点で事態を C_κ に限定するよう，手 C_κ を選んだというプレイを表わす．

以前述べたことに従うと，このような手は必ず実現可能なはずであるから，こうしたプレイは存在する．すなわち，集合 $A_\kappa \cap C_\kappa$ はいずれも空集合ではありえない．これをもう一度述べるとつぎのようになる．

(9:C)　$\mathscr{A}_\kappa$ に属する A_κ と $\mathscr{C}_\kappa(k)$ に属する C_κ とが，$\mathscr{D}_\kappa(k)$ の同じ元 D_κ の部分集合であれば，交わり $A_\kappa \cap C_\kappa$ はすべて空ではない．

9.2.3. この条件を外してもよいと思いたくなるようなゲームがある．これらは，プレイヤーが合法的な選択を行なうことができるが，のちにこの手が禁じられた選択であることがわかるようなゲームである．たとえば，161ページの脚注1にあげた《二重目隠しチェス》（戦争ゲーム）がそれである．このゲームでは，プレイヤーは，自分の盤上

9. ゲームの集合論的記述

で可能と思われる選択《手》を指すことはできるが，あとではじめて，それが《不可能な》選択であったことが《審判員》によって判定されるのである．

しかしながら，これは表面的なものである．問題となっている手番は，それに代わるいくつかの手番の列に分解されてしまうからである．それには，《二重目隠しチェス》の規則をよく分析して全部述べればよい．

ゲームは手番の列からなっている．《審判員》は，手番ごとに，前の手番が《可能な》手番であったかどうかを，双方のプレイヤーに知らせる．もしそれが可能な手番でなかったなら，つぎの手番は引き続き前と同じプレイヤーの人為手番となる．もしそれが可能な手番であったとすると，つぎの手番は他のプレイヤーの人為手番となる．プレイヤーは，手番ごとに，自分自身のそれ以前のあらゆる手について，また両プレイヤーのそれ以前のあらゆる手に対して，それが《可能》であったか《不可能》であったかについて知らされる．また，以前のすべての時点について，どちらのプレイヤーが王手をかけたか，あるいは何かをとったような場合には，それについても知らされる．しかし，かれが自分で知るのは，とられた駒だけである．ゲームの経過を決定するにあたって，《審判員》は《不可能な》手番をなかったものとみなす．他の点に関しては，ゲームは，普通のチェスと同じように，165ページの脚注1で述べた意味での停止規則を使って行なわれる．さらに，どちらのプレイヤーも，自分自身の人為手番を引き続いて指す場合，ま

ったく同一の手を2度指す(《試みる》)ことはできないという条件がつけられている.(もちろん,実際には,プレイヤーがこれらの情報状態に置かれるには,2つのチェス盤が必要で,この2つのチェス盤は,お互いには見えないように,《審判員》からは両方とも見えるような位置に置くのである.)

それはともかくとして,われわれは,上に述べた条件を堅持してゆく.これは,のちに述べる議論にとって非常に便利であることがわかるであろう(11.2.1.を参照).

9.2.4. 論ずべきことがまだ1つだけ残っている.それは,われわれの新しい用語法に,6.2.2.の利得 $\mathscr{F}_k$ ($k=1,\cdots,n$) を再び導入することである. $\mathscr{F}_k$ は,プレイヤー k に対するプレイの結果である. $\mathscr{F}_k$ は,それまでに行なわれた実際のプレイの関数でなければならない[1]. 記号 π を使ってこのプレイを示せば,つぎのようにいえる.すなわち, $\mathscr{F}_k$ は, Ω を変域にもつ変数 π の関数である.つまり,

$$\mathscr{F}_k = \mathscr{F}_k(\pi) \quad (\pi \in \Omega) \quad (k=1,\cdots,n)$$

である.

10. 公理主義的定式化

10.1. 公理系とその解釈

10.1.1. 集合と分割の利用を含む新しい手法を使って

---

[1] したがって,これまでの用語法では, $\mathscr{F}_k = \mathscr{F}_k(\sigma_1,\cdots,\sigma_\nu)$ となる.6.2.2.を参照.

ゲームの一般概念を記述したが，それはこれで完全なものになった．構成や定義はすべて，これまでの節で十分説明されてきたので，これから，ゲームの厳密な公理的定義を述べることにしよう．もちろん，これはただ，いままでの節で詳しく論じてきたことをあらためて簡潔に再録するだけに過ぎない．

まず最初に，注釈を一切つけずに，正確な定義を示すことにする[1]．

n 人ゲーム Γ，すなわち n 人のプレイヤーが参加するゲームの規則の完全な系は，つぎの事項を指定することによって決定される．

(10:A:a)　整数 ν．

(10:A:b)　有限集合 Ω．

(10:A:c)　各 $k=1,\cdots,n$ に対して，関数 $\mathscr{F}_k = \mathscr{F}_k(\pi)$ $(\pi \in \Omega)$．

(10:A:d)　各 $\kappa=1,\cdots,\nu,\nu+1$ に対して，Ω の分割 $\mathscr{A}_\kappa$．

(10:A:e)　各 $\kappa=1,\cdots,\nu$ に対して，Ω の分割 $\mathscr{B}_\kappa$．この $\mathscr{B}_\kappa$ は $n+1$ 個の集合 $B_\kappa(k)$ $(k=0,1,\cdots,n)$ からなる．

(10:A:f)　各 $\kappa=1,\cdots,\nu$ と 各 $k=0,1,\cdots,n$ に対して，$B_\kappa(k)$ の分割 $\mathscr{C}_\kappa(k)$．

(10:A:g)　各 $\kappa=1,\cdots,\nu$ と 各 $k=1,\cdots,n$ に対して，$B_\kappa(k)$ の分割 $\mathscr{D}_\kappa(k)$．

---

1)　これらの《解釈》については，10.1.1.の終りと 10.1.2.の議論を参照．

(10:A:h)　各 $\kappa=1,\cdots,\nu$ と $\mathscr{C}_\kappa(0)$ に属する各元 C_κ に対して，実数 $p_\kappa(C_\kappa)$．

これらのものは，つぎの条件をみたしていなければならない．

(10:1:a)　$\mathscr{A}_\kappa$ は $\mathscr{B}_\kappa$ の部分分割である．

(10:1:b)　$\mathscr{C}_\kappa(0)$ は $\mathscr{A}_\kappa$ の部分分割である．

(10:1:c)　$k=1,\cdots,n$ に対して，$\mathscr{C}_\kappa(k)$ は $\mathscr{D}_\kappa(k)$ の部分分割である．

(10:1:d)　$k=1,\cdots,n$ に対して，$B_\kappa(k)$ 内で $\mathscr{A}_\kappa$ は $\mathscr{D}_\kappa(k)$ の部分分割である．

(10:1:e)　各 $\kappa=1,\cdots,\nu$ と $B_\kappa(0)$ の部分集合であるような $\mathscr{A}_\kappa$ の各元 A_κ に対して，この A_κ の部分集合であるような $\mathscr{C}_\kappa(0)$ のすべての C_κ について $p_\kappa(C_\kappa) \geqq 0$ で，それらの和は $\sum p_\kappa(C_\kappa)=1$ となる．

(10:1:f)　$\mathscr{A}_1$ はただ1つの集合 Ω からなる．

(10:1:g)　$\mathscr{A}_{\nu+1}$ は1元集合ばかりからなる．

(10:1:h)　$\kappa=1,\cdots,\nu$ に対して，$\mathscr{A}_{\kappa+1}$ は，$\mathscr{A}_\kappa$ から，これにすべての $\mathscr{C}_\kappa(k)$ $(k=0,1,\cdots,n)$ を重ね合わせることによって得られる．（詳細については，9.2.2.を参照）．

(10:1:i)　$\kappa=1,\cdots,\nu$ に対して，$\mathscr{A}_\kappa$ に属する A_κ と $\mathscr{C}_\kappa(k)$ に属する C_κ $(k=1,\cdots,n)$ が，$\mathscr{D}_\kappa(k)$ の同じ元 D_κ の部分集合であれば，交わり $A_\kappa \cap C_\kappa$ はつねに空ではない．

(10:1:j)　$\kappa=1,\cdots,\nu$，$k=1,\cdots,n$ および $\mathscr{D}_\kappa(k)$ に属す

る各元 D_κ に対して，D_κ の部分集合であるような $\mathscr{C}_\kappa(k)$ のある元 C_κ が存在する．

この定義は，主として，現代の公理主義的手法の精神で見なければならない．すなわち，上の定義 (10:A:a)-(10:A:h) で導入した数学的概念にはいっさい名称をつけなかったが，これは，こうした言語的名称から連想されるいかなる具体的意味とも関連づけたくなかったためである．そのような意味での絶対的な《純粋性》において，これらの概念は，はじめて正確な数学的研究の対象となりうる[1]．

厳密に定義された概念を発展させるには，こうした手順が一番ふさわしい．このような手順を直観的に与えられた主題に適用することは，あとで，正確な分析が終わったのちに行なわれる．第１章の4.1.3.で，物理学におけるモデルの役割について述べたことも参照されたい．つまり，一般に，直観的な系に対する公理的モデルは，(同じく直観的な) 物理系に対する数学的モデルと同じようなものである．

しかしながら，このことがひとたび認められれば，こうした公理主義的定義は，それ以前の節での詳細な経験的議

---

[1] これは，論理や幾何学などのような主題を公理化する際の現在の傾向と同じである．たとえば，幾何学を公理化する場合には，点，直線，平面などの概念を，最初から直観的なものと同一視してはならない，と強調するのが普通である．これらの概念は，公理で表わされた性質をもつものなら何でもよいのであって，名称はそのような事物に対する単なる記号に過ぎないのである．たとえば，D. Hilbert: *Die Grundlagen der Geometrie*, Leipzig, 1899, 2nd Engl. Edition Chicago, 1910；邦訳：中村幸四郎訳『幾何学基礎論』(ちくま学芸文庫) を参照．

論から抽出,晶化されたものであることを思い出すのも悪くはない.われわれが,使われている概念に直観的な背景をできるだけ多く示すような適当な名称をつければ,これらの公理的定義を利用することも容易になり,その構造もはるかに理解し易くなるであろう.そして,上の公理系 (10:1:a)-(10:1:j) の《意味》,つまりこれらの公理を生みだした直観的な考察を,同じ精神で表現することは一層有益であろう.

もちろん,以上のことは,この公理化に導くために前の節で行なった直観的な考察を,簡潔に要約するだけでよいのである.

10.1.2. まず最初に,10.1.1.で述べた (10:A:a)-(10:A:h) の概念に対する専門的な名称をあげることにしよう.

(10:A:a*) ν はゲーム Γ の長さである.

(10:A:b*) Ω は,Γ のあらゆるプレイの集合である.

(10:A:c*) $\mathscr{F}_k(\pi)$ はプレイ π でのプレイヤー k に対する利得である.

(10:A:d*) $\mathscr{A}_\kappa$ は審判員の情報パターンであり,$\mathscr{A}_\kappa$ に属する個々の A_κ は $\mathscr{M}_\kappa$ の直前での審判員の実情報である.($\kappa = \nu+1$ であれば,ゲーム終了時の審判員の実情報である.)

(10:A:e*) $\mathscr{B}_\kappa$ は指名パターンであり,$\mathscr{B}_\kappa$ に属する個々の $B_\kappa(k)$ は手番 $\mathscr{M}_\kappa$ の時点でのプレイヤー k への現実の指名である.

10. 公理主義的定式化

(10:A:f*) $\mathscr{C}_\kappa(k)$ は選択パターンであり，$\mathscr{C}_\kappa(k)$ に属する個々の C_κ は，手番 $\mathscr{M}_\kappa$ の時点でのプレイヤー k の現実の選択，つまり手である．($k=0$ であれば，偶然手番での選択である．)

(10:A:g*) $\mathscr{D}_\kappa(k)$ はプレイヤー k の情報パターンであり，$\mathscr{D}_\kappa(k)$ に属する個々の D_κ は手番 $\mathscr{M}_\kappa$ の時点でのプレイヤー k のもつ実情報である．

(10:A:h*) $p_\kappa(C_\kappa)$ は偶然手番 $\mathscr{M}_\kappa$ の時点での現実の選択 C_κ の生起確率である．

つぎに，10.1.1.の最後の議論の意味で，公理 (10:1:a)-(10:1:j) の《意味》を，上の名称を使って定式化することにしよう．

(10:1:a*) 手番 $\mathscr{M}_\kappa$ の時点での審判員の情報パターンは，その手番での指名パターンよりも詳しい[*]．

(10:1:b*) 偶然手番 $\mathscr{M}_\kappa$ の時点での選択パターンは，その手番での審判員の情報パターンよりも詳しい．

(10:1:c*) 人為手番 $\mathscr{M}_\kappa$ の時点でのプレイヤー k の選択パターンは，その手番でのプレイヤー k の情報パターンよりも詳しい．

(10:1:d*) $\mathscr{M}_\kappa$ がプレイヤー k の人為手番であれば，手番 $\mathscr{M}_\kappa$ の時点での審判員の情報パターンは，その手番でのプレイヤー k の情報パターンよりも詳しい．

(10:1:e*) 偶然手番 $\mathscr{M}_\kappa$ の時点での選択（手）の生起確率

---

[*] 情報パターンが決まれば，指名パターンが決まるという意味である．8.4.2.参照．[訳注]

は，互いに排反しすべてをつくす事象の系におけると同様である．

(10:1:f*) 第1手番の時点での審判員の情報パターンは空である．

(10:1:g*) ゲーム終了時での審判員の情報パターンは，プレイを完全に決定する．

(10:1:h*) 手番 $\mathscr{M}_{\kappa+1}$ の時点（$\kappa = \nu$ であれば，ゲーム終了時）での審判員の情報パターンは，手番 $\mathscr{M}_\kappa$ での情報パターンに手番 $\mathscr{M}_\kappa$ での選択パターンを重ね合わせることによって得られる．

(10:1:i*) プレイヤー k の人為手番である手番 $\mathscr{M}_\kappa$ が与えられ，この手番の時点でのプレイヤー k の1つの実情報が与えられているものとしよう．その場合，この手番での審判員の実情報とプレイヤー k の現実の《手》とがどちらも，プレイヤー k のこの実情報の内部にあれば，すなわちこの同一の実情報を含んでいれば，それらは互いに両立する，すなわちそれらは現実のプレイで起こりうる．

(10:1:j*) プレイヤー k の人為手番である $\mathscr{M}_\kappa$ が与えられ，この手番の時点でのプレイヤー k の1つの実情報が与えられているものとしよう．その場合，プレイヤー k が利用できる現実の手は必ず実現可能である．

これで，ゲームの一般的図式の定式化は終わる．

10.2. 公理系の論理学的検討

10.2. 形式論理学的に,あらゆる公理化と関連していつも問題になってくるのは,無矛盾性,範疇性(完全性),独立性という問題であるが,これらの問題はまだ扱ってこなかった[1].われわれの系には,無矛盾性と独立性はあるが,第2の属性である範疇性(完全性)はない.これらの事実は簡単に立証できるし,事態がまさに当然そうあらねばならぬことを知るのも困難ではない.簡単に述べると,つぎのようになる.

無矛盾性:ゲームの存在については疑問の余地はない.われわれのやってきたことは,これらの実在するゲームに対してただ正確な定式化を与えたに過ぎなかった.二,三のゲームに関する定式化についてはのちに詳しく論じるが,たとえば18., 19.の例を参照されたい.厳密に数学的な観点,つまり論理学的観点からすれば,無矛盾性を事実として確立するためには,最も単純なゲームを利用するだけで十分なのである[2].とはいえ,われわれの真の関心は,も

---

1) D. Hilbert, 前記引用文献を参照. O. Veblen & J.W. Young: *Projective Geometry*, New York, 1910. H. Weyl: *Philosophie der Mathematik und Naturwissenschaften*, Handbuch der Philosophie所収, Munich, 1927;邦訳:菅原正夫・下村寅太郎・森繁雄訳『数学と自然科学の哲学』(岩波書店)を参照.

2) 最も単純なゲームはつぎのようなものである. $\nu = 0$ で,Ω にはただ1つの元,たとえば π_0 しかない.したがって,$\mathscr{B}_\kappa$,$\mathscr{C}_\kappa(k)$,$\mathscr{D}_\kappa(k)$ は存在せず,$\mathscr{A}_\kappa$ は $\mathscr{A}_1$ だけであり,それは Ω だ

ちろん，もっと複雑なゲームにあるのであって，こうしたゲームこそ本当に興味あるものである．

範疇性（完全性）：これらの公理をみたすゲームには，異なったタイプのゲームがたくさんあるので，これは成り立たない．実際の例については，先の引用箇所18., 19.を参照されたい．

われわれの公理が規定しなければならなかったのは，ただ1つの実体ではなくて，実体のクラスつまりゲームの部類であったから，いまの場合，範疇性は目標ではなかったことに，読者も留意してほしい[1]．

独立性：これも簡単に確立できるが，ここではそれに深入りはしない．

10.3. 公理系に関する一般的注意

10.3. この公理化に関連して，注釈を加えておかなければならないことが2点ほどある．

第1に，われわれの手順は，直観的に，つまり経験的に得られた観念に対して厳密な定式化を与えるという古典的

けで構成されている．$k=1,\cdots,n$ に対して $\mathscr{F}(\pi_0)=0$ とおく．このゲームをわかりやすく述べると，だれも何もせず，何事も起こらないということになる．このことからも，無矛盾性がこの場合にはさして興味ある問題ではないことがわかる．

[1] これは，公理化への一般的な論理学的アプローチにおける重要な違いである．たとえば，ユークリッド幾何学の公理系はただ1つの対象を記述するが，数学における群論の公理系，あるいは物理学における力学の公理系はいずれもそうではない．なぜなら，異なった群，異なった力学系がたくさんあるからである．

方法を踏襲したものである．ゲームという概念は，一般の経験の中に実践的には満足すべき形ですでに存在しているが，それにもかかわらず，そのままではあまりにもあいまいであるために，厳密な取扱いができない．本書の分析に従ってこられた読者は，このようなあいまいさが徐々に取り除かれ，《薄明の範囲》が次第に減少し，そして最後に正確な定式化が得られた道筋を了解されたことであろう．

第2に，つぎのような，かなり議論の余地のある命題が真であることの一例として，これが役立つとよいと思う．それは，心理学的側面に主要な力点が置かれているような人間行動を数学的に記述し議論することができる，という命題である．いまの場合には，決定の分析が必要なことから，また決定の基礎となる情報や（種々の手番での）このような情報群の相互関係によって，心理的要素が持ち込まれていた．こうした相互関係は，種々の情報群の時間的・因果的な結びつきから，またプレイヤーの相互に対する思惑による結びつきから生じるのである．

もちろん，われわれが全然触れなかった心理学のきわめて重要な側面は多々あるけれども，第一義的に心理学的な一連の現象が公理化されたという事実そのものは動かせない．

10.4. 図による表示

10.4.1. ゲームを記述するのに，われわれは多数の分割を使わなければならなかったが，これらの分割を実際に図で表示するとなると容易ではない．ここでは，こうした

問題を体系的に論ずるつもりはない．つまり，比較的単純なゲームでさえ，複雑で入り組んだ図になるし，したがって，図表示のもつ通常の利点は得られないからである．

しかしながら，ある程度制限されてはいるが，図表示の可能性はあるので，これからそれについてほんの少し述べることにしよう．

まず第1に，10.1.1.の (10:1:h) から，(あるいは同様に 10.1.2. の (10:1:h*) から，つまり公理の《意味》を思い出せば) $\mathscr{A}_{\kappa+1}$ が $\mathscr{A}_\kappa$ の部分分割であることは明らかである．つまり，分割の列 $\mathscr{A}_1,\dots,\mathscr{A}_\nu,\mathscr{A}_{\nu+1}$ において，各分割はその直前の分割の部分分割になっている．したがって，これは，8.3.2.の図9の方法で，つまり木を使ってよく図示することができる．(図9は，ある意味で代表的なものではない．なぜなら，ゲーム Γ の長さは一定と仮定しているので，木のあらゆる枝は，木の頂きまで完全に伸びていなければならないからである．つぎの 10.4.2. の図10を参照されたい．) われわれは，この図に $B_\kappa(k), \mathscr{C}_\kappa(k), \mathscr{D}_\kappa(k)$ を書き加えるつもりはない．

しかしながら，ゲームの実際の全経過が列 $\mathscr{A}_1,\dots,\mathscr{A}_\nu,\mathscr{A}_{\nu+1}$ だけで指定されるようなゲームがある．予知性と先行性が一致するような重要な部類のゲームがそれで，これについては 6.4.1.ですでに論じたが，さらに 15. でも論じられる．この種のゲームの特徴は，本書の現在の定式化によると，ずっと単純な形に記述される．

10.4.2. 6.4.1. と 6.4.2. の議論および 6.4.3. の説明か

図 10

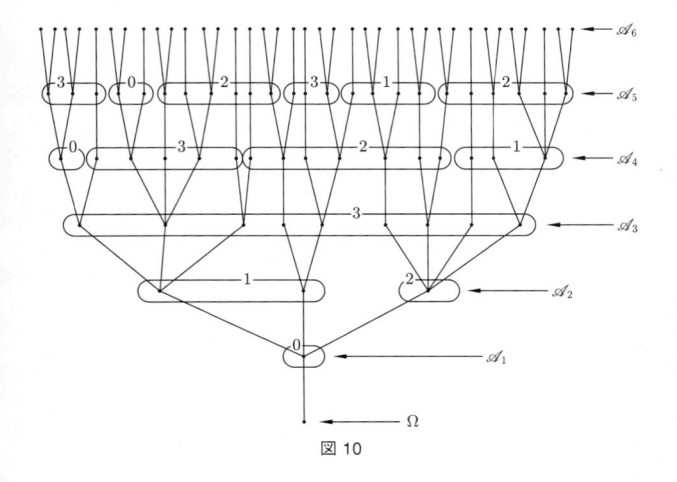

らもわかるように，予知性と先行性が一致するのは，人為手番を打つどのプレイヤーもが，その時点でそれ以前の全経過を知悉している場合，かつその場合に限る．プレイヤーを k，手番を $\mathscr{M}_\kappa$ としよう．$\mathscr{M}_\kappa$ が k の人為手番であるということは，$B_\kappa(k)$ 内にいるということである．したがって，予知性と先行性が一致するということは，$B_\kappa(k)$ 内で，プレイヤー k の情報パターンが審判員の情報パターンと一致する，つまり $B_\kappa(k)$ 内で $\mathscr{D}_\kappa(k)$ は $\mathscr{A}_\kappa$ に一致するということである．しかるに，$\mathscr{D}_\kappa(k)$ は $B_\kappa(k)$ の分割である．それゆえ，上に述べたことは，$\mathscr{D}_\kappa(k)$ が $B_\kappa(k)$ 内にある $\mathscr{A}_\kappa$ の部分であるに過ぎないということ，くわしくいう

と，$B_\kappa(k)$ 内にあるような $\mathscr{A}_\kappa$ の集合の族が $\mathscr{D}_\kappa(k)$ であるということを意味している．

このことをもう一度述べると，つぎのようになる．

(10:B)　　予知性と先行性が一致する，つまり人為手番を打つ各プレイヤーが，その時点でプレイのそれ以前の全経過を完全に知悉しているのは，$\mathscr{D}_\kappa(k)$ が，$B_\kappa(k)$ 内にある $\mathscr{A}_\kappa$ の部分である場合，かつその場合に限る．

その場合には，さらに，つぎのように論じることができる．つまり，10.1.1. の (10:1:c) と上の条件により，$\mathscr{C}_\kappa(k)$ は，$\mathscr{A}_\kappa$ の部分分割でなければならないことがわかる．これは，人為手番つまり $k=1,\cdots,n$ に対しては上の条件から明らかであるが，$k=0$ に対しては，10.1.1. の (10:1:b) から直接導かれる．ところで，10.1.1. の (10:1:h) を考察すると，このことから，各 $k=0,1,\cdots,n$ に対して，$B_\kappa(k)$ 内で，$\mathscr{A}_{\kappa+1}$ が $\mathscr{C}_\kappa(k)$ と一致するということが結論される．（詳細については 9.2.2. を参照．同じように 10.1.2. のこれと対応する箇所，つまりこれらの概念の《意味》を使ってもよい．この議論を言葉で表現することは読者にお任せしよう．）しかるに，$\mathscr{C}_\kappa(k)$ は $B_\kappa(k)$ の分割である．それゆえ，上に述べたことは，$\mathscr{C}_\kappa(k)$ が，$B_\kappa(k)$ 内にある $\mathscr{A}_{\kappa+1}$ の部分に過ぎないということを意味している．つまり，$B_\kappa(k)$ 内にあるような $\mathscr{A}_{\kappa+1}$ の集合の族が $\mathscr{C}_\kappa(k)$ にほかならない．

このことをもう一度述べると，つぎのようになる．

(10:C)　　(10:B) の条件がみたされれば，$\mathscr{C}_\kappa(k)$ は，

$B_\kappa(k)$ 内にある $\mathscr{A}_{\kappa+1}$ の部分である．

それゆえ，予知性と先行性が一致している場合，われわれの現在の定式化によると，列 $\mathscr{A}_1,\cdots,\mathscr{A}_\nu,\mathscr{A}_{\nu+1}$ と各 $\kappa=1,\cdots,\nu$ に対する集合 $B_\kappa(k)$ $(k=0,1,\cdots,n)$ とだけでゲームが完全に記述されることになる．つまり，8.3.2. の図9において，各 κ について，同一集合 $B_\kappa(k)$ に含まれるような $\mathscr{A}_\kappa$ の元を一緒に枠で囲んで補いさえすればよいというわけである．（しかし，10.4.1.で述べた点を参照．）そうするには，$B_\kappa(k)$ の番号 k を書き入れた線で，これらの元を囲めばよい．空集合となるような $B_\kappa(k)$ は除外してよい．一例として $\nu=5, n=3$ の場合をあげておく（図10）．

この種の多くのゲームでは，こうした余分の手だてすら必要ではない．なぜなら，各 κ に対して，空集合ではない $B_\kappa(k)$ は通常ただ1つしかないからである．つまり，各手番 $\mathscr{M}_\kappa$ の性格は，それ以前のプレイの経過とは無関係だからである[1]．その場合には，各 $\mathscr{A}_\kappa$ の段階で，手番 $\mathscr{M}_\kappa$ の性格，すなわち $B_\kappa(k)$ が空集合とならないようなただ1つの番号 $k(=0,1,\cdots,n)$ を示すだけで十分である．

---

1) チェスについてはこのことがいえる．西洋双六の規則は，どちらにも解釈ができる．

11. ゲームの記述の最終的単純化と戦略

11.1. 戦略の概念とその定式化

11.1.1. ゲーム Γ の実際のプレイ π の経過に戻ることにしよう.

手番 $\mathscr{M}_\kappa$ は, $\kappa=1,\cdots,\nu$ の順に順次進行する. 手番ごとに, 選択が行なわれる, つまり, 手が打たれるが, もしプレイが $B_\kappa(0)$ の中にあれば偶然によって, またもしプレイが $B_\kappa(k)$ の中にあればプレイヤー $k(=1,\cdots,n)$ によって手が打たれる. 手を打つというのは $\mathscr{C}_\kappa(k)$ ($k=0$ あるいは $k=1,\cdots,n$, 上記参照) から, ある元 C_κ を選択することであり, その場合, プレイはこの C_κ にまでせばめられる. この手がプレイヤー k によって打たれる場合, このプレイヤーの情報パターンは, 定義により, この時点で $\mathscr{D}_\kappa(k)$ となっていることに注意しなければならない. (これが実際上の困難をもたらす問題となりうることは, たとえばブリッジや《二重目隠しチェス》の例によって示されている. 前者については 6.4.2. の末尾, 後者については 9.2.3. を参照されたい.)

いま, 各プレイヤー $k(=1,\cdots,n)$ が, それぞれの決定を, それが必要になった時点で行なう代わりに, 起こりうるすべての偶発事態に対してあらかじめ心を決めておくものと想像しよう. つまり, プレイヤー k は, 完全な事前計画をもってプレイを始めるものと考えるわけである. ここで, 計画というのは, どんなありうる状況のなかでも, また,

プレイヤーがその時点でもちうるどんな実情報下においても，プレイヤーが打つべき手を前もって指定するものでなければならない．ただし，プレイヤーのもつこの実情報は，ゲームの規則によってかれに与えられる情報パターンに合っていなければならない．このような一貫した計画を，われわれは**戦略**と呼ぶことにする．

上記で，各プレイヤーが，この種の完全な計画，すなわち戦略をもってゲームを始めることを要求したが，これはプレイヤーの行動の自由を制約するものでは決してないことに注意していただきたい．とくに，プレイヤーは，現実のプレイの中の，実際の瞬間に利用できるよりも少ない情報に基づいて，決定を行なわなければならないように思えるが，そういうわけでは決してない．というのは，戦略とは，個々の決定を，現実のプレイで利用できるのと同じはずの量の実情報の関数として，指定するものと考えているからである．われわれの仮定が，プレイヤーに特別の負担を課していることがあるとすれば，それはつぎの1点だけである．つまり，それは，現実にはかれがプレイをただ1回経験するだけでよいのに，ありとあらゆる偶発事態に対しても，行動の指針で前もって備えていなければならない，という知的な負担である．しかし，これは，数学的分析という観点からみれば，もちろんどうということもない無害な仮定である（4.1.2. をも参照）．

11.1.2. ゲームを構成する偶然的な要素についても，同様に扱うことができる．

偶然に委ねられている選択，つまり偶然手番の手は，これらの手番がまわってきた時点に行なう必要のないことは明らかである．審判員は，これらの偶然選択をすべて前もって行なっておき，それらの選択の結果だけをプレイヤーに，種々の時点で，そのプレイヤーの情報についてゲームの規則で定められているさまざまな程度に応じて，告知することもできるであろう．

審判員は，手番が偶然手番であるかどうか，またそれがどんな確率分布をもっているかを，あらかじめ知ることができないということはたしかである．これらは，一般にプレイの経過に依存するものである．しかしながら，前に述べたプレイヤーの戦略におけると同じように，審判員もあらかじめありとあらゆる偶発事態に対して備えうるはずである．つまり，かれは，それ以前のプレイの経過がどんなものであっても，すなわち，問題となっている手番での審判員の実情報がどんなものであっても，起こりうる可能な偶然手番に対して偶然選択の結果がどうなるべきかを，あらかじめ決めているものと考えることができる．このように事態を考えたとすると，上記の各時点に対して，ゲームの規則が規定する確率分布は，完全に確定的と考えられ，したがってまた，審判員は，適当な確率分布で，偶然によって生起するはずのこの必然的な選択の結果を事前にとりそろえておくことができたことになる．

そして，上に述べたように，結果は審判員によって，適当な時点で適当な程度に，プレイヤーに知らされることに

なる．

ありとあらゆる偶然手番での手の選択に対するこの予備的決定を，審判員あるいは《神様》の**選択**と呼ぶことにする．

プレイヤー k のすべての人為手番での手をプレイヤー k の戦略で置きかえるのが正しいことは，前節で述べた．つまり，このような置きかえをやっても，ゲーム Γ の基本的性格は変わらないわけである．われわれは，いま，すべての偶然手番での選択を審判員の選択で置きかえたが，明らかに，同じ意味でこれも正しい．

11.1.3. いよいよ，プレイヤーの戦略という概念と審判員の選択という概念を定式化する段取りになった．最後の2節での定性的論議のおかげで，これを明確な課題として実行することができる．

プレイヤー k の戦略とは，以下のとおりである．

ある手番 $\mathscr{M}_\kappa$ を考えることにしよう．この $\mathscr{M}_\kappa$ はプレイヤー k の人為手番であることがわかったものとしよう，つまりプレイが $B_\kappa(k)$ 内にあるものと仮定しよう．この時点でのプレイヤー k の1つの可能な実情報，つまり $\mathscr{D}_\kappa(k)$ に属する1つの元 D_κ を考えよう．すると，問題となっている戦略は，この時点でプレイヤー k の打つべき手を決定しなければならない，つまり $\mathscr{C}_\kappa(k)$ に属する元 C_κ で，上に述べた D_κ の部分集合であるようなものを一意的に指定しなければならない．

数学的にいうと，つぎのようになる．

(11:A)　プレイヤー k の**戦略**とは，各 $\kappa=1,\cdots,\nu$ と $\mathscr{D}_\kappa(k)$ に属する各元 D_κ とに対して定義されている関数 $\Sigma_k(\kappa\,;D_\kappa)$ で，その値
$$\Sigma_k(\kappa\,;D_\kappa)=C_\kappa$$
が $\mathscr{C}_\kappa(k)$ に属しかつ D_κ に含まれるようなもののことである．（すなわち $C_\kappa\in\mathscr{C}_\kappa(k)$ で $C_\kappa\subset D_\kappa$）

　戦略，いいかえると上に述べた条件をみたす関数 $\Sigma_k(\kappa\,;D_\kappa)$ がたしかに存在するということこそ，まさに 10.1.1. の先の公理（10:1:j）で要請したことにほかならない．

　審判員の選択とは，以下のとおりである．

　ある手番 $\mathscr{M}_\kappa$ を考えることにしよう．この手番が偶然手番であることがわかったものとしよう，つまりプレイが $B_\kappa(0)$ 内にあるものと仮定しよう．この時点での審判員の1つの可能な実情報，つまり $B_\kappa(0)$ の部分集合であるような $\mathscr{A}_\kappa$ の1つの元 A_κ を考えよう．その場合，問題の審判員の選択は，この時点での偶然選択を決定しなければならない．つまり，$\mathscr{C}_\kappa(0)$ に属する C_κ で，上に述べた A_κ の部分集合であるようなものを一意的に指定しなければならない．

　定式化すると，つぎのようになる．

(11:B)　審判員の**選択**とは，各 $\kappa=1,\cdots,\nu$ と $B_\kappa(0)$ の部分集合である $\mathscr{A}_\kappa$ の各元 A_κ に対して定義されている関数 $\Sigma_0(\kappa\,;A_\kappa)$ で，その値
$$\Sigma_0(\kappa\,;A_\kappa)=C_\kappa$$
が $\mathscr{C}_\kappa(0)$ に属しかつ A_κ に含まれるようなもののこと

である．（すなわち，$C_\kappa \in \mathscr{C}_\kappa(0)$，$C_\kappa \subset A_\kappa$）

審判員の選択，つまり上に述べた条件をみたす関数 $\Sigma_0(\kappa; A_\kappa)$ の存在については，(11:A) の後に述べた注意と 191 ページの脚注 2 を参照されたい．

審判員の選択の結果は，偶然に依存するので，その生起確率は明確になっていなければならない．ところで，審判員の選択とは，独立な偶然事象の系列と考えることができる．11.1.2. で述べたように，$\kappa = 1, \cdots, \nu$ と $B_\kappa(0)$ の部分集合である $\mathscr{A}_\kappa$ の各元 A_κ とに対して，つまり $\Sigma_0(\kappa; A_\kappa)$ の定義域に属する κ, A_κ の対のおのおのに対して，このような偶然事象がある．この偶然事象に関しては，特定の結果 $\Sigma_0(\kappa; A_\kappa) = C_\kappa$ の起こる確率は $p_\kappa(C_\kappa)$ である．それゆえ，関数 $\Sigma_0(\kappa; A_\kappa)$ で表わされる審判員の手全体の確率，つまり審判員の選択の確率は，このような確率 $p_\kappa(C_\kappa)$ の積となるはずである[1]．

数学的にいうと，つぎのようになる．

(11:C) 関数 $\Sigma_0(\kappa; A_\kappa)$ で表わされる審判員の選択の確率は，κ, A_κ が $\Sigma_0(\kappa; A_\kappa)$ の定義域全体に及ぶときの，値 $\Sigma_0(\kappa; A_\kappa) = C_\kappa$ に対する $p_\kappa(C_\kappa)$ のすべての積である（上の (11:B) を参照）．

これらすべての対 κ, A_κ に対して，10.1.1. の公理 (10:1:e) の条件を考え，それらの確率をすべてかけ合わせると，つぎの結果が得られる．つまり，上に述べた

---

[1] 問題となっている偶然事象は，独立なものとして取り扱われなければならない．

(11:C) の確率はすべて $\geqq 0$ で，審判員のすべての選択にわたる確率の和は 1 である．審判員のすべての選択の全体が，互いに排反しすべてをつくす事象の系であるはずだから，こうなるのは当然のことである．

11.2. ゲームの記述の最終的単純化

11.2.1. もし，各プレイヤー $k(=1,\cdots,n)$ によってそれぞれ一定の戦略が採用されており，審判員によってある一定の選択が選ばれているとすれば，これらは，プレイの全経過を一意的に決定する．したがって，これらはまた，各プレイヤー $k=1,\cdots,n$ に対して，プレイでの利得をも一意的に決定する．このことは，こうしたすべての概念の言葉による記述からも明らかであるはずだが，形式的証明をあげることもこれと同じくらい簡単である．

すなわち，問題となっているプレイヤーの戦略を $\Sigma_k(\kappa;D_\kappa)$ $(k=1,\cdots,n)$，審判員の選択を $\Sigma_0(\kappa;A_\kappa)$ で表わすことにする．あらゆる時点 $\kappa=1,\cdots,\nu,\nu+1$ での審判員の実情報の値を決めることにしよう．上に述べた変数 A_κ と混同しないようにするために，この値を $\overline{A_\kappa}$ で表わすことにする．

もちろん，$\overline{A_1}$ は Ω 自身に等しい（10.1.1. の (10:1:f) を参照）．

つぎに，$\kappa=1,\cdots,\nu$ の 1 つを考え，それに対応する $\overline{A_\kappa}$ がすでにわかっているものと仮定しよう．その場合，$\overline{A_\kappa}$ はただ 1 つの $B_\kappa(k)$ $(k=0,1,\cdots,n)$ の部分集合となっている（10.1.1. の (10:1:a) を参照）．もし $k=0$ であれ

ば，$\mathscr{M}_\kappa$ は偶然手番であるから，審判員の選択の結果は $\Sigma_0(\kappa\,;\overline{A}_\kappa)$ となる．したがって $\overline{A}_{\kappa+1}=\Sigma_0(\kappa\,;\overline{A}_\kappa)$ となる（10.1.1.の（10:1:h）および9.2.2.の詳細を参照）．もし $k=1,\cdots,n$ であれば，$\mathscr{M}_\kappa$ はプレイヤー k の人為手番である．$\overline{A}_\kappa$ は $\mathscr{D}_\kappa(k)$ のただ1つの元 $\overline{D}_\kappa$ の部分集合であるから，プレイヤーの戦略による手の結果は $\Sigma_k(\kappa\,;\overline{D}_\kappa)$ となる．したがって $\overline{A}_{\kappa+1}=\overline{A}_\kappa\cap\Sigma_k(\kappa\,;\overline{D}_\kappa)$ となる（10.1.1.の（10:1:h）および9.2.2.の詳細を参照）．

こうして，帰納的に $\overline{A}_1,\overline{A}_2,\overline{A}_3,\cdots,\overline{A}_\nu,\overline{A}_{\nu+1}$ を順次決めてゆくことができる．ところが，$\overline{A}_{\nu+1}$ は1元集合である（10.1.1.の（10:1:g）を参照）．この $\overline{A}_{\nu+1}$ に属する唯一の元を $\overline{\pi}$ で表わすことにする．

この $\overline{\pi}$ は現実に行なわれたプレイのことである[1]．したがって，プレイヤー $k(=1,\cdots,n)$ に対するこのプレイでの利得は $\mathscr{F}_k(\overline{\pi})$ となる．

11.2.2. すべてのプレイヤーの戦略と審判員の選択が一緒になって，現実のプレイが決まる，したがってまた各プレイヤーに対するプレイでの利得も決まるということを述べたが，この事実から，ゲーム Γ の新しい，はるかに単純な記述を可能にする道が切り開かれる．

一定のプレイヤー $k(=1,\cdots,n)$ を考えよう．かれが使えるありとあらゆる戦略 $\Sigma_k(\kappa\,;D_\kappa)$，あるいは簡単に Σ_k を

---

[1] $\overline{A}_1,\overline{A}_2,\overline{A}_3,\cdots,\overline{A}_\nu,\overline{A}_{\nu+1}$ という上の帰納的導出は，プレイの現実の経過を数学的に再現したものに過ぎない．読者は，それぞれの段階が対応していることを確かめていただきたい．

作ることにしよう．戦略の数は厖大であるが，しかしともかく，これは明らかに有限である．その個数を β_k，戦略そのものを $\Sigma_k^1, \cdots, \Sigma_k^{\beta_k}$ で表わすことにする．

同じように，審判員のありとあらゆる選択 $\Sigma_0(\kappa; A_\kappa)$，あるいは簡単に，$\Sigma_0$ を作ることにしよう．この戦略の数もやはり有限である．この個数を β_0，審判員の選択を $\Sigma_0^1, \cdots, \Sigma_0^{\beta_0}$ で表わし，その生起確率をそれぞれ $p^1, \cdots, p^{\beta_0}$ で表わすことにする（11.1.3. の（11:C）を参照）．これらの確率はすべて ≥ 0 で，その和は 1 である（11.1.3. の末尾を参照）．

すべてのプレイヤーの戦略と審判員の選択を一組決める．たとえば，$k=1, \cdots, n$ と $k=0$ に対して，それぞれ $\Sigma_k^{\tau_k}$ をとる．ここで，
$$\tau_k = 1, \cdots, \beta_k \quad (k=0,1,\cdots,n)$$
とする．すると，プレイ π とそれに対する各プレイヤー $k(=1,\cdots,n)$ の利得 $\mathscr{F}_k(\pi)$ が決まる（プレイ π については，11.2.1. の末尾を参照）．したがって，

(11:1) $\quad \mathscr{F}_k(\pi) = \mathscr{G}_k(\tau_0, \tau_1, \cdots, \tau_n) \quad (k=1,\cdots,n)$

と書ける．

ここで，プレイの全経過は，各プレイヤー k が戦略 $\Sigma_k^{\tau_k}$ を，すなわち数 $\tau_k = 1, \cdots, \beta_k$ のうちの1つを選び，審判員はそれぞれ確率 $p^1, \cdots, p^{\beta_0}$ をもつ変数 $\tau_0 = 1, \cdots, \beta_0$ のうちの1つを選ぶことからなっている．

プレイヤー k は，他のプレイヤーの戦略の決め方，あるいは偶然事象（審判員の選択）の決定についてなんの情報もなしに，自分の戦略，すなわち τ_k を決定しなければなら

ない．事態がなぜそうならなければならないかということは，かれが各時点でもちうるすべての情報が，すでにかれの戦略 $\Sigma_k = \Sigma_k^{T_k}$，すなわち関数 $\Sigma_k = \Sigma_k(\kappa; D_\kappa)$ の中にくり込まれているからである（11.1.1.の議論を参照）．たとえ，かれが他のプレイヤーの戦略がどう決定されるかについてある種の臆測をもっていたとしても，それらはすでに関数 $\Sigma_k(\kappa; D_\kappa)$ に含まれているはずだからである．

11.2.3. しかしながら，以上のことをよく考えてみると，Γ が，6.2.1.-6.3.1.の節の，複雑さが一番少ない最初の枠組の中での，最も単純な記述に戻ってきていることがわかる．プレイヤーの戦略の決定と審判員の選択の決定をそれぞれ手番と考えると，$n+1$ 個の手番，すなわち1つの偶然手番と，各プレイヤー $k=1,\cdots,n$ に対して1つずつの手番があることになる．各手番には，一定数の選択肢，つまり偶然手番に対しては β_0 個，人為手番に対してはそれぞれ $\beta_1,\cdots,\beta_n$ 個の選択肢，つまり《手》がありうる．そして，各プレイヤーは他人の戦略の決定，つまり他人の手の選択の結果についてなにも知らずに，各自の決定，つまり手の選択を行なわなければならない[1]．

われわれは，ここからさらに偶然手番を取り除くことすらできる．すべてのプレイヤーの戦略決定が行なわれ，プレイヤー k がそれぞれ戦略 τ_k を選んだとすると，偶然手

---

1) $n+1$ 個の手番には，このようにまったく結びつきがないから，それらの手番をどんな時間的順序で配置するかは，重要な問題ではない．

番の全影響はつぎのようになる。すなわち、各プレイヤー k に対するプレイでの利得は、それぞれ確率 $p^1, \cdots, p^{\beta_0}$ のついた β_0 個の数

$$\mathscr{G}_k(\tau_0, \tau_1, \cdots, \tau_n) \quad (\tau_0 = 1, \cdots, \beta_0)$$

のどれか1つとなる。

したがって、プレイヤーの利得の《数学的期待値》は、

(11:2) $$\mathscr{K}_k(\tau_1, \cdots, \tau_n) = \sum_{\tau_0=1}^{\beta_0} p^{\tau_0} \mathscr{G}_k(\tau_0, \tau_1, \cdots, \tau_n)$$

となる。

プレイヤーの判断は、この《数学的期待値》によってのみ決定されるはずである。なぜなら、各種の手番は互いに独立している、とりわけ偶然手番は他の手番とは関係がないから、数学的期待値をめやすにして行動できるのである[1]。それゆえ、重要な手番は、プレイヤー $k(=1, \cdots, n)$ に属する n 個の人為手番だけである。

したがって、ゲームの最終的な定式化は、結局つぎのようになる。

(11:D)　n 人ゲーム Γ、すなわち n 人の参加者によるゲームの完全な規則は、つぎの事項を指定することによって完全に決定される。

---

[1] 5.2.2.の終りに強調したように、単純化された効用概念で十分であるとしているので、修正されない普通の《数学的期待値》を使うだけでよい。ここの数学的期待値には、かの素朴な効用概念を拡張するために導入されるより完全な《期待値》概念は含まれていない。(たとえば、《セント・ペテルスブルグの逆理》におけるD.ベルヌーイの《道徳的期待値》のようなものは必要がない。)

(11:D:a)　各 $k=1,\cdots,n$ に対して，数 β_k．
(11:D:b)　各 $k=1,\cdots,n$ に対して，関数
$$\mathscr{K}_k = \mathscr{K}_k(\tau_1,\cdots,\tau_n) \quad (\tau_j = 1,\cdots,\beta_j,\ j=1,\cdots,n)$$
Γ のプレイの経過は以下のとおりである．

　各プレイヤー k は，数 $1,\cdots,\beta_k$ の中から1つの数 τ_k を選択決定する．ただし，各プレイヤーは，他のプレイヤーの戦略決定をまったく知らずに，自己の戦略決定つまり τ_k の選択を行なわなければならない．すべての戦略決定が行なわれたのちに，これらの決定を審判員つまり《神様》に提出し，審判員は，プレイヤー k に対するプレイの利得が $\mathscr{K}_k(\tau_1,\cdots,\tau_n)$ であることを通告する．

11.3. ゲームの単純化された形態における戦略の役割

11.3.　このように考えたゲームでは，またそれについての《戦略》というものを考える余地のないことに留意していただきたい．各プレイヤーは1つの手番，ただ1つの手番しかもっていない．かれは，他のことは一切知らずにこの手番を処理しなければならないからである[1]．われわれ

---

1) 11.1.1.で与えられた戦略の定義に戻ると，このゲームでは，プレイヤー k は1つの，ただ1つの人為手番しかもっていない．これはプレイの経過とは無関係な手番 $\mathscr{M}_\kappa$ である．かれはまた，なんの情報もなしに，$\mathscr{M}_\kappa$ での自分の手の選択を行なわなければならない．したがって，かれの戦略とは，手番 $\mathscr{M}_\kappa$ でのこの一定の選択のことに過ぎない．それ以上でもそれ以下でもない．すなわち，まさしく $\tau_k = 1,\cdots,\beta_k$ のことである．

は，11.1.1.で元来の手番という概念から戦略という概念に移行し，それ以後の節を通じて，問題を結晶のように強固かつ最終的な形に作りあげてきた．ここでは，これらの戦略そのものを手番として扱っているので，それ以上高次の戦略は必要がないのである．

11.4. ゼロ和制限の意義

11.4. この最後の形式の中で，ゼロ和ゲーム（5.2.1.を参照）がどういう位置を占めるかを確定して，以上の考察を終わることにしよう．

Γ がゼロ和ゲームであれば，10.1.1.の記号法では，つぎのようになる．

$$(11:3) \qquad \sum_{k=1}^{n} \mathscr{F}_k(\pi) = 0 \quad (\pi \in \Omega)$$

11.2.2.の意味で，$\mathscr{F}_k(\pi)$ から $\mathscr{G}_k(\tau_0, \tau_1, \cdots, \tau_n)$ に移ると，これは

$$(11:4) \qquad \sum_{k=1}^{n} \mathscr{G}_k(\tau_0, \tau_1, \cdots, \tau_n) = 0$$

（すべての $\tau_0, \tau_1, \cdots, \tau_n$ に対して）

となる．そして最後に，11.2.3.の意味で，$\mathscr{K}_k(\tau_1, \cdots, \tau_n)$ を導入すると，

このゲームを分割を使って記述すること，および上に述べたことを 11.1.3.で述べた（11:A）の戦略の形式的定義と比較することは，読者にお任せする．

(11:5) $$\sum_{k=1}^{n} \mathscr{K}_k(\tau_1, \cdots, \tau_n) = 0$$

(すべての $\tau_1, \cdots, \tau_n$ に対して)

が得られる．すなわち，依然としてゼロ和条件が成り立つ．逆に，このゼロ和条件（11:5）によって，11.2.3.で定義したゲーム Γ がゼロ和ゲームになることは明らかであろう．

第3章 ゼロ和2人ゲーム：理論

12. 予備的考察

12.1. 一般的視点

12.1.1. 前章において，一般 n 人ゲームの包括的で形式的な特徴づけを行なった（10.1.を参照）．つづいて，戦略の厳密な概念を導入したが，この概念を用いると，このかなり複雑なゲームの一般的図式を，はるかに簡単な特殊な図式で置きかえうること，そしてこの特殊な図式がその単純化にもかかわらず，一般的図式とまったく同値であることをも示した（11.2.を参照）．これからの議論において，ときには前者を，またときには後者を用いると便利なので，それぞれに名称をつけ，一般的図式をゲームの**展開型**，特殊な図式をゲームの**標準型**と呼ぶことにしよう．

これら2つの型はまったく同値なので，それぞれの場合に，われわれの判断で技術的に便利な方を用いることにする．われわれはこの可能性を十分に利用しようと思うので，それによってわれわれの考察の一般的妥当性が少しも失われるものでないということをもう一度強調しておきたい．

実際に，標準型は一般的定理を導きだすのに適している．

それに反して展開型は特殊な場合を分析するのにつごうがよい．すなわち，前者はあらゆるゲームに共通な性質を確かめるのに便利であるのに対して，後者は各ゲームの特徴的な差異と，それらの差異を決定する構造上の特色を浮き彫りにする（前者については，14. と17.，後者についてはたとえば15. を参照）．

12.1.2. あらゆるゲームの形式的記述が済んだので，今度はより積極的な理論を確立しなければならない．1つの体系的な手順に従ってこの目標を達成するには，予想されるように，簡単なゲームからより複雑なゲームへと進んでゆかなければならないだろう．そのために，すべてのゲームをその複雑度に従って順序づけることが望ましい．

われわれはすでに，ゲームを参加者数に従って分類し，n 人の参加者の行なうゲームを n 人ゲームと呼んだ．また，ゼロ和であるか否かによっても分類した．したがって，最初にゼロ和 n 人ゲームと一般 n 人ゲームとが区別されねばならない．のちにみるように，一般 n 人ゲームはゼロ和 $(n+1)$ 人ゲームときわめて密接に関連している．事実，前者の理論は後者の理論の1つの特殊な場合として得られるのである（56.2.2. を参照）．

12.2. 1人ゲーム

12.2.1. 1人ゲームのいくつかの特徴を述べることから始めよう．標準型で示すと，このゲームは，$\tau=1,\cdots,\beta$ のなかの1つの数を選択することから成っている．この選

択ののち，このただ1人のプレイヤー1は利得 $\mathscr{K}(\tau)$ を得る[1]．ゼロ和の場合がまったくつまらない[2]ことは明らかで，このようなゲームについては説明するまでもない．一般1人ゲームには，一般的な関数 $\mathscr{K}(\tau)$ が対応している．そして，《最善の》あるいは《理性的》な行動の仕方，つまりプレイの仕方は，明らかにプレイヤー1が $\mathscr{K}(\tau)$ を最大にするように $\tau=1,\cdots,\beta$ を選択することである．

1人ゲームがこのようにごく単純に片づけられるのは，変数 τ がある手番における1つの手を表わすものではなく，プレイヤーの戦略を表わしているからである．すなわち，この変数はプレイヤーの《理論》全体，つまりそのプレイの過程で生ずるかもしれないありとあらゆる状況に対処する仕方を表わすものだからである．1人ゲームであっても，きわめて複雑な様相を帯びうることを忘れてはならない．つまり，ゲームは（このただ1人のプレイヤーの）人為手番の他に偶然手番を含んでいるかもしれないし，また，そのおのおのが多くの選択肢を含んでいるかもしれない．それに，それぞれの特定の人為手番でそのプレイヤーが利用できる情報量は，任意の指定された方法で変化するかもしれないからである．

12.2.2. 1人ゲームにおいて生ずるだろうと予想される複雑さや微妙さの多くの例が，《ペイシャンス》あるいは

---

[1] 11.2.3.の終りの（11:D:a）と（11:D:b）を参照．添字1は省略する．
[2] そのとき，$\mathscr{K}(\tau)=0$ である．11.4.を参照．

《ソリテア》*)の種々のゲームによって与えられる．しかし，重要なゲームであって，われわれの知る限り，従来の1人ゲームのなかにその例をまだ見いだせないようなものがある．それは情報不備の場合で，ただ1人のプレイヤーの人為手番の予知性と先行性とが一致しない場合である（6.4.を参照）．このように予知性と先行性が一致しないためには，そのプレイヤーは，他方での選択の結果について何も知らないような2つの人為手番 $\mathscr{M}_\mu$ と $\mathscr{M}_\lambda$ をもつ必要があるだろう．情報が得られないそうした状況を得ることは容易ではないが，6.4.2.で論じたように，そのプレイヤーを，共通の利害をもちながら情報伝達の不完全な2人ないしはそれ以上の人格に《分身する》ことによって，そうした状況が得られる．6.4.2.で，ブリッジが2人ゲームにおけるこうした場合の一例であることを知った．これと類似の1人ゲームを編みだすことは容易であろうが，不幸にも，現存の《ソリテア》にはそのような形のものはない[1]．

それにもかかわらず，ある種の経済組織体のもとでは，こうした場合が現実に可能である．すなわち，分配の構造が争点とならない（つまり，交換がなく，変更の余地のないただ1つの分配法だけがある），強固に確立された共産主義社会がこの場合に該当するといえるかもしれない．そうした社会では，すべての成員の利害が完全に一致している

---

*) トランプのひとり遊びの総称．[訳注]
1) 現在行なわれている《ダブル・ソリテア》は，2人の参加者のあいだで争われる競争的ゲーム，すなわち2人ゲームである．

ので[1]，この組織体は1人ゲームとして扱わなければならない．しかし，成員間での情報伝達が不完全なこともありうるので，そこからあらゆる種類の情報不備の場合が生じうる．

そこで，戦略（つまり計画化）という概念を一貫して用いると，単純な最大化問題に自然に帰着されるのは，まさにこの場合であることがわかる．したがって，これまでの議論から，《ロビンソン・クルーソー》型の，経済学の単純な最大化の定式化があてはまるのは，この場合しかもこの場合だけだということが明らかになる．

12.2.3. これまでの考察から，ロビンソン・クルーソー型の純粋な最大化の方法の限界も明らかになる．さきにあげた変更を許さぬ，強固に確立された分配法をもった社会の例は，この社会では分配法自身の合理的かつ批判的な評価は不可能であることを示している．最大化問題とするためには，分配法全体をゲームの規則のなかにいれる必要があったが，規則というのは，絶対的な，犯すことのできない，批判を許さないものだからである．これらの分配法を斗争と競争の領域，たとえばゲームの戦略の領域に持ち込むためには，$n \geqq 2$ である n 人ゲームを考える必要があり，したがって問題の単純な最大化という側面は犠牲にしなければならなくなる．

---

[1] 個々の成員がプレイヤーとはみなされない．というのは，成員間で斗争することも，また成員の何人かの集団が他の集団に対して結託することも認められていないからである．

12.3. 偶然と確率

12.3. さきに進む前に，主として 18, 19 世紀に展開された《数学的遊技》に関する多くの文献は本質的には，われわれがすでに取りあげないことにした事柄のある側面だけを扱っていることを述べておきたい．その側面とは，偶然の影響の評価という側面である．いうまでもなく，これらの評価は確率計算と，とくに数学的期待値という概念の発見とその正しい適用によってはじめて可能となった．この著書では，この目的のために必要な操作をすでに 11.2.3. で行なった[1), 2)]．

結論として，われわれは偶然の役割の評価，つまり，確率の計算や数学的期待値の計算だけが数学的問題であるようなゲームには，関心をもっていない．そうしたゲームは，場合によっては確率論の興味ある練習問題[3)] ではあるけれ

---

1) もちろん，われわれはこれらの発見の巨大な重要性に対してけちをつけようなどとは少しも考えていない．本文で述べたように，問題のこの側面を簡潔に扱えること自体，まさにその偉大さによるものである．われわれが関心をもっているのは，確率の概念だけでは解けないような側面なのである．われわれが注意を向けなければならないのは，結局，こうした側面なのであって，確率概念によって満足に解けるような問題ではないのである．
2) 数学的期待値の使用と数学的効用の概念とのあいだの重要な関連性については，3.7. およびそれにさきだついくつかの考察を参照せよ．
3) ルーレットのようなゲームはもっと特異な性質をもっている．ルーレットでは，プレイヤーの数学的期待値が負であることは明白である．したがって貨幣収入だけを効用だと考えているとすれ

ども，本来のゲームの理論には属さない，とわれわれは考えている．読者もわれわれの意見に同意されることであろう．

12.4. つぎの目標

12.4. 今度はもっと複雑なゲームの分析に移ろう．一般1人ゲームについてはすでに考察したので，そのつぎに単純なゲームは，ゼロ和2人ゲームである．そこで，まずゼロ和2人ゲームを検討しよう．

あとで，一般2人ゲームを取りあげるか，ゼロ和3人ゲームを取りあげるかという選択の問題が生ずる．本書の議論の進め方からいって，どうしてもゼロ和3人ゲームをさきに取りあげる必要のあることが明らかとなる．つぎにゼロ和 n 人ゲーム $(n=1,2,3,\cdots)$ にまでこの結果を拡張し，そのあとではじめて，一般 n 人ゲームを研究するのが妥当だということがわかるだろう．

13. 関数計算

13.1. 基本的な定義

13.1.1. つぎの目標は，12.4.でも述べたように，ゼロ和2人ゲームを徹底的に研究することである．この目的を首尾よく達成するためには，関数計算の記号法あるいは，

ば，このゲームへ参加する動機は理解できない．

少なくともその一部分をこれまでより広範に用いる必要がある．われわれが必要とする概念は，関数，変数，最大化，最小化という概念である．そして最大化と最小化は関数に働く作用素として用いるのである．これらについて，どうしても，ある程度の必要な説明を与えておかねばならないので，それを以下に述べよう．

その説明のあとで，最大化，最小化ならびにこれら両者の一定の組合せである鞍点値に関して，いくつかの定理を証明しよう．これらの定理は，ゼロ和2人ゲームで，1つの重要な役割を演ずる．

13.1.2. 関数 φ とは，いくつかの実体 $x, y, \cdots$ に対して，ある実体 u がどのように定まるかを示す1つの依存関係である．この前者の実体は φ の**変数**と呼ばれ，後者の実体は φ の**値**と呼ばれる．このようにして，u は φ と $x, y, \cdots$ によって決まり，その依存関係は

$$u = \varphi(x, y, \cdots)$$

という式で表現される．原理的には，関数 φ そのものと，値 $\varphi(x, y, \cdots)$ とは厳重に区別されねばならない．前者は，値 $u = \varphi(x, y, \cdots)$ が $x, y, \cdots$ に依存していることを一般的に示すだけの抽象的な実体であるのに対して，後者は $x, y, \cdots$ の特定の値に対する個々の値 $\varphi(x, y, \cdots)$ にほかならない．しかし，数学で実際に用いる場合には，φ の代わりに，$x, y, \cdots$ が不限定であるという了解のもとで $\varphi(x, y, \cdots)$ と書く方が便利なことが多い（以下の例 (c)–(e) を参照．(a) と (b) はあまりよくない．次ページの脚注1を参照）．

関数 φ を示すためには，いうまでもなく，まず，その変数 $x, y, \cdots$ の数を指定しなければならない．たとえば，1 変数関数 $\varphi(x)$, 2 変数関数 $\varphi(x, y)$ などという．

いくつか例をあげると，

(a) $x+1$ や x^2 のような算術的計算は，1 変数関数である[1]．

(b) 和 $x+y$ や積 xy のような算術的計算は 2 変数関数である[1]．

(c) k の値が定まっている場合，9.2.4. の $\mathscr{F}_k(\pi)$ は (π の) 1 変数関数である．だが，これは (k と π の) 2 変数関数とみることもできる．

(d) k の値が定まっている場合，11.1.3., (11:A) の $\Sigma_k(\kappa; D_\kappa)$ は (κ と D_κ の) 2 変数関数である[2]．

(e) k の値が定まっている場合，11.2.3. の $\mathscr{K}_k(\tau_1, \cdots, \tau_n)$ は ($\tau_1, \cdots, \tau_n$ の) n 変数関数である[3]．

13.1.3. 関数 φ を示すには，変数 $x, y, \cdots$ のどのような組合せに対して $\varphi(x, y, \cdots)$ の値が定まるかということも指定する必要がある．$x, y, \cdots$ のこれらの選択，つまり組合せが，φ の **定義域** を構成する．

上述の例 (a)-(e) には，関数の定義域について，いく

---

1) これらは $\varphi(x), \varphi(x, y)$ という正規の形には表わされていないけれども，それぞれ，1 変数関数，2 変数関数，n 変数関数である．

2) (d) の k や (e) の k も，(c) の k と同様に，1 つの変数として扱うこともできる．

3) 上の脚注 1 を参照．

つかの例が示されている．定義域は算術的なもの，解析的なもの等々であってよい．実際に，

(a) の場合：定義域はすべての整数から成ると考えてもよいし，またすべての実数から成ると考えてもよい．

(b) の場合：定義域は (a) で用いられた種類の数の 2 個のすべての対から成る．

(c) の場合：定義域はゲーム Γ のプレイを表わすすべての対象 π の集合 Ω である (9.1.1., 9.2.4. を参照)．

(d) の場合：定義域は正の整数 κ と集合 D_κ との組合せから成る．

(e) の場合：定義域は正の整数のある系列から成る．

変数が正の整数ならば，関数 φ は**整数論的関数**であり，変数が実数ならば，φ は（実）**数値関数**であり，また，たとえば (d) の D_κ のように変数が集合ならば，φ は**集合関数**と呼ばれる．

さしあたり，ここでは整数論的関数と数値関数だけを問題にする．この節を終わるにあたって，関数の概念に対するわれわれの見解から当然生ずる 1 つの帰結を述べておこう．すなわち，変数の個数，定義域，および関数の値の変数への依存関係がその関数自体を規定する．たとえば，2 つの関数 φ と ψ が，同じ変数 $x, y, \cdots$ と同じ定義域をもち，その定義域のどの点をとっても $\varphi(x, y, \cdots) = \psi(x, y, \cdots)$ が成り立つとき，φ と ψ とはあらゆる点で同一の関数とみな

す[1].

13.2. Max 演算と Min 演算

13.2.1. 実数値をとる関数
$$\varphi(x, y, \cdots)$$
を考えてみよう.

まず, φ が1変数関数であると仮定しよう. たとえば, 定義域内のある値 $x = x_0$ について, $\varphi(x_0) \geqq \varphi(x')$ が定義域内のすべての値 x' に対して成り立つとき, φ は $x = x_0$ で最大値 $\varphi(x_0)$ をとるという.

この最大値 $\varphi(x_0)$ は一意的に定まるということ, すなわち, いくつかの x_0 に対して $x = x_0$ で最大値をとってもよいが, それらではすべて同じ値 $\varphi(x_0)$ をとらなければならないということに注意しよう. この値を $\mathrm{Max}\,\varphi(x)$ と書き, φ の**最大値**と呼ぶことにする[2].

$\geqq$ を $\leqq$ に変えれば, φ の最小値という概念が得られるし, また φ がその最小値をとるような値 x_0 という概念が得られる. この場合にも, φ が最小値をとるような x_0 はいくつあってもよいが, それらではすべて同じ値 $\varphi(x_0)$ をとらなければならない. この値を $\mathrm{Min}\,\varphi(x)$ と書き, φ の**最小値**と呼ぶことにする.

---

1) 関数の概念は, 集合の概念と密接な関連をもっている. 上記のことは, 8.2. の説明と並行して考察すること.
2) 証明: そのような2つの x_0, たとえば x_0' と x_0'' を考える. すると $\varphi(x_0') \geqq \varphi(x_0'')$ でかつ $\varphi(x_0'') \geqq \varphi(x_0')$ である. したがって, $\varphi(x_0') = \varphi(x_0'')$ でなければならない.

Max $\varphi(x)$ とか Min $\varphi(x)$ とかが必ず存在するとは限らないという点に注意しよう[1]。

しかし、変数 x が動きまわる φ の定義域が有限個の元からなるときには、明らかに、Max $\varphi(x)$ も Min $\varphi(x)$ も存在する。事実、これから取り扱う関数のほとんどが、それらの定義域が有限の場合であり[2]、そうでないものも、Max と Min の存在が、定義域の幾何学的性質と関数自身の連続性とから導かれるものばかりである[3]。いずれにしてもここでは、Max と Min の存在するような関数だけが考察の対象となる。

13.2.2. つぎに φ がいくつかの変数 $x, y, z, \cdots$ をもつと仮定しよう。それらの変数のどれか1つ、たとえば x に注目し、他の変数 $y, z, \cdots$ を定数として扱えば、$\varphi(x, y, z, \cdots)$

---

[1] たとえば、$\varphi(x) = x$ が、すべての実数を定義域とする場合、Max $\varphi(x)$ も Min $\varphi(x)$ も存在しない。

[2] 典型的な例として、11.2.3. の(あるいは、13.1.2. の(e)の)関数 $\mathscr{K}_\kappa(\tau_1, \cdots, \tau_n)$, 14.1.1. の関数 $\mathscr{K}(\tau_1, \tau_2)$ をあげることができる。

[3] 典型的な例として、17.4. の関数 $K(\boldsymbol{\xi}, \boldsymbol{\eta})$, $\text{Max}_{\boldsymbol{\xi}} K(\boldsymbol{\xi}, \boldsymbol{\eta})$, $\text{Min}_{\boldsymbol{\eta}} K(\boldsymbol{\xi}, \boldsymbol{\eta})$ や、17.5.2. の関数 $\text{Min}_{\tau_2} \sum_{\tau_1=1}^{\beta_1} \mathscr{K}(\tau_1, \tau_2) \xi_{\tau_1}$, $\text{Max}_{\tau_1} \sum_{\tau_2=1}^{\beta_2} \mathscr{K}(\tau_1, \tau_2) \eta_{\tau_2}$ をあげることができる。これらの関数の変数は、$\boldsymbol{\xi}$ あるいは $\boldsymbol{\eta}$、あるいはその双方であって、それぞれに関して最大化と最小化が形成される。

もう1つの例を 46.2.1.、とくにそこの脚注にあげておいた。そこでは、この問題の数学的背景やこの問題に関する文献についてふれる。上記の例はきわめて初歩的なものなので、ここでこの問題に深入りする必要はないと思う。

は変数 x だけの 1 変数関数とみなされる．したがって，もちろんこの x に関して，13.2.1. と同様に，$\mathrm{Max}\,\varphi(x,y,z,\cdots)$, $\mathrm{Min}\,\varphi(x,y,z,\cdots)$ を作ることができる．

しかし，他の変数 $y, z, \cdots$ のいずれについても同じことができるのだから，変数 x に関する Max 演算，Min 演算であったことを明示する必要が生ずる．そのために $\mathrm{Max}\,\varphi$, $\mathrm{Min}\,\varphi$ という曖昧な表現を止め，$\mathrm{Max}_x\,\varphi(x,y,z,\cdots)$, $\mathrm{Min}_x\,\varphi(x,y,z,\cdots)$ と書くことにする．このようにして，関数 $\varphi(x,y,z,\cdots)$ に対して $\mathrm{Max}_x, \mathrm{Min}_x, \mathrm{Max}_y, \mathrm{Min}_y, \mathrm{Max}_z, \mathrm{Min}_z, \cdots$ のどの演算を施すこともできる．これらの演算はすべて異なっており，この記号法はそれらの区別を曖昧さなく表現している．

1 変数関数に対してもこの記号法が便利なのでこれを使用する．たとえば，13.2.1. の $\mathrm{Max}\,\varphi(x)$, $\mathrm{Min}\,\varphi(x)$ の代わりに $\mathrm{Max}_x\,\varphi(x)$, $\mathrm{Min}_x\,\varphi(x)$ と書く．

最大化あるいは最小化の定義域 S を明示すると便利なことがあるし，場合によっては，それは不可欠である．たとえば，関数 $\varphi(x)$ は S の域外の（いくつかの）x に対しても定義されているが，S の域内だけの最大あるいは最小を求めたい場合がそうである．そうしたときには，$\mathrm{Max}_x\,\varphi(x)$, $\mathrm{Min}_x\,\varphi(x)$ としないで，

$$\mathrm{Max}_{x\in S}\,\varphi(x), \qquad \mathrm{Min}_{x\in S}\,\varphi(x)$$

と書く．

ときには，$\varphi(x)$ を関数として表わすよりも，$\varphi(x)$ の値を，$a, b, \cdots$ と列挙した方が簡単な場合がある．そのときに

は，$\text{Max}_x \varphi(x)$，$\text{Min}_x \varphi(x)$ の代わりに，$\text{Max}(a, b, \cdots)$，$\text{Min}(a, b, \cdots)$ と書いてよい[1]．

13.2.3. $\varphi(x, y, z, \cdots)$ が変数 $x, y, z, \cdots$ の関数であるのに対して，$\text{Max}_x \varphi(x, y, z, \cdots)$，$\text{Min}_x \varphi(x, y, z, \cdots)$ も関数であるが，これらは残りの変数 $y, z, \cdots$ だけの関数である点に注意しよう．印刷の都合上，$\text{Max}_x \varphi(x, y, z, \cdots)$，$\text{Min}_x \varphi(x, y, z, \cdots)$ にも x が示されているが，x はもはやこれらの関数の変数ではない．この場合，演算 Max_x，Min_x は，添字として示された変数 x を**束縛する**という[2]．

$\text{Max}_x \varphi(x, y, z, \cdots)$，$\text{Min}_x \varphi(x, y, z, \cdots)$ は，変数 $y, z, \cdots$ の関数なのだから[3]，さらに進んで，つぎのような式を作ることができる．

$\text{Max}_y \text{Max}_x \varphi(x, y, z, \cdots)$, $\quad \text{Max}_y \text{Min}_x \varphi(x, y, z, \cdots)$

$\text{Min}_y \text{Max}_x \varphi(x, y, z, \cdots)$, $\quad \text{Min}_y \text{Min}_x \varphi(x, y, z, \cdots)$

同様に，

$\text{Max}_x \text{Max}_y \varphi(x, y, z, \cdots)$, $\quad \text{Max}_x \text{Min}_y \varphi(x, y, z, \cdots)$

を作ることができる[4]．また，もし x と y 以外に変数があれば，それらを用いることもできるし，3個以上の変数を

---

1) $\text{Max}(a, b, \cdots)$ あるいは $\text{Min}(a, b, \cdots)$ は，もちろん，数 $a, b, \cdots$ のうち最大の数あるいは最小の数である．

2) 解析学において，変数 x を束縛するというよく知られた演算は定積分である．実際，$\varphi(x)$ は x の関数であるが，$\int_0^1 \varphi(x) dx$ は定数である．

3) 13.2.2.では $y, z, \cdots$ を定数値をとるパラメータとして扱ったが，ここでは x を束縛して，変数 $y, z, \cdots$ を解放したのである．

4) 2つ以上の作用素がある場合には，演算は最も内側のものから外側に向けて順々に行なわれ，それぞれの変数が束縛される．

用いることもできる．

$\varphi(x, y, z, \cdots)$ の変数の数と同じだけの Max 演算，あるいは Min 演算を，任意の順序と組合せで，ただし各変数 $x, y, z, \cdots$ に対して 1 回ずつ施してゆくと，最後には変数のない関数，つまり定数が得られる．

13.3. 可換性の問題

13.3.1. 13.2.3. の議論によって Max_x, Min_x, Max_y, Min_y, Max_z, Min_z, $\cdots$ を関数作用素としてみるための基礎が与えられた．これらの各関数作用素は，関数をもう 1 つ別の関数に変換するものである[1]．すでにみたように，これらのいくつかの作用素を順次施すこともできる．その際に，それらの作用素をどういう順序で施すかが重要な問題となってくる．

しかし，それは本当に重要なのだろうか．詳しくいうと，(同一の対象に) 2 つの作用素を順々に施す際，その順序を交換しても同じである場合，これら 2 つの作用素は**可換**であるという．すると，Max_x, Min_x, Max_y, Min_y, Max_z, Min_z, $\cdots$ という作用素はすべて相互に可換であるか否かが問題となる．

この問題に答えることにしよう．そのためには，たとえば，x と y という 2 つの変数だけ用いればよいから，それ以外の変数は無視して，φ は x, y だけの関数であるとして

---

[1] これらの演算はいずれも 1 個の変数を束縛するから，変換された関数の変数の数は 1 つだけ少なくなる．

十分である[1].

そこで, $\varphi(x,y)$ という2変数関数を考えてみよう. 可換性にとって重要な問題は, つぎの3つの等式のうち, どれが恒真かということである.

(13:1) $\text{Max}_x \text{Max}_y \varphi(x,y) = \text{Max}_y \text{Max}_x \varphi(x,y)$

(13:2) $\text{Min}_x \text{Min}_y \varphi(x,y) = \text{Min}_y \text{Min}_x \varphi(x,y)$

(13:3) $\text{Max}_x \text{Min}_y \varphi(x,y) = \text{Min}_y \text{Max}_x \varphi(x,y)$[2]

(13:1) と (13:2) は恒真であるが, (13:3) は恒真ではない. すなわち, Max同士, あるいはMin同士の場合には, それらは可換であるが, MaxとMinとは, 一般には可換でないことがわかる. また, どんな特殊な場合にMaxとMinが可換であるかを判定する方法も得られる.

MaxとMinの可換性の問題は, あとで述べるように, ゼロ和2人ゲームにとって決定的に重要なものになることがわかる (14.4.2. と 17.6. を参照).

13.3.2. まず (13:1) を検討しよう. 直観的にも, $\text{Max}_x \text{Max}_y \varphi(x,y)$ は, x と y を一緒にして, 1つの変数とみなしたときの $\varphi(x,y)$ の最大値であることがわかる. すなわち, x_0, y_0 を適当にとれば, $\varphi(x_0, y_0) = \text{Max}_x \text{Max}_y \varphi(x,y)$ であって, しかも, すべての x', y' に対して $\varphi(x_0, y_0) \geqq \varphi(x', y')$ である.

---

[1] φ にもっと多くの変数があっても, この分析のためには, それらを定数として扱えばよい.

[2] $\text{Min}_x \text{Max}_y$ という組合せは, x と y を交換することによって, 上の $\text{Max}_x \text{Min}_y$ という組合せから導かれるから, あらためて取りあげる必要がない.

数学的証明が必要ならば，つぎのようにすればよい．まず，$\mathrm{Max}_y \varphi(x,y)$ が $x=x_0$ で最大値をとるように x_0 を選び，ついで $\varphi(x_0,y)$ が $y=y_0$ でその最大値をとるように y_0 を選ぶ．そうすると，

$$\varphi(x_0, y_0) = \mathrm{Max}_y \varphi(x_0, y) = \mathrm{Max}_x \mathrm{Max}_y \varphi(x, y).$$

そして，すべての x', y' に対して，

$$\varphi(x_0, y_0) = \mathrm{Max}_y \varphi(x_0, y) \geqq \mathrm{Max}_y \varphi(x', y)$$
$$\geqq \varphi(x', y')$$

だからである．

つぎに，x と y とを交換して考えれば，同様にして，$\mathrm{Max}_y \mathrm{Max}_x \varphi(x,y)$ は x と y とを一緒にして1つの変数とみなしたときの，$\varphi(x,y)$ の最大値であることがわかる．

このようにして (13:1) の両辺はまったく同じ性質をもち，したがってそれらは相等しい．これで (13:1) の証明ができた．

Max を Min に変えても，それに対応して $\geqq$ を $\leqq$ に変えるだけで，まったく同じ議論が当てはまる．こうして (13:2) が証明される．

2つの変数 x, y を一緒にして1つの変数として扱うというやり方は，ときにはきわめて便利である．このやり方を使うときは（たとえば，18.2.1. で $x, y, \varphi(x, y)$ と書く代わりに，$\tau_1, \tau_2, \mathscr{K}(\tau_1, \tau_2)$ に適用するが），今後 $\mathrm{Max}_{x,y} \varphi(x,y)$ や $\mathrm{Min}_{x,y} \varphi(x,y)$ と書くことにする．

13.3.3. ここで表を使って説明するとわかりやすくなるだろう．x, y についての φ の定義域が有限集合だと仮定

	1	2	……	y	……	s
1	$\varphi(1,1)$	$\varphi(1,2)$	……	$\varphi(1,y)$	……	$\varphi(1,s)$
2	$\varphi(2,1)$	$\varphi(2,2)$	……	$\varphi(2,y)$	……	$\varphi(2,s)$
⋮	⋮	⋮		⋮		⋮
x	$\varphi(x,1)$	$\varphi(x,2)$	……	$\varphi(x,y)$	……	$\varphi(x,s)$
⋮	⋮	⋮		⋮		⋮
t	$\varphi(t,1)$	$\varphi(t,2)$	……	$\varphi(t,y)$	……	$\varphi(t,s)$

表 11

する．簡単にするために（この定義域の）x の可能な値を $1,\cdots,t$，y の可能な値を $1,\cdots,s$ で表わすと，この定義域内のすべての x,y，つまり $x=1,\cdots,t$，$y=1,\cdots,s$ のすべての組合せに対応する $\varphi(x,y)$ の値は，長方形状の表に配列することができる．行を示すために，$x=1,\cdots,t$ を，列を示すために $y=1,\cdots,s$ を用いて，t 行 s 列の長方形を作る．行 x と列 y との交点を簡単に欄 x,y と呼ぶが，そこに $\varphi(x,y)$ の値を書き込む（表 11）．こうした配列は，数学では**行列**と呼ばれているが，これが関数 $\varphi(x,y)$ を完全に表わしている．$\varphi(x,y)$ のそれぞれの値が，行列の**成分**である．

$\mathrm{Max}_y\,\varphi(x,y)$ は，行 x の $\varphi(x,y)$ の最大値だから，$\mathrm{Max}_x\,\mathrm{Max}_y\,\varphi(x,y)$ は各行の最大値の最大値である．他方 $\mathrm{Max}_x\,\varphi(x,y)$ は，列 y の $\varphi(x,y)$ の最大値であるから，$\mathrm{Max}_y\,\mathrm{Max}_x\,\varphi(x,y)$ は各列の最大値の最大値である．

(13:1) について 13.3.2. で述べたことを，今度はつぎのように表わすことができる．各行の最大値の最大値は，各列の最大値の最大値に等しく，両者は行列全体における $\varphi(x,y)$ の最大値に一致する．少なくともこの形にすれば，上述のことは直観的にも明らかである．Max と Min を入れかえれば，(13:2) も同様にして導かれる．

13.4. 混合の場合．鞍点

13.4.1. (13:3) の検討に移ろう．13.3.3. の用語を使うと，(13:3) の左辺は各行の最小値の最大値で，右辺は各列の最大値の最小値である．これらの値は行列全体での最大値でも最小値でもなく，またそれらが一般に等しくなるべきだという一見して明らかな理由もない．事実，それらは一般には等しくない．表12と表13に，それらが等しくない関数の例を示した．表14はそれらが等しくなる関数の例である（ここにあげた表は，13.3.3. および表11の説明に従ってみていただきたい）．

これらの表は，Max と Min との可換性の問題とともに，ゼロ和2人ゲームの理論できわめて重要な役割を演ずることになる．実際，あとでわかるように，これらの表は，ゼロ和2人ゲームで扱うゲームのいくつかの重要な典型を示すものである（18.1.2. 参照）．しかし当面は，表のそのような解釈には関係なく，表をそれ自体として取りあげることにしよう．

13.4.2. (13:3) は一般的に真でも，一般的に偽でもな

$t = s = 2$

	1	2	行の最小値
1	1	−1	−1
2	−1	1	−1
列の最大値	1	1	

行の最小値の最大値 = −1
列の最大値の最小値 = 1

表 12

$t = s = 3$

	1	2	3	行の最小値
1	0	−1	1	−1
2	1	0	−1	−1
3	−1	1	0	−1
列の最大値	1	1	1	

行の最小値の最大値 = −1
列の最大値の最小値 = 1

表 13

$t = s = 2$

	1	2	行の最小値
1	−2	1	−2
2	−1	2	−1
列の最大値	−1	2	

行の最小値の最大値 = −1
列の最大値の最小値 = −1

表 14

い．したがって，その式の両辺の関係，つまり，

(13:4) $\text{Max}_x \text{Min}_y \varphi(x,y)$, $\text{Min}_y \text{Max}_x \varphi(x,y)$

の関係をもっと詳しく検討してみなければならない．表12-14は，ある程度まで（13:3）の内容を説明しているが，さらにその内容がおよそどんなものであるかを知るためのいくつかの手懸りを与えてくれる．詳しくいうと，

(13:A)　　3つの表のいずれにおいても，(13:3) の左辺，つまり (13:4) の最初の式は，(13:3) の右辺，つまり (13:4) の2番目の式を超えない．

(13:B)　　(13:3) が成り立つ表14の場合には，同時に行の最小値でも列の最大値でもあるような成分をもつ行列の欄が存在する（行列の左下隅の欄の成分 -1 がそれである）．表12，表13の場合には，(13:3) が成り立たず，そうした欄が存在しない．

(13:B) で述べたような欄の特性を表わす一般的な概念をここで導入すると都合がよい．そのために，つぎのように定義する．

$\varphi(x,y)$ を任意の2変数関数としよう．そのとき，$\varphi(x,y_0)$ が $x=x_0$ で最大値をとり，同時に $\varphi(x_0,y)$ が $y=y_0$ で最小値をとるならば，x_0, y_0 の組を φ の**鞍点**（Saddle point）という．

鞍点という名称を使うのは，つぎの理由によるものである．すなわち，すべての成分 x,y （$x=1,\cdots,t$, $y=1,\cdots,s$, 表11参照）から成る行列を立体地図と考え，欄 x,y での標高がそこでの $\varphi(x,y)$ の値に等しいとする．すると，鞍

点 x_0, y_0 の定義は,その点,つまり欄 x_0, y_0 の真上が文字通り鞍部あるいは峠であるということを表わしている.つまり,行 x_0 は山の尾根であり,列 y_0 は(谷から峠をへて谷へいく)峠道である.

13.5.2. の (13:C*) の式も,この説明と一致している[1].

13.4.3. 表 12 と表 13 の例からわかるように,φ はまったく鞍点をもたないかも知れないし,また逆にいくつかの鞍点をもつこともありうる.しかし,仮に 2 つ以上の鞍点が存在する場合にも,すべての鞍点 x_0, y_0 が同じ値 $\varphi(x_0, y_0)$ をもたなければならない[2].したがって鞍点が存在するとき,そこでの値を $\mathrm{Sa}_{x/y}\, \varphi(x, y)$ と書き,$\varphi(x, y)$ の**鞍点値**という[3].

---

[1] ここで述べたことは,極値問題,変分法などを含む,もっと一般的なある数学的な理論と密接な関係がある(正確にその特殊な場合というわけではないが).M. Morse: "The Critical Points of Functions and the Calculus of Variations in the Large", *Bull. Am. Math. Society*, Jan.-Feb. 1929, pp. 38 cont., および "What is Analysis in the Large?", *Am. Math. Monthly*, Vol. XLIX, 1942, pp. 358 cont. を参照.

[2] これは 13.5.2. の (13:C*) から導かれる.それと同様に簡単な直接的な証明がある.2 つの鞍点 x_0, y_0,たとえば x_0', y_0' と x_0'', y_0'' を考えよう.すると,
$$\varphi(x_0', y_0') = \mathrm{Max}_x\, \varphi(x, y_0') \geq \varphi(x_0'', y_0')$$
$$\geq \mathrm{Min}_y\, \varphi(x_0'', y) = \varphi(x_0'', y_0'')$$
すなわち,$\varphi(x_0', y_0') \geq \varphi(x_0'', y_0'')$.同様にして,$\varphi(x_0'', y_0'') \geq \varphi(x_0', y_0')$.

したがって,$\varphi(x_0', y_0') = \varphi(x_0'', y_0'')$.

[3] 作用素 $\mathrm{Sa}_{x/y}\, \varphi(x, y)$ は,変数 x, y を両方とも束縛する.13.2.3. を参照.

ここで，(13:A) と (13:B) を一般化した定理を述べておこう．それらの定理を (13:A*), (13:B*) で表わし，それらがあらゆる関数 $\varphi(x,y)$ に妥当することを強調しておこう．

(13:A*) 任意の関数 $\varphi(x,y)$ について，つねに，
$$\mathrm{Max}_x \mathrm{Min}_y \varphi(x,y) \leqq \mathrm{Min}_y \mathrm{Max}_x \varphi(x,y)$$
が成り立つ．

(13:B*) φ に鞍点 x_0, y_0 が存在するとき，そしてそのときに限って，
$$\mathrm{Max}_x \mathrm{Min}_y \varphi(x,y) = \mathrm{Min}_y \mathrm{Max}_x \varphi(x,y)$$
が成り立つ．

13.5. 基本的事実の証明

13.5.1. まず任意の関数 $\varphi(x,y)$ に対して，2つの集合 A^φ と B^φ を定義する．$\mathrm{Min}_y \varphi(x,y)$ は x の関数である．そこでこの関数が $x = x_0$ でその最大値をとるようなすべての x_0 の集合を A^φ とする．また $\mathrm{Max}_x \varphi(x,y)$ は y の関数である．そこで，この関数が $y = y_0$ でその最小値をとるようなすべての y_0 の集合を B^φ とする．

つぎに (13:A*) と (13:B*) の証明をしよう．

(13:A*) の証明：$x_0 \in A^\varphi, y_0 \in B^\varphi$ なる x_0, y_0 を選ぶ．すると
$$\begin{aligned}\mathrm{Max}_x \mathrm{Min}_y \varphi(x,y) &= \mathrm{Min}_y \varphi(x_0, y) \\ &\leqq \varphi(x_0, y_0) \leqq \mathrm{Max}_x \varphi(x, y_0) \\ &= \mathrm{Min}_y \mathrm{Max}_x \varphi(x,y).\end{aligned}$$

こうして $\mathrm{Max}_x \mathrm{Min}_y \varphi(x, y) \leqq \mathrm{Min}_y \mathrm{Max}_x \varphi(x, y)$ が導かれた.

(13:B*) において鞍点の存在が必要であることの証明:
$$\mathrm{Max}_x \mathrm{Min}_y \varphi(x, y) = \mathrm{Min}_y \mathrm{Max}_x \varphi(x, y)$$
が成り立つと仮定する. $x_0 \in A^\varphi, y_0 \in B^\varphi$ を選ぶ. すると,
$$\mathrm{Max}_x \varphi(x, y_0) = \mathrm{Min}_y \mathrm{Max}_x \varphi(x, y)$$
$$= \mathrm{Max}_x \mathrm{Min}_y \varphi(x, y) = \mathrm{Min}_y \varphi(x_0, y)$$
である. それゆえ任意の x' に対して,
$$\varphi(x', y_0) \leqq \mathrm{Max}_x \varphi(x, y_0) = \mathrm{Min}_y \varphi(x_0, y)$$
$$\leqq \varphi(x_0, y_0)$$
つまり, $\varphi(x_0, y_0) \geqq \varphi(x', y_0)$ である. したがって, $\varphi(x, y_0)$ は, $x = x_0$ でその最大値をとる. また一方, 任意の y' に対して,
$$\varphi(x_0, y') \geqq \mathrm{Min}_y \varphi(x_0, y) = \mathrm{Max}_x (x, y_0)$$
$$\geqq \varphi(x_0, y_0)$$
つまり, $\varphi(x_0, y_0) \leqq \varphi(x_0, y')$ である. したがって, $\varphi(x_0, y)$ は, $y = y_0$ でその最小値をとる.

したがって, x_0, y_0 は鞍点である.

(13:B*) において鞍点の存在が十分であることの証明:
鞍点 x_0, y_0 が存在すると仮定すると,
$$\mathrm{Max}_x \mathrm{Min}_y \varphi(x, y) \geqq \mathrm{Min}_y \varphi(x_0, y) = \varphi(x_0, y_0)$$
$$\mathrm{Min}_y \mathrm{Max}_x \varphi(x, y) \leqq \mathrm{Max}_x \varphi(x, y_0) = \varphi(x_0, y_0)$$
ゆえに,
$$\mathrm{Max}_x \mathrm{Min}_y \varphi(x, y) \geqq \varphi(x_0, y_0) \geqq \mathrm{Min}_y \mathrm{Max}_x \varphi(x, y).$$
これを (13:A*) と結びつけると,

$$\text{Max}_x \text{Min}_y \varphi(x,y) = \varphi(x_0, y_0)$$
$$= \text{Min}_y \text{Max}_x \varphi(x,y)$$
が得られる．これが求める等式である．

13.5.2. 13.5.1.の考察から，さらにいくつかの注目すべき結論が得られる．今度は，鞍点が存在するものと仮定する．つまり（13:B*）が成り立つものと仮定する．

すべての鞍点 x_0, y_0 に対して，

(13:C*) $\quad \varphi(x_0, y_0) = \text{Max}_x \text{Min}_y \varphi(x,y)$
$$= \text{Min}_y \text{Max}_x \varphi(x,y)$$

が成り立つ．

証明：これは，13.5.1.の（13:B*）における十分性の証明の最後の等式と一致する．

(13:D*) $\quad x_0, y_0$ が鞍点であるためには，x_0 が A^φ に属し，y_0 が B^φ に属することが必要十分である[1]．

十分性の証明：$x_0 \in A^\varphi, y_0 \in B^\varphi$ とする．すると 13.5.1.の（13:B*）の必要性の証明は，まさにこの x_0, y_0 が鞍点であることを示している．

必要性の証明：x_0, y_0 が鞍点だと仮定する．（13:C*）を用いると，すべての x' に対して，

$$\text{Min}_y \varphi(x', y) \leq \text{Max}_x \text{Min}_y \varphi(x, y)$$
$$= \varphi(x_0, y_0) = \text{Min}_y \varphi(x_0, y)$$

である．すなわち，$\text{Min}_y \varphi(x_0, y) \geq \text{Min}_y \varphi(x', y)$ であり，

---

[1] このことはこの節のはじめに述べた仮定，つまり，鞍点がそもそも存在するという仮定のもとでのみいえる．そうでない場合には，ここの証明は意味をもたない．

したがって，$\text{Min}_y \varphi(x, y)$ は $x = x_0$ でその最大値をとる．ゆえに $x_0 \in A^\varphi$ である．同様にしてすべての y' に対して，

$$\text{Max}_x \varphi(x, y') \geqq \text{Min}_y \text{Max}_x \varphi(x, y)$$
$$= \varphi(x_0, y_0) = \text{Max}_x \varphi(x, y_0).$$

すなわち，$\text{Max}_x \varphi(x, y_0) \leqq \text{Max}_x \varphi(x, y')$ であり，したがって，$\text{Max}_x \varphi(x, y)$ は $y = y_0$ でその最小値をとる．ゆえに $y_0 \in B^\varphi$ でなければならない．証明終り．

ついでながら，定理 (13:C*) と (13:D*) から，13.4.2. の終りで述べた比喩には限界のあることがわかる．つまり，ここで用いる鞍点の概念は，日常用いられている鞍部ないしは峠という地理的な概念よりもやや狭いことがわかる．事実，(13:C*) は鞍部がいくつかある場合に，それらがすべて同じ高さだということを述べている．また，(13:D*) は，集合 A^φ と B^φ をそれぞれ 2 つの数の区間[1]と考えると，鞍部全体が長方形状の台地の形をした領域だということを表わしている[2]．

13.5.3. ある特殊な種類の x, y と $\varphi(x, y)$ に対して鞍点が存在することを証明して，この節を終りにする．しかし，この特殊な場合は，かなりの一般性をもつことがあとでわかるであろう．2 変数 x, u の関数 $\psi(x, u)$ が与えられたもの

---

1) x, y が正の整数のときは，それらの定義域にそれぞれ適当な置換を施すことによって，たしかに，それらの定義域を数区間の形に直すことができる．

2) 245 ページの脚注 1 で示唆した一般的な数学的概念には，これらの制約はない．この一般的な概念はまさに日常語の峠に対応している．

としよう.u の変域に属する値をとるようなすべての関数 $f(x)$ を考える.いま変数 x はそのままにして,変数 u の代わりに関数 f そのものを使うことにする[1].$\psi(x, f(x))$ は x と f によって決まる.したがって $\psi(x, f(x))$ を変数 x, f の関数として扱うことができる.そこで $\varphi(x, y)$ の代わりにこの $\psi(x, f(x))$ を用いることにしよう.

ここで証明したいのは,x, y と $\varphi(x, y)$ の代わりに,x, f と $\psi(x, f(x))$ を用いたとき,これに対しては,鞍点が存在するということである.つまり,

(13:E) $\quad$ $\text{Max}_x \text{Min}_f \psi(x, f(x))$
$$= \text{Min}_f \text{Max}_x \psi(x, f(x))$$

ということである.

証明:おのおのの x に対して,$\psi(x, u_0) = \text{Min}_u \psi(x, u)$ であるような u_0 を選ぶ.この u_0 は x に依存する.したがって $u_0 = f_0(x)$ とおくことができ,これによって関数 f_0 を定義することができる.そうすると $\psi(x, f_0(x)) = \text{Min}_u \psi(x, u)$ となる.したがって,

$$\text{Max}_x \psi(x, f_0(x)) = \text{Max}_x \text{Min}_u \psi(x, u)$$

となり,それゆえ当然,

(13:F) $\quad$ $\text{Min}_f \text{Max}_x \psi(x, f(x))$
$$\leq \text{Max}_x \text{Min}_u \psi(x, u)$$

が成り立つ.ところで,f は1点 x での値 $f(x)$ を通じてのみ,この式の中に含まれており,$f(x)$ は u の変域に属す

---

[1] f はそれ自身関数であるけれども,それが他の関数の変数になっても何らさしつかえない.

る任意の値をとりうるから，$f(x)$ を u と書くこともできる．したがって，$\mathrm{Min}_f \, \psi(x, f(x))$ は $\mathrm{Min}_u \, \psi(x, u)$ と同じものである．ゆえに，$\mathrm{Min}_f \, \psi(x, f(x)) = \mathrm{Min}_u \, \psi(x, u)$ であり，結局，

(13:G) $\quad\quad\quad \mathrm{Max}_x \, \mathrm{Min}_f \, \psi(x, f(x))$
$\quad\quad\quad\quad\quad = \mathrm{Max}_x \, \mathrm{Min}_u \, \psi(x, u)$

である．

(13:F) と (13:G) とから，(13:E) において ≧ の成り立つことが証明される．ところが (13:A*) によって (13:E) において ≦ が一般に成り立つから，(13:E) における ＝ が得られる．証明終り．

14. 確定ゲーム

14.1. 問題の定式化

14.1.1. つぎにゼロ和2人ゲームの考察に移ろう．ここでも標準型を用いることから始めよう．

標準型を用いると，ゲームは2つの手番からなる．つまり，プレイヤー1は，1つの数 $\tau_1 = 1, \cdots, \beta_1$ を選択し，プレイヤー2は，1つの数 $\tau_2 = 1, \cdots, \beta_2$ を選択する．これらの選択は，それぞれ他方についてまったく何も知らずに行なわれ，その結果プレイヤー1および2は，それぞれ $\mathscr{K}_1(\tau_1, \tau_2)$, $\mathscr{K}_2(\tau_1, \tau_2)$ の利得を得る[1]．

---

1) 11.2.3.の (11:D) を参照．

ゲームはゼロ和であるから，11.4.によって，
$$\mathscr{K}_1(\tau_1,\tau_2)+\mathscr{K}_2(\tau_1,\tau_2)=0$$
である．これを，以下ではむしろ
$$\mathscr{K}_1(\tau_1,\tau_2)=\mathscr{K}(\tau_1,\tau_2)$$
$$\mathscr{K}_2(\tau_1,\tau_2)=-\mathscr{K}(\tau_1,\tau_2)$$
と書いて表わすことにしよう．

ここで，プレイヤー1と2の明確な欲望からどのようにして事象，つまり選択 τ_1,τ_2 が決まるかを考えてみよう．

もちろん，ここで τ_1,τ_2 が最終的には（各手番における）個々の選択，つまり手を示すものではなく，プレイヤーの戦略，つまりそのゲームに関するプレイヤーの《理論》あるいは《計画》全体を指すものだということを，もう一度思い起こさなくてはならない．

この点については，さしあたりこの程度にしておいて，以下では τ_1,τ_2 の《実質》を探り，1つのプレイの経過を分析することにしよう．

14.1.2. プレイヤー1と2の欲望はきわめて単純である．プレイヤー1は $\mathscr{K}_1(\tau_1,\tau_2)=\mathscr{K}(\tau_1,\tau_2)$ を最大にしようとし，プレイヤー2は $\mathscr{K}_2(\tau_1,\tau_2)=-\mathscr{K}(\tau_1,\tau_2)$ を最大にしようとする．つまり，プレイヤー1は $\mathscr{K}(\tau_1,\tau_2)$ の最大化を望み，プレイヤー2はその最小化を望む．

そこで，2人のプレイヤーの利益は，同一の対象，つまりこの1つの関数 $\mathscr{K}(\tau_1,\tau_2)$ に集中する．しかし容易に想像されるように，ゼロ和2人ゲームでは2人の意図は正反対である．つまり，プレイヤー1は最大化を策し，プレイ

ヤー2は最小化を策する．ところで，こうした状況のすべてに固有な困難は，どちらのプレイヤーも努力目標 $\mathscr{K}(\tau_1,\tau_2)$ を，つまり変数 τ_1,τ_2 の両方を完全には制御できないということにある．プレイヤー1は最大化を望むが，制御できるのは τ_1 だけである．他方，プレイヤー2も最小化を望むが，制御できるのは，やはり τ_2 だけである．そこで，どのようなことが起こるだろうか．

困難は，個々の選択，たとえば τ_1 の選択がそれだけでは $\mathscr{K}(\tau_1,\tau_2)$ を大きくしたり，あるいは，小さくしたりするとは限らないという点にある．τ_1 の $\mathscr{K}(\tau_1,\tau_2)$ に及ぼす影響は，一般に確定した事柄ではない．その影響は，他の変数，ここでは τ_2 の選択との関連においてはじめて決まるのである（2.2.3.で論じたような経済学における同種の困難を参照）．

1つの変数，たとえば τ_1 を選択するプレイヤー1の見地からするとき，たしかに他の変数が偶然事象だと考えることはできない点に注目しよう．他の変数，ここでは τ_2 が他のプレイヤーの意志に依存しており，相手も自分と同様，《理性》に基づいて選択するものと考えなければならない（2.2.3.の終りと2.2.4.を参照）．

14.1.3. ここで，13.3.3.で触れた表を用いてゲームを表わすと便利である．$\mathscr{K}(\tau_1,\tau_2)$ は1つの行列で表わされる．すなわち β_1 行 β_2 列の長方形状の表をつくり，行には $\tau_1=1,\cdots,\beta_1$ の番号をつけ，列には $\tau_2=1,\cdots,\beta_2$ の番号をつける．そして欄 τ_1,τ_2 には，行列の成分 $\mathscr{K}(\tau_1,\tau_2)$ を書き

	1	2	……	τ_2	……	β_2
1	$\mathscr{K}(1,1)$	$\mathscr{K}(1,2)$	……	$\mathscr{K}(1,\tau_2)$	……	$\mathscr{K}(1,\beta_2)$
2	$\mathscr{K}(2,1)$	$\mathscr{K}(2,2)$	……	$\mathscr{K}(2,\tau_2)$	……	$\mathscr{K}(2,\beta_2)$
⋮	⋮	⋮		⋮		⋮
τ_1	$\mathscr{K}(\tau_1,1)$	$\mathscr{K}(\tau_1,2)$	……	$\mathscr{K}(\tau_1,\tau_2)$	……	$\mathscr{K}(\tau_1,\beta_2)$
⋮	⋮	⋮		⋮		⋮
β_1	$\mathscr{K}(\beta_1,1)$	$\mathscr{K}(\beta_1,2)$	……	$\mathscr{K}(\beta_1,\tau_2)$	……	$\mathscr{K}(\beta_1,\beta_2)$

表 15

込む(13.3.3.の表11を参照.表11における φ, x, y, t, s は,表15における $\mathscr{K}, \tau_1, \tau_2, \beta_1, \beta_2$ にそれぞれ対応する).

関数 $\mathscr{K}(\tau_1, \tau_2)$ については何の制約もない.つまり勝手にそれを選定できると考えるべきである[1].事実,任意の与えられた関数 $\mathscr{K}(\tau_1, \tau_2)$ に対して

$$\mathscr{K}_1(\tau_1, \tau_2) = \mathscr{K}(\tau_1, \tau_2)$$
$$\mathscr{K}_2(\tau_1, \tau_2) = -\mathscr{K}(\tau_1, \tau_2)$$

と定義しさえすれば,11.2.3.の(11:D)の意味におけるゼロ和2人ゲームが定義される(14.1.1.を参照).前項で述べたような,プレイヤー1と2の欲望は,今度は,つぎのように考えることができる.すなわち,プレイヤーは双方とも,行列の成分 $\mathscr{K}(\tau_1, \tau_2)$ の値だけに関心をもつ.プ

---

[1] もちろん,定義域は与えられている.この定義域は $\tau_1 = 1, \cdots,$ $\beta_1, \tau_2 = 1, \cdots, \beta_2$ のすべての対 τ_1, τ_2 からなる.これは有限集合であるから,Max と Min が存在する.13.2.1.の終りを参照.

レイヤー1は，その値の最大化を策するが，かれの制御できるのは行，つまり τ_1 の番号だけである．プレイヤー2は，その値の最小化を策するが，かれの制御できるのは列，つまり τ_2 の番号だけである．

つぎに，この独特の《綱引き》の結果に対する満足のゆく説明を試みよう[1]．

14.2. 劣ゲームと優ゲーム

14.2. ゲーム Γ そのものの分析にとりかかるにはまだ準備不足なので，その代わりに，ゲーム Γ と緊密な関連をもつ2つのゲームを考察しよう．それらについてはただちに分析を進めることができる．

Γ の分析が困難なのは，τ_1 を選択するプレイヤー1は相対するプレイヤー2の選択 τ_2 の値を知らないし，またその逆でもあるという理由による．そこで，Γ をこうした困難の生じないゲームと比較してみよう．

まず，つぎの点を除けば Γ とまったく同じゲーム Γ_1 を定義しよう．すなわち，Γ_1 では，プレイヤー1は，プレイヤー2が τ_2 を選択する前に τ_1 を選択しなければならないとし，プレイヤー2は，プレイヤー1が τ_1 に与えた値を完全に知ったうえで自己の選択を行なうものとする（すな

---

[1] もちろん，重要なことは，これが文字通りの《綱引き》ではないということである．2人のプレイヤーは相反する利害をもつが，それらを実現するための手段は相互に対立したものではない．むしろその逆で，τ_1, τ_2 の選択というこれらの《手段》は，明らかに独立である．この矛盾が問題全体を特徴づけるものである．

わち，1の手番は2の手番に先行する)[1]．このゲーム Γ_1 におけるプレイヤー1は，もとのゲーム Γ におけるかれの立場と比較して明らかに不利である．だから，この Γ_1 を Γ の**劣ゲーム**と呼ぶことにしよう．

同様にして，第2のゲーム Γ_2 を定義する．Γ_2 も，つぎの点を除けば Γ とまったく同じである．すなわち，今度は，プレイヤー2は，プレイヤー1が τ_1 を選択する前に τ_2 を選択しなければならないとし，プレイヤー1は，プレイヤー2が τ_2 に与えた値を完全に知ったうえで自己の選択を行なうものとする（すなわち，2の手番が1の手番に先行する)[2]．このゲーム Γ_2 におけるプレイヤー1は，もとのゲーム Γ におけるかれの立場と比較して明らかに有利である．だから，Γ_2 を Γ の**優ゲーム**と呼ぶことにする．

これら2つのゲーム Γ_1, Γ_2 を用いると，Γ_1, Γ_2 に対する《プレイの最善のやり方》，あるいは理性的行動という概念のはっきりした意味が，常識でも理解できるはずである．この点について，われわれは，のちほど詳細に検討して確認するつもりである．他方，ゲーム Γ は，明らかに Γ_1 と Γ_2 のいわば《中間》に位置する．たとえば，プレイヤー1の側からみれば，Γ_1 は Γ よりつねに不利であり，Γ_2 は Γ よりつねに有利である[3]．だから，Γ_1 と Γ_2 は，Γ に関す

---

1) このように，Γ_1 はきわめて単純であるが，もはや標準型ではない．

2) このように，Γ_2 はきわめて単純であるが，もはや標準型ではない．

3) もちろん，正確には，《不利》に代えて《不利あるいは同等》

る重要な量について，それぞれ下限と上限を与えるものと期待できるのである．もちろん，このことはのちに，厳密な形で論ずるつもりである．このままでは，これらの《上限，下限》は，そのあいだにかなりのひらきがありうるし，したがって，Γを理解するうえでかなりの不確定性を残すこともありうるだろう．なるほど一見したところでは，多くのゲームの場合に，かなりのひらきや不確定性が存在するように思われる．だが実は，さらにいくつかの手段を導入することにすれば，この技法をうまく操作することによって，最後には，あらゆる疑問に完全に答えうるようなΓの正確な理論を得ることができるのである．

14.3. 補助ゲームの検討

14.3.1. まず，劣ゲーム Γ_1 を考察しよう．このゲームでは，プレイヤー 1 が選択 τ_1 を行なったのち，プレイヤー 2 は，τ_1 の値を完全に知ったうえで，自己の選択 τ_2 を行なう．プレイヤー 2 は，$\mathscr{K}(\tau_1, \tau_2)$ の最小化を望むのだから，かれはたしかにその τ_1 の値に対する $\mathscr{K}(\tau_1, \tau_2)$ の値が最小になるように τ_2 を選択するだろう．換言すれば，プレイヤー 1 が τ_1 の特定の値を選んだとき，すでにプレイヤー 1 は $\mathscr{K}(\tau_1, \tau_2)$ の値がどうなるかを確実に予知できるのである．それは $\mathrm{Min}_{\tau_2} \mathscr{K}(\tau_1, \tau_2)$[1] で，これは τ_1 だけの関数であ

と，また《有利》に代えて《有利あるいは同等》というべきである．

[1] τ_2 が一意的に決まらない場合のあることに注意せねばならない．

る．ところで，プレイヤー 1 は $\mathscr{K}(\tau_1, \tau_2)$ の最大化を望む．そして，かれの τ_1 の選択は自動的に値 $\mathrm{Min}_{\tau_2} \mathscr{K}(\tau_1, \tau_2)$ に通じるが，この後者の値は τ_1 だけに依存し，τ_2 にはまったく依存しないから，かれは $\mathrm{Min}_{\tau_2} \mathscr{K}(\tau_1, \tau_2)$ を最大にするような τ_1 を選ぶであろう．だから，この値は結局，$\mathrm{Max}_{\tau_1} \mathrm{Min}_{\tau_2} \mathscr{K}(\tau_1, \tau_2)$[1) になるだろう．

以上のことを要約すると，

(14:A:a) 劣ゲーム Γ_1 を行なう際に，プレイヤー 1 にとって良い方法（戦略）とは，集合 A に属する τ_1 を選ぶことである．ただし A は，$\mathrm{Min}_{\tau_2} \mathscr{K}(\tau_1, \tau_2)$ がその最大値，つまり $\mathrm{Max}_{\tau_1} \mathrm{Min}_{\tau_2} \mathscr{K}(\tau_1, \tau_2)$ をとるようなすべての τ_1 の集合である．

(14:A:b) プレイヤー 2 にとって良い方法（戦略）とは，プレイヤー 1 が τ_1 の特定の値を選んだとき[2)，集合 B_{τ_1} に

τ_1 が与えられた場合，τ_2 の関数 $\mathscr{K}(\tau_1, \tau_2)$ が，τ_2 のいくつかの値に対してその最小値をとるかもしれないからである．しかし，$\mathscr{K}(\tau_1, \tau_2)$ は，これらすべての τ_2 に対して同じ値，つまり一意的に決まる最小値 $\mathrm{Min}_{\tau_2} \mathscr{K}(\tau_1, \tau_2)$ をとる（13.2.1.を参照）．

1) 前ページの脚注 1 と同じ理由で，τ_1 の値が一意的に決まるとは限らないが，$\mathrm{Min}_{\tau_2} \mathscr{K}(\tau_1, \tau_2)$ の値は，該当する τ_1 のすべてに対して同じ値，つまり一意的に決まる最大値

$$\mathrm{Max}_{\tau_1} \mathrm{Min}_{\tau_2} \mathscr{K}(\tau_1, \tau_2)$$

になる．

2) プレイヤー 2 が自己の選択 τ_2 を行なうよう求められたとき，τ_1 の値を知っているというのがこのゲームの規則である．するとわれわれの戦略という概念からつぎのことが導かれる．すなわち，プレイヤー 1 が，うまくプレイしたか否かにかかわらず，つまり，A に属する値を選択したか否かにかかわらず，この時点で τ_1 の

属するもののなかから τ_2 を選ぶことである．ただし B_{τ_1} は，$\mathscr{K}(\tau_1, \tau_2)$ がその最小値，つまり $\mathrm{Min}_{\tau_2} \mathscr{K}(\tau_1, \tau_2)$ をとるようなすべての τ_2 の集合である[1]．

このことを基礎にして，さらにつぎのようにいうことができる．

(14:A:c)　プレイヤー 1 と 2 の双方が，しくじることなく劣ゲーム Γ_1 を行なうとすれば，すなわち，τ_1 が A に属し，τ_2 が B_{τ_1} に属するとすれば，$\mathscr{K}(\tau_1, \tau_2)$ の値は，
$$\mathrm{v}_1 = \mathrm{Max}_{\tau_1} \mathrm{Min}_{\tau_2} \mathscr{K}(\tau_1, \tau_2)$$
に等しくなる．

命題 (14:A:c) が真であることは，集合 A と B_{τ_1} の定義を確認して，それらをこの命題に代入すれば，数学的意味でもすぐに証明される．この証明は読者に任せるが，証明には，《定義するものを定義されるものに代入する》という古典的操作以外に何も必要としない．なお，この命題は常識でもわかるはずである．

この議論を完全に行なえば，ゲーム Γ_1 のあらゆるプレイは，各プレイヤーに対して一定の価値をもつことが明らかになる．この価値は，プレイヤー 1 にとっては上記の v_1 であり，したがってプレイヤー 2 にとっては $-\mathrm{v}_1$ である．

v_1 の意味についてもっと詳しく述べれば，つぎのように

それぞれの値に対してプレイヤー 2 の τ_2 を選択する規則が与えられねばならないのである（4.1.2. と 11.1.1. とを参照）．

[1] これらすべてを通じて，この τ_1 は既知のパラメータとして扱われる．そして τ_2 がそのなかから選ばれるはずの集合 B_{τ_1} も含めてあらゆることが，このパラメータ τ_1 に依存する．

なる．

(14:A:d) プレイヤー1は，適切にプレイすれば，プレイヤー2がどんな手を使おうとも，v_1以上の利得を確実に得ることができる．プレイヤー2は，適切にプレイすれば，プレイヤー1がどんな手を使おうとも，$-v_1$以上の利得を確実に得ることができる．

(証明：前者はプレイヤー1がAに属する任意のτ_1を選択することによって得られるし，後者はプレイヤー2がB_{τ_1}に属する任意のτ_2を選択することによって得られる[1]．詳しい証明は，これも読者に任せよう．いずれも面倒なことはない．)

(14:A:d) はつぎのように述べても同じことである．

(14:A:e) プレイヤー2は，適切にプレイすれば，プレイヤー1がどんな手を使おうとも，確実に，プレイヤー1の利得がv_1以下になるようにできる．つまり，プレイヤー1がv_1より大きい利得を得られないように妨害することができる．プレイヤー1は，適切にプレイすれば，プレイヤー2がどんな手を使おうとも，確実に，プレイヤー2の利得が$-v_1$以下になるようにできる．つまり，プレイヤー2が$-v_1$より大きい利得を得られないように妨害することができる．

14.3.2. 《解》は大体明らかであるのに，Γ_1についてこ

---

[1] ここで注意を喚起しておくが，τ_1は，τ_2について何も知らずに選択されねばならないのに対して，τ_2は，τ_1についてすべてを知ったうえで選択される．

とこまかに論じてきた．状況をはっきり考えることのできる人ならだれでも，常識だけで《非数学的に》容易に同じ結論に達することであろう．それにもかかわらず，Γ_1 をこれほど詳細に論ずる必要を感じたのは，Γ_1 が《非数学的》視角からは必ずしも明確にとらえられないような状況をもついくつかのゲームの原型だからであり，また，この最も簡単なゲームのなかに，複雑なゲームのあらゆる本質的要素がそれらを克服するための基礎とともに実際に含まれているからである．この簡単なゲームのなかで，本質的要素のそれぞれの位置を明確にとらえることによって，以後のより複雑なゲームにおいてそれらをとらえることが可能になろう．そしてこのようにしてはじめて，すべての特殊な手段を用いてどれだけのものが達成されるかを正確に判断することができるのである．

14.3.3. つぎに，優ゲーム Γ_2 を考察しよう．

Γ_2 は，プレイヤー 1 と 2 の役割が入れかわる点を除いては Γ_1 と同じである．今度は，プレイヤー 2 が最初に τ_2 を選択しなければならない．そのあとでプレイヤー 1 が τ_2 の値を完全に知ったうえで τ_1 を選択する．

しかし，プレイヤー 1 と 2 を入れかえることによって Γ_1 から Γ_2 が得られるといっても，それぞれのプレイヤーが上の交換に際して，それぞれの関数 $\mathscr{K}_1(\tau_1, \tau_2)$, $\mathscr{K}_2(\tau_1, \tau_2)$, つまり $\mathscr{K}(\tau_1, \tau_2)$, $-\mathscr{K}(\tau_1, \tau_2)$ はそのまま保持していることに注意しなければならない．すなわち今度の場合も，プレイヤー 1 は $\mathscr{K}(\tau_1, \tau_2)$ の最大化を，プレイヤー 2 はその

最小化を望むのである.

この点を理解していれば,14.3.1.の議論をそのまま一字一句,くり返せばよいのだから,それは読者に任せよう.ここでは,重要な定義を Γ_2 に適用した形で述べるだけにする.

(14:B:a)　優ゲーム Γ_2 を行なう際に,プレイヤー2にとって良い方法(戦略)とは,集合 B に属する τ_2 を選ぶことである.ただし B は, $\mathrm{Max}_{\tau_1} \mathscr{K}(\tau_1, \tau_2)$ がその最小値,つまり $\mathrm{Min}_{\tau_2} \mathrm{Max}_{\tau_1} \mathscr{K}(\tau_1, \tau_2)$ をとるようなすべての τ_2 の集合である.

(14:B:b)　プレイヤー1にとって良い方法(戦略)とは,プレイヤー2が τ_2 の特定の値を選んだとき,集合 A_{τ_2} に属するもののなかから τ_1 を選ぶことである[1].ただし A_{τ_2} は $\mathscr{K}(\tau_1, \tau_2)$ がその最大値,つまり $\mathrm{Max}_{\tau_1} \mathscr{K}(\tau_1, \tau_2)$ をとるようなすべての τ_1 の集合である[2].

このことを基礎にして,さらにつぎのように言うことができる.

(14:B:c)　プレイヤー1と2の双方がともに,しくじることなく優ゲーム Γ_2 を行なうとすれば,つまり, τ_2 が B に, τ_1 が A_{τ_2} にそれぞれ属するとすれば, $\mathscr{K}(\tau_1, \tau_2)$

---

[1]　プレイヤー1が,自己の選択 τ_1 を行なうよう求められたとき, τ_2 の値を知っているというのがこのゲームの規則である(258ページの脚注2を参照).

[2]　これらすべてを通じて,この τ_2 は既知のパラメータとして扱われる.そして, τ_1 をとってくる集合 A_{τ_2} も含めて,あらゆることがこのパラメータ τ_2 に依存する.

の値は,
$$v_2 = \mathrm{Min}_{\tau_2} \mathrm{Max}_{\tau_1} \mathscr{K}(\tau_1, \tau_2)$$
になる.

これまでの議論から,ゲーム Γ_2 のすべてのプレイが,各プレイヤーに対して一定の価値を与えるということがわかる.この価値は,プレイヤー1にとっては v_2 であり,したがってプレイヤー2にとっては $-v_2$ である.

全体の叙述の対称性を強調する意味で,14.3.1. の結論に,必要な変更を加えてもう一度述べておこう.それによって v_2 の意味がよりはっきりするであろう.

(14:B:d) プレイヤー1は,適切にプレイすれば,プレイヤー2がどんな手を用いようと,確実に,v_2 以上の利得を得ることができる.プレイヤー2は,適切にプレイすれば,プレイヤー1がどんな手を用いようと,確実に,$-v_2$ 以上の利得を得ることができる.

(証明:後者はプレイヤー2が B に属する任意の τ_2 を選択することによって得られる.前者はプレイヤー1が A_{τ_2} に属する任意の τ_1 を選択することによって得られる[1].(14:A:d) の証明を参照.)

(14:B:d) はつぎのように述べても同じことである.

(14:B:e) プレイヤー2は,適切にプレイすれば,プレイヤー1がどんな手を用いようとも,確実に,プレイヤー

---

1) ここで注意を喚起しておくが,τ_2 は τ_1 について何も知らずに選択されねばならないのに対して,τ_1 は τ_2 についてすべて知ったうえで選択される.

1の利得を v_2 以下にすることができる．つまり，プレイヤー1が v_2 より大きい利得を得られないように妨害することができる．プレイヤー1は，適切にプレイすれば，プレイヤー2がどんな手を用いようとも，確実に，かれの利得を $-v_2$ 以下にすることができる．つまり，プレイヤー2が $-v_2$ より大きい利得を得られないように妨害することができる．

14.3.4. 14.3.1. で述べた Γ_1 に関する議論と，14.3.3. で述べた Γ_2 に関する議論とは，相互に対称あるいは双対の関係にある．つまり，前にも（14.3.3. の初めで）指摘したように，これらのゲームは，プレイヤー1と2の役割を交換することによって相互に他方から導かれる．Γ_1 も Γ_2 もゲーム自体としてはこの交換に関して対称ではない．事実，これはプレイヤー1と2を交換すると2つのゲーム Γ_1 と Γ_2 が入れかわり，したがって，Γ_1 は Γ_2 に，逆に Γ_2 は Γ_1 に変わるという事実を述べたものにほかならない．このことは Γ_1 と Γ_2 の良い戦略に関する 14.3.1. と 14.3.3. の種々な命題，つまり (14:A:a), (14:A:b), (14:B:a), (14:B:b) がプレイヤー1と2のどちらに関しても対称でなかったことと符合している．ここでも，プレイヤー1と2の交換は，Γ_1 と Γ_2 に関するそれぞれの定義を入れかえ，したがって，そのどちらをも修正するということがわかる[1]．

---

1) 各プレイヤーが交換に際してそれぞれ自己の関数 $\mathscr{K}_1(\tau_1, \tau_2)$, $\mathscr{K}_2(\tau_1, \tau_2)$ をそのまま保持しているものとすれば，もとのゲーム Γ はプレイヤー 1, 2 に関して対称であったこと，つまりプレイ

したがって，14.3.1.の終りと 14.3.3.におけるように，プレイの価値（Γ_1 の場合の v_1，Γ_2 の場合の v_2）の特徴づけ（つまり，(14:A:c), (14:A:d), (14:A:e), (14:B:c), (14:B:d), (14:B:e)，ただし (14:A:c) と (14:B:c) の終りの公式は除く）が，プレイヤー 1 と 2 に関して，まったく対称だという点は注目に値する．上述のことに従うならば，このことは，これらの特徴づけが Γ_1 と Γ_2 についてまったく同じ仕方で述べられるという主張と同じことである[1]．もちろん，こうしたことはすべて，関連箇所を直接調べても同様に明らかになる．

こうして，14.3.1.と 14.3.3.の (14:A:c), (14:A:d), (14:A:e), (14:B:c), (14:B:d), (14:B:e) において，われわれはプレイの価値をゲーム Γ_1 と Γ_2 についてはまったく同じ仕方で，また，プレイヤー 1 と 2 については対称的に定義することができた．これら 2 つのゲームにおける各プレイヤーの個人的役割は基本的に違うのに，なおかつそうすることができた．このことから，Γ_1 と Γ_2 の中間に位置す

ヤー 1 と 2 の人為手番は Γ においては同じ性格をもっていたことに注意しよう．

狭義の対称性という概念の場合には，関数 $\mathscr{K}_1(\tau_1, \tau_2)$, $\mathscr{K}_2(\tau_1, \tau_2)$ は固定したままなのであるが，それについては 14.6. を参照．

[1] この点は入念な検討を要する．当然，これら 2 つの特徴づけは，プレイヤー 1 と 2 の役割を交換することによって，他方から導きだされるはずである．しかし，この場合，これらの命題はプレイヤーの交換をまったくやらないときにも直接的に符合する．これは，それらがもつ固有の対称性によるものである．

るようなゲーム，とくにゲーム Γ に対しても同様の形で，プレイの価値の定義が使用できるのではないかという希望がもてる．この希望はもちろん，価値という概念そのものについてだけであって，その価値を導きだす推論過程については，そうした希望は必ずしももてない．推論過程は，それぞれ Γ_1 と Γ_2 にとって固有なものであった．事実，推論過程は Γ_1 と Γ_2 の場合では異なっていたし，また Γ 自体については，まったく役に立たないものであった．これは，今後 (14:A:a), (14:A:b), (14:B:a), (14:B:b) よりも，(14:A:d), (14:A:e), (14:B:d), (14:B:e) に多くのものを期待するということにほかならない．

こうしたことは，もちろん発見法的な手懸りであるに過ぎない．これまで，われわれは，Γ についても同様な仕方でプレイの価値が数値で定義できるということを証明しようとは考えなかった．今度は，この間隙を埋め合わせるための詳細な議論に移ろう．この議論にこれまでのやり方を適用するには重大な困難があるように最初は思われるのだが，新しい道具だて (14.7.1. と 17.1.-17.3. を参照) を導入することによってその困難も除去できるのである．

14.4. 結　論

14.4.1. プレイの価値に関するこれまでの完全に納得できる説明から，プレイヤー 1 に関する限り，その量がゲーム Γ_1 と Γ_2 に対して，それぞれ，

$$v_1 = \mathrm{Max}_{\tau_1} \mathrm{Min}_{\tau_2} \mathscr{K}(\tau_1, \tau_2)$$
$$v_2 = \mathrm{Min}_{\tau_2} \mathrm{Max}_{\tau_1} \mathscr{K}(\tau_1, \tau_2)$$

と定まることがわかった[1].

Γ_1 においては, プレイヤー1は相手よりも先に自己の手番を行なわなければならないし, それも相手の監視の中で行なわなければならないのに対して, Γ_2 においては状況はまったく逆になる. したがってプレイヤー1にとってゲーム Γ_1 は明らかに Γ_2 より不利である. したがって Γ_1 の価値が Γ_2 の価値よりも小さいか等しい (つまり, たしかに大きくない) と結論することは合理的である. これが厳密な《証明》になるかどうかについては, あるいは異論もあろう. 厳密な証明であるか否かは決めにくい問題であるが, いずれにせよ, そこに含まれている論点を詳しく調べてゆけば, それはすでに得られた同じ命題の数学的証明とまったく平行していることがわかる. 事実, いま取りあげている命題,

$$v_1 \leq v_2$$

は, 13.4.3. の (13:A*) と一致する ((13:A*) における φ, x, y は, ここでの $\mathscr{K}, \tau_1, \tau_2$ に対応している).

v_1 と v_2 をゲーム Γ とは別個のゲーム Γ_1, Γ_2 の価値とする代わりに, プレイヤー1と2の《賢さ》に関する適当な仮定を設けることによって, それらの価値 v_1, v_2 をゲーム Γ 自体に結びつけることもできる.

---

1) プレイヤー2にとっては, これらの値は当然 $-v_1, -v_2$ である.

事実，プレイヤーはどちらも相手の選択の結果を知らずに自己の選択（人為手番）を行なわなければならないというのが，ゲーム Γ の規則である．にもかかわらず，プレイヤーの一方，たとえばプレイヤー 2 が，相手を《見抜く》，つまり，何らかの方法で相手の戦略を知ってしまうという事態は起こりうる[1]．そうした知識の基礎が何であるかについては，ここでは問わない．おそらく，それは過去のプレイから得た経験（必ずしも経験でなくてもよいが）であるかもしれない．とにかく，プレイヤー 2 がそうした知識をもっているものと仮定しよう．この状況のもとで，プレイヤー 1 が自己の戦略を変えることも，もちろん可能である．しかし，さらに何らかの理由で，戦略を変更しないものと仮定する[2]．これらの仮定のもとでは，プレイヤー 2 が相手を《見抜いた》といってもよいだろう．

こうした場合には，ゲーム Γ における条件は，このゲームがあたかも Γ_1 であるかのような外観を呈することになる．したがって，14.3.1.で議論したことのすべてが，文字通りそのままゲーム Γ に当てはまる．

同様にして，逆の可能性，つまりプレイヤー 1 が相手を《見抜く》という場合も考えられる．そのとき，Γ における

---

1) 標準型で記述されたゲーム Γ においては，戦略とは，まさにそのプレイヤーの唯一の人為手番における実際の選択である．この標準型がゲームのもとの展開型からいかに導出されてきたかを思いだしていただきたい．したがって，この選択がもとのゲームの戦略にちょうど対応していることは明らかである．
2) これらの仮定の説明については，17.3.1.を参照．

条件は，Γ_2 とまったく同様になり，14.3.3.の議論がそのまま当てはまる．

以上のことから，つぎのようにいうことができる．すなわち：

もし，プレイヤー2が相手を《見抜く》か，あるいはプレイヤー1が相手を《見抜く》か，この2つの極端な仮定のどちらか一方が設けられるならば，ゲーム Γ のプレイの価値は，はっきり定義される量となる．前者におけるプレイの価値は，プレイヤー1にとっては v_1 であり，プレイヤー2にとっては $-v_1$ である．また，後者におけるプレイの価値は，プレイヤー1にとっては v_2 であり，プレイヤー2にとっては $-v_2$ である．

14.4.2. 以上の議論から，もし Γ 自体のプレイの価値が，これ以上の制約や変更なしに，いやしくも定義できるとしたら，その価値は，v_1 と v_2 のあいだになければならないということがわかる（ここではプレイヤー1にとっての価値を問題にしている）．すなわち，ゲーム Γ 自体のプレイの（プレイヤー1に対して）期待される値を v と書けば，

$$v_1 \leqq v \leqq v_2$$

でなければならない．

v の値がとりうるこの区間の長さは，

$$\Delta = v_2 - v_1 \geqq 0$$

である．

この Δ は同時に，自分の戦略を《見抜》かれないで，相

手の戦略を《見抜く》ことによって（ゲーム Γ において）得られる有利さを示している[1].

どちらのプレイヤーが相手の戦略を《見抜》いても，それによって影響されないようなゲーム，つまり，それによって得られる有利さが0であるようなゲームがあるかもしれない．ゲームがそのようなものになるのは，
$$\Delta = 0$$
のときに限る．これは，
$$v_1 = v_2$$
といっても同じことである．ところで，v_1 と v_2 をそれぞれその定義で置きかえると，この条件は，
$$\text{Max}_{\tau_1} \text{Min}_{\tau_2} \mathscr{K}(\tau_1, \tau_2) = \text{Min}_{\tau_2} \text{Max}_{\tau_1} \mathscr{K}(\tau_1, \tau_2)$$
となる．

ゲーム Γ がこうした性質をもつとき，このゲームを**確定的**であると呼ぶことにしよう．

この条件の最後の形は，13.3.1.の (13:3) と，また 13.4.1.-13.5.2.の議論と比較してみる必要がある（第13章における φ, x, y は，ここでの $\mathscr{K}, \tau_1, \tau_2$ に対応している）．事実，13.4.3.の命題 (13:B*) は，$\mathscr{K}(\tau_1, \tau_2)$ に鞍点が存在するとき，またそのときに限ってゲーム Γ が確定的であることを述べている．

---

[1] この有利さを表わす式はどちらのプレイヤーにも当てはまることに注意しよう．プレイヤー1にとって，それは $v_2 - v_1$ であり，プレイヤー2にとっては，$(-v_1) - (-v_2)$ であるが，これらの式は互いに等しく，Δ になる．

14.5. 確定性の分析

14.5.1. ゲーム Γ が確定的,つまり $\mathscr{K}(\tau_1, \tau_2)$ に鞍点が存在するものと仮定しよう.

この場合,14.4.2.で分析したように,
$$v = v_1 = v_2$$
という量を(プレイヤー 1 に対する)Γ のプレイの価値と解釈できることが望ましい.v_1, v_2 の定義と,13.4.3.の鞍点値の定義とから,13.5.2.の $(13:C^*)$ を用いて,上の等式を
$$v = \mathrm{Max}_{\tau_1} \mathrm{Min}_{\tau_2} \mathscr{K}(\tau_1, \tau_2) = \mathrm{Min}_{\tau_2} \mathrm{Max}_{\tau_1} \mathscr{K}(\tau_1, \tau_2)$$
$$= \mathrm{Sa}_{\tau_1/\tau_2} \mathscr{K}(\tau_1, \tau_2)$$
と表わすこともできる.

14.3.1.の終りと 14.3.3.の終りで述べたことをたどってみると,事実,上記の v を(プレイヤー 1 にとっての)Γ のプレイの価値と解釈できることが容易に確認される.

詳しくいえば,14.3.1.と 14.3.3.において,それぞれ Γ_1 と Γ_2 に関して述べた (14:A:c), (14:A:d), (14:A:e), (14:B:c), (14:B:d), (14:B:e) が,今度は Γ 自体に関して得られる.まず,(14:A:d) と (14:B:d) に同値な命題を再録しよう.

(14:C:d) プレイヤー 1 は,適切にプレイすれば,プレイヤー 2 がどのような手を用いようと,v 以上の利得を確保することができる.

　プレイヤー 2 は,適切にプレイすれば,プレイヤー

1 がどのような手を用いようと，$-v$ 以上の利得を確保することができる．

これを証明するために，再び 14.3.1. の (14:A:a) における集合 A と，14.3.3. の (14:B:a) における集合 B とを考える．これらの集合は実は 13.5.1. の場合の A^φ と B^φ である（φ はここでは $\mathscr{K}$ に対応する）．くり返していうと，

(14:D:a)　A は $\mathrm{Min}_{\tau_2} \mathscr{K}(\tau_1, \tau_2)$ がその最大値をとるような，つまり，$\mathrm{Min}_{\tau_2} \mathscr{K}(\tau_1, \tau_2) = \mathrm{Max}_{\tau_1} \mathrm{Min}_{\tau_2} \mathscr{K}(\tau_1, \tau_2) = v$ となるようなすべての τ_1 の集合である．

(14:D:b)　B は $\mathrm{Max}_{\tau_1} \mathscr{K}(\tau_1, \tau_2)$ がその最小値をとるような，つまり，$\mathrm{Max}_{\tau_1} \mathscr{K}(\tau_1, \tau_2) = \mathrm{Min}_{\tau_2} \mathrm{Max}_{\tau_1} \mathscr{K}(\tau_1, \tau_2) = v$ となるようなすべての τ_2 の集合である．

ところで (14:C:d) の証明は簡単である．

プレイヤー 1 は A から τ_1 を選択するとしよう．すると，プレイヤー 2 がどのような手を用いようと，つまり，どのような τ_2 に対しても $\mathscr{K}(\tau_1, \tau_2) \geqq \mathrm{Min}_{\tau_2} \mathscr{K}(\tau_1, \tau_2) = v$ である．すなわち，プレイヤー 1 の利得は v に等しいか，それより大きい．

プレイヤー 2 は B から τ_2 を選択するとしよう．すると，プレイヤー 1 がどのような手を用いようと，つまり，どのような τ_1 に対しても $\mathscr{K}(\tau_1, \tau_2) \leqq \mathrm{Max}_{\tau_1} \mathscr{K}(\tau_1, \tau_2) = v$ である．すなわち，プレイヤー 1 の利得は v に等しいか，それより小さく，プレイヤー 2 の利得は $-v$ に等しいか，それより大きい．証明終り．

つぎに (14:A:e) と (14:B:e) に同値な命題に移ろう．

事実,さきに定式化した (14:C:d) は,つぎのように定式化しても同じである.

(14:C:e) プレイヤー 2 は,適切にプレイすれば,プレイヤー 1 がどのような手を用いようと,プレイヤー 1 の利得を v 以下にする,つまり v より大きい利得が得られないようにすることができる.

プレイヤー 1 は,適切にプレイすれば,プレイヤー 2 がどのような手を用いようと,プレイヤー 2 の利得を $-v$ 以下にする,つまり $-v$ より大きい利得が得られないようにすることができる.

プレイヤー 1 にとって v が,またプレイヤー 2 にとって $-v$ が,Γ のプレイの価値だとするわれわれの解釈は (14:C:d) と (14:C:e) によって,十分に満足できる形で確認される.

14.5.2. つぎに (14:A:a), (14:A:b), (14:B:a), (14:B:b) の同値ないいかえについて考察しよう.

14.5.1.の (14:C:d) に従えば,ゲーム Γ をプレイするプレイヤー 1 にとって,プレイヤー 2 がどのような手を用いようと,1 にとってのプレイの価値以上の利得を保障するようなやり方,つまり,任意の τ_2 に対して $\mathscr{K}(\tau_1, \tau_2) \geqq v$ であるような τ_1 を選ぶことが,良い手であると定義するのは当然である.これは $\mathrm{Min}_{\tau_2} \mathscr{K}(\tau_1, \tau_2) \geqq v$ と書いても同じである.

ところで,$\mathrm{Min}_{\tau_2} \mathscr{K}(\tau_1, \tau_2) \leqq \mathrm{Max}_{\tau_1} \mathrm{Min}_{\tau_2} \mathscr{K}(\tau_1, \tau_2) = v$ は,いつも成り立つ.

したがって,τ_1 についての上の条件は,$\mathrm{Min}_{\tau_2} \mathscr{K}(\tau_1, \tau_2)$

$=v$, つまり (14.5.1.の (14:D:a) によって) $\tau_1 \in A$ ということになる.

また 14.5.1.の (14:C:d) によれば, ゲーム Γ をプレイするプレイヤー 2 にとって, プレイヤー 1 がどのような手を用いようと, 2 にとってのプレイの価値以上の利得を保障するようなやり方, つまり, 任意の τ_1 に対して, $-\mathscr{K}(\tau_1, \tau_2) \geqq -v$ すなわち, $\mathscr{K}(\tau_1, \tau_2) \leqq v$ であるように τ_2 を選ぶことが, 良い手であると定義するのは当然である. これは, $\mathrm{Max}_{\tau_1} \mathscr{K}(\tau_1, \tau_2) \leqq v$ と書いても同じである.

ところが, $\mathrm{Max}_{\tau_1} \mathscr{K}(\tau_1, \tau_2) \geqq \mathrm{Min}_{\tau_2} \mathrm{Max}_{\tau_1} \mathscr{K}(\tau_1, \tau_2) = v$ は, つねに成り立つ. したがって, τ_2 についての上の条件は, $\mathrm{Max}_{\tau_1} \mathscr{K}(\tau_1, \tau_2) = v$, つまり (14.5.1.の (14:D:b) により) $\tau_2 \in B$ ということになる.

したがって,

(14:C:a) ゲーム Γ をプレイする際, プレイヤー 1 にとって良い方法 (戦略) とは, A に属する τ_1 を選択することである. ただし A は 14.5.1.の (14:D:a) の集合である.

(14:C:b) ゲーム Γ をプレイする際, プレイヤー 2 にとって良い方法 (戦略) とは, B に属する τ_2 を選択することである. ただし B は 14.5.1.の (14:D:b) の集合である[1].

---

1) これはゲーム Γ であるから, プレイヤーは, それぞれ相手のプレイヤーの (τ_2 あるいは τ_1 の) 選択について何も知らずに (τ_1 あるいは τ_2 の) 選択をしなければならない. これを Γ_1 に関する

最後に，この節の初めに述べた，プレイする際の良い方法の定義によれば，(14:A:c) あるいは (14:B:c) と同値なつぎの命題がすぐに得られる．

(14:C:c) プレイヤー 1 と 2 の双方が，ゲーム Γ を適切にプレイするならば，つまり，それぞれ，A に属する τ_1，B に属する τ_2 を選ぶならば，$\mathscr{K}(\tau_1, \tau_2)$ の値は，(プレイヤー 1 にとっての) プレイの価値，つまり v に等しくなる．

さらに，13.5.2.の(13:D*)と 14.5.1.の(14:D:a), (14:D:b) の前で述べた集合 A, B に関する注意からつぎのことが導かれる．

(14:C:f) プレイヤー 1 と 2 の双方がゲーム Γ を適切にプレイしうるのは，つまり，τ_1 が A に属し τ_2 が B に属するのは，τ_1, τ_2 が $\mathscr{K}(\tau_1, \tau_2)$ の鞍点であるときに限る．

14.6. プレイヤーの交換，対称性

14.6. 14.5.1. と 14.5.2. の (14:C:a)–(14:C:f) で，確定的 2 人ゲームに関する限り，すべてのことが解決された．これと関連して，14.3.1. と 14.3.3. で，Γ_1, Γ_2 について (14:A:a), (14:A:b), (14:B:a), (14:B:b) から (14:A:d), (14:A:e), (14:B:d), (14:B:e) が導かれ，他方 14.5.1. と

14.3.1. の (14:A:b) および Γ_2 に関する 14.3.3. の (14:B:b) と比較せよ．

14.5.2.で Γ そのものについて (14:C:d), (14:C:e) から (14:C:a), (14:C:b) が導かれたことに注目しておこう．これは1つの利点を与える．というのは，(14:A:a), (14:A:b), (14:B:a), (14:B:b) のために行なった 14.3.1. と 14.3.3.の議論は，(14:C:d) と (14:C:e) のために行なった 14.5.1.と 14.5.2.の議論よりも，はるかに非論理的であったからである．

一方の関数 $\mathscr{K}(\tau_1, \tau_2) = \mathscr{K}_1(\tau_1, \tau_2)$ を中心に論じていることから，ある種の非対称性が生じている．つまり，それによってプレイヤー1に特定の役割が与えられているからである．しかし，この特定の役割をプレイヤー2に与えたとしても，同値な結果が得られることは，直観的に明らかである．それでも，プレイヤー1と2の交換は，あとで一定の役割を演ずるので，この点について，ここで簡単な数学的議論をしておこう．

ゲーム Γ (今は，このゲームが確定的であると仮定する必要はない) におけるプレイヤー1と2の交換は，関数 $\mathscr{K}_1(\tau_1, \tau_2)$ と $\mathscr{K}_2(\tau_1, \tau_2)$ を関数 $\mathscr{K}_2(\tau_2, \tau_1)$ と $\mathscr{K}_1(\tau_2, \tau_1)$ で置きかえることと同じである[1), 2)]．したがって，この交

---

1) これは，もはや 14.3.4.で用いたプレイヤーの交換という操作とは同じではない．14.3.4.におけるわれわれの関心は，手番の配列と各手番での情報状態とであったし，プレイヤー 1, 2 も自分の関数 $\mathscr{K}_1(\tau_1, \tau_2)$ と $\mathscr{K}_2(\tau_1, \tau_2)$ をそのまま保持するものと考えた (264 ページの脚注 1 を参照)．この意味で Γ は対称であった．つまり，Γ はその交換によって何ら影響を受けなかった (同上脚注参照)．

換は，関数 $\mathcal{K}(\tau_1, \tau_2)$ を $-\mathcal{K}(\tau_2, \tau_1)$ で置きかえることを意味する．

この符号の逆転によって，作用素 Max と Min とが交換されることになる．したがって，14.4.1. で定義した2つの量，つまり，

$$\text{Max}_{\tau_1} \text{Min}_{\tau_2} \mathcal{K}(\tau_1, \tau_2) = v_1$$
$$\text{Min}_{\tau_2} \text{Max}_{\tau_1} \mathcal{K}(\tau_1, \tau_2) = v_2$$

は今度は，

$$\text{Max}_{\tau_1} \text{Min}_{\tau_2} [-\mathcal{K}(\tau_2, \tau_1)]$$
$$= -\text{Min}_{\tau_1} \text{Max}_{\tau_2} \mathcal{K}(\tau_2, \tau_1)$$
$$= -\text{Min}_{\tau_2} \text{Max}_{\tau_1} \mathcal{K}(\tau_1, \tau_2) = -v_2$$
$$\text{Min}_{\tau_2} \text{Max}_{\tau_1} [-\mathcal{K}(\tau_2, \tau_1)]$$
$$= -\text{Max}_{\tau_2} \text{Min}_{\tau_1} \mathcal{K}(\tau_2, \tau_1)$$
$$= -\text{Max}_{\tau_1} \text{Min}_{\tau_2} \mathcal{K}(\tau_1, \tau_2) = -v_1$$

のようになる[1]．したがって，v_1, v_2 は $-v_2, -v_1$ となり[2]，

$$\Delta = v_2 - v_1 = (-v_1) - (-v_2)$$

　今度は，プレイヤー 1 と 2 の役割が完全に入れかわり，関数 $\mathcal{K}_1(\tau_1, \tau_2), \mathcal{K}_2(\tau_1, \tau_2)$ も入れかわるのである．

2) τ_1 はプレイヤー 1 の選択を示し，τ_2 はプレイヤー 2 の選択を示すものであるから，変数 τ_1, τ_2 も入れかえなければならない．その結果，今度は，$1, \cdots, \beta_1$ を変域にもつのは τ_2 となる．したがって $\mathcal{K}_k(\tau_2, \tau_1)$ は，さきの $\mathcal{K}_k(\tau_1, \tau_2)$ と同じく，前の方の変数がその変域として，$1, \cdots, \beta_1$ を，後の方の変数がその変域として，$1, \cdots, \beta_2$ をもつのである．

1) 最後から2番目の式は，単なる記号の変更で，τ_1 を τ_2，τ_2 を τ_1 と書き直しただけである．

2) 当然のことながら，これは 267 ページの脚注 1 と一致する．

の値は変わらない[1]. そして, ゲーム Γ が確定的であるとすれば, そのことは $\Delta = 0$ と同値であるから, 入れかえ後も Γ は確定的である. この場合には, $v = v_1 = v_2$ は

$$-v = -v_1 = -v_2$$

となる.

ここまでくると, プレイヤー1と2を入れかえても, 14.5.1. と 14.5.2. で述べた命題 (14:C:a)–(14:C:f) は全体として変わらないということが容易に確かめられる.

14.7. 不確定的ゲーム

14.7.1. 以上述べたことによって確定的ゲームは解決されたが, その他のゲームはそうではない. 確定的でないゲーム Γ では, $\Delta > 0$ である. つまりこの場合には, 相手の戦略を《見抜く》ことによって, 積極的な正の有利さが得られる. それゆえに, ゲームの2つの極端な結果のあいだには, すなわち Γ_1 の価値 v_1 と Γ_2 の価値 v_2 とのあいだには本質的な差があり, したがって, これらのゲームを行なう適切な方法にも差異が生じる. したがって, 14.3.1., 14.3.3. から Γ を扱う際の手懸りを得ることはできない. 14.5.1. も 14.5.2. も役に立たない. というのは, それらの議論は, $\mathscr{K}(\tau_1, \tau_2)$ に鞍点が存在すること, つまり

$$\mathrm{Max}_{\tau_1} \mathrm{Min}_{\tau_2} \mathscr{K}(\tau_1, \tau_2) = \mathrm{Min}_{\tau_2} \mathrm{Max}_{\tau_1} \mathscr{K}(\tau_1, \tau_2)$$

が成り立つことを使っているが, それはいいかえると, Γ

---

1) 当然のことながら, これは 270 ページの脚注1と一致する.

が確定的であることを意味しているからである．もちろん，14.4.2.の初めの不等式には納得できる点がある．その不等式に従うと，（プレイヤー1に対する）Γ のプレイの価値 v という概念が，まだ証明されていないにしても[1]，もし一般的な形で定義されるとしたら，その価値 v は，

$$v_1 \leqq v \leqq v_2$$

によって制約されるはずである．

しかし，これだけでは v の値には $\Delta = v_2 - v_1 > 0$ だけの不確定さが残っているし，そのうえ，全体の状況が概念的にきわめて不十分にしかとらえられていない．

ここで，まったく諦めたくなるかも知れない．すなわち，このような確定的でないゲーム Γ では，敵の戦略を《見抜く》ことによって正の有利さが得られるのだから，《だれがだれの戦略を見抜くのか》，そしてどの程度まで見抜くのか，に関して何か一定の仮定を設けなければ，解が見つからないと考えるのはもっとものように思われる[2]．

しかし，実はそうではなく，$\Delta > 0$ であっても前と同じ方向で解が求まるということを，17.で考察する．だが，そうした困難の解決は後まわしにして，まず，$\Delta > 0$ であるようなある種のゲーム Γ と $\Delta = 0$ であるようなゲームを列挙してみよう．最初の確定的でないゲームについては，

---

1) しかし，17.8.1.を参照．
2) もっとわかりやすくいうと，$\Delta > 0$ の意味は，このゲームでは2人のプレイヤーが同時に相手より賢明ではありえないということである．その結果，この場合には各プレイヤーがどの程度賢明であるかということだけを知ればよいように思われる．

17.1. で詳細に検討するので，ここでは簡単に触れる程度にして，第2の確定的ゲームについて，立ち入って分析しよう．

14.7.2. 鞍点をもたない関数 $\mathscr{K}(\tau_1, \tau_2)$ が存在するのだから（13.4.1. と 13.4.2. を参照．そこでの $\varphi(x,y)$ は，ここでの $\mathscr{K}(\tau_1, \tau_2)$ に対応する），確定的でないゲーム Γ は存在する．これらのゲームの例，つまり，243 ページの表 12，表 13 の行列で表わされた関数の例は，現在のわれわれの視点から再検討する価値がある．つまり，それらの関数に対応するゲームを明示的に記述する必要がある（それぞれについて，$\varphi(x,y)$ を $\mathscr{K}(\tau_1, \tau_2)$ で置きかえる．τ_2 は行列の列番号であり，τ_1 は行番号である．254 ページの表 15 も参照のこと）．

表 12：これは，《硬貨合せ》のゲームである．τ_1, τ_2 のおのおのにとって，1 は《表》，2 は《裏》を意味するものと仮定しよう．すると，τ_1 と τ_2 が《一致する》場合には，行列の成分は値 1 をとり，一致しないときは値 -1 をとる．そこでプレイヤー 1 が，プレイヤー 2 に《合わせ》ようとする．すなわち両者の表裏が《一致》すれば，プレイヤー 1 の勝ちで，1 単位を獲得し，表裏が一致しなければ，プレイヤー 1 の負けで，1 単位を失う．

表 13：これは，《じゃんけん》のゲームである．τ_1, τ_2 のおのおのにとって，1 は《石》，2 は《紙》，3 は《鋏》を意味するものと仮定する．行列における 1 と -1 の分布状態は，《紙》は《石》に勝ち，《鋏》は《紙》に勝ち，《石》

は《鋏》に勝つことを表わしている[1]．このようにして，プレイヤー1がプレイヤー2に勝てば，プレイヤー1が1単位を獲得し，負ければ1単位を失う．その他の場合，つまり両者が同じ手を出した場合にはゲームは引分けである．

14.7.3. これら2つの例は，確定的でないゲームで生ずる困難をとくにはっきり示してくれる．これらの例はきわめて簡単なので，この困難が，試験管の中でのように，完全に隔離される．《硬貨合せ》や《じゃんけん》においては，プレイの仕方のどれをとっても，つまり，どんな τ_1 あるいは τ_2 を選択しても，他と優劣がないということが肝心なのである．実際，《表》にせよ，《裏》にせよ，それ自体にそなわった利益あるいは不利益というものはない．同様に，《石》にも，《紙》にも，《鋏》にも，そうしたものはない．唯一の問題は，相手が何を出そうとしているかを正しく予測することである．しかし，プレイヤーの《賢さ》に関してこれ以上の仮定を設けることなしに，どのようにしてそのことを表現したらよいのだろうか[2]．

もちろん，もっと複雑な不確定ゲームも存在する．そしてそれらのゲームは，より複雑な専門的視点からすればかなり重要である（18., 19.を参照）．しかし，主要な困難を問題とする限り，《硬貨合せ》や《じゃんけん》のような簡単なゲームの方が，その特性をはっきりと示してくれる．

---

1) 《紙は石を包み，鋏は紙を切り，石は鋏の歯をこぼれさす》．
2) 前に述べたように，それが可能だということは17.1.で証明する．

14.8. 確定性の詳しい分析の計画

14.8. 確定的ゲーム Γ に対しては，われわれの解法は有効であった．このようなゲームは，なるほど特殊なものではあるけれども，それらの妥当する範囲の広さを過小評価すべきではない．われわれは，ゲーム Γ を表わすのに標準型を用いているが，そのことからそうした過小評価が生まれるのかもしれない．標準型を用いると，ゲームは現実にあるものより単純にみえる．14.1.1.で述べたように，τ_1, τ_2 はゲームの展開型における戦略を表わすものであり，その展開型は通常きわめて複雑な構造をもつことを忘れてはならない．

確定性の意味を解明するためには，それをゲームの展開型とも関連させて検討する必要がある．こうした検討においては，手番（偶然手番あるいは人為手番）の詳しい性質やプレイヤーの情報状態などについての問題が生じ，その過程は，12.1.1.で述べたような展開型に基づく構造解析になる．

とくにここでは，人為手番を行なう各プレイヤーが，それに先行するすべての手番の結果について完全な情報をもっているようなゲームを取りあげる．これらのゲームについては，6.4.1.ですでに述べた．またそこで述べたことだが，これらのゲームは，世上一般に，とくに理性的性格をもつものと考えられている．つぎに，そうしたゲームがすべて確定的であるということを証明することによって，こ

の見解をはっきりと確認しようと思う．そして，このことは，すべての手番が人為手番のときだけでなく，偶然手番が含まれているときにも成り立つのである．

15. 完全情報ゲーム

15.1. 目標設定，帰納法

15.1.1. ゼロ和2人ゲームをもう少し立ち入って検討したいと思う．その目標は，ゼロ和2人ゲームのうち，どの範囲のものが確定的であるのか，つまり，14.4.1.の量（この量はゲームを区別する際にきわめて重要であった），

$$v_1 = \text{Max}_{\tau_1} \text{Min}_{\tau_2} \mathscr{K}(\tau_1, \tau_2)$$
$$v_2 = \text{Min}_{\tau_2} \text{Max}_{\tau_1} \mathscr{K}(\tau_1, \tau_2)$$

が，条件

$$v_1 = v_2 = v$$

をみたすような範囲を見いだすことにある．

ゲーム Γ が完全情報のとき，つまり予知性と先行性とが同値のとき（6.4.1.と14.8.の終りを参照），Γ は確定的であることを証明しよう．また，この結論の概念的な意味についても検討しよう（15.8.を参照）．事実，この結論は，v_1, v_2 に関するより一般的規則の特殊な場合として得られるのである（15.5.3.参照）．

何らの制約もない一般 n 人ゲーム Γ を考えることによって，より広い一般性のもとで議論を始めることにしよう．このより広い一般性が，あとの例で役立つことになる．

15.1.2. Γ を展開型で与えられた一般 n 人ゲームとしよう. はじめに, いくつかの側面をまず, 6., 7. の集合論に入る前のもとの言葉を用いて考察し (15.1. を参照), そのあとで, 一切のものを 9., 10. の集合と分割の言葉に翻訳する (15.2. および以下を参照). 読者は, おそらく前半の議論だけで完全な理解が得られるだろう. 形式的な展開をもつ後半の部分は, 10.1.1. の公理に基づいて実際に議論が進められていることを示す目的で, 厳密を期するために挿入されるものである.

Γ のすべての手番の列 $\mathscr{M}_1, \mathscr{M}_2, \cdots, \mathscr{M}_\nu$ を考え, 最初の手番 $\mathscr{M}_1$ とその手番が行なわれる瞬間の状況に注目しよう.

最初の手番に先行するものはないのだから, これに対する予知的なものは何もない. つまり, この手番の性格は, いかなるものにも依存せず, 一定であるはずである. このことは, まずつぎの事実に当てはまる. $\mathscr{M}_1$ が偶然手番か人為手番かは決まっており, それが人為手番ならどのプレイヤーの手番かが決まっている. すなわち, 6.2.1. の意味で, $k_1 = 0, 1, 2, \cdots, n$ の値が決まっている. また, $\mathscr{M}_1$ における選択肢の数 α_1 も定数で, 偶然手番 (つまり $k_1 = 0$) なら, 確率 $p_1(1), \cdots, p_1(\alpha_1)$ の値も決まっている. $\mathscr{M}_1$ での選択の結果は, それが偶然手番であれ人為手番であれ, $\sigma_1 = 1, \cdots, \alpha_1$ である.

ところで, ゲーム Γ の数学的分析を進めるのに妥当な一方法として, 数学のあらゆる分野で広く用いられている《数学的帰納法》が思い浮かぶ. もし, この方法が許されるなら

ば，Γ の分析は Γ より手番の数が 1 つ少ない別のゲームの分析で置きかえられる[1]．つまり，まず値 $\bar{\sigma}_1 (= 1, \cdots, \alpha_1)$ を選び，ゲーム Γ から手番 $\mathscr{M}_1$ を省略して，その代わりに（新しいゲームの規則として）σ_1 の値 $\sigma_1 = \bar{\sigma}_1$ を指示し，それ以外はすべて Γ のままというゲームを考え，それを $\Gamma_{\bar{\sigma}_1}$ で表わすのである[2]．事実 $\Gamma_{\bar{\sigma}_1}$ の手番の数は Γ より 1 つ少ない．つまり，その手番は $\mathscr{M}_2, \cdots, \mathscr{M}_\nu$ である[3]．も

---

[1] すなわち，ν 個ではなく，$\nu - 1$ 個の手番をもつゲームと考える．もし，この《帰納的》手続きが許されるならば，それをくり返し適用することによって，ゲーム Γ は 0 段階のゲームに，つまり，ただ 1 つの一定の確定した結果をもつゲームに還元されるだろう．これは，もちろん，Γ の完全な解を意味する（15.6.1.の (15:C:a) を参照）．

[2] たとえば，Γ はチェスのゲームであって，$\bar{\sigma}_1$ は《白》つまり，プレイヤー 1 の最初の手番であるとする．そのとき，$\Gamma_{\bar{\sigma}_1}$ もチェスだが，通常のチェスの 2 番目の手番である《黒》つまり，プレイヤー 2 の手番から始まる．つまり，《最初の手》$\bar{\sigma}_1$ が打たれた状態から出発する．この前提となる《最初の手》は，E2-E4 のような月並みな手であってもよいし，そうでなくともよい．

同様の操作は，トーナメント・ブリッジの場合に生じる．この場合，《審判員》がプレイヤーたちに，決まった（わかっているあらかじめ選択された）《手札》をくばる（これは，たとえば，デュプリケイト・ブリッジにおいて行なわれる）．

はじめの例では，前提とされる手番 $\mathscr{M}_1$ は，もともと（《白》，つまり，プレイヤー 1 の）人為手番であったが，第 2 の例では，それはもともと偶然手番（カードの分配）であった．

ある種のゲームでは，ときには《ハンディキャップ》が用いられるが，それらは 1 つあるいはいくつかのそうした操作に相当するものである．

[3] 本来なら，添字は，$1, \cdots, \nu - 1$ を用い，$\bar{\sigma}_1$ への依存関係を明示するために $\mathscr{M}_1^{\bar{\sigma}_1}, \cdots, \mathscr{M}_{\nu-1}^{\bar{\sigma}_1}$ と書くべきであるが，ここでは簡

し，すべての $\Gamma_{\bar{\sigma}_1}$ （$\bar{\sigma}_1 = 1, \cdots, \alpha_1$）の本質的特性から Γ の本質的特性を導くことができたとしたら，この《帰納的》手続きは成功したといえるだろう．

15.1.3. しかし，$\Gamma_{\bar{\sigma}_1}$ をつくりうるかどうかは，Γ に課されている制約に依存することに注意せねばならない．ゲーム $\Gamma_{\bar{\sigma}_1}$ で人為手番を打つ各プレイヤーは，このゲームの規則を完全に知っていなければならない．ところで，この知識には，もとのゲームの規則に加えて，前提とされる $\mathscr{M}_1$ での手の値 $\bar{\sigma}_1$ についての知識が含まれる．したがって，Γ におけるプレイヤーの情報状態を規定している規則を修正せずに Γ から $\Gamma_{\bar{\sigma}_1}$ をつくりうるのは，もとのゲームの規則 Γ において，$\mathscr{M}_1$ での手の結果が，$\mathscr{M}_2, \cdots, \mathscr{M}_\nu$ のどの人為手番を打つプレイヤーにも知られているときだけである．つまり，$\mathscr{M}_1$ はすべての人為手番 $\mathscr{M}_2, \cdots, \mathscr{M}_\nu$ に対して予知的でなければならない．このことをもう一度述べると，

(15:A)　Γ がつぎの性質をもつときに限り，Γ の構造を本質的に修正することなしに，$\Gamma_{\bar{\sigma}_1}$ をつくることができる．

(15:A:a)　$\mathscr{M}_1$ は $\mathscr{M}_2, \cdots, \mathscr{M}_\nu$ のどの人為手番に対しても，予知的である[1]．

単に $\mathscr{M}_2, \cdots, \mathscr{M}_\nu$ と表わすことにする．

1) ここでは，6.3. の用語を用いている．つまり，7.2.1. の意味における依存の特殊形を用いている．7.2.1. の一般的記述法に従えば，(15:A:a) はつぎのように述べるべきものである．

人為手番 $\mathscr{M}_\kappa$ （$\kappa = 2, \cdots, \nu$）のすべてに対して，集合 Φ_κ は関数 σ_1 を含む．

15.2. 正確な条件（第 1 段階）[*]

15.2.1. 今度は，15.1.2. と 15.1.3. を，9., 10. の分割と集合の言葉に翻訳しよう（15.1.2. の最初のところを参照）．そのために，10.1. の記号法を用いることにする．

$\mathscr{A}_1$ はただ 1 つの集合 Ω からなり（10.1.1 の (10:1:f)），これは $\mathscr{B}_1$ の部分分割である（10.1.1. の (10:1:a)）．したがって，$\mathscr{B}_1$ も実質的にはただ 1 つの集合 Ω からなる（$\mathscr{B}_1$ の中の他の元はすべて空である[1), 2)]）．すなわち

---

[*] この項で用いられている記号の詳細については，第 2 章 9 節および 10 節を参照しなければならないが，以下に簡単な説明を与えておく．

ν はゲームの長さである．

Ω は，Γ のすべてのプレイの集合である．

$\mathscr{F}_k(\pi)$ は，プレイヤー k に対するプレイ π の利得である．

$\mathscr{A}_\kappa$ は**審判員の情報パターン**であり，$\mathscr{A}_\kappa$ に属する A_κ は，$\mathscr{M}_\kappa$ の直前における**審判員の実情報**である．

$\mathscr{B}_\kappa$ は**指名パターン**であり，$\mathscr{B}_\kappa$ に属する $B_\kappa(k)$ は手番 $\mathscr{M}_\kappa$ での**現実の指名**である．

$\mathscr{C}_\kappa(k)$ は**選択パターン**であり，$\mathscr{C}_\kappa(k)$ に属する C_κ は，手番 $\mathscr{M}_\kappa$ の時点での**プレイヤー k の現実の選択**である．

$\mathscr{D}_\kappa(k)$ は**プレイヤー k の情報パターン**であり，$\mathscr{D}_\kappa(k)$ に属する D_κ は，手番 $\mathscr{M}_\kappa$ の時点での**プレイヤー k の実情報**である．

$p_\kappa(C_\kappa)$ は偶然手番 $\mathscr{M}_\kappa$ の時点での生起確率である．[訳注]

1) この $\mathscr{B}_1$ は 8.3.1. における (8:B:a) のあてはまらない場合である．174 ページ，脚注 1 の (8:B:a) に関する注意と 187 ページの脚注 1 を参照．

2) 証明：$\mathscr{A}_1$ は $\mathscr{B}_1$ の部分分割で，Ω は $\mathscr{A}_1$ の元である．したがって，Ω は $\mathscr{B}_1$ のある元に含まれているが，その元は必然的に Ω

$$B_1(k) = \begin{cases} \Omega & \text{ただ1つの } k, \text{ たとえば } k = k_1 \\ & \text{に対して,} \\ \emptyset & \text{すべての } k \neq k_1 \text{に対して.} \end{cases}$$

この $k_1(=0,\cdots,n)$ は,$\mathscr{M}_1$ の性格を決定する.つまり,これは 6.2.1. の k_1 である.もし,$k_1 = 1,\cdots,n$,つまり,それが人為手番であれば,$B_1(k_1)$ 内で $\mathscr{A}_1$ は $\mathscr{D}_1(k_1)$ の部分分割である(10.1.1. の (10:1:d).このことは $B_1(k_1)$ の中においてだけ仮定されていたが,今は $B_1(k_1) = \Omega$ である).したがって $\mathscr{D}_1(k_1)$ もまた,ただ1つの集合 Ω からなる[1].そして,$k \neq k_1$ に対しては $\mathscr{D}_1(k)$ は $B_1(k) = \emptyset$ の分割(10.1.1. の (10:A:g))であるから,空でなければならない.

だから,$\mathscr{A}_1$ にはただ1つの A_1 があり,$k_1 = 1,\cdots,n$ なら,$\mathscr{D}_1(k_1)$ の中にただ1つの D_1 がある.そして,A_1 も D_1 もともに Ω である.他方,$k_1 = 0$ なら,どの $\mathscr{D}_1(k)$ の中にも D_1 は存在しない.

手番 $\mathscr{M}_1$ は $\mathscr{C}_1(k_1)$ の中から元 C_1 を選択することであるが,$k_1 = 0$ ならば偶然によって,$k_1 = 1,\cdots,n$ ならば,プレイヤー k_1 によって,その選択が行なわれる.したがって C_1 は,偶然手番の場合には,もちろんただ1つの集合

でなければならない.そこで,それ以外の $\mathscr{B}_1$ の元はすべて Ω と交わらない Ω の部分集合(8.3.1. 参照),つまり空集合となる.

[1] $\mathscr{A}_1$ と $\mathscr{D}_1(k_1)$ は,$\mathscr{B}_1$ と違って(上記参照),8.3.1. の (8:B:a) と (8:B:b) の双方をみたさなければならないから,Ω 以外に元をもつことはないのである.

$A_1(=\Omega)$ の部分集合であり，人為手番の場合にも，ただ 1 つの集合 $D_1(=\Omega)$ の部分集合である．C_1 の数は α_1 個である（9.1.5. とくに 188 ページの脚注 2 を参照）．そして，この A_1 あるいは D_1 は固定されているから，この α_1 は確定した定数である．α_1 は $\mathcal{M}_1$ における選択肢の数で，6.2.1. および 15.1.2. の意味における α_1 である．

これらの C_1 は，15.1.2. の $\sigma_1 = 1, \cdots, \alpha_1$ に対応している．そこで，これらを $C_1(1), \cdots, C_1(\alpha_1)$ と表わすことができる[1]．ところで，10.1.1. の (10:1:h) から，容易に確かめられるように，$\mathcal{A}_2$ はまた，$C_1(1), \cdots, C_1(\alpha_1)$ から成る集合であること，つまり，$\mathcal{C}_1(k_1)$ に一致することがわかる．

これまでの分析は，まったく一般的で，どんなゲーム Γ の $\mathcal{M}_1$ にも（また，ある程度まで $\mathcal{M}_2$ にも）当てはまるものであった．読者はこれらの性質を，8.4.2. と 10.4.2. の意味における日常の言葉に翻訳することができるであろう．

つぎに $\Gamma_{\overline{\sigma}_1}$ の分析に移ろう．15.1.2. で述べたように，$\Gamma_{\overline{\sigma}_1}$ は $\sigma_1 = \overline{\sigma}_1$ と置いて，手番 $\mathcal{M}_1$ を指定することによって，Γ から得られるものであった．同時に，このゲームの手番は，$\mathcal{M}_2, \cdots, \mathcal{M}_\nu$ に制限される．これは，実際のプレイを表わす要素 π がもはや Ω 全体を動くのではなく，その一部分である $C_1(\overline{\sigma}_1)$ に制限されるということを意味する．また，9.2.1. であげた分割はそれぞれ $\kappa = 2, \cdots, \nu$ の場合に（そして，$\mathcal{A}_\kappa$ に対しては $\kappa = \nu + 1$ の場合にも）制限さ

---

[1] これらは，6.2.，9.1.4. および 9.1.5. の選択肢 $\mathcal{A}_1(1), \cdots, \mathcal{A}_1(\alpha_1)$ を表わしている．

れる[1].

15.2.2. これで,15.1.3.の制約と同じものに到達した.15.2.1.の最後の部分で定式化したような変形ができるか否かは,Γ に関するある種の制約に依存する.

すでに述べたように,われわれはプレイ π を $C_1(\bar{\sigma}_1)$ に制限したいのである.したがって,Ω の部分集合で Γ の記述の中に現われてくるすべての集合を,$C_1(\bar{\sigma}_1)$ の部分集合に移さなければならないし,分割は $C_1(\bar{\sigma}_1)$(あるいは $C_1(\bar{\sigma}_1)$ の部分集合)内での分割に移してやらなければならない.どうすればこの変換が可能となるだろうか.

Γ の記述の中に出てくる分割は,2種類に分けられる(9.2.1.を参照).1つは客観的事実を示す $\mathscr{A}_\kappa$,$\mathscr{B}_\kappa = (B_\kappa(0), B_\kappa(1), \cdots, B_\kappa(n))$,$\mathscr{C}_\kappa(k)$ $(k=0,1,\cdots,n)$ であり,もう1つは,プレイヤーの情報状態だけを示す $\mathscr{D}_\kappa(k)$,$k=1,\cdots,n$ であった[2].もちろん,$\kappa \geq 2$ と仮定している(15.2.1.の終りを参照).

第1の種類の分割では,それぞれの元をそれらの元と $C_1(\bar{\sigma}_1)$ との交わりで置きかえるだけでよい.したがって,$\mathscr{B}_\kappa$ を修正するには,それらの元 $B_\kappa(0), B_\kappa(1), \cdots, B_\kappa(n)$ をそれぞれ $C_1(\bar{\sigma}_1) \cap B_\kappa(0), C_1(\bar{\sigma}_1) \cap B_\kappa(1), \cdots, C_1(\bar{\sigma}_1) \cap B_\kappa(n)$ で置きかえるだけでよい.$\mathscr{A}_\kappa$ の場合には,こうし

---

1) 番号づけを $\kappa = 1, \cdots, \nu-1$ というふうに変えない.285ページの脚注3を参照.

2) $\mathscr{A}_\kappa$ は審判員の情報状態を表わすが,これは客観的な事柄である.つまり,その時点までの事象が,まさに,$\mathscr{A}_\kappa$ の範囲にまでプレイの経過を決定したという客観的事実である(9.1.2.を参照).

た置きかえすら必要がない．$\kappa \geq 2$ であるから，$\mathscr{A}_\kappa$ は $\mathscr{A}_2$ の部分分割である（10.4.1. を参照）．つまり，$\mathscr{A}_\kappa$ はどの 2 つをとっても互いに素な集合 $C_1(1), \cdots, C_1(\alpha_1)$ の系の部分分割である（15.2.1. を参照）．したがって，$\mathscr{A}_\kappa$ の元のうち，$C_1(\bar{\sigma}_1)$ の部分集合であるようなもののみを残すだけでよい．つまり，$C_1(\bar{\sigma}_1)$ 内にある $\mathscr{A}_\kappa$ の部分をとればよいのである．$\mathscr{C}_\kappa(k)$ は $\mathscr{B}_\kappa$ と同様に扱われるべきであるが，それについての議論は，あとまわしにする．

第 2 の種類の分割 $\mathscr{D}_\kappa(k)$ に対しては，第 1 の種類で用いたどの方法も用いることができない．$\mathscr{D}_\kappa(k)$ の元を，それらの元と $C_1(\bar{\sigma}_1)$ との交わりで置きかえると，プレイヤーの情報状態を変えてしまうので[1]，それは避けねばならない．ただ，$\mathscr{A}_\kappa$ の場合に用いた手続きだけは許されるであろう．つまり，$\mathscr{D}_\kappa(k)$ の元をそれらのうち $C_1(\bar{\sigma}_1)$ の部分集合になっているもので置きかえる方法である．だが，この方法が使用できるのは，$\mathscr{A}_\kappa$ の場合と同様に，$\mathscr{D}_\kappa(k)$ が $\mathscr{A}_2$ の部分分割（$\kappa \geq 2$ に対して）になっているときだけである．そこで，このことを仮定すればよい．

さて，こう仮定すると，$\mathscr{C}_\kappa(k)$ は自然に処理される．すなわち，$\mathscr{C}_\kappa(k)$ は $\mathscr{D}_\kappa(k)$ の部分分割であり（10.1.1. の (10:1:c)），したがって，上記の仮定により $\mathscr{A}_2$ の部分分割である．だから，これを $\mathscr{C}_\kappa(k)$ の元のうち $C_1(\bar{\sigma}_1)$ の部分集合となっているもので置きかえることができる．

---

1) つまり，k に追加情報を与えることになってしまう．

以上のことから，Γ に対して必要な十分条件とは，どの $\mathscr{D}_\kappa(k)$ $(\kappa \geq 2)$ も $\mathscr{A}_2$ の部分分割でなければならない，ということがわかる．ここで，8.4.2. の説明と，10.1.2. の (10:A:d*), (10:A:g*) の説明を思い出してみよう．これらの説明からすると，この制約とは，人為手番 $\mathscr{M}_2, \cdots, \mathscr{M}_\nu$ で，それぞれのプレイヤーは，手番 $\mathscr{M}_1$ が行なわれたあとの状態，つまり手番 $\mathscr{M}_2$ が行なわれる前の状態（この状態は $\mathscr{A}_2$ によって表わされる）を完全に知っていることを意味する (10.4.2. の (10:B) の前の議論も参照せよ)．すなわち，$\mathscr{M}_1$ はすべての手番 $\mathscr{M}_2, \cdots, \mathscr{M}_\nu$ に対して予知的でなければならない．

こうして，再び，15.1.3. における (15:A:a) の条件が得られた．ゲーム $\Gamma_{\overline{\sigma}_1}$ が 10.1.1. の必要条件をみたしているか否かの検証は，簡単だから読者に任せることにしよう．

15.3. 正確な条件（全段階）

15.3.1. 15.1.2. の最後のところで述べたように，われわれは，すべての $\Gamma_{\overline{\sigma}_1}$ $(\overline{\sigma}_1 = 1, \cdots, \alpha_1)$ の特性から，Γ の特性を導きたいと考えている．というのは，これがうまくゆけば，それが《数学的帰納法》の典型的な一段階となるからである．

しかし，さしあたりわれわれが数学的特性をすべて知っているただ 1 つのゲームは，ゼロ和 2 人ゲームだけである．このゼロ和 2 人ゲームの特性について，われわれは 2 つの量 v_1, v_2 を知っている（15.1.1. 参照）．そこで，以下では

15. 完全情報ゲーム

Γ をゼロ和 2 人ゲームと仮定しよう.

つぎに,Γ の v_1, v_2 が実際に $\Gamma_{\overline{\sigma}_1}$ ($\overline{\sigma}_1 = 1, \cdots, \alpha_1$) の v_1, v_2 を用いて表現されるということを示そう (15.1.2. を参照). この目的のためには, この《帰納》の手続きを, その最後の段階までおし進めることが望ましい. つまり, 同様の方法で順々に, $\Gamma_{\overline{\sigma}_1, \overline{\sigma}_2}, \Gamma_{\overline{\sigma}_1, \overline{\sigma}_2, \overline{\sigma}_3}, \cdots, \Gamma_{\overline{\sigma}_1, \overline{\sigma}_2, \cdots, \overline{\sigma}_\nu}$ をつくっていくのである[1]. 要点は, これらのゲームにおける手番の個数が, ν (Γ に対する個数) から $\nu-1$ ($\Gamma_{\overline{\sigma}_1}$ に対する個数), $\nu-2, \nu-3, \cdots$ を経て 0 ($\Gamma_{\overline{\sigma}_1, \overline{\sigma}_2, \cdots, \overline{\sigma}_\nu}$ に対する個数) にいたるまで, 順次減ってゆくことである. つまり, $\Gamma_{\overline{\sigma}_1, \overline{\sigma}_2, \cdots, \overline{\sigma}_\nu}$ は, 203 ページの脚注 2 で述べたような, 《空》ゲームである. そこでは, 手番がなく, プレイヤー k が一定額の利得 $\mathscr{F}_k(\overline{\sigma}_1, \cdots, \overline{\sigma}_\nu)$ を得るだけである.

以上は,15.1.2.,15.1.3. の言葉で, つまり, 6., 7. の言葉で述べてきたが,15.2.1.,15.2.2. の言葉, つまり, 9., 10. の言葉をもって述べれば, Ω (Γ に対応) が, 順次, $\mathscr{A}_2$ の $C_1(\overline{\sigma}_1)$ ($\Gamma_{\overline{\sigma}_1}$ に対応), $\mathscr{A}_3$ の $C_2(\overline{\sigma}_1, \overline{\sigma}_2)$ ($\Gamma_{\overline{\sigma}_1, \overline{\sigma}_2}$ に対応), $\mathscr{A}_4$ の $C_3(\overline{\sigma}_1, \overline{\sigma}_2, \overline{\sigma}_3)$ ($\Gamma_{\overline{\sigma}_1, \overline{\sigma}_2, \overline{\sigma}_3}$ に対応) 等々に制限され, 結局最後に, $\mathscr{A}_{\nu+1}$ の $C_\nu(\overline{\sigma}_1, \overline{\sigma}_2, \cdots, \overline{\sigma}_\nu)$ ($\Gamma_{\overline{\sigma}_1, \overline{\sigma}_2, \cdots, \overline{\sigma}_\nu}$ に対応) に制限されるということになろう. そして, この最後の集合は, ただ 1 つの元 (10.1.1. の (10:1:g)), たとえば, $\overline{\pi}$ から成る. したがって, ゲーム $\Gamma_{\overline{\sigma}_1, \overline{\sigma}_2, \cdots, \overline{\sigma}_\nu}$ の結

---

[1] $\overline{\sigma}_1 = 1, \cdots, \alpha_1$, $\overline{\sigma}_2 = 1, \cdots, \alpha_2$, $\overline{\sigma}_3 = 1, \cdots, \alpha_3$ 等々である. ここで α_2 は $\overline{\sigma}_1$ の関数, つまり, $\alpha_2 = \alpha_2(\overline{\sigma}_1)$ であり, α_3 は $\overline{\sigma}_1, \overline{\sigma}_2$ の関数, つまり, $\alpha_3 = \alpha_3(\overline{\sigma}_1, \overline{\sigma}_2)$ である.

果は一定であり，プレイヤー k は一定額の利得 $\mathscr{F}_k(\bar{\pi})$ を得る．

したがって，ゲーム $\Gamma_{\bar{\sigma}_1,\bar{\sigma}_2,\cdots,\bar{\sigma}_\nu}$ の性質は全くはっきりしている．すなわち，それぞれのプレイヤーにとって，このゲームの値がどうなるかは明らかである．したがって，$\Gamma_{\bar{\sigma}_1}$ から Γ にいたる過程が確立されたとすれば，それを反復して使い，上の系列を逆にたどり，$\Gamma_{\bar{\sigma}_1,\bar{\sigma}_2,\cdots,\bar{\sigma}_\nu}$ から $\Gamma_{\bar{\sigma}_1,\bar{\sigma}_2,\cdots,\bar{\sigma}_{\nu-1}}, \Gamma_{\bar{\sigma}_1,\bar{\sigma}_2,\cdots,\bar{\sigma}_{\nu-2}},\cdots,\Gamma_{\bar{\sigma}_1,\bar{\sigma}_2}, \Gamma_{\bar{\sigma}_1}$ 等々を経て，最後に Γ を導くことができる．

しかし，それが可能なのは，すべてのゲームの列 $\Gamma_{\bar{\sigma}_1}$，$\Gamma_{\bar{\sigma}_1,\bar{\sigma}_2}, \Gamma_{\bar{\sigma}_1,\bar{\sigma}_2,\bar{\sigma}_3},\cdots,\Gamma_{\bar{\sigma}_1,\bar{\sigma}_2,\cdots,\bar{\sigma}_\nu}$ をつくることができるとき，つまり，15.1.3. あるいは 15.2.2. の最後の条件がこれらすべてのゲームに対してみたされているときに限る．この条件はふたたび，どんな一般 n 人ゲーム Γ に対しても定式化できるものである．そこで再度，それらのゲーム Γ に立ち帰ってみよう．

15.3.2. ところで，この条件とは，15.1.2., 15.1.3. の言葉を使うと，$\mathscr{M}_1$ は $\mathscr{M}_2, \mathscr{M}_3,\cdots,\mathscr{M}_\nu$ のすべてにとって予知的でなければならない，$\mathscr{M}_2$ は $\mathscr{M}_3, \mathscr{M}_4,\cdots,\mathscr{M}_\nu$ のすべてにとって予知的でなければならない等々，つまり，予知性と先行性とが一致しなければならない，ということである．

同じことは，15.2.1., 15.2.2. の言葉，すなわち 9., 10. の言葉を用いても，もちろん得られる．すなわち，$\kappa\geqq 2$ なるすべての $\mathscr{D}_\kappa(k)$ は $\mathscr{A}_2$ の部分分割でなければならず，

$\kappa \geqq 3$ なるすべての $\mathscr{D}_\kappa(k)$ は $\mathscr{A}_3$ の部分分割でなければならない等々,つまり,$\kappa \geqq \lambda$ のとき,すべての $\mathscr{D}_\kappa(k)$ は $\mathscr{A}_\lambda$ の部分分割でなければならない[1]. ところで,$\kappa \geqq \lambda$ なら,$\mathscr{A}_\kappa$ は $\mathscr{A}_\lambda$ の部分分割であるから(10.4.1. を参照),これはすべての $\mathscr{D}_\kappa(k)$ が $\mathscr{A}_\kappa$ の部分分割であることを仮定するのと同じことである. ところが,$B_\kappa(k)$ 内では,$\mathscr{A}_\kappa$ は $\mathscr{D}_\kappa(k)$ の部分分割であるから(10.1.1. の (10:1:d) 参照),この条件は,$\mathscr{D}_\kappa(k)$ が $\mathscr{A}_\kappa$ の元のうち $B_\kappa(k)$ に含まれるものの全体であるというのと同値である[2]. このことは,10.4.2. の (10:B) によって,Γ において予知性と先行性がまったく一致することを意味する.

以上の考察で,つぎのことが確認された.

(15:B) 手番の数がそれぞれ $\nu, \nu-1, \nu-2, \cdots, 0$ のゲームの全系列

(15:1) $\Gamma, \Gamma_{\bar{\sigma}_1}, \Gamma_{\bar{\sigma}_1, \bar{\sigma}_2}, \Gamma_{\bar{\sigma}_1, \bar{\sigma}_2, \bar{\sigma}_3}, \cdots, \Gamma_{\bar{\sigma}_1, \bar{\sigma}_2, \cdots, \bar{\sigma}_\nu}$

をつくることができるための必要十分条件は,ゲーム Γ において予知性と先行性が一致すること,つまり,完全情報が与えられていることである(6.4.1. と 14.8. の終りのところを参照).

Γ がゼロ和 2 人ゲームであれば,15.6.2. で示すような $\Gamma_{\bar{\sigma}_1}$ から Γ を導く方法を使って,(15:1) の系列を

---

1) 上では,$\lambda = 2, 3, \cdots$ に対してこのことを述べた. $\lambda = 1$ に対してもこのことは当然成り立つ. つまり,$\mathscr{A}_1$ は 1 つの集合 Ω からなるのだから,分割はすべて $\mathscr{A}_1$ の部分分割である(10.1.1. の (10:1:f) 参照).
2) この証明は,175 ページの脚注 2 を参照.

逆にたどることによって，すなわち，わかりきったゲーム $\Gamma_{\bar{\sigma}_1, \bar{\sigma}_2, \cdots, \bar{\sigma}_\nu}$ から意味のあるゲーム Γ の方向にたどることによって，Γ を解明することができる．ただし，この上昇の各段階においては，このあとの 15.6.2. で示す $\Gamma_{\bar{\sigma}_1}$ から Γ への導出の手続きを用いるのである．

15.4. 帰納的段階の正確な議論

15.4.1. 今度は，さきに予告した Γ_{σ_1}[1] から Γ を導出する段階，つまり，《帰納的段階》を実行することに移ろう．したがって，Γ は 15.1.3. あるいは 15.2.2. の最後の条件さえ，みたしていればよいのだが，それは，ゼロ和2人ゲームでなければならない．

この場合は，すべての Γ_{σ_1} $(\sigma_1 = 1, \cdots, \alpha_1)$ をつくることができるが，それらのゲームもまたゼロ和2人ゲームである．ゲーム Γ における2人のプレイヤーの戦略をそれぞれ $\Sigma_1^1, \cdots, \Sigma_1^{\beta_1}$, $\Sigma_2^1, \cdots, \Sigma_2^{\beta_2}$ と書くことにする．そして2人のプレイヤーが，それぞれ $\Sigma_1^{\tau_1}, \Sigma_2^{\tau_2}$ という戦略を用いたときのプレイの利得の《数学的期待値》をそれぞれ

$$\mathscr{K}_1(\tau_1, \tau_2) = \mathscr{K}(\tau_1, \tau_2)$$
$$\mathscr{K}_2(\tau_1, \tau_2) = -\mathscr{K}(\tau_1, \tau_2)$$

と表わすことにする（11.2.3. と 14.1.1. を参照）．同じように，ゲーム Γ_{σ_1} における2人の戦略をそれぞれ，$\Sigma_{\sigma_1/1}^1, \cdots, \Sigma_{\sigma_1/1}^{\beta_{\sigma_1/1}}, \Sigma_{\sigma_1/2}^1, \cdots, \Sigma_{\sigma_1/2}^{\beta_{\sigma_1/2}}$ と書き，戦略 $\Sigma_{\sigma_1/1}^{\tau_{\sigma_1/1}}$ と $\Sigma_{\sigma_1/2}^{\tau_{\sigma_1/2}}$ とを用

---

[1] 誤解されることはないと思われるので，今後 $\bar{\sigma}_1, \bar{\sigma}_2, \cdots, \bar{\sigma}_\nu$ の代わりに $\sigma_1, \sigma_2, \cdots, \sigma_\nu$ と書くことにする．

いたときの利得の数学的期待値を，

$$\mathscr{K}_{\sigma_1/1}(\tau_{\sigma_1/1}, \tau_{\sigma_1/2}) = \mathscr{K}_{\sigma_1}(\tau_{\sigma_1/1}, \tau_{\sigma_1/2})$$
$$\mathscr{K}_{\sigma_1/2}(\tau_{\sigma_1/1}, \tau_{\sigma_1/2}) = -\mathscr{K}_{\sigma_1}(\tau_{\sigma_1/1}, \tau_{\sigma_1/2})$$

と書くことにする．Γ と，Γ_{σ_1} について，14.4.1.の v_1, v_2 を作ると（Γ_{σ_1} に対応するものを $v_{\sigma_1/1}, v_{\sigma_1/2}$ と書くことにする），

$$v_1 = \mathrm{Max}_{\tau_1} \mathrm{Min}_{\tau_2} \mathscr{K}(\tau_1, \tau_2)$$
$$v_2 = \mathrm{Min}_{\tau_2} \mathrm{Max}_{\tau_1} \mathscr{K}(\tau_1, \tau_2)$$

また，

$$v_{\sigma_1/1} = \mathrm{Max}_{\tau_{\sigma_1/1}} \mathrm{Min}_{\tau_{\sigma_1/2}} \mathscr{K}_{\sigma_1}(\tau_{\sigma_1/1}, \tau_{\sigma_1/2})$$
$$v_{\sigma_1/2} = \mathrm{Min}_{\tau_{\sigma_1/2}} \mathrm{Max}_{\tau_{\sigma_1/1}} \mathscr{K}_{\sigma_1}(\tau_{\sigma_1/1}, \tau_{\sigma_1/2})$$

となる．ここでの目的は，v_1, v_2 を $v_{\sigma_1/1}, v_{\sigma_1/2}$ で表わすことである．

手番 $\mathscr{M}_1$ の性格を決定する 15.1.2.と 15.2.1.の k_1 が，ここで重要な役割を演ずる．$n=2$ であるから，k_1 のとりうる値は，$k_1 = 0, 1, 2$ である．われわれは，これら 3 つの場合について，個々に考察しなければならない．

15.4.2. まず，$k_1 = 0$，つまり，$\mathscr{M}_1$ が偶然手番の場合を考える．15.1.2.で述べたように，この手番の選択肢 $\sigma_1 = 1, \cdots, \alpha_1$ の生起確率は $p_1(1), \cdots, p_1(\alpha_1)$ である（$p_1(\sigma_1)$ は $C_1 = C_1(\sigma_1)$ (15.2.1.) としたときの 10.1.1.の (10:A:h) の $p_1(C_1)$ である）．

ところで，Γ におけるプレイヤー 1 の戦略 $\Sigma_1^{\tau_1}$ は，確率変数 $\sigma_1 = 1, \cdots, \alpha_1$ のそれぞれに対して，ゲーム Γ_{σ_1} にお

けるプレイヤー 1 の戦略 $\Sigma_{\sigma_1/1}^{\tau_{\sigma_1/1}}$ を指定するはずである[1]. すなわち, $\Sigma_1^{\tau_1}$ と, あらゆる可能な組合せ $\tau_{1/1}, \cdots, \tau_{\alpha_1/1}$ に対する $\Sigma_{1/1}^{\tau_{1/1}}, \cdots, \Sigma_{\alpha_1/1}^{\tau_{\alpha_1/1}}$ の組とが対応している.

同様に, Γ におけるプレイヤー 2 の戦略 $\Sigma_2^{\tau_2}$ は, 確率変数 $\sigma_1 = 1, \cdots, \alpha_1$ のそれぞれに対して, ゲーム Γ_{σ_1} におけるプレイヤー 2 の戦略 $\Sigma_{\sigma_1/2}^{\tau_{\sigma_1/2}}$ を指定するはずである. すなわち, $\Sigma_2^{\tau_2}$ と, あらゆる可能な組合せ $\tau_{1/2}, \cdots, \tau_{\alpha_1/2}$ に対する $\Sigma_{1/2}^{\tau_{1/2}}, \cdots, \Sigma_{\alpha_1/2}^{\tau_{\alpha_1/2}}$ の組とが対応している.

そこで, Γ における利得の《数学的期待値》と Γ_{σ_1} における利得の《数学的期待値》との関係は,

$$\mathscr{K}(\tau_1, \tau_2) = \sum_{\sigma_1=1}^{\alpha_1} p_1(\sigma_1) \mathscr{K}_{\sigma_1}(\tau_{\sigma_1/1}, \tau_{\sigma_1/2})$$

で与えられることは明らかである. したがって, 前出の v_1 に対する式は,

$$v_1 = \text{Max}_{\tau_1} \text{Min}_{\tau_2} \mathscr{K}(\tau_1, \tau_2)$$
$$= \text{Max}_{\tau_{1/1}, \cdots, \tau_{\alpha_1/1}} \text{Min}_{\tau_{1/2}, \cdots, \tau_{\alpha_1/2}}$$
$$\sum_{\sigma_1=1}^{\alpha_1} p_1(\sigma_1) \mathscr{K}_{\sigma_1}(\tau_{\sigma_1/1}, \tau_{\sigma_1/2})$$

と変形される. 右端の和 $\sum_{\sigma_1=1}^{\alpha_1}$ の第 σ_1 項, $p_1(\sigma_1) \mathscr{K}_{\sigma_1}(\tau_{\sigma_1/1}, \tau_{\sigma_1/2})$ には, $\tau_{\sigma_1/1}, \tau_{\sigma_1/2}$ という 2 つの変数しか含まれていない. いいかえると, 変数の対

$$\tau_{1/1}, \tau_{1/2}; \cdots; \tau_{\sigma_1/1}, \tau_{\sigma_1/2}$$

---

[1] このことは直観的に明らかである. 読者は, 15.2.1. で述べた状況に 11.1.1. での定義と 11.1.3. の (11:A) を適用することによって形式的視点からこれを確かめることもできるであろう.

は第 σ_1 項 ($\sigma_1=1,\cdots,\sigma_1=\alpha_1$) のそれぞれに別々に登場する．それゆえ，$\mathrm{Min}_{\tau_{1/2},\cdots,\tau_{\alpha_1/2}}$ をつくるには，各第 σ_1 項を別々に最小化すればよいし，また，$\mathrm{Max}_{\tau_{1/1},\cdots,\tau_{\alpha_1/1}}$ をつくるにも，各第 σ_1 項を別々に最大化すればよい．したがって，さきの式は，

$$\sum_{\sigma_1=1}^{\alpha_1} p_1(\sigma_1)\,\mathrm{Max}_{\tau_{\sigma_1/1}}\,\mathrm{Min}_{\tau_{\sigma_1/2}}\,\mathscr{K}_{\sigma_1}(\tau_{\sigma_1/1},\tau_{\sigma_1/2})$$
$$=\sum_{\sigma_1=1}^{\alpha_1} p_1(\sigma_1)\mathrm{v}_{\sigma_1/1}$$

になる．以上で

(15:2) $$\mathrm{v}_1 = \sum_{\sigma_1=1}^{\alpha_1} p_1(\sigma_1)\mathrm{v}_{\sigma_1/1}$$

が証明された．

Max と Min の位置を入れかえれば，まったく同様にして

(15:3) $$\mathrm{v}_2 = \sum_{\sigma_1=1}^{\alpha_1} p_1(\sigma_1)\mathrm{v}_{\sigma_1/2}$$

が得られる．

15.4.3. つぎに $k_1=1$ の場合を検討しよう．この場合には，13.5.3. の結果を用いなければならない．この結果は，非常に形式的な性格をもっているので，それを読者の想像にいくらかでも近づけるために，それらが，ゲームについての直観的に理解できる事柄を形式的に述べたものに過ぎないということを示しておいた方がよいように思われる．そのことによって，この結果が，今度の場合になぜ1つの役割を果たさなければならないか，ということも明らかになるだろう．

以下で行なう 13.5.3. の結果の説明は，14.2. から 14.5. にいたる考察，とくに 14.5.1. と 14.5.2 の考察を基礎にしている．この理由から，13.5.3. ではその説明ができなかったわけである．

この目的から，ゼロ和2人ゲーム Γ を，その標準型（14.1.1. を参照）で考え，同時にその劣ゲーム Γ_1 と優ゲーム Γ_2（14.2. を参照）を考えよう．

Γ の標準型を1つの展開型のようにみなし，さらに戦略などを導入して，それから 11.2.2. と 11.2.3. の手続きを用いて新しい標準型をつくろうとしても，11.3., とくに 221 ページの脚注1で述べたように，何も新しいことは起こらない．しかし，優ゲーム Γ_2，劣ゲーム Γ_1 については事情が違う．つまり 256 ページの脚注1と脚注2で述べたように，これらのゲームは標準型で表わされてはいないからである．したがって，11.2.2. と 11.2.3. の手続きを使って，それらのゲームを，まだわかっていない標準型に変換することが適切でしかも必要である．

14.3.1. と 14.3.3. では Γ_1 と Γ_2 の完全な解が求められた．したがってそれらのゲームが確定的であるだろうという一応の予想はつく[1]．

---

1) これは発見法的な議論であるに過ぎない．というのは，14.3.1., 14.3.3. の《解》の基礎となった原理は，14.5.1., 14.5.2. の確定的な場合を解くために用いた原理への1つの足掛りになってはいたが，この両者はまったく同じというわけではないからである．たしかに，《非数学的》に，言葉だけで敷衍したとしても，その議論はかなりの納得が得られるであろう．しかし，ここでは

ここでは Γ_1 を検討すれば十分である（14.3.4.の初めの部分を参照）．そこで，それにとりかかることにする．

ここで，Γ に対して $\tau_1, \tau_2, \mathscr{K}(\tau_1, \tau_2), \mathrm{v}_1, \mathrm{v}_2$ という記号を用い，Γ_1 でそれぞれに対応する概念を $\tau_1', \tau_2', \mathscr{K}'(\tau_1', \tau_2'), \mathrm{v}_1', \mathrm{v}_2'$ と表わすことにする．

Γ_1 におけるプレイヤー1の戦略は，1つの（決まった）値 $\tau_1(=1, \cdots, \beta_1)$ を指定することから成る．それに対してプレイヤー2の戦略は，τ_1 に応じて，$\tau_1(=1, \cdots, \beta_1)$ のそれぞれの値に対する $\tau_2(=1, \cdots, \beta_2)$ の値を指定することから成る[1]．したがって，プレイヤー2の戦略は τ_1 の1つの関数，つまり $\tau_2 = \mathscr{T}_2(\tau_1)$ である．

このように，τ_1' は τ_1 と同じであるが，τ_2' は τ_1 の関数 $\mathscr{T}_2$ であり，$\mathscr{K}'(\tau_1', \tau_2')$ は $\mathscr{K}(\tau_1, \mathscr{T}_2(\tau_1))$ に対応する．したがって，

$$\mathrm{v}_1' = \mathrm{Max}_{\tau_1} \mathrm{Min}_{\mathscr{T}_2} \mathscr{K}(\tau_1, \mathscr{T}_2(\tau_1))$$
$$\mathrm{v}_2' = \mathrm{Min}_{\mathscr{T}_2} \mathrm{Max}_{\tau_1} \mathscr{K}(\tau_1, \mathscr{T}_2(\tau_1))$$

である．ゆえに，Γ_1 が確定的である．つまり，$\mathrm{v}_1' = \mathrm{v}_2'$ が成り立つという主張は，13.5.3.の（13:E）とまさに

14.3.2.において述べたと同じ理由で，この問題を数学的に解決しておきたい．

[1] このことは直観的に明らかである．形式的観点からこれを検証するには，14.2.で与えた Γ_1 の定義を分割と集合の言葉で定式化し，そこに11.1.1.の定義と11.1.3.の（11:A）を適用すればよい．いずれにせよ，ここで重要なことは，Γ_1 においては，プレイヤー1の人為手番がプレイヤー2の人為手番に対して予知的であるという点である．

一致する. そこでの $x, u, f(x), \psi(x, f(x))$ という記号を $\tau_1, \tau_2, \mathscr{T}_2(\tau_1), \mathscr{K}(\tau_1, \mathscr{T}_2(\tau_1))$ に換えるだけで十分である.

13.5.3.の結果と, Γ_1 の確定的であるという性質とが同値であることから, 以下の議論で, 13.5.3.が重要な役割を演ずる理由が理解できる. Γ_1 は完全情報ゲームのきわめて簡単な例であるが, いま行なっている議論の終局の目標になるのは, この種のゲームなのである (15.3.2.の最後の部分を参照). そして, Γ_1 の最初の手番はまさにいま議論しようとしている種類の手番なのである. それは, プレイヤー 1, つまり, $k_1=1$ の人為手番である.

15.5. 帰納的段階の正確な議論 (つづき)

15.5.1. さていよいよ, $k_1=1$, つまり $\mathscr{M}_1$ がプレイヤー 1 の人為手番である場合を考えてみよう.

Γ におけるプレイヤー 1 の戦略 $\Sigma_1^{\tau_1}$ は, 明らかに 1 つの (決まった) 値 $\sigma_1^0(=1, \cdots, \alpha_1)$ と $\Gamma_{\sigma_1^0}$ におけるプレイヤー 1 の 1 つの (決まった) 戦略 $\Sigma_{\sigma_1^0/1}^{\tau_{\sigma_1^0}/1}$ とを指定することから成る[1]. つまり, $\Sigma_1^{\tau_1}$ は, σ_1^0 と $\tau_{\sigma_1^0/1}$ の組に対応する.

他方, Γ におけるプレイヤー 2 の戦略 $\Sigma_2^{\tau_2}$ は, 変数 $\sigma_1^0 = 1, \cdots, \alpha_1$ [2] のそれぞれの値に対して, $\Gamma_{\sigma_1^0}$ におけるプレイヤー 2 の戦略 $\Sigma_{\sigma_1^0/2}^{\tau_{\sigma_1^0}/2}$ を指定することから成る. したがって, $\tau_{\sigma_1^0/2}$ は σ_1^0 の関数, つまり $\tau_{\sigma_1^0/2} = \mathscr{T}_2(\sigma_1^0)$ である. $\Sigma_2^{\tau_2}$ は関数 $\mathscr{T}_2$ に対応しており, 明らかに,

---
1) 298 ページの脚注 1 および 301 ページの脚注 1 を参照.
2) 298 ページの脚注 1 および 301 ページの脚注 1 を参照.

である．ゆえに，v_1 についての前項の式から，
$$\mathscr{K}(\tau_1, \tau_2) = \mathscr{K}_{\sigma_1^0}(\tau_{\sigma_1^0/1}, \mathscr{T}_2(\sigma_1^0))$$

$$v_1 = \mathrm{Max}_{\sigma_1^0, \tau_{\sigma_1^0/1}} \mathrm{Min}_{\mathscr{T}_2} \mathscr{K}_{\sigma_1^0}(\tau_{\sigma_1^0/1}, \mathscr{T}_2(\sigma_1^0))$$
$$= \mathrm{Max}_{\tau_{\sigma_1^0/1}} \mathrm{Max}_{\sigma_1^0} \mathrm{Min}_{\mathscr{T}_2} \mathscr{K}_{\sigma_1^0}(\tau_{\sigma_1^0/1}, \mathscr{T}_2(\sigma_1^0))$$

が得られる．ところで，13.5.3.の (13:G) によって，
$$\mathrm{Max}_{\sigma_1^0} \mathrm{Min}_{\mathscr{T}_2} \mathscr{K}_{\sigma_1^0}(\tau_{\sigma_1^0/1}, \mathscr{T}_2(\sigma_1^0))$$
$$= \mathrm{Max}_{\sigma_1^0} \mathrm{Min}_{\tau_{\sigma_1^0/2}} \mathscr{K}_{\sigma_1^0}(\tau_{\sigma_1^0/1}, \tau_{\sigma_1^0/2})$$

である．ここでは，13.5.3.における記号 $x, u, f(x), \psi(x, u)$ を $\sigma_1^0, \tau_{\sigma_1^0/2}, \mathscr{T}_2(\sigma_1^0), \mathscr{K}_{\sigma_1^0}(\tau_{\sigma_1^0/1}, \tau_{\sigma_1^0/2})$ に置きかえるだけでよい[1]．したがって，

$$v_1 = \mathrm{Max}_{\tau_{\sigma_1^0/1}} \mathrm{Max}_{\sigma_1^0} \mathrm{Min}_{\tau_{\sigma_1^0/2}} \mathscr{K}_{\sigma_1^0}(\tau_{\sigma_1^0/1}, \tau_{\sigma_1^0/2})$$
$$= \mathrm{Max}_{\sigma_1^0} \mathrm{Max}_{\tau_{\sigma_1^0/1}} \mathrm{Min}_{\tau_{\sigma_1^0/2}} \mathscr{K}_{\sigma_1^0}(\tau_{\sigma_1^0/1}, \tau_{\sigma_1^0/2})$$
$$= \mathrm{Max}_{\sigma_1^0} v_{\sigma_1^0/1}$$

が得られる．また v_2 の式から[2]

$$v_2 = \mathrm{Min}_{\mathscr{T}_2} \mathrm{Max}_{\sigma_1^0, \tau_{\sigma_1^0/1}} \mathscr{K}_{\sigma_1^0}(\tau_{\sigma_1^0/1}, \mathscr{T}_2(\sigma_1^0))$$
$$= \mathrm{Min}_{\mathscr{T}_2} \mathrm{Max}_{\sigma_1^0} \mathrm{Max}_{\tau_{\sigma_1^0/1}} \mathscr{K}_{\sigma_1^0}(\tau_{\sigma_1^0/1}, \mathscr{T}_2(\sigma_1^0)).$$

ところで，13.5.3.の (13:E) と (13:G) により，

$$\mathrm{Min}_{\mathscr{T}_2} \mathrm{Max}_{\sigma_1^0} \mathrm{Max}_{\tau_{\sigma_1^0/1}} \mathscr{K}_{\sigma_1^0}(\tau_{\sigma_1^0/1}, \mathscr{T}_2(\sigma_1^0))$$
$$= \mathrm{Max}_{\sigma_1^0} \mathrm{Min}_{\mathscr{T}_2} \mathrm{Max}_{\tau_{\sigma_1^0/1}} \mathscr{K}_{\sigma_1^0}(\tau_{\sigma_1^0/1}, \mathscr{T}_2(\sigma_1^0))$$
$$= \mathrm{Max}_{\sigma_1^0} \mathrm{Min}_{\tau_{\sigma_1^0/2}} \mathrm{Max}_{\tau_{\sigma_1^0/1}} \mathscr{K}_{\sigma_1^0}(\tau_{\sigma_1^0/1}, \tau_{\sigma_1^0/2})$$

である．ここでも記号 $x, u, f(x), \psi(x, u)$ を $\sigma_1^0, \tau_{\sigma_1^0/2}$,

---

[1] ここでは $\tau_{\sigma_1^0/1}$ は1つの定数として扱わなければならない．
  この段階は，どちらかというとむしろわかりきったことである．
  13.5.3.の議論を参照．
[2] 15.4.2.とは対照的に，今度は，v_1 と v_2 の扱いには本質的な違いがある．

$\mathscr{T}_2(\sigma_1^0)$, $\mathrm{Max}_{\tau_{\sigma_1^0/1}} \mathscr{K}_{\sigma_1^0}(\tau_{\sigma_1^0/1}, \tau_{\sigma_1^0/2})$ に置きかえるだけでよい[1]. したがって,

$$v_2 = \mathrm{Max}_{\sigma_1^0} \mathrm{Min}_{\tau_{\sigma_1^0/2}} \mathrm{Max}_{\tau_{\sigma_1^0/1}} \mathscr{K}_{\sigma_1^0}(\tau_{\sigma_1^0/1}, \tau_{\sigma_1^0/2})$$
$$= \mathrm{Max}_{\sigma_1^0} \mathrm{v}_{\sigma_1^0/2}$$

が得られる. σ_1^0 を σ_1 と書きかえて要約すれば,

(15:4) $$\mathrm{v}_1 = \mathrm{Max}_{\sigma_1} \mathrm{v}_{\sigma_1/1}$$
(15:5) $$\mathrm{v}_2 = \mathrm{Max}_{\sigma_1} \mathrm{v}_{\sigma_1/2}$$

である.

15.5.2. 最後に $k_1 = 2$ の場合, つまり $\mathscr{M}_1$ がプレイヤー 2 の人為手番の場合を考えてみよう.

プレイヤー 1 と 2 を交換すれば, これは前項で考察した $k_1 = 1$ の場合になる.

14.6. で論じたように, この交換によって, $\mathrm{v}_1, \mathrm{v}_2$ が $-\mathrm{v}_2, -\mathrm{v}_1$ にそれぞれ入れかわる. したがって, 同様に, $\mathrm{v}_{\sigma_1/1}, \mathrm{v}_{\sigma_1/2}$ が $-\mathrm{v}_{\sigma_1/2}, -\mathrm{v}_{\sigma_1/1}$ にそれぞれ入れかわる. これらの変化を上の式 (15:4) と (15:5) に代入すると, Max を Min にかえるだけでよいことがわかる. したがって,

(15:6) $$\mathrm{v}_1 = \mathrm{Min}_{\sigma_1} \mathrm{v}_{\sigma_1/1}$$
(15:7) $$\mathrm{v}_2 = \mathrm{Min}_{\sigma_1} \mathrm{v}_{\sigma_1/2}$$

が得られる.

15.5.3. 15.4.2., 15.5.1., 15.5.2. の式 (15:2) から

---

[1] この場合, $\tau_{\sigma_1^0/1}$ は演算 $\mathrm{Max}_{\tau_{\sigma_1^0/1}}$ によって束縛されている. この段階はわかりきったことではない. 15.4.3. で述べたように, ここでは, 13.5.3. の基本的結論, つまり (13:E) が用いられている.

(15:7) までを，つぎのように要約することができるだろう．

変数 $\sigma_1(=1,\cdots,\alpha_1)$ のすべての関数 $f(\sigma_1)$ に対して，3つの作用素 $M_{\sigma_1}^{k_1}$ $(k_1=0,1,2)$ をつぎのように定義する．

(15:8)
$$M_{\sigma_1}^{k_1} f(\sigma_1) = \begin{cases} \sum_{\sigma_1=1}^{\alpha_1} p_1(\sigma_1) f(\sigma_1) & k_1=0 \text{ に対して,} \\ \operatorname{Max}_{\sigma_1} f(\sigma_1) & k_1=1 \text{ に対して,} \\ \operatorname{Min}_{\sigma_1} f(\sigma_1) & k_1=2 \text{ に対して.} \end{cases}$$

すると，
$$k=1,2 \text{ に対して，} \quad \mathrm{v}_k = M_{\sigma_1}^{k_1} \mathrm{v}_{\sigma_1/k}$$
である．

ここで，これらの作用素 $M_{\sigma_1}^{k_1}$ についていくつかの簡単な事実を述べておかなければならない．

第1に，$M_{\sigma_1}^{k_1}$ はいずれも変数 σ_1 を束縛する．つまり，$M_{\sigma_1}^{k_1} f(\sigma_1)$ はもはや σ_1 に依存しない．$k_1=1,2$，つまり $\operatorname{Max}_{\sigma_1}$，$\operatorname{Min}_{\sigma_1}$ については，すでに 13.2.3. でこのことを指摘した．$k_1=0$ については，それは明らかである．ついでながら，この演算は，237 ページの脚注 2 の説明として用いられた積分演算に類似している．

第2に，$M_{\sigma_1}^{k_1}$ は明示的にゲーム Γ に依存している．k_1 が $M_{\sigma_1}^{k_1}$ の中に含まれているし，σ_1 は $1,\cdots,\alpha_1$ という変域をもつのだから，このことは明らかである．しかし，$k_1=0$ の場合には，$p_1(1),\cdots,p_1(\alpha_1)$ を用いることによる依存関係がさらに加わっている．

第3に，v_k が $\mathrm{v}_{\sigma_1/k}$ に依存する仕方は，手番 $\mathscr{M}_1$ の性格

を示す k_1 のそれぞれの値ごとに,両プレイヤー $k=1,2$ に対して同一である.

最後につぎの点を指摘しよう.偶然手番に対する平均化 $\sum_{\sigma_1=1}^{\alpha_1} p_1(\sigma_1)f(\sigma_1)$,第1のプレイヤーの人為手番に対する最大化,その相手の人為手番に対する最小化を含めて,これらの公式を言葉だけの(非数学的な)議論で納得できるように述べようとすれば,それもさして困難なくできたかもしれない.しかし,v_1 と v_2 の正確な表現を正しく評価するには,精密な数学的取扱いが不可欠であったように思われる.言葉だけの議論で以上のことを行なおうとしたら,理解はできたとしても,無用の混乱を避けることができなかったであろう.

15.6. 完全情報の場合の結論

15.6.1. 今度は,15.3.2.の終りのところで記述した状況にまで立ち戻って,そこで設けたすべての仮定をそのまま用いることにしよう.つまり,Γ が完全情報のゼロ和2人ゲームであると仮定する.15.3.2.で指摘した点と,15.5.3.の《帰納的》段階で得られた式(15:8)とを合わせ考えると,Γ の本質的な性質を決定することができる.

まず,これ以上細部に立ち入らずに,完全情報のゼロ和2人ゲーム Γ はつねに確定的であることを証明しよう.これは,ゲームの長さ ν についての《数学的帰納法》によって証明される(15.1.2.を参照).これは,つぎの2つの事

柄の証明から成る.

(15:C:a) 最小の長さ,つまり,長さ $\nu=0$ のあらゆるゲームは確定的である.

(15:C:b) $\nu=1,2,\cdots$ について,長さ $\nu-1$ のあらゆるゲームが確定的ならば,長さ ν のあらゆるゲームも確定的である.

(15:C:a) の証明:長さ ν が 0 ならば,そのゲームにはまったく手番が存在しない.このゲームは,プレイヤー 1 と 2 のそれぞれが,はじめから決まった利得,たとえば w と $-$w を取得することから成る[1].したがって $\beta_1=\beta_2=1$, それゆえ $\tau_1=\tau_2=1$, $\mathscr{K}(\tau_1,\tau_2)=\mathrm{w}$[2],その結果,

$$v_1 = v_2 = w$$

となる.すなわち,Γ は確定的で,$v=w$ である[3].

(15:C:b) の証明:Γ の長さが ν だとしよう.すると,どの Γ_{σ_1} の長さも $\nu-1$ である.仮定によって,Γ_{σ_1} はすべて確定的である.したがって $v_{\sigma_1/1}=v_{\sigma_1/2}$ である.すると,15.5.3.の式 (15:8) から $v_1=v_2$ であることがわかる[4].

---

1) 203 ページの脚注 2 のゲーム,あるいは 15.3.1.の $\Gamma_{\sigma_1,\sigma_2,\cdots,\sigma_\nu}$ を参照.分割と集合の言葉を用いれば,10.1.1.の (10:1:f), (10:1:g) から,$\nu=0$ に対して,Ω はただ 1 つの元,たとえば $\overline{\pi}$ をもつことがわかる.つまり $\Omega=\{\overline{\pi}\}$ である.したがって,$\mathrm{w}=\mathscr{F}_1(\overline{\pi})$, $-\mathrm{w}=\mathscr{F}_2(\overline{\pi})$ は上に述べたような役割を演ずる.
2) すなわち,各プレイヤーは,何もしないというただ 1 つの戦略をもつ.
3) このことはどちらかというとむしろ明らかである.本質的段階は (15:C:b) の方である.
4) すなわち,k_1 のそれぞれの値ごとに $k=1,2$ に対して,公式

したがって、Γ も確定的である。証明終り。

15.6.2. 今度はもっと詳細に立ち入って、Γ の $v_1 = v_2 = v$ を明示的に決定しよう。そのためには、15.6.1. のさきの結果はまったく必要ない。

15.3.2. の終りと同様に、長さがそれぞれ
$$\nu, \nu-1, \nu-2, \cdots, 0$$
であるゲームの列、
(15:9)　　$\Gamma, \Gamma_{\sigma_1}, \Gamma_{\sigma_1, \sigma_2}, \cdots, \Gamma_{\sigma_1, \sigma_2, \cdots, \sigma_\nu}$ [1)]
をつくる。これらのゲームの v_1, v_2 はそれぞれ、つぎのように表わされる。

$$v_k, v_{\sigma_1/k}, v_{\sigma_1, \sigma_2/k}, \cdots, v_{\sigma_1, \sigma_2, \cdots, \sigma_\nu/k} \quad (k = 1, 2)$$

15.3.2. の終りのところで述べた《帰納的》段階に対して 15.5.3. の (15:8) を適用してみよう。つまり、15.5.3. の $\sigma_1, \Gamma, \Gamma_{\sigma_1}$ を $\kappa = 1, \cdots, \nu$ のおのおのに対する σ_κ, $\Gamma_{\sigma_1, \cdots, \sigma_{\kappa-1}}, \Gamma_{\sigma_1, \cdots, \sigma_{\kappa-1}, \sigma_\kappa}$ で置きかえてみよう。そうすると、15.5.3. の k_1 は $\Gamma_{\sigma_1, \cdots, \sigma_{\kappa-1}}$ の最初の手番、つまり Γ の手番 $\mathcal{M}_\kappa$ の性格を示すことになる。したがって、それを $k_\kappa(\sigma_1, \cdots, \sigma_{\kappa-1})$ と書くと便利である（7.2.1. を参照）。これを用いると、15.5.3. の $M_{\sigma_\kappa}^{k_1}$ の代わりに $M_{\sigma_\kappa}^{k_\kappa(\sigma_1, \cdots, \sigma_{\kappa-1})}$ という作用素が得られる。こうして
(15:10)　　$v_{\sigma_1, \cdots, \sigma_{\kappa-1}/k} = M_{\sigma_\kappa}^{k_\kappa(\sigma_1, \cdots, \sigma_{\kappa-1})} v_{\sigma_1, \cdots, \sigma_\kappa/k}$
$$(k = 1, 2)$$
が得られる。

　は同じであるという 15.5.3. の終りで述べた事実による。
1)　296 ページの脚注 1 を参照。

つぎに,系列 (15:9) の最後の項である $\Gamma_{\sigma_1,\cdots,\sigma_\nu}$ というゲームを考えてみる.これには,15.6.1.の (15:C:a) があてはまる.つまり,このゲームには,手番がまったく存在しない.そのただ1つのプレイ[1]を $\bar{\pi} = \bar{\pi}(\sigma_1,\cdots,\sigma_\nu)$ と表わすことにすると,その決まっている値[2] w は,$\mathscr{F}_1(\bar{\pi}(\sigma_1,\cdots,\sigma_\nu))$ に等しい.したがって,

$$(15:11) \quad v_{\sigma_1,\cdots,\sigma_\nu/1} = v_{\sigma_1,\cdots,\sigma_\nu/2} = \mathscr{F}_1(\bar{\pi}(\sigma_1,\cdots,\sigma_\nu))$$

が得られる.

今度は,$\kappa = \nu$ として (15:10) を (15:11) に適用し,さらにその結果に順次,$\kappa = \nu-1, \cdots, 2, 1$ として,(15:10) を適用してみよう.このようにして,

$$(15:12) \quad v_1 = v_2 = v$$
$$= M_{\sigma_1}^{k_1} M_{\sigma_2}^{k_2(\sigma_1)} \cdots M_{\sigma_\nu}^{k_\nu(\sigma_1,\cdots,\sigma_{\nu-1})} \mathscr{F}_1(\bar{\pi}(\sigma_1,\cdots,\sigma_\nu))$$

が得られる.

これによって,ふたたび,Γ の確定性が証明され,その値に対する明示的な公式も与えられる.

15.7. チェスへの適用

15.7.1. 予知性と先行性とが一致しているようなゼロ和2人ゲーム,つまり,完全情報のゼロ和2人ゲームについて,6.4.1.で与えた示唆と14.8.で述べた主張がこれで確立された.それらの箇所では,これらのゲームがとくに理性的性質をもつという常識に言及しておいた.そして前節

---

[1] 15.3.1.の $\Gamma_{\bar{\sigma}_1,\cdots,\bar{\sigma}_\nu}$ に関する注意を参照.
[2] 15.6.1.の (15:C:a),とくに307ページの脚注1を参照.

で，この種のゼロ和2人ゲームは確定的であることを証明して，このあいまいな常識に正確な意味を与えたのであった．しかも，このことが，偶然手番を含むゲームについても成り立つことを示したが，それはもはやいかなる《常識》でもほとんどみとめられていない事実であるといえる．

完全情報ゲームの例は，すでに6.4.1.で与えておいた．チェスと西洋双六がそれである．後者は偶然手番を含むが，前者はそれを含んでいない．だから，これらのゲームのすべてについて，プレイの確定した価値が存在すること，そして一定の最適戦略の存在することが確認された．しかし，抽象的にそれらの存在が確認されたに過ぎなかったし，他方，この確認のために用いた方法も，あまり長すぎるので，ほとんどの場合，実用に適していない[1]．

この問題と関連して，チェスをもう少し詳しく考察することは無駄ではない．

チェスの1回のプレイの結果は，つまり，6.2.2.あるいは9.2.4.の関数 $\mathscr{F}_k$ の値は $1, 0, -1$ の3つの状態に限定されている[2]．したがって，11.2.2.の関数 $\mathscr{G}_k$ も同じ値をもつ．また，チェスには偶然手番がないから，同様のことが，11.2.3.の関数 $\mathscr{H}_k$ にも成り立つ[3]．以下の議論では，

---

1) 実用に適さない主な理由は，ν が莫大な値をもつからである．チェスについては，165ページの脚注1の関連箇所を参照（そこでの ν^* が，ここでの ν に対応する．7.2.3.の終りを参照）．
2) これが，プレイヤー k に対して，1回のプレイ《勝》，《引き分け》，《敗》を表わす最も簡単な方法である．
3) $\mathscr{G}_k$ のそれぞれの値は $\mathscr{F}_k$ の値である．偶然手番がない場合の

14.1.1. の関数 $\mathscr{K} = \mathscr{K}_1$ を用いることにする.

$\mathscr{K}$ は 1, 0, −1 という 3 つの値しかとらないから,

$$(15:13) \quad \mathrm{v} = \mathrm{Max}_{\tau_1} \mathrm{Min}_{\tau_2} \mathscr{K}(\tau_1, \tau_2)$$
$$= \mathrm{Min}_{\tau_2} \mathrm{Max}_{\tau_1} \mathscr{K}(\tau_1, \tau_2)$$

という数は, 必然的に v = 1, 0, −1 という 3 つの値の 1 つをとる. (15:13) は, つぎのことを意味する (この点の検討は, 読者に任せることにする).

(15:D:a) v = 1 ならば, プレイヤー 1 (《白》) は, プレイヤー 2 (《黒》) がどんな手を用いようとも, 自分が《勝つ》戦略をもっている.

(15:D:b) v = 0 ならば, 相手がどんな手を用いようとも, どちらのプレイヤーも, 相互に《引き分け》にする (ひょっとしたら,《勝つ》こともできる) 戦略をもっている.

(15:D:c) v = −1 ならば, プレイヤー 2 (《黒》) は, プレイヤー 1 (《白》) がどんな手を用いようとも, 自分が《勝つ》戦略をもっている[1].

$\mathscr{K}_k$ のそれぞれの値は $\mathscr{G}_k$ の値である. 11.2.3. を参照. 仮に偶然手番があったとすれば, $\mathscr{K}_k$ の値は《勝》の確率から《敗》の確率を引いた値で, 1 と −1 との間のどこかに当たる数になるだろう.

[1] 偶然手番があるときには, $\mathscr{K}(\tau_1, \tau_2)$ は《勝》の確率と《敗》の確率との差である. 前ページ脚注 3 を参照. プレイヤーはこの差の最大化あるいは最小化をはかるのであって, 一般には (15:D:a)-(15:D:c) のような, はっきりした 3 分法は得られない.

西洋双六は, 偶然手番を含んだ完全情報ゲームであるが, 上の

15.7.2. 上のことからわかるように，仮にチェスの理論が完全に知られているとすると，勝負にかけるものは何もなくなる．そのような理論があったとしたら，それによって3つの可能性 (15:D:a), (15:D:b), (15:D:c) のいずれが実際に生ずるかが示され，したがって，プレイが開始される前に，そのプレイの結末は決まってしまうだろう．その決定は，(15:D:a) の場合には《白》に有利であろうし，(15:D:b) の場合には《引き分け》であろうし，(15:D:c) の場合には《黒》に有利であろう．

これら3つの可能な場合の1つ（しかもただ1つ）が確実に生ずるということは証明されたわけだが，しかしこれによって，確実にどれが生ずるかを決めるために実際に使えるような方法が得られるわけではない．この相対的な，人間的な困難があるから，《うまい》チェスといわれるような，プレイのための不完全な発見法的方法の使用が必要になるのである．それがなければ，このゲームにおける《攻め合い》とか《意表を突く》といった要素も存在しないであろう．

15.8. 言葉によるもう1つの議論

15.8.1. 最後に，完全情報のゼロ和2人ゲームはすべ

可能性を示す良い例ではない．西洋双六では，可変の利得をめぐって争われるのであって，単純な《勝》，《引き分け》あるいは《敗》をめぐって争われるのではない．つまり，$\mathscr{F}_k$ の値は，$1, 0, -1$ に限定されない．

て確定的であるという主要な結論を，これまでとは違った，もっと簡単な，形式ばらない方法を用いて検討して，この節を終わることにしよう．

次項以下で述べるような論法が，本当に1つの証明であるか否かは，疑問の余地がある．つまり，われわれは，次項以下で完全情報のゼロ和2人ゲームならどんなゲームΓのプレイに対しても，それぞれ1つの価値が定まることを示す1つの《論証》としてそれを展開するのだが，これには，なお批判の余地がある．これらの批判をどのように克服したらよいかを詳細に示す必要はないと思う．というのは，Γのプレイの価値 v について，15.4. から 15.6. において得られたものと同じ値が得られるし，その 15.4.-15.6. では，正確に定義された概念を用いて，厳密な証明がなされているからである．これから述べる《論証》の利点は，それがとらえやすいということと，完全情報ではあるがゼロ和2人とは限らないゲームにも適用できるという点にある．われわれがここで明らかにしたい点は，同じ批判は一般的なゲームの場合にも当てはまるが，そこでは，それらの批判がもはや無効ではありえないという点にある．事実，一般的な場合の解は，完全情報ゲームの場合でも，まったく別の方法で得られるだろう．このことは，ゼロ和2人ゲームの場合と一般的な場合との差異が，どのような性質のものであるかを明らかにするであろう．この方法は，むしろ一般的な場合を取り扱う際に用いなければならない，根本的に異なった方法の正しさを保証するのに重要なのである

(24. を参照).

15.8.2. 完全情報のゼロ和2人ゲーム Γ を考察しよう. 記号はすべて 15.6.2. の記号, すなわち, $\mathscr{M}_1, \mathscr{M}_2, \cdots,$ $\mathscr{M}_\nu$, $\sigma_1, \sigma_2, \cdots, \sigma_\nu$, $k_1, k_2(\sigma_1), \cdots, k_\nu(\sigma_1, \sigma_2, \cdots, \sigma_{\nu-1})$, 確率, 作用素 $M_{\sigma_1}^{k_1}, M_{\sigma_2}^{k_2(\sigma_1)}, \cdots, M_{\sigma_\nu}^{k_\nu(\sigma_1, \sigma_2, \cdots, \sigma_{\nu-1})}$, Γ から導かれるゲームの列 (15:9), 関数 $\mathscr{F}_1(\overline{\pi}(\sigma_1, \cdots, \sigma_\nu))$ などを使用する.

ゲーム Γ の検討を, 最後の手番 $\mathscr{M}_\nu$ から始めて, 手番 $\mathscr{M}_{\nu-1}, \mathscr{M}_{\nu-2}, \cdots$ というように逆にたどって進めてゆこう. まず, 手番 $\mathscr{M}_1, \mathscr{M}_2, \cdots, \mathscr{M}_{\nu-1}$ での選択 $\sigma_1, \sigma_2, \cdots, \sigma_{\nu-1}$ がすでに行なわれており, 今度は手番 $\mathscr{M}_\nu$ での選択 σ_ν がなされる番だと仮定しよう.

$\mathscr{M}_\nu$ が偶然手番ならば, つまり, $k_\nu(\sigma_1, \sigma_2, \cdots, \sigma_{\nu-1}) = 0$ ならば, σ_ν はそれぞれ $p_\nu(1), p_\nu(2), \cdots, p_\nu(\alpha_\nu(\sigma_1, \cdots, \sigma_{\nu-1}))$ の確率をもった値 $1, 2, \cdots, \alpha_\nu(\sigma_1, \cdots, \sigma_{\nu-1})$ をとるだろう. したがって, プレイヤー1にとっての最終利得の数学的期待値 $\mathscr{F}_1(\overline{\pi}(\sigma_1, \cdots, \sigma_{\nu-1}, \sigma_\nu))$ は,

$$\sum_{\sigma_\nu=1}^{\alpha_\nu(\sigma_1, \cdots, \sigma_{\nu-1})} p_\nu(\sigma_\nu) \mathscr{F}_1(\overline{\pi}(\sigma_1, \cdots, \sigma_{\nu-1}, \sigma_\nu))$$

となる.

$\mathscr{M}_\nu$ がプレイヤー1あるいは2の人為手番ならば, つまり, $k_\nu(\sigma_1, \cdots, \sigma_{\nu-1}) = 1$ あるいは2ならば, そのプレイヤーは σ_ν の適切な選択によって $\mathscr{F}_1(\overline{\pi}(\sigma_1, \cdots, \sigma_{\nu-1}, \sigma_\nu))$ が最大あるいは最小になるようにすると期待できる. いいかえると, それぞれの利得が $\mathrm{Max}_{\sigma_\nu} \mathscr{F}_1(\overline{\pi}(\sigma_1, \cdots, \sigma_{\nu-1},$

15. 完全情報ゲーム

$\sigma_\nu))$ あるいは $\mathrm{Min}_{\sigma_\nu} \mathscr{F}_1(\bar{\pi}(\sigma_1, \cdots, \sigma_{\nu-1}, \sigma_\nu))$ になると期待できる.

すなわち, $\sigma_1, \cdots, \sigma_{\nu-1}$ の選択がすでに行なわれたのちに, そのプレイにとって期待される利得は, いずれにしても,

$$M_{\sigma_\nu}^{k_\nu(\sigma_1, \cdots, \sigma_{\nu-1})} \mathscr{F}_1(\bar{\pi}(\sigma_1, \cdots, \sigma_\nu))$$

になる.

つぎに, $\sigma_1, \cdots, \sigma_{\nu-2}$ の選択だけがすでに行なわれ, 今度は手番 $\mathscr{M}_{\nu-1}$ の選択 $\sigma_{\nu-1}$ がなされる番だと仮定しよう.

すでにみたように,もし $\sigma_{\nu-1}$ を一定に選べば,$M_{\sigma_\nu}^{k_\nu(\sigma_1, \cdots, \sigma_{\nu-1})} \mathscr{F}_1(\bar{\pi}(\sigma_1, \cdots, \sigma_\nu))$ なる利得が得られるのである. ところで, 作用素 $M_{\sigma_\nu}^{k_\nu(\sigma_1, \cdots, \sigma_{\nu-1})}$ は, σ_ν を束縛してしまうので, $M_{\sigma_\nu}^{k_\nu(\sigma_1, \cdots, \sigma_{\nu-1})} \mathscr{F}_1(\bar{\pi}(\sigma_1, \cdots, \sigma_\nu))$ は $\sigma_1, \cdots, \sigma_{\nu-1}$ だけの関数である. したがって, さきの議論をそっくり適用することができる. われわれは $\nu; \sigma_1, \cdots, \sigma_\nu; M_{\sigma_\nu}^{k_\nu(\sigma_1, \cdots, \sigma_{\nu-1})} \mathscr{F}_1(\bar{\pi}(\sigma_1, \cdots, \sigma_\nu))$ を $\nu-1; \sigma_1, \cdots, \sigma_{\nu-1}; M_{\sigma_{\nu-1}}^{k_{\nu-1}(\sigma_1, \cdots, \sigma_{\nu-2})} M_{\sigma_\nu}^{k_\nu(\sigma_1, \cdots, \sigma_{\nu-1})} \mathscr{F}_1(\bar{\pi}(\sigma_1, \cdots, \sigma_\nu))$ で置きかえさえすればよい. したがって, $\sigma_1, \cdots, \sigma_{\nu-2}$ の選択が行なわれたのち, そのプレイについて期待される利得は,

$$M_{\sigma_{\nu-1}}^{k_{\nu-1}(\sigma_1, \cdots, \sigma_{\nu-2})} M_{\sigma_\nu}^{k_\nu(\sigma_1, \cdots, \sigma_{\nu-1})} \mathscr{F}_1(\bar{\pi}(\sigma_1, \cdots, \sigma_\nu))$$

となる.

同様にして, $\sigma_1, \cdots, \sigma_{\nu-3}$ の選択が行なわれたのち, そのプレイについて期待される利得は,

$$M_{\sigma_{\nu-2}}^{k_{\nu-2}(\sigma_1, \cdots, \sigma_{\nu-3})} M_{\sigma_{\nu-1}}^{k_{\nu-1}(\sigma_1, \cdots, \sigma_{\nu-2})} M_{\sigma_\nu}^{k_\nu(\sigma_1, \cdots, \sigma_{\nu-1})} \\ \mathscr{F}_1(\bar{\pi}(\sigma_1, \cdots, \sigma_\nu))$$

となる.

こうしてついに, プレイが開始される直前に, そのプレイについて期待される利得は,

$$M_{\sigma_1}^{k_1} M_{\sigma_2}^{k_2(\sigma_1)} \cdots M_{\sigma_{\nu-1}}^{k_{\nu-1}(\sigma_1, \cdots, \sigma_{\nu-2})} M_{\sigma_\nu}^{k_\nu(\sigma_1, \cdots, \sigma_{\nu-1})}$$
$$\mathscr{F}_1(\bar{\pi}(\sigma_1, \cdots, \sigma_\nu))$$

となる. これはまさに, 15.6.2. における (15:12) の v そのものである[1].

15.8.3. 15.8.2. の手続きを批判するのに, Γ のプレイの《価値》のこのような求め方は, すべてのプレイヤーの《理性的》行動をあらかじめ前提としているではないかという反論がある. つまり, プレイヤー 1 の戦略は, プレイヤー 2 の戦略が最適であるという仮定に基づいており, またその逆でもあるというのである.

はっきりさせるために, $k_{\nu-1}(\sigma_1, \cdots, \sigma_{\nu-2}) = 1, k_\nu(\sigma_1, \cdots, \sigma_{\nu-1}) = 2$ と仮定しよう. そのとき, プレイヤー 1 は, 自分の人為手番 $\mathscr{M}_{\nu-1}$ において $\sigma_{\nu-1}$ を選択するが, それはプレ

---

[1] 任意の特定ゲームにこの手続きを適用する場合に, Γ の長さ ν が一定であると仮定している点に注意しなければならない. ほとんどのゲームが可変な ν をもつが, そのように ν が可変の場合 (163 ページの脚注 1 を参照) には, 7.2.3. の終りで述べたように《空手番》を加えることによって, これをまず定数にしなければならない. こうしたのちにはじめて, $\mathscr{M}_\nu, \mathscr{M}_{\nu-1}, \cdots, \mathscr{M}_1$ という逆方向への退行が可能になる.

実際の構成にとって, もちろんこの手続きのほうが, 15.4.- 15.6. の手続きよりも良いというわけではない.

十文字並べのように簡単なゲームなら, どちらの方法でもうまく扱えるであろう.

イヤー2がかれの人為手番 $\mathscr{M}_\nu$ で《理性的》に σ_ν を選択するということを確信してそのようにするのである．実は，プレイヤー1の $\sigma_{\nu-1}$ の選択が，$\mathrm{Min}_{\sigma_\nu} \mathscr{F}_1(\pi(\sigma_1,\cdots,\sigma_\nu))$，つまり，$M^{k_\nu(\sigma_1,\cdots,\sigma_{\nu-1})}_{\sigma_\nu} \mathscr{F}_1(\pi(\sigma_1,\cdots,\sigma_\nu))$ という利得に導くと仮定することはプレイヤー1の勝手な解釈に過ぎないのである（15.8.2.における $\mathscr{M}_{\nu-1}$ についての議論を参照）．

ところで，4.1.2.の後半の部分で，われわれは他人が《理性的である》と仮定することは避けるべきであるという結論に達している．15.8.2.の論法は，この要請に合致していないというのである．

ゼロ和2人ゲームでは，相手が非理性的に行動しても，それによって自分の方が損害を受けることは決してないのだから，相手の理性を仮定してもよいのだと，論ずることもできる．なるほど，プレイヤーは2人だけで，利得の和が0なのだから，相手が非理性的に行動することによって，自ら損をするとすれば，その損失はつねに同額の利益を他のプレイヤーにもたらすからである[1]．このままでは，この議論は完全なものとはとてもいえないが，かなり整えることもできないことではないであろう．しかし，われわれは，むきになって，その議論に立ち入るには及ばない．15.4.から15.6.にかけてのこれらの批判に耐えうる証明をすで

---

[1] 和がつねに0にならない場合，あるいは3人以上のプレイヤーがいる場合には，このことがいつも成り立つとは限らない．詳細については，20.1., 24.2.2., 58.3.を参照．

に確立しているからである[1].

それにもかかわらず，上の議論は，この問題の本質的な側面にとって一定の意味をもつように思われる．のちにわれわれは，15.8.1.の終りで言及したように，ゼロ和2人という制約を取りはずした，より一般的な場合の修正された条件に，上の議論がどのような影響を及ぼすかを考察する．

16. 線型性と凸性

16.1. 幾何学的背景

16.1.1. つぎに直面する課題は，あらゆるゼロ和2人ゲームを包含するような解，つまり，確定的でない場合の困難にも応じうるような解を見いだすことである．この課題をうまく解決するには，確定的な場合を処理したときと同様の考え方が役立つのである．すなわち，それらの考え方を，あらゆるゼロ和2人ゲームを網羅しうるように拡張できることを示そう．そのためには，確率論のある種の結果を利用しなければならない（17.1.と17.2.を参照）．そこでは，通常あまり用いられていない，いくつかの数学的手法を使用する必要が生ずるであろう．それらの手法の一部は，13.の分析から得られるが，残りのものについては，

---

1) この点に関して，とくに14.5.1.の (14:D:a), (14:D:b), (14:C:d), (14:C:e) および，14.5.2.の (14:C:a), (14:C:b) を参照．

線型性と凸性に関する解析幾何学的理論に依拠するのが最も便利なように思われる．その場合，凸体に関する2つの定理[1]がとくに重要となる．

以上の理由から，つぎに必要な限りで，線型性と凸性の概念について論ずることにしよう．

16.1.2. ここで，n次元線型（ユークリッド）空間の概念をその基礎から解析する必要はないであろう．この空間がn個の数座標で表わされると述べれば，われわれの目的には十分である．そこで，$n = 1, 2, \cdots$ のおのおのに対して，n個の実数のすべての組 $(x_1, \cdots, x_n)$ の集合を考え，それを **n次元線型空間** L_n と定義する．また，これらのn個の実数の組はそれぞれ $\{1, \cdots, n\}$ を定義域（13.1.2.と 13.1.3.の意味における）とする変数iの関数x_iとみなしてもよい[2]．ここでは，一般的な用法に従って，iを変数と呼ばずに添字と呼ぶことにするが，それによって変数という性質が変わるわけではない．とくに，すべての $i = 1, \cdots, n$ に対して $x_i = y_i$ のときに限って，

---

1) T. Bonessen と W. Fenchel: "Theorie der konvexen Körper", *Ergebnisse der Mathematik und ihrer Grenzgebiete*, vol. III/1, Berlin 1934, を参照．より詳しい研究には，H. Weyl: "Elementare Theorie der konvexen Polyeder", *Commentarii Mathematici Helvetici*, vol. VII, 1935, pp. 290-306 がある．

2) n個の実数の組 $(x_1, \cdots, x_n)$ は，8.2.1.の意味における単なる集合ではない．実際に添字 $i = 1, \cdots, n$ をつけて x_i に順序をつけているのは，それらの集合と同じぐらい大切なことなのである．187ページの脚注1における同様の状況を参照．

$$(x_1, \cdots, x_n) = (y_1, \cdots, y_n)$$
という関係が成り立つ（13.1.3.の終りのところを参照）．L_n は一定の有限集合 $\{1, 2, \cdots, n\}$ を定義域とする数値関数の空間の最も単純な例とみなすことができる[1]．

ここでは，L_n に属する n 個の実数の組あるいは関数を，L_n の点あるいは**ベクトル**と呼び，

(16:1) $$\boldsymbol{x} = (x_1, \cdots, x_n)$$

と書くことにする．特定の $i = 1, \cdots, n$ に対する x_i，つまり関数 x_i の値がベクトル $\boldsymbol{x}$ の**成分**である．

16.1.3. これからの研究にとってあまり本質的というわけではないが，L_n は抽象的なユークリッド空間ではなく，1つの**標構**（座標系）が与えられているような特殊なユークリッド空間だということを指摘しておこう[2]．これは，L_n の原点と基底ベクトルが数値的に指定されているからである（以下参照）．しかし，この点についてここで詳細に論じようとは思わない．

L_n の**ゼロベクトル**，あるいは**原点**は，
$$\boldsymbol{0} = (0, 0, \cdots, 0)$$
で表わされる．L_n の n 個の**基底ベクトル**は，
$$\boldsymbol{\delta}^j = (0, \cdots, 1, \cdots, 0) = (\delta_{1j}, \cdots, \delta_{nj}) \quad (j = 1, \cdots, n)$$
で表わされる．ただし，
$$\delta_{ij} = \begin{cases} 1, & i = j \text{ のとき} \\ 0, & i \neq j \text{ のとき} \end{cases}$$

---

1) 現代解析学の多くが，こういう見方をとる傾向にある．
2) 少なくとも，これが通常の幾何学の考え方である．

である[1], [2].

これだけ準備をすると，今度は，L_n におけるベクトルの基本的演算とベクトルの性質について述べることができる．

16.2. ベクトルの演算

16.2.1. ベクトルに関する主要な算法は，ベクトル $\boldsymbol{x}$ に数 t を掛ける**スカラー倍**と，2つのベクトルを加える**ベクトルの加法**とである．これら2つの算法は，ベクトルの成分に対する対応する算法，すなわち乗法と加法によって定義される．もっと正確にいえば，

スカラー倍：$t(x_1, \cdots, x_n) = (tx_1, \cdots, tx_n)$

ベクトルの加法：$(x_1, \cdots, x_n) + (y_1, \cdots, y_n)$
$$= (x_1 + y_1, \cdots, x_n + y_n)$$

である．これらの算法の代数は，あまりにも簡明なので議論するまでもないが，つぎのことだけを指摘しておく．このように算法を定義すると，任意のベクトル $\boldsymbol{x} = (x_1, \cdots, x_n)$ を，そのベクトルの成分と L_n の基底ベクトルとを使って，

$$\boldsymbol{x} = \sum_{j=1}^{n} x_j \boldsymbol{\delta}^j$$

---

1) ゼロベクトルの成分はすべて 0 であるのに対して，基底ベクトルの場合には，1つの成分だけが 1 で残りすべての成分が 0 である．たとえば，j 番目の基底ベクトルでは，j 番目の成分だけが 1 で，残りの成分はすべて 0 である．
2) δ_{ij} は，《クロネッカーの記号》と呼ばれ，多くの点でたいへん有用である．

と表わすことができる[1].

L_n のいくつかの重要な部分集合：

(16:A:a) 線型非斉次方程式

$$(16:2:a) \qquad \sum_{i=1}^{n} a_i x_i = b$$

を考える（$a_1, \cdots, a_n$, b は定数である）．

$$a_1 = \cdots = a_n = 0$$

の場合には，方程式がまったくなくなってしまうから，この場合は除外する．この方程式をみたす，すべての点（ベクトル）$\boldsymbol{x} = (x_1, \cdots, x_n)$ の集合を**超平面**という[2]．

(16:A:b) 超平面

$$(16:2:a) \qquad \sum_{i=1}^{n} a_i x_i = b$$

が与えられたとする．これは L_n をつぎの2つの部分に分割する．

$$(16:2:b) \qquad \sum_{i=1}^{n} a_i x_i > b$$

$$(16:2:c) \qquad \sum_{i=1}^{n} a_i x_i < b$$

これらの部分を，超平面によって限られた2つの**半空**

---

[1] x_j は数である．したがって $x_j \boldsymbol{\delta}^j$ において x_j はスカラー因子として作用する．$\sum_{j=1}^{n}$ はベクトルの和を表わす．

[2] $n=3$，つまり，通常の（3次元ユークリッド）空間の場合には，超平面は通常の（2次元の）平面である．一般の場合は，超平面は $(n-1)$ 次元の平面にあたるので，この名がついている．

間という．

$a_1, \cdots, a_n, b$ を $-a_1, \cdots, -a_n, -b$ で置きかえても超平面 (16:2:a) は変わらないが，2つの半空間 (16:2:b) と (16:2:c) は入れかわることに注意しなければならない．したがって，半空間はつねに (16:2:b) の形で与えられると仮定してよい．

(16:A:c) 2つの点（ベクトル）x, y と t（ただし，$t \geqq 0$, $1-t \geqq 0$）が与えられたとき，それぞれ $t, 1-t$ の重みをもった x, y の（力学的意味での）重心は，$tx+(1-t)y$ である．

このことは，等式
$$x = (x_1, \cdots, x_n), \qquad y = (y_1, \cdots, y_n)$$
$$tx+(1-t)y = (tx_1+(1-t)y_1, \cdots, tx_n+(1-t)y_n)$$
から明らかである．

L_n の部分集合 C がその集合に属する任意の2点の重心をすべて含む場合，つまり，$x, y \in C$ ならば，$tx+(1-t)y \in C$（ただし，$0 \leqq t \leqq 1$）となる場合，その部分集合 C は凸であるという．

$n=2, 3$ のとき，つまり通常の平面あるいは空間においては，これは通常の意味での凸の概念と一致する．事実，$tx+(1-t)y$ $(0 \leqq t \leqq 1)$ という形のあらゆる点の集合は，点 x と点 y を結ぶ線分 $[x, y]$ に他ならない．したがって，凸集合はそれに属する任意の2点 x, y に対して，それらを結ぶ線分 $[x, y]$ をも含むような集合である．図16は，$n=2$ の場合，すなわち平面におけるこの条件を示したも

線分 $[x, y]$

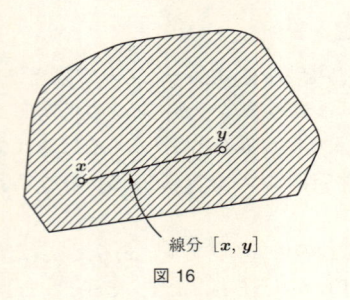

図 16

のである．

16.2.2. 任意個の凸集合の共通部分が凸集合になることは明らかである．したがって任意個の点（ベクトル）$x^1, \cdots, x^p$ が与えられたとき，それらのすべてを含む最小の凸集合が存在する．つまり，$x^1, \cdots, x^p$ を含むすべての凸集合の共通部分がそれである．これを $x^1, \cdots, x^p$ によって張られた凸集合という．この場合にも，具体的に $n=2$（平面）の場合を思い浮かべてみるとよい．図 17 は，$p=6$ の場合を図解したものである．この集合が，

$$(16:2:\mathrm{d}) \quad \sum_{j=1}^{p} t_j x^j \quad (t_1 \geqq 0, \cdots, t_p \geqq 0, \sum_{j=1}^{p} t_j = 1)$$

の形のすべての点（ベクトル）から成ることを証明するのは容易である．

証明：(16:2:d) のすべての点からなる集合は，$x^1, \cdots, x^p$ をすべて含む．実際，$t_j = 1$，他のすべての $t_i = 0$ と置けば，x^j がその集合に属することがわかる．

つぎに，(16:2:d) のすべての点の集合は凸である．実

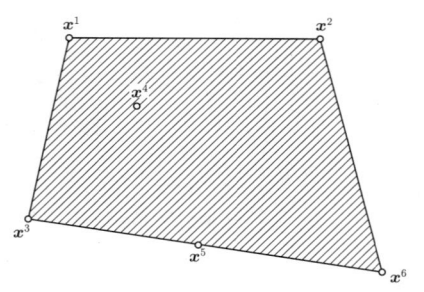

斜線部分：$x^1, \cdots, x^6$ によって張られた凸集合

図 17

際，$x = \sum_{j=1}^{p} t_j x^j$，$y = \sum_{j=1}^{p} s_j x^j$ のとき，$tx + (1-t)y = \sum_{j=1}^{p} u_j x^j$ となるからである．ただし，$u_j = tt_j + (1-t)s_j$ である．

さらに，$x^1, \cdots, x^p$ を含む任意の凸集合 D は，(16:2:d) のすべての点を含む．このことは，すべての $p = 1, 2, \cdots$ に対して帰納法によって証明される．

証明：$p = 1$ については，$t_1 = 1$，したがって x^1 が (16:2:d) のただ 1 つの点であるから，明らかである．

$p-1$ について上記の命題が成り立つと仮定し，p について検討してみよう．$\sum_{j=1}^{p-1} t_j = 0$ ならば，$t_1 = \cdots = t_{p-1} = 0$ で，(16:2:d) の点は x^p となり，したがって，それは D に属する．$\sum_{j=1}^{p-1} t_j > 0$ のときは，$t = \sum_{j=1}^{p-1} t_j$ と置くと，$1 -$

$t = \sum_{j=1}^{p} t_j - \sum_{j=1}^{p-1} t_j = t_p$. したがって、$0 < t \leq 1$ である. $j = 1, \cdots, p-1$ に対して $s_j = t_j/t$ と置くと、$\sum_{j=1}^{p-1} s_j = 1$. したがって、$p-1$ についての仮定から、$\sum_{j=1}^{p-1} s_j \boldsymbol{x}^j$ は D に含まれ、D は凸であるから、

$$t \sum_{j=1}^{p-1} s_j \boldsymbol{x}^j + (1-t)\boldsymbol{x}^p$$

もまた D に含まれる. ところが、このベクトルは、

$$\sum_{j=1}^{p-1} t_j \boldsymbol{x}^j + t_p \boldsymbol{x}^p = \sum_{j=1}^{p} t_j \boldsymbol{x}^j$$

に等しく、したがってこれは D に属する.

これで証明が終わった.

(16:2:d) の $t_1, \cdots, t_p$ 自体、p 次元線型空間 L_p におけるベクトル $\boldsymbol{t} = (t_1, \cdots, t_p)$ の成分とみなすことができる. したがって、

$$t_1 \geq 0, \cdots, t_p \geq 0$$

と

$$\sum_{j=1}^{p} t_j = 1$$

という制約条件をみたす $\boldsymbol{t}$ の集合を記号で表わしておくのが適切である. そこでこの集合を S_p と記すことにしよう. また、上記の最初の条件、つまり $t_1 \geq 0, \cdots, t_p \geq 0$ をみたす $\boldsymbol{t}$ の集合も記号で表わしておくと便利である. それを P_p と記すことにしよう. 集合 S_p, P_p はともに凸集合である.

$p = 2$ (平面) と、$p = 3$ (空間) の場合を考えてみよう.

図 18

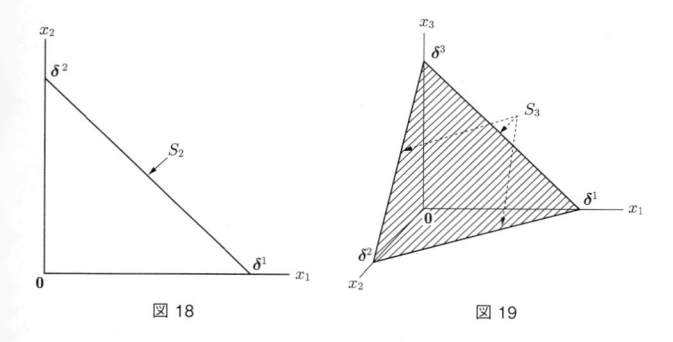

図 19

P_2 は正の象限（第 1 象限），つまり，正の x_1 軸と正の x_2 軸との間の領域である（図 18）．P_3 は正の八分体，つまり，それぞれ正の x_1 軸，x_2 軸，x_3 軸の間の空間である．つまり，これら 3 つの正の軸のうち x_1 と x_2，x_1 と x_3，x_2 と x_3 という 3 つの組によってつくられる 3 つの平面の正の象限によって囲まれた空間である（図 19）．S_2 は P_2 を横切る線分であり（図 18），同様に S_3 は，P_3 を横切る三角形状の面分である（図 19）．S_2, S_3 はもちろん P_2, P_3 の中に位置しているのであるが，ここで，P_2, P_3 あるいは L_2, L_3 から切り離して，S_2, S_3 だけを作図しておくと便利なことがある（図 20，図 21）．これらの図には，それぞれ x_1, x_2，あるいは x_1, x_2, x_3 に比例した距離を示してある．

（ここで注意しておきたいのは，図 20，図 21 において，x_1, x_2, x_3 と記した距離は，$\boldsymbol{x}$ の座標 x_1, x_2, x_3 それ自体ではないということである．座標 x_1, x_2, x_3 を表わす線分は，

図 20　　　　図 21

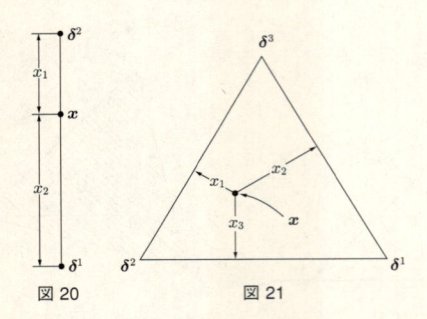

L_2 あるいは L_3 の中にはあるが，S_2 あるいは S_3 の外にあるので，S_2 あるいは S_3 に書き込むことはできない．しかし，これらの距離が，x の座標に比例していることは容易にわかる．）

16.2.3. もう1つの重要な概念はベクトルの長さである．ベクトル $x = (x_1, \cdots, x_n)$ の長さは，

$$|x| = \sqrt{\sum_{i=1}^{n} x_i^2}$$

で定義される．2つの点（ベクトル）の距離は，それらの差の長さ

$$|x - y| = \sqrt{\sum_{i=1}^{n} (x_i - y_i)^2}$$

で表わされる．したがって，x の長さは原点 0 からの距離に等しい[1]．

---

1) これらの概念のユークリッド幾何学的な（ピタゴラスの定理による）意味は明らかである．

16.3. 支持超平面の定理

16.3. つぎに,凸集合の 1 つの重要な一般的性質を確立しておこう.

(16:B) p 個のベクトル $x^1, \cdots, x^p$ が与えられているとする.そのとき,任意のベクトル y は,$x^1, \cdots, x^p$ によって張られる凸集合 C に属するか (16.2.1 (16:A:C) を参照),あるいは y を含む超平面 (16.2.1.の (16:2:a) を参照) で,その超平面 (たとえば,16.2.1.の (16:2:b)) によって限られる半空間に C がすっかり含まれるようなものが存在する ((16:A:b) を参照).

このことは,$x^1, \cdots, x^p$ によって張られた凸集合というところを,任意の凸集合で置きかえても成り立つ[1].この表現で,この定理は現代の凸集合論の基本的な武器になっている.

つぎに $n=2$,つまり平面の場合を図解しよう.図 22 は,上述の命題に述べたような,有限個の点によって限られた図 17 の凸集合 C を用いたものであるが,図 23 は一般的な凸集合 C を示したものである.

(16:B) を証明する前に,y が超平面に属するならば,半

---

[1] トポロジーになじみのある読者に対して,つぎのことを付け加えておこう.正確にいうと,この文章は多少修正して,凸集合を閉じた凸集合で置きかえねばならない.これによって,以下の証明で用いられる最小値の存在が保証される.これらの概念に関しては,46.2.1 の脚注 1 を参照.

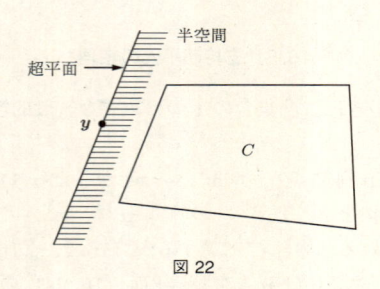

図22において、超平面、半空間、y、C が示されている。

空間に属することはない（さきの (16:A:b) の (16:2:a) をみたすならば、(16:2:b) をみたしていない) のだから、(16:B) の前半の命題と後半の命題とが同時に成り立つことはないということに注意しておこう．

証明はつぎのとおりである．

証明：y が C に属さないものと仮定する．そのとき，C に属する点 z で y に最も近いもの，つまり，距離の2乗

$$|z-y|^2 = \sum_{i=1}^{n}(z_i - y_i)^2$$

が最小となるような点 z を考える．

C に属する z 以外の任意の点 u を考えると，$0 \leq t \leq 1$ であるすべての t について，$tu+(1-t)z$ も凸集合 C に属する．z は最小値をとる点としたのだから，

$$|tu+(1-t)z-y|^2 \geq |z-y|^2$$

すなわち，

$$|(z-y)+t(u-z)|^2 \geq |z-y|^2$$

超平面

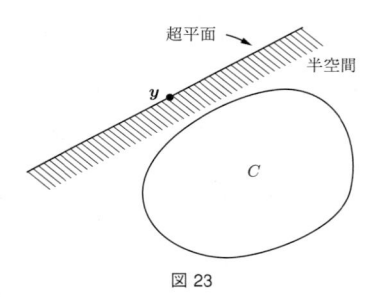

半空間

y

C

図 23

つまり，
$$\sum_{i=1}^{n}\{(z_i-y_i)+t(u_i-z_i)\}^2 \geqq \sum_{i=1}^{n}(z_i-y_i)^2$$
でなければならない．

初等代数を使ってこれを変形すると，
$$2\sum_{i=1}^{n}(z_i-y_i)(u_i-z_i)t+\sum_{i=1}^{n}(u_i-z_i)^2 t^2 \geqq 0$$
となる．したがって，$t>0$ （もちろん $t\leqq 1$ ではある）なら，つねに，
$$2\sum_{i=1}^{n}(z_i-y_i)(u_i-z_i)+\sum_{i=1}^{n}(u_i-z_i)^2 t \geqq 0$$
が成り立つ．t を 0 に収束させると，左辺は $2\sum_{i=1}^{n}(z_i-y_i)(u_i-z_i)$ に収束する．したがって，

(16:3) $$\sum_{i=1}^{n}(z_i-y_i)(u_i-z_i) \geqq 0$$

でなければならない．$u_i-y_i=(u_i-z_i)+(z_i-y_i)$ だか

ら，上の不等式から，

$$\sum_{i=1}^{n}(z_i-y_i)(u_i-y_i) \geqq \sum_{i=1}^{n}(z_i-y_i)^2 = |\boldsymbol{z}-\boldsymbol{y}|^2$$

が導かれる．ところで，$\boldsymbol{z}$ は C に属し，$\boldsymbol{y}$ は C に属してないから，$\boldsymbol{z} \neq \boldsymbol{y}$，したがって $|\boldsymbol{z}-\boldsymbol{y}|^2 > 0$. それゆえ，上の不等式の左辺は 0 より大きい．つまり，

(16:4) $$\sum_{i=1}^{n}(z_i-y_i)u_i > \sum_{i=1}^{n}(z_i-y_i)y_i$$

である．$a_i = z_i - y_i$ と置けば，$\boldsymbol{z} \neq \boldsymbol{y}$ であるから，$a_1 = \cdots = a_n = 0$ ではありえない．また $b = \sum_{i=1}^{n} a_i y_i$ と置くと，

(16:2:a*) $$\sum_{i=1}^{n} a_i x_i = b$$

は，1つの超平面を定義し，$\boldsymbol{y}$ がこの超平面に属することは明らかである．つぎに，

(16:2:b*) $$\sum_{i=1}^{n} a_i x_i > b$$

は，この超平面によって限られた半空間であり，(16:4) から $\boldsymbol{u}$ がこの半空間に属することがわかる．

$\boldsymbol{u}$ は C の任意の元であったのだから，これで証明が終わったことになる．

この代数的証明は，幾何学の言葉でいい直すこともできる．

まず，$n=2$（平面）の場合について，幾何学的説明を行なってみよう．図24はその状況を示したものである．$\boldsymbol{z}$ は C に属する点で，与えられた点 $\boldsymbol{y}$ に最も近い点である．

図24

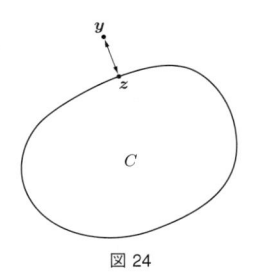

すなわち，z は y と z の距離 $|z-y|$ が最小となる点である．y, z は固定された点で，u は C に属する動点であるから，(16:3) によって，1つの超平面と，それによって限られる半空間が定義された．そして，容易に検証できるように，この超平面は点 z を含み，しかも，3 点 (y, z, u) のなす角が直角になる（つまり，ベクトル $z-y$ と $u-z$ が直交する）ような点 u から成っている．実際，このことは $\sum_{i=1}^{n}(z_i - y_i)(u_i - z_i) = 0$ と同じだからである．明らかに，C のすべての点は，この超平面上にあるか，またはその超平面で限られた，y とは反対の半空間になければならない．なぜなら，仮に C に属するある点 u が y の側にあったとすれば，線分 $[z, u]$ 上には，z よりも y に近い点が存在することになる（図25を参照．330ページから332ページにかけての計算は，適当に解釈すると，まさにそういうことになる）．凸集合 C は z と u を含み，したがって，線分 $[z, u]$ のすべての点を含むから，このことは，z が C

図 25

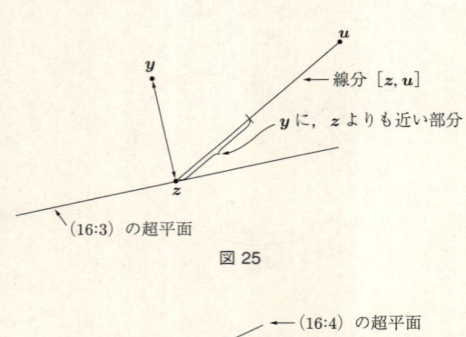

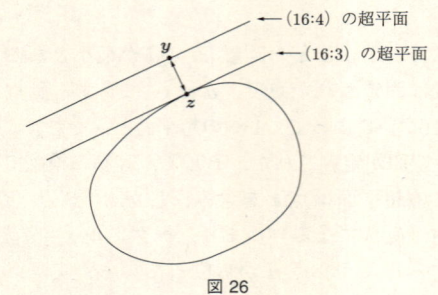

図 26

に属する点で y に最も近い点であるという仮定と矛盾する.

ところで，(16:3) から (16:4) への移行は，この超平面を z から y へ平行移動したことを意味する（平行になるのは，u_i の係数 $a_i = z_i - y_i$ $(i=1,\cdots,n)$ が変わらないからである）．今度は，この超平面が y を含み，C のすべての点がその超平面によって限られる半空間の一方に含まれ

ることになる（図26）．

$n=3$ の空間の場合についても，同様の方法で図解することができる．

一般の n の場合についてさえ，この幾何学的方法で説明することができる．もし読者が n 次元の《幾何学的直観》をはたらかす自信があれば，上の説明を n 次元についても妥当する証明と考えてもよい．しかし，つぎのように考えれば，それすら必要ない．つまり，n がどんな数であっても，証明全体を通して，一度に3点，すなわち，y, z, u しか登場してこない．ところで，与えられた3点を通る（2次元の）平面をひくことはつねに可能である．この平面上の状況だけを考えれば，図24-26とそれに関する議論は，なんらの変更もなしにそのまま適用することができるからである．

それはともかくとして，さきに述べた純代数的証明はいずれにせよ完全に厳密である．幾何学的証明を与えたのは，もっぱら，その証明の過程で行なった代数的演算の理解を容易にするためであった．

16.4. 行列についての定理

16.4.1. 16.3.の定理（16:B）から，つぎの課題にとって基本的なものを推論することができる．

まず，n 行 m 列の行列を考えてみよう．その行列の成分は $a(i,j)$ である（13.3.3.の表11を参照．そこでの φ, x, y, t, s はいまの場合の a, i, j, n, m にそれぞれ対応

する).つまり,$a(i,j)$ は 2 変数 $i=1,\cdots,n$,$j=1,\cdots,m$ のまったく任意の関数である.つぎに,L_n における $n+m$ 個のベクトルを以下のようにつくる.つまり,$j=1,\cdots,m$ に対して,ベクトル $\boldsymbol{x}^j=(x_1^j,\cdots,x_n^j)$ $(x_i^j=a(i,j))$ を,$l=1,\cdots,n$ に対して,基底ベクトル $\boldsymbol{\delta}^l=(\delta_{il})$ をつくる.(後者については,16.1.3.の終りの部分を参照.そこでの j を l で置きかえた.)今度は $p=n+m$ として,これら $n+m$ 個のベクトル $\boldsymbol{x}^1,\cdots,\boldsymbol{x}^m$,$\boldsymbol{\delta}^1,\cdots,\boldsymbol{\delta}^n$(これらのベクトルが,16.3.の $\boldsymbol{x}^1,\cdots,\boldsymbol{x}^p$ に代わる)に 16.3.の定理 (16:B) を適用してみよう.$\boldsymbol{y}=\boldsymbol{0}$ と置く.

$\boldsymbol{x}^1,\cdots,\boldsymbol{x}^m$,$\boldsymbol{\delta}^1,\cdots,\boldsymbol{\delta}^n$ によって限られる凸集合 C は $\boldsymbol{0}$ を含むかもしれない.もしそうならば,16.2.2.の (16:2:d) から,

(16:5) $\quad t_1\geqq 0,\cdots,t_m\geqq 0,\quad s_1\geqq 0,\cdots,s_n\geqq 0$

(16:6) $\quad\displaystyle\sum_{j=1}^m t_j+\sum_{l=1}^n s_l=1$

でかつ

$$\sum_{j=1}^m t_j\boldsymbol{x}^j+\sum_{l=1}^n s_l\boldsymbol{\delta}^l=0$$

をみたす t_j,s_l の存在することがいえる(同所の $t_1,\cdots,t_p$ の代わりに,$t_1,\cdots,t_m$,$s_1,\cdots,s_n$ とする).各成分を考えると,この式は,

$$\sum_{j=1}^m t_j a(i,j)+\sum_{l=1}^n s_l\delta_{il}=0\quad(i=1,\cdots,n)$$

となる.左辺の第 2 項は s_i に等しい.したがって,この式

から

(16:7) $$\sum_{j=1}^{m} a(i,j)t_j = -s_i \quad (i=1,\cdots,n)$$

が得られる．仮に $\sum_{j=1}^{m} t_j = 0$ とすれば，$t_1 = \cdots = t_m = 0$, したがって，(16:7) から $s_1 = \cdots = s_n = 0$ となるが，これは (16:6) に矛盾する．ゆえに，$\sum_{j=1}^{m} t_j > 0$ でなければならない．一方，(16:7) から当然

(16:8) $$\sum_{j=1}^{m} a(i,j)t_j \leqq 0$$

が成り立つ．そこで $j=1,\cdots,m$ に対して，$x_j = t_j \Big/ \sum_{j=1}^{m} t_j$ と置くと，$\sum_{j=1}^{m} x_j = 1$, しかも (16:5) から $x_1 \geqq 0, \cdots, x_m \geqq 0$ が得られる．したがって，

(16:9) $$\boldsymbol{x} = (x_1, \cdots, x_m) \in S_m$$

で (16.2.2.参照)，また (16:8) から

(16:10) $$\sum_{j=1}^{m} a(i,j)x_j \leqq 0 \quad (i=1,\cdots,n)$$

が得られる．

他方，$\boldsymbol{0}$ が C に含まれない場合を考えてみよう．そのときは，16.3.の定理 (16:B) から，$\boldsymbol{0}$ を含む超平面で (16.2.1.の (16:2:a) を参照)，それによって限られる半空間に C に属するすべての点が含まれるようなものが存在することがいえる (16.2.1.の (16:2:b) を参照)．この超平面を，

$$\sum_{i=1}^{n} a_i x_i = b$$

と表わすことにする．$\boldsymbol{y}=\boldsymbol{0}$ はこの超平面に属するのだから，$b=0$ である．したがって，問題の半空間は，

(16:11) $$\sum_{i=1}^{n} a_i x_i > 0$$

であり，$\boldsymbol{x}^1, \cdots, \boldsymbol{x}^m$，$\boldsymbol{\delta}^1, \cdots, \boldsymbol{\delta}^n$ はこの半空間に含まれる．このことを $\boldsymbol{\delta}^l$ について考えると，(16:11) は $\sum_{i=1}^{n} a_i \delta_{il} > 0$，つまり，$a_l > 0$ となる．これから，

(16:12) $$a_1 > 0, \cdots, a_n > 0$$

が得られる．また $\boldsymbol{x}^j$ について考えると，(16:11) は

(16:13) $$\sum_{i=1}^{n} a(i,j) a_i > 0$$

となる．今度は，$i=1, \cdots, n$ に対して $w_i = a_i \Big/ \sum_{i=1}^{n} a_i$ と置くと，$\sum_{i=1}^{n} w_i = 1$，しかも (16:12) から $w_1 > 0, \cdots, w_n > 0$ が得られる．したがって，

(16:14) $$\boldsymbol{w} = (w_1, \cdots, w_n) \in S_n$$

である．また，(16:13) から，

(16:15) $$\sum_{i=1}^{n} a(i,j) w_i > 0 \quad (j=1, \cdots, m)$$

が得られる．

(16:9), (16:10), (16:14), (16:15) をまとめて，つぎのように述べることができる．

(16:C) n 行 m 列の行列が与えられたとし，その行列の成分を $a(i,j)$ $(i=1, \cdots, n, \quad j=1, \cdots, m)$ で表わ

す．すると，

(16:16:a) $\quad \sum_{j=1}^{m} a(i,j)x_j \leqq 0 \quad (i=1,\cdots,n)$

をみたすようなベクトル $\boldsymbol{x}=(x_1,\cdots,x_m) \in S_m$ が存在するか，または

(16:16:b) $\quad \sum_{i=1}^{n} a(i,j)w_i > 0 \quad (j=1,\cdots,m)$

をみたすようなベクトル $\boldsymbol{w}=(w_1,\cdots,w_n) \in S_n$ が存在する．

さらに，これら2つの場合 (16:16:a) と (16:16:b) は両立しないことも確かめておこう．

証明：仮に，(16:16:a) と (16:16:b) とが同時に成り立つとする．(16:16:a) のおのおのを w_i 倍し，$i=1,\cdots,n$ のすべてについて加えると，$\sum_{i=1}^{n}\sum_{j=1}^{m}a(i,j)w_i x_j \leqq 0$ が得られる．つぎに (16:16:b) のおのおのを x_j 倍して，$j=1,\cdots,m$ のすべてについて加えると，

$$\sum_{i=1}^{n}\sum_{j=1}^{m}a(i,j)w_i x_j > 0$$

が得られる[1]．これは矛盾である．

16.4.2. ここで行列 $a(i,j)$ をそれの負の転置行列で置きかえる．つまり，列を $i=1,\cdots,n$（これは前は行であっ

---

[1] この左辺は単に $\geqq 0$ となるだけではなく，> 0 となる．実際，左辺 $=0$ とすると，必ず $x_1=\cdots=x_m=0$ でなければならないが，$\sum_{j=1}^{m}x_j=1$ であるから，そのようなことはありえない．

た），行を $j=1,\cdots,m$（これは前は列であった）で表わし，行列の成分（これは前は $a(i,j)$ であった）を $-a(i,j)$ とする（したがって，n, m も入れかわる）．

そこで，この新しい行列に当てはめて，16.4.1. の最後の結論をもう一度述べてみよう．しかし，今度は，$\boldsymbol{w}=(w_1,\cdots,w_n)$ の機能を $\boldsymbol{x}'=(x_1',\cdots,x_m')$ が，$\boldsymbol{x}=(x_1,\cdots,x_m)$ の機能を $\boldsymbol{w}'=(w_1',\cdots,w_n')$ が，それぞれはたすものとする．そして，その結論をもとの行列の言葉で述べるとつぎのようになる．

(16:D)　n 行 m 列の行列が与えられたとし，その行列の成分を $a(i,j)$ $(i=1,\cdots,n,\ j=1,\cdots,m)$ で表わす．そのとき，

(16:17:a)　$$\sum_{j=1}^{m} a(i,j)x_j' < 0 \quad (i=1,\cdots,n)$$

をみたすようなベクトル $\boldsymbol{x}'=(x_1',\cdots,x_m') \in S_m$ が存在するか，または，

(16:17:b)　$$\sum_{i=1}^{n} a(i,j)w_i' \geqq 0 \quad (j=1,\cdots,m)$$

をみたすようなベクトル $\boldsymbol{w}'=(w_1',\cdots,w_n') \in S_n$ が存在する．

そして，(16:17:a) と (16:17:b) とは両立しない．

16.4.3. 今度は，16.4.1. の結論と 16.4.2. の結論とを結びつけてみよう．これらを結びつけると，(16:17:a) は (16:16:a) を含み，(16:16:b) は (16:17:b) を含むことに注意すると，結局 (16:17:a) が成り立つか，(16:16:b) が

成り立つか，(16:16:a) と (16:17:b) とが同時に成り立つか，という 3 つの可能性があり，これら 3 つの場合のどの 2 つも両立しないことがわかる．

同じ行列を用い，ただ 16.4.1., 16.4.2. におけるベクトル $\boldsymbol{x}', \boldsymbol{w}, \boldsymbol{x}, \boldsymbol{w}'$ の代わりに $\boldsymbol{x}, \boldsymbol{w}, \boldsymbol{x}', \boldsymbol{w}'$ と書くと，つぎの命題が得られる．

(16:E)

(16:18:a) $\quad \sum_{j=1}^{m} a(i,j) x_j < 0 \quad (i=1, \cdots, n)$

をみたすようなベクトル $\boldsymbol{x} = (x_1, \cdots, x_m) \in S_m$ が存在するか，または，

(16:18:b) $\quad \sum_{i=1}^{n} a(i,j) w_i > 0 \quad (j=1, \cdots, m)$

をみたすようなベクトル $\boldsymbol{w} = (w_1, \cdots, w_n) \in S_n$ が存在するか，または，

(16:18:c) $\quad \sum_{j=1}^{m} a(i,j) x'_j \leqq 0 \quad (i=1, \cdots, n)$

$\quad \sum_{i=1}^{n} a(i,j) w'_i \geqq 0 \quad (j=1, \cdots, m)$

をみたすようなベクトル $\boldsymbol{x}' = (x'_1, \cdots, x'_m) \in S_m$ と $\boldsymbol{w}' = (w'_1, \cdots, w'_n) \in S_n$ とが存在する．

そして，これら 3 つの場合 (16:18:a), (16:18:b), (16:18:c) のどの 2 つも両立しない．

一方で (16:18:a) と (16:18:c) とを結びつけ，他方で (16:18:b) と (16:18:c) とを結びつけると，つぎのような，

より簡単だが,より弱い命題が得られる[1),2)].

(16:F)

(16:19:a) $$\sum_{j=1}^{m} a(i,j)x_j \leqq 0 \quad (i=1,\cdots,n)$$

をみたすようなベクトル $\boldsymbol{x}=(x_1,\cdots,x_m)\in S_m$ が存在するか,あるいは,

(16:19:b) $$\sum_{i=1}^{n} a(i,j)w_i \geqq 0 \quad (j=1,\cdots,m)$$

をみたすようなベクトル $\boldsymbol{w}=(w_1,\cdots,w_n)\in S_n$ が存在する.

16.4.4. 今度は,**交代行列** $a(i,j)$,すなわち,16.4.2.の意味における負の転置行列と一致するような行列,つまり $n=m$ で,
$$a(i,j) = -a(j,i) \quad (i,j=1,\cdots,n)$$
となる行列を考えよう.

そのとき,16.4.3.の条件 (16:19:a) と (16:19:b) は同じことを表わしている.実際,(16:19:b) は,
$$\sum_{i=1}^{n} a(i,j)w_i \geqq 0 \quad (j=1,\cdots,n)$$

---

1) (16:19:a) と (16:19:b) は両立しうる.それらの連言が (16:18:c) にほかならない.
2) この結果だけなら,16.4.1.の最終の結果から直接導くこともできる.実際,(16:19:a) は 16.4.1.の (16:16:a) であり,(16:19:b) は,16.4.1.の (16:16:b) を弱めたものである.にもかかわらず,途中をもっと詳しく論じたのは,それによって全体の状況をより見通せるようになるからである.

であり，この不等式は

$$-\sum_{i=1}^{n}a(j,i)w_i \geqq 0 \quad \text{すなわち} \quad \sum_{i=1}^{n}a(j,i)w_i \leqq 0$$

と書くことができる．i,j を j,i と書きかえるだけで，この不等式は，$\sum_{j=1}^{n}a(i,j)w_j \leqq 0$ となり，つぎに $\boldsymbol{w}$ を $\boldsymbol{x}$ と書きかえると，$\sum_{j=1}^{n}a(i,j)x_j \leqq 0$ が得られる．これは，(16:19:a) にほかならない[1]．

したがって，(16:19:a) あるいは (16:19:b) が成り立つという事実は，その一方だけ，たとえば (16:19:b) で置きかえることができる．その結果，つぎの命題が得られる．

(16:G)　行列 $a(i,j)$ が交代行列（よって $n=m$，上記参照）ならば，

$$\sum_{i=1}^{n}a(i,j)w_i \geqq 0 \quad (j=1,\cdots,n)$$

をみたすようなベクトル，$\boldsymbol{w}=(w_1,\cdots,w_n)\in S_n$ が存在する．

17. 混合戦略．あらゆるゲームの解

17.1. 2つの基本的な例についての議論

17.1.1. 14.7. で特に考察したような確定的でない場合の困難を克服するためには，そうした現象の生ずる最も単

---

[1] この場合には $n=m$ であり，これは単なる記号の書きかえだけである点に注意．

純な例をもう一度考察してみるのがよいであろう．硬貨合せやじゃんけんがそうしたゲームの例である（14.7.2., 14.7.3. を参照）．これらのゲームの《問題》については，ある種の経験的な常識的態度が存在するので，それらの態度を観察し分析すれば，確定的でない（ゼロ和2人）ゲームを解く手懸りが得られるであろう．

たとえば，硬貨合せでは，さきにも述べたように，プレイの特別なやり方などは存在しない．つまり，そこでは《表》をだした方がよいとか，《裏》をだした方がよいとか，いえない．問題は，相手が何を出すかを見抜くことにつきる．このことが解の発見を阻んでいるように思えるのである．というのは，ゲームの規則によって，個々のプレイヤーが自分の手を選択をするときには，相手の行動を知りえないようになっているからである．しかし，上の記述はゲームの現実を充分にはとらえていない．少なくとも普通の知能をもった相手と硬貨合せをするとき，プレイヤーは，相手が何を出すかを見抜こうなどとは考えずに，ひき続く一連のゲームにおいて《表》と《裏》とを不規則にだして，逆に，こちらの手のうちを見抜かれないようつとめるであろう．しかし，われわれは1回のプレイにおける戦略を記述したいのであって，事実，引き続いた一連のプレイの経過ではなくて，1回のプレイの成り行きを論じなければならないのであるから，上のことはつぎのように表現する方がよいであろう．すなわち，プレイヤーの戦略は確定的に《裏》をだすことでも，《表》をだすことでもなく，五分五分の確

率で《表》と《裏》をだすことである，と．

17.1.2. 硬貨合せを理性的な方法でやるために，プレイヤーが，各プレイでの選択を行なうに先だって，五分五分の偶然性を実現するなんらかの道具を使って，《表》をだすか《裏》をだすか決めるものと考えることもできる[1]．要は，この方法によって，損失をまぬがれることができるということである．事実，相手がどんな戦略を用いようとも，このプレイの利得についてのプレイヤーの期待値は0となるであろう[2]．このことは，たとえ相手が確実に《裏》をだすとしても，また確実に《表》をだすにしても，あるいは自分と同様に一定の確率で[3]《表》と《裏》の双方をだすとしても，真である．

このように，硬貨合せに《統計的》戦略を用いることが許されれば，つまり，（プレイヤー自身が決める）一定の確率をもって，プレイの可能な方法を《混合》することができれば，損失から自己を守ることができる．以上で，つまり相手がどのような戦略をとろうと，敗けることがないような統計的戦略を指示した．同じことは相手についてもい

---

1) たとえば，結果を相手に見られないようにしてサイコロを振り，偶数の目なら《裏》をだし，奇数の目なら《表》をだすこともできる．
2) すなわち，この条件のもとでは，相手がどのような行動をとろうと，硬貨の表と裏の一致する確率と一致しない確率がともに 0.5 であるから，勝つ確率と敗ける確率とが等しい．
3) たとえば，$p, 1-p$ の確率で出すとしても，そのプレイヤー自身については，その確率は $0.5, 0.5$ であるとした．

える.すなわち,相手もこちらがどのような戦略を用いようと,こちらを勝たせないような統計的戦略を用いることができる[1].

読者は,この議論が 14.5. と非常に似ていることを感ずるであろう[2].これらの議論からすると,硬貨合せの1回のプレイの値は0であると考えるのが妥当のように思われるし,また,《表》と《裏》を五分五分に統計的に混合するのが良い戦略だと考えるのが妥当であろう.

じゃんけんの場合も,事情はまったく同じである.3つの選択肢をそれぞれ 1/3 の確率で選ぶのがよいということは常識でもわかるであろう[3].プレイの価値も良い戦略の解釈も,硬貨合せのときと同様,統計的な意味においてだけ意味をもつ[4].

---

1) もちろん,これらは統計的意味においてであって,そのプレイヤーが敗けることがないというのは,敗ける確率が勝つ確率より大きくはないという意味であり,また勝つことがないというのは,勝つ確率が敗ける確率より大きくはないという意味である.硬貨合せには引き分けがないから,現実には,個々のプレイは勝つか敗けるかのいずれかに決まってしまう.
2) 正確には,14.5.1.の (14:C:d),(14:C:e) である.
3) 硬貨合せの場合と同様に,偶然性をもつ道具を用いることもできる.サイコロもその1つである.たとえば,1あるいは2の目なら《石》,3あるいは4の目なら《紙》,5あるいは6の目なら《鋏》と決めておけばよい.
4) じゃんけんには,あいこがあるが,ここでも損をしないというのは,敗ける確率が勝つ確率より大きくないという意味であり,得をしないというのは,勝つ確率が敗ける確率より大きくないという意味である.上記脚注1参照.

17.2. 視点の一般化

17.2.1. 硬貨合せやじゃんけんについて得られた結論をすべてのゼロ和 2 人ゲームに拡張しようという考えが当然生ずる.

ここでは標準型を用い, 2 人のプレイヤーの可能な選択をそれぞれ $\tau_1 = 1, \cdots, \beta_1$, $\tau_2 = 1, \cdots, \beta_2$, プレイヤー 1 の利得を前と同様, $\mathscr{K}(\tau_1, \tau_2)$ と表わすことにする. 今度は, ゲームが確定的であるという仮定は置かない.

つぎに 17.1. で成功した手続きをくり返してみよう. つまり, 一定の戦略に固執するのではなく, いくつかの戦略を一定の確率で選ぶというゲームの《理論》をもっているプレイヤーを想像してみよう[1]. すると, プレイヤー 1 は, 戦略 $\Sigma_1^{\tau_1}$ に対応する 1 つの数 $\tau_1 = 1, \cdots, \beta_1$ を選択するのではなく, β_1 個の数 $\xi_1, \cdots, \xi_{\beta_1}$, つまり戦略 $\Sigma_1^1, \cdots, \Sigma_1^{\beta_1}$ の確率分布を選択するのである. プレイヤー 2 も同様に, 戦略 $\Sigma_2^{\tau_2}$ に対応する 1 つの数 $\tau_2 = 1, \cdots, \beta_2$ を選択するのではなく, β_2 個の数 $\eta_1, \cdots, \eta_{\beta_2}$, つまり, 戦略 $\Sigma_2^1, \cdots, \Sigma_2^{\beta_2}$ の確率

---

[1] これらの確率が, 前項の例では 0.5, 0.5, あるいは 1/3 ずつというように, どの戦略に対しても同じであったが, もちろん, それはこの場合だけの話であって, いつもそうなるわけではない. 前項の例で確率が等しかったのは, それらのゲームでは, 各選択肢が対称的に現われるということによるものであった. 戦略を定式化する際に, 確率が現われてくるということが本質的であって, その特定の値は偶有的なものであったと考えて, これからの議論を進めてゆく.

分布を選択するのである．これらの確率は，互いに排反する，あらゆる可能な選択肢の確率であるから，数 $\xi_{\tau_1}, \eta_{\tau_2}$ は，

(17:1:a)
$$\xi_{\tau_1} \geqq 0, \quad (\tau_1 = 1, \cdots, \beta_1) \text{ でかつ } \sum_{\tau_1=1}^{\beta_1} \xi_{\tau_1} = 1$$

(17:1:b)
$$\eta_{\tau_2} \geqq 0, \quad (\tau_2 = 1, \cdots, \beta_2) \text{ でかつ } \sum_{\tau_2=1}^{\beta_2} \eta_{\tau_2} = 1$$

という条件に従うのであって，それ以外の条件はない[*]．

$\boldsymbol{\xi} = (\xi_1, \cdots, \xi_{\beta_1})$, $\boldsymbol{\eta} = (\eta_1, \cdots, \eta_{\beta_2})$ というベクトルを考えると，上記の条件から，16.2.2. の意味で，$\boldsymbol{\xi}$ が S_{β_1} に，$\boldsymbol{\eta}$ が S_{β_2} に属していなければならないことがわかる．

この状況においては，プレイヤーは前と同様に，自分の1つの戦略を選ぶのではなく，あらゆる可能な戦略を用いる用意をし，それらの戦略を用いようとする確率だけを選ぶのである．こうした一般化によって，確定的でない場合の主な困難に，ある程度まで対処できる．確定的でない場合の特徴は，これまで見てきたように，各プレイヤーが自分の意図を相手に見抜かれてしまったら不利になるという点にあった[1]．したがって，このようなゲームにおいてプ

---

[*] (17:1:a) をみたすベクトル $\boldsymbol{\xi} = (\xi_1, \cdots, \xi_{\beta_1})$ を確率ベクトルと呼ぶことがある．[訳注]

[1] 14.7.1. の $\Delta > 0$ の場合である．

レイヤーが考えなければならない1つの重要な点は[1]，自分の意図を相手に見抜かれないようにすることである．いくつかの異なる戦略を用いる確率だけを決めて，あとはそれらを無作為に用いるというやり方は，自分の意図を見抜かれないようにするための，きわめて効果的な方法である．こうした工夫によって，相手はこちらの取ろうとしている戦略を見抜くことができない．その当のプレイヤー自身もその戦略を知らないのだから，このことは当然である[2]．知らないということは，明らかに，情報の直接的あるいは間接的な漏洩に対するすぐれた防衛措置である．

17.2.2. ところで，上で述べたような措置は，かえってプレイヤーの行動の自由を拘束したように思われるかもしれない．というのは，プレイヤーが1つの決まった戦略だけを用いて，他の戦略はまったく用いたくないという場合も，あるいは，いくつかの決まった戦略をそれぞれ一定の確率で用いて，残りの戦略をすべて排除したいと望む場合

---

1) しかし，必ずしもそれがただ1つであるとは限らない．
2) 相手がこちらの《くせ》について，十分な統計的経験をもっている場合，あるいは相手が非常にすばしこくて，こちらの予想される行動を理論的に把握する場合には，こちらの個々の戦略の生起確率，つまり頻度を発見するかもしれない（ここでは，こうした事態が生ずるかどうか，また，どうしてそのような事態が生ずるかを問題にする必要がない．17.3.1.の論議を参照）．しかし，確率と無作為の概念そのものの故に，だれもいかなる条件のもとでも，個々の場合にどの事象が生ずるかを予見することはできない（確率0の場合はもちろん別である．以下参照）．

もあるかもしれないからである[1]．しかし，これらの可能性も，われわれの理論の範囲内に完全に含まれることを，ここで強調しておこう．ある戦略をまったく用いたくないと考えるプレイヤーは，それらの戦略の生起確率を0にしさえすればよいのだし，他を排除して1つの戦略だけを用いたいと望むプレイヤーは，その戦略の確率を1とし，他をすべて0にすればよいのである．

したがって，プレイヤー1が戦略 $\Sigma_1^{\tau_1}$ だけを用いたいときには，ξ に対して基底ベクトル δ^{τ_1} を選べばよい（16.1.3.参照）．プレイヤー2についても同じことがいえるのであって，もし戦略 $\Sigma_2^{\tau_2}$ だけを用いたいと望むときには，η に対して基底ベクトル δ^{τ_2} を選べばよい．

以上の考察から，われわれは S_{β_1} のベクトル ξ，あるいは S_{β_2} のベクトル η を，それぞれプレイヤー1，あるいはプレイヤー2の**統計的戦略**または**混合戦略**と呼ぶことにする．基底ベクトル δ^{τ_1} あるいは δ^{τ_2} は，すでに見たように，プレイヤー1，あるいはプレイヤー2のもとの戦略 τ_1 あるいは τ_2，つまり $\Sigma_1^{\tau_1}$ あるいは $\Sigma_2^{\tau_2}$ に対応している．われわれは，これを**確定戦略**または**純粋戦略**と呼ぶことにする．

---

1) この場合には，こちらの戦略を相手に見抜かれる危険度が高くなる．しかし，あえてその危険を犯してまで，その戦略を用いようとするくらい，その戦略が固有の利点をもっているかもしれない．たとえば，確定的な場合の《良い》戦略の場合には，こうしたことが極端な形で生ずる（14.5.，とくに14.5.2.の（14:C:a），(14:C:b）を参照）．

17.3. 個々のプレイに適用される手続きとしての正当化

17.3.1. この段階へきて，読者はこれまでの議論を通じて，われわれが等しく重要だと力説してきた2つの視点のあいだに矛盾を感じ，不安になったかもしれない．一方で，われわれの理論は静態的理論であって（4.8.2. を参照），そこで分析されるのは，引き続いた一連のプレイの経過ではなく，ただ1回のプレイの成り行きだということ（17.1. を参照）を，われわれは繰り返し主張してきた．しかし他方で，われわれは，こちらの戦略が相手に見抜かれる危険についての考察を議論の中心に置いてきた（14.4., 14.7.1. と 17.2. の最後の部分を参照）．しかし，継続的観察によらないとすれば，プレイヤーの戦略を，とくにいくつかの異なった戦略を混合して無作為に用いるプレイヤーの戦略をどうして見抜くことができようか？　この観察が多数回のプレイにわたって行なわれるのでないとすると，1回のプレイだけでそのような観察を行なわなければならないということになる．また，たとえゲームの規則が，そのような観察を許すようなものであったとしても，つまり，ゲームが多数の反復されるプレイから成るものであったとしても，観察の効果は，そのプレイが進む過程で徐々に現われてくるに過ぎないであろう．序盤戦では観察の結果は利用できないに違いない．こうして，すべてのことが，いろいろな動態的な考察に結びついてくるであろう．それにもかかわらず，われわれは静態的理論を主張してきたのだ！　さら

に，ゲームの規則がそうした観察[1]の機会さえ与えないかもしれない．さきにあげた硬貨合せやじゃんけんの例においては，たしかにそうした機会は与えられていない．これらの葛藤や矛盾は，戦略の選択に際して確率を用いない 14. の議論においても，確率を用いる 17. の当面の議論においても生ずる．

これらの葛藤や矛盾はどのようにして解決すべきであろうか．

17.3.2. われわれの答はつぎのとおりである．

もともと，14. と 17. で得られた結論の最終的証明，すなわち，14.5. と，のちの 17.8. の議論は，このような矛盾する要素を少しも含んでいない．したがって，たとえ最終的証明に導く発見法的手続きに疑問の余地があるとしても，それらの証明は正しい，と答えることもできよう．

しかし，これらの手続き自体の正当性も証明されるのである．譲歩の必要は少しもない．われわれの視点は静態的であって，われわれの分析しているのは，単独のプレイだけである．われわれは，この段階では，ゼロ和 2 人ゲームについて満足のゆく理論を見いだそうと試みているのである．したがって，われわれは，すでにあらゆる試練にたえてきた既存の理論に基づいて，演繹的に議論を進めているのではなく，そうした確固とした理論を探し求めている最

---

[1] すなわち，1 回のプレイのあいだに，相手の行動を《漸次的》，《継続的》に観察すること．

中なのである[1]．ところで，そうした理論の探究の過程で，論理学でよく用いられる方法，とくに間接的論証法という方法を使うことは，まったく正当である．間接的論証法とは，まず望ましい型の満足のゆく理論が得られたものと想定し[2]，そうした仮想的な知的状況から導かれる帰結をできるだけ描き出し，ついで，このことから，その仮想的理論の細部がどうあらねばならないかについての結論を導きだすということである．もしこの手続きにうまく成功するならば，求めている型の仮想的理論の可能性の範囲を，ただ1つの可能性しか残らないまでに狭めることができるかもしれない．つまり，求めていた理論がこの手続きで発見され確定されたということになる[3]．もちろん，この手続きが《成功しすぎ》てしまって，逆にその可能性がまった

---

1) われわれの方法は，もちろん経験的方法である．すなわち，われわれは，代表的ゲームと見られるものの中で，最も単純なゲームの特徴を理解し，定式化し，一般化しようと考えているのである．結局，これが経験的な基礎をもつあらゆる科学の標準的な方法なのである．
2) これは，われわれが（まだ）そのような理論を手に入れていないという事実，および，たとえ手に入れたとしてもそれがどんなものであるか（まだ）想像もできないという現状を完全に認めることである．

  これは，それ自身としては科学の任意の分野における他のどんな間接的論証（たとえば数学や物理学における背理法による証明）に比べて少しも劣るものではない．
3) 物理学にはこの方法で成功した例がいくつもある．特殊相対論と一般相対論の研究方法，あるいは波動力学への接近に成功したことはこの例とみてよい．A.D'Abro: *The Decline of Mechanism in Modern Physics*, New York, 1939 を参照．

く残らないまでに狭めてしまうこともありえよう．それは，望ましい型の整合的な理論が存在しえないということを示すものにほかならない[1]．

17.3.3. そこで，ゼロ和2人ゲームの完全な理論が存在したとして，その理論がプレイヤーにどう行動すべきかを教え，またそれが絶対的信頼に足るものであると仮定しよう．仮に，プレイヤーたちが，そうした理論を知っているとしたら，各プレイヤーは自分の戦略が相手に《見抜かれている》と考えざるをえないであろう．というのは，相手はその理論を知っており，かれはプレイヤーがその理論に従わないのは得策でないことも知っているからである[2]．したがって，満足のゆく理論が存在するという仮説をたてたわれわれは，当然，プレイヤーの戦略が相手に《見抜かれた》ときの状況だけを調べてみればよいことになる．そ

---

1) こうしたことは物理学でも生ずる．量子力学における《同時に観測できない量》についてのボーアとハイゼンベルクの分析がその例になっている．N. Bohr: *Atomic Theory and the Description of Nature*, Cambridge, 1934 と P. A. M. Dirac: *The Principles of Quantum Mechanics*, London, 1931, 第1章 とを参照．

2) なぜその理論に従わないと得策でないか，ということは，ここでの問題ではない．ここでは，その理論が絶対的信頼に足るものであると仮定しているのだ．

これが十分ありうることは，のちの最終の結果からわかる．われわれは，完全な理論を追求しているのだが，それでも，いやそれだからこそ，プレイヤーの戦略が相手から見抜かれることが前提となる．しかし，この理論は，その場合でもプレイヤーが損失を受けないよう自分を調整しうる方策を与えうるのである．

れゆえ，満足のゆく理論[1]が存在しうるのはプレイヤー 1 の戦略が《見抜かれている》，あるいはプレイヤー 2 の戦略が《見抜かれている》という 2 つの極端なゲーム Γ_1 と Γ_2 を調和させえたときだけに限られる．

確率を用いない，純粋戦略の場合については，それらを調和させうる範囲が，14.5. で確定された．

すでに知っているように，確定的な場合というのは，そうした調和の基礎の上に，満足のゆく理論が存在するような場合であった．ここでは，確率を用いることによって，つまり混合戦略を考えることによって，これをさらにもう一歩進めようとしている．14.5. では確率がまったく用いられなかったが，そこで用いられた方法が，ふたたび，他のプレイヤーの戦略を《見抜く》という状況の解析に役立つであろう．

今度の場合は，仮想的理論が，単に確定的な場合だけでなく，あらゆる場合に，完全に確立されうることがわかるのである（17.5.1., 17.6. を参照）．

その理論が見いだされたのち，われわれは，それを直接的論法によって別個に証明しなければならない[2]．確定的

---

1) すなわち，現在の諸概念だけを用いる理論のこと．もちろん，これが《絶対的な》言明だというつもりはない．現在の要請がみたされえないことがわかれば，理論のための別の基礎を探し求めなければならなくなるかもしれない．実際，14.（純粋戦略）から 17.（混合戦略）へ移行するに際して，すでにこうしたことが行なわれた．

2) さきに略述した間接的論証は，必要条件を与えるに過ぎない．

な場合の証明は，すでに 14.5. で行なわれたが，この完全な理論の証明は，17.8. でなされる．

17.4. 劣ゲームと優ゲーム（混合戦略に関する）

17.4.1. いまわれわれの念頭にあるのは，プレイヤー 1 が S_{β_1} に属する任意の確率ベクトル ξ を選択し，プレイヤー 2 が S_{β_2} に属する任意の確率ベクトル η を選択するという情景である．

したがって，プレイヤー 1 が戦略 $\Sigma_1^{\tau_1}$ だけを用いたいときには，ξ として基底ベクトル δ^{τ_1} を選択することになる（16.1.3. を参照）．プレイヤー 2 についても同様で，戦略 $\Sigma_2^{\tau_2}$ だけを用いたいときには，η として基底ベクトル δ^{τ_2} を選択すればよい．

ここでも，プレイヤー 1 はプレイヤー 2 が行なう選択 η について何も知らずに選択 ξ を行ない，逆に，プレイヤー 2 はプレイヤー 1 の選択を知らずに，その選択を行なうものと仮定する．

これらのことの意味は，これらの選択が行なわれたならば，プレイヤー 1 は各 $\tau_1 = 1, \cdots, \beta_1$ を実際に確率 ξ_{τ_1} で用いるだろうし，またプレイヤー 2 は各 $\tau_2 = 1, \cdots, \beta_2$ を実際に確率 η_{τ_2} で用いるだろうということである．そしてこれ

したがって，間接的論証は，不可能性を確定するか（背理法の場合），あるいは可能性を 1 つに狭めることはできるのだが，後者の場合には，その 1 つの可能性が実際十分であることを示す必要がある．

らの選択は独立であるから，利得の数学的期待値は，

$$(17:2) \quad \mathrm{K}(\boldsymbol{\xi}, \boldsymbol{\eta}) = \sum_{\tau_1=1}^{\beta_1} \sum_{\tau_2=1}^{\beta_2} \mathscr{K}(\tau_1, \tau_2) \xi_{\tau_1} \eta_{\tau_2}$$

となる.

以上のことは，もとのゲーム Γ を，本質的には同じ構造であるが，形式上は以下のような点で違いのある新しいゲームで置きかえたことになる．すなわち，プレイヤーの選択を表わす数 τ_1, τ_2 が，ベクトル $\boldsymbol{\xi}, \boldsymbol{\eta}$ で置きかえられる．プレイの利得を表わす関数 $\mathscr{K}(\tau_1, \tau_2)$ は利得の《数学的期待値》$\mathrm{K}(\boldsymbol{\xi}, \boldsymbol{\eta})$ で置きかえられる．これらのことを考え合わせると，この節における Γ のとらえ方と，14.1.2. におけるとらえ方とが，構造的にはまったく同じであることがわかる．異なるのは，上で述べたように，$\tau_1, \tau_2, \mathscr{K}(\tau_1, \tau_2)$ が，$\boldsymbol{\xi}, \boldsymbol{\eta}, \mathrm{K}(\boldsymbol{\xi}, \boldsymbol{\eta})$ で置きかえられている点だけである．この同型性から，もとのゲーム Γ に適用したのと同じ方法，つまり，14.2., 14.3.1., 14.3.3. で述べた劣ゲーム Γ_1 および優ゲーム Γ_2 と比べてみる方法が適用できるのではないか，ということに思いいたる．

17.4.2. Γ_1 においては，最初にプレイヤー1が $\boldsymbol{\xi}$ を選択し，そのあと，プレイヤー2が相手の選択した $\boldsymbol{\xi}$ について完全に知ったうえで，自分の $\boldsymbol{\eta}$ を選択する．Γ_2 では，選択の順序が逆になる．したがって，14.3.1. の議論がそのまま当てはまる．プレイヤー1は，ある $\boldsymbol{\xi}$ を選択する際に，その $\boldsymbol{\xi}$ に対してプレイヤー2は，$\mathrm{K}(\boldsymbol{\xi}, \boldsymbol{\eta})$ を最小にするように $\boldsymbol{\eta}$ を選ぶだろうと予想することができる．つまり，プレ

イヤー1の選択 ξ は自動的に $\mathrm{Min}_\eta K(\xi, \eta)$ という値をもたらすわけである．この $\mathrm{Min}_\eta K(\xi, \eta)$ という値は，ξ だけの関数である．したがって，プレイヤー1は，$\mathrm{Min}_\eta K(\xi, \eta)$ を最大にするように ξ を選択すべきであろう．このことから，プレイヤー1にとって Γ_1 のプレイの価値は，

$$v'_1 = \mathrm{Max}_\xi \mathrm{Min}_\eta K(\xi, \eta)$$

となる．同様にして，プレイヤー1にとって Γ_2 のプレイの価値は，

$$v'_2 = \mathrm{Min}_\eta \mathrm{Max}_\xi K(\xi, \eta)$$

であることがわかる．（ここでも，14.3.1.と14.3.3.の (14:A:a)-(14:A:e) と (14:B:a)-(14:B:e) がそのまま当てはまるので，相手が理性的に行動するというわかりきった仮定は，なくともよい．)

14.4.1.で論じたのと同様に，プレイヤー1にとって Γ_1 は Γ_2 より不利なゲームであるという明白な事実から

$$v'_1 \leqq v'_2$$

ということの証明が得られるといってよい．そして，もしこれに疑問があるのならば厳密な証明が，13.4.3.の (13:A*) で与えられているということを指摘しておこう．そこでの x, y, φ はここでの ξ, η, K に対応する[1]．

もし，このとき，

[1) ξ, η はベクトル，つまり実数の組 $(\xi_1, \cdots, \xi_{\beta_1})$，$(\eta_1, \cdots, \eta_{\beta_2})$ であるが，ここで追求している関数の最大化，最小化においては，これらのベクトルをそれぞれ1個の変数とみなしてよい．それらの定義域はもちろん，17.2.で導入した集合 S_{β_1} と S_{β_2} である．

$$v'_1 = v'_2$$

が成り立つならば，14.5.で述べたことが，文字通り当てはまる．14.5.の (14:C:a)-(14:C:f) および (14:D:a) と (14:D:b) は，《良い》戦略 ξ, η の概念を規定し，プレイヤー1に対するプレイの《価値》を，

$$v' = v'_1 = v'_2$$

に確定する[1]．こうした状況が生ずるのは，13.4.3.の (13:B*) によって，K の鞍点が存在するとき，しかもそのときに限る．そこでの x, y, φ は，ここでの ξ, η, K に対応している．

17.5. 一般確定性

17.5.1. (14:A:c) と (14:B:c) における v_1, v_2 は，ここでは v'_1, v'_2 で置きかえられている．そして，上の議論から，v'_1, v'_2 が v_1, v_2 の機能を果たしうるということがわかる．しかし，さきの場合に，われわれの議論が，$v_1 = v_2$ に依存していたのとまったく同様に，ここでも，議論は $v'_1 = v'_2$ に依存している．したがって，この置換によって何か得られるものがあるのか，という疑問が当然生じる．

得られるものがあるとすれば，明らかに，それは，任意のゲーム Γ に対して，$v_1 = v_2$ となるよりも，$v'_1 = v'_2$ となる見込みが強い場合である．われわれは，$v_1 = v_2$ のとき，Γ を確定ゲームと呼んだ．今度は，それを区別して，$v_1 = v_2$

---

[1] この論議の完全なくり返しについては，17.8.を参照.

のとき，Γ を**特殊確定ゲーム**と呼び，$v_1' = v_2'$ のとき，Γ を**一般確定ゲーム**と呼ぶことにしよう．この呼び名は，前者ならば必ず後者であることが証明されるときにだけ許される．

この含意関係は常識でも納得できる．というのは，混合戦略を導入することによって，自分の戦略を相手に見抜かれないようにするプレイヤーの能力が増大し，したがって，v_1', v_2' は，実際に v_1 と v_2 の間にあるものと期待することができるからである．この理由から，はっきりと，

(17:3) $$v_1 \leqq v_1' \leqq v_2' \leqq v_2$$

だといってもよいであろう（この不等式があれば，もちろん，いま述べた含意関係は保証される）．

しかし，疑問の余地を残さないために，(17:3) の厳密な証明を与えておこう．これをもう1つの補助定理の1つの系として証明すると都合がよい．

17.5.2. まず，その補助定理を証明しよう．

(17:A)　S_{β_1} に属する任意の $\boldsymbol{\xi}$ に対して，

$$\mathrm{Min}_{\boldsymbol{\eta}} \mathrm{K}(\boldsymbol{\xi}, \boldsymbol{\eta}) = \mathrm{Min}_{\boldsymbol{\eta}} \sum_{\tau_1=1}^{\beta_1} \sum_{\tau_2=1}^{\beta_2} \mathscr{K}(\tau_1, \tau_2) \xi_{\tau_1} \eta_{\tau_2}$$

$$= \mathrm{Min}_{\tau_2} \sum_{\tau_1=1}^{\beta_1} \mathscr{K}(\tau_1, \tau_2) \xi_{\tau_1}.$$

S_{β_2} に属する任意の $\boldsymbol{\eta}$ に対して，

$$\mathrm{Max}_{\boldsymbol{\xi}} \mathrm{K}(\boldsymbol{\xi}, \boldsymbol{\eta}) = \mathrm{Max}_{\boldsymbol{\xi}} \sum_{\tau_1=1}^{\beta_1} \sum_{\tau_2=1}^{\beta_2} \mathscr{K}(\tau_1, \tau_2) \xi_{\tau_1} \eta_{\tau_2}$$

$$= \text{Max}_{\tau_1} \sum_{\tau_2=1}^{\beta_2} \mathscr{K}(\tau_1, \tau_2) \eta_{\tau_2}.$$

証明：ここでは，最初の式だけを証明する．第2の式の証明もまったく同じで，$\leqq$ と $\geqq$，Max と Min が入れかわるだけである．

特殊なベクトル $\boldsymbol{\eta} = \boldsymbol{\delta}^{\tau_2'}$ （16.1.3. と 17.2. の終りを参照）を考えることで

$$\text{Min}_{\boldsymbol{\eta}} \sum_{\tau_1=1}^{\beta_1} \sum_{\tau_2=1}^{\beta_2} \mathscr{K}(\tau_1, \tau_2) \xi_{\tau_1} \eta_{\tau_2}$$
$$\leqq \sum_{\tau_1=1}^{\beta_1} \sum_{\tau_2=1}^{\beta_2} \mathscr{K}(\tau_1, \tau_2) \xi_{\tau_1} \delta_{\tau_2 \tau_2'}$$
$$= \sum_{\tau_1=1}^{\beta_1} \mathscr{K}(\tau_1, \tau_2') \xi_{\tau_1}$$

が得られる．このことは任意の τ_2' に対して成り立つから，

(17:4:a) $\quad \text{Min}_{\boldsymbol{\eta}} \sum_{\tau_1=1}^{\beta_1} \sum_{\tau_2=1}^{\beta_2} \mathscr{K}(\tau_1, \tau_2) \xi_{\tau_1} \eta_{\tau_2}$
$$\leqq \text{Min}_{\tau_2'} \sum_{\tau_1=1}^{\beta_1} \mathscr{K}(\tau_1, \tau_2') \xi_{\tau_1}$$

となる．他方，すべての τ_2 に対して，

$$\sum_{\tau_1=1}^{\beta_1} \mathscr{K}(\tau_1, \tau_2) \xi_{\tau_1} \geqq \text{Min}_{\tau_2} \sum_{\tau_1=1}^{\beta_1} \mathscr{K}(\tau_1, \tau_2) \xi_{\tau_1}$$

が成り立つ．S_{β_2} に属する任意の $\boldsymbol{\eta}$ が与えられたとき，すぐ上の式に η_{τ_2} を掛け，それらを $\tau_2 = 1, \cdots, \beta_2$ について加えると，$\sum_{\tau_2=1}^{\beta_2} \eta_{\tau_2} = 1$ だから，

$$\sum_{\tau_1=1}^{\beta_1} \sum_{\tau_2=1}^{\beta_2} \mathscr{K}(\tau_1, \tau_2) \xi_{\tau_1} \eta_{\tau_2} \geqq \mathrm{Min}_{\tau_2} \sum_{\tau_1=1}^{\beta_1} \mathscr{K}(\tau_1, \tau_2) \xi_{\tau_1}$$

が得られる.このことは,すべての $\boldsymbol{\eta}$ について成り立つから,

(17:4:b) $\quad \mathrm{Min}_{\eta} \sum_{\tau_1=1}^{\beta_1} \sum_{\tau_2=1}^{\beta_2} \mathscr{K}(\tau_1, \tau_2) \xi_{\tau_1} \eta_{\tau_2}$
$$\geqq \mathrm{Min}_{\tau_2} \sum_{\tau_1=1}^{\beta_1} \mathscr{K}(\tau_1, \tau_2) \xi_{\tau_1}$$

となる.(17:4:a) と (17:4:b) とを合わせると,求める関係が得られる.

上の2式を 17.4. の $\mathrm{v}_1', \mathrm{v}_2'$ の定義と合わせると,つぎの式が得られる.

(17:5:a) $\quad \mathrm{v}_1' = \mathrm{Max}_{\xi} \mathrm{Min}_{\tau_2} \sum_{\tau_1=1}^{\beta_1} \mathscr{K}(\tau_1, \tau_2) \xi_{\tau_1}$

(17:5:b) $\quad \mathrm{v}_2' = \mathrm{Min}_{\eta} \mathrm{Max}_{\tau_1} \sum_{\tau_2=1}^{\beta_2} \mathscr{K}(\tau_1, \tau_2) \eta_{\tau_2}$

これらの式は,つぎのように,言葉によっても簡明に解釈できる.v_1' を計算するとき,プレイヤー1だけが,自分の戦略を見抜かれないために,(τ_1 の代わりに)確率ベクトル ξ を使うという防衛措置をとらなければならないのであって,プレイヤー2は,前と同様,(η ではなく)1つの値 τ_2 を用いればよいのである.v_2' の計算においては,1と2の役割が反対になる.このことは常識的にわかる.v_1' はゲーム Γ_1 に属する(17.4. と 14.2. を参照).その場合,プレイヤー2はプレイヤー1のあとに選択を行ない,プレ

イヤー1の選択について完全に知っている。したがって，プレイヤー2は自己の戦略をプレイヤー1に見抜かれないための防衛措置を必要としないからである．ゲーム Γ_2 に属する v_2' の場合（17.4.と 14.2.を参照）には役割が反対になる．

ところで，上の式の Max_{ξ} における ξ の変域を狭くすると，v_1' の値はそのままか，または減少する．したがって，とくにこの変域を基底ベクトル $\xi = \delta^{\tau_1'}$ だけに限定すると（$\tau_1' = 1, \cdots, \beta_1$, 16.1.3.と 17.2.の終りを参照），

$$\sum_{\tau_1=1}^{\beta_1} \mathscr{K}(\tau_1, \tau_2) \delta_{\tau_1, \tau_1'} = \mathscr{K}(\tau_1', \tau_2)$$

であるから，上の式 (17:5:a) の右辺は，

$$\text{Max}_{\tau_1'} \text{Min}_{\tau_2} \mathscr{K}(\tau_1', \tau_2) = v_1$$

と書きかえられる．したがって，

$$v_1 \leqq v_1'$$

となることがわかる．同様に，η の変域を $\eta = \delta^{\tau_2'}$ に限定すると（上記補助定理の証明における冒頭の注意を参照），

$$v_2 \geqq v_2'$$

が確かめられる．これらの不等式と，17.4.の $v_1' \leqq v_2'$ とから，求める不等式

(17:3) $$v_1 \leqq v_1' \leqq v_2' \leqq v_2$$

が証明される．

17.6. 主定理の証明

17.6. 前に期待したとおり，特殊確定的な場合（$v_1 = v_2$）

には，必ず一般確定性（$v'_1 = v'_2$）が成り立つことが確かめられた．一般確定性が，それ以外のある種の場合にも同様に成り立つということ，つまり，$v'_1 = v'_2$ではあるが，$v_1 = v_2$でない場合がありうることは，硬貨合せやじゃんけんの議論から明らかである[1]．したがって，17.5.1.の意味において，特殊確定性から一般確定性への移行が，実際に1つの前進だと評価してさしつかえない．しかし，現時点でのわれわれの知識だけでは，この前進によって，考慮すべきすべての場合が尽くされるかどうかは，わからない．つまり，ある種のゲーム Γ は，一般確定的でさえないことがあるかもしれない．いいかえると，

$$v'_1 < v'_2$$

となる可能性はまだ排除されていない．仮に，こうした可能性があるとすれば，14.7.1.で述べたことが，再度，そしてさらに広い基盤のうえで当てはまることになるだろう．つまり，相手の戦略を見抜くことによって，一定の有利性

$$\Delta' = v'_2 - v'_1 > 0$$

が生ずることになり，《誰が誰の戦略を見抜くか》というような，いくつかの仮定を付加することなしには，ゲームの理論を構築することは困難になるだろう．

したがって，肝心なのは，$v'_1 < v'_2$とは絶対にならないことが証明できること，いいかえれば，つぎのことが証明

---

1) 硬貨合せの場合も，じゃんけんの場合も，$v_1 = -1, v_2 = 1$（14.7.2., 14.7.3.を参照）であるのに対して，17.1.の議論は，$v'_1 = v'_2 = 0$になることを示していると考えられる．

できることである.すなわち,すべてのゲーム Γ について
$$v'_1 = v'_2$$
が成り立つこと,つまり,

(17:6)　　$\text{Max}_{\boldsymbol{\xi}} \text{Min}_{\boldsymbol{\eta}} K(\boldsymbol{\xi}, \boldsymbol{\eta}) = \text{Min}_{\boldsymbol{\eta}} \text{Max}_{\boldsymbol{\xi}} K(\boldsymbol{\xi}, \boldsymbol{\eta})$

であること,あるいは,同じことだが(ふたたび,13.4.3. の (13:B*) を用いる.そこでの x, y, ϕ は,ここでの $\boldsymbol{\xi}, \boldsymbol{\eta}$, K に対応している), $K(\boldsymbol{\xi}, \boldsymbol{\eta})$ に鞍点が存在することである.

これは,実は,

(17:2)　　$K(\boldsymbol{\xi}, \boldsymbol{\eta}) = \sum_{\tau_1=1}^{\beta_1} \sum_{\tau_2=1}^{\beta_2} \mathscr{K}(\tau_1, \tau_2) \xi_{\tau_1} \eta_{\tau_2}$

という形の任意の関数 $K(\boldsymbol{\xi}, \boldsymbol{\eta})$ に妥当するごく一般的な定理なのである.係数 $\mathscr{K}(\tau_1, \tau_2)$ には何らの制限もつけられていない.14.1.3.で述べたように,これらの係数は,まったく任意の行列の成分でよい.変数 $\boldsymbol{\xi}, \boldsymbol{\eta}$ は,実際は実数の組 $(\xi_1, \cdots, \xi_{\beta_1}), (\eta_1, \cdots, \eta_{\beta_2})$ であり,それらの定義域は,集合 S_{β_1}, S_{β_2} である (358 ページの脚注1を参照).一般的に,(17:2) の形をもつ関数 $K(\boldsymbol{\xi}, \boldsymbol{\eta})$ は,**双線型形式**と呼ばれる.

16.4.3.の結果を用いると,以下のように簡単に証明できる[1].

---

1) この定理は,著者の1人が以前にゲームの理論に関連して発表した論文の1つで,はじめて提示され,証明された.J. von Neumann: "Zur Theorie der Gesellschaftsspiele", *Math. Annalen*, Vol. 100 (1928), pp. 295-320.

もう少し一般的な形の Min-Max 問題は,数理経済学の別の問題において,生産方程式との関連で生ずる.

16.4.3. の (16:19:a) と (16:19:b) を用いる. ただし, 16. における $i, j, n, m, a(i,j)$ をそれぞれ $\tau_1, \tau_2, \beta_1, \beta_2, \mathcal{K}(\tau_1, \tau_2)$ で置きかえ, ベクトル w, x を ξ, η で置きかえる.

J. von Neumann: "Über ein ökonomisches Gleichungssystem und eine Verallgemeinerung des Brouwer'schen Fixpunktsatzes", *Ergebnisse eines Math. Kolloquiums*, Vol. 8 (1937), pp. 73-83.

数理経済学に関連した, これらのかなり違った問題が, まったく異なった方法で論じられていたにもかかわらず, あまり知られてない《Min-Max タイプ》の同じ数学的問題に帰着するということは注目に値する. そこには第2の論文で述べた方向だけでなく, いくつかのより深い形式的関係があるかも知れない. この点は, さらに明確にされねばならない問題である. 第1の論文で提示された当面の定理の証明は, 位相と関数解析を広範に利用するものであった. 第2の論文は, この定理のもう1つ別の証明を与えたものであるが, これは完全に位相的なもので, この定理を, この分野での重要な手法の1つである, L. E. J. Brouwer のいわゆる《不動点定理》と結びつけるものであった. この側面はさらに明確化され, その証明は角谷静夫によって単純化された. "A Generalization of Brouwer's Fixed Point Theorem", *Duke Math. Journal*, Vol. 8 (1941), pp. 457-459.

これらの証明は, いずれもたしかに初等的ではない. 最初の初等的証明は, E. Borel とその協力者たちの助けを経て, J. Ville によって与えられた. *Traité du Calcul des Probabilités et de ses Applications*, Vol. IV, 2, "Applications aux Jeux de Hasard", Paris (1938), J. Ville の解説 "Sur la Théorie Générale des Jeux où intervient l'Habileté des Joueurs", pp. 105-113.

ここで与えようとしている証明は, J. Ville の線に添って, さらに平易に述べたもので, とくに単純であるように思われる. この証明の手続きの要点は, もちろん, 16. の凸性の理論, とくに 16.4.3. の結論との関連である.

(16:19:b) が成り立つ集合には，S_{β_1} のなかに，

$$\sum_{\tau_1=1}^{\beta_1} \mathscr{K}(\tau_1, \tau_2)\xi_{\tau_1} \geqq 0 \quad (\tau_2 = 1, \cdots, \beta_2)$$

をみたすベクトル $\boldsymbol{\xi}$ が存在する．すなわち

$$\mathrm{Min}_{\tau_2} \sum_{\tau_1=1}^{\beta_1} \mathscr{K}(\tau_1, \tau_2)\xi_{\tau_1} \geqq 0$$

という条件をみたす $\boldsymbol{\xi}$ が存在する．したがって，17.5.2. の (17:5:a) から

$$\mathrm{v}_1' \geqq 0$$

が得られる．

また，(16:19:a) が成り立つ場合には，S_{β_2} のなかに，条件

$$\sum_{\tau_2=1}^{\beta_2} \mathscr{K}(\tau_1, \tau_2)\eta_{\tau_2} \leqq 0 \quad (\tau_1 = 1, \cdots, \beta_1)$$

をみたすベクトル $\boldsymbol{\eta}$ が存在する．すなわち，

$$\mathrm{Max}_{\tau_1} \sum_{\tau_2=1}^{\beta_2} \mathscr{K}(\tau_1, \tau_2)\eta_{\tau_2} \leqq 0$$

という条件をみたす $\boldsymbol{\eta}$ が存在する．したがって，17.5.2. の (17:5:b) 式から，

$$\mathrm{v}_2' \leqq 0$$

が得られる．

そこで，$\mathrm{v}_1' \geqq 0$ か $\mathrm{v}_2' \leqq 0$ のいずれかが必ず成り立つこと，すなわち，

(17:7) $\mathrm{v}_1' < 0 < \mathrm{v}_2'$ が排除される

ことがわかる．

今度は任意の数 w を選び，関数 $\mathcal{K}(\tau_1, \tau_2)$ を $\mathcal{K}(\tau_1, \tau_2) - w$ で置きかえてみよう[1].

すると，$K(\boldsymbol{\xi}, \boldsymbol{\eta})$ が，$K(\boldsymbol{\xi}, \boldsymbol{\eta}) - w \sum_{\tau_1=1}^{\beta_1} \sum_{\tau_2=1}^{\beta_2} \xi_{\tau_1} \eta_{\tau_2}$ で置きかえられる．ところが，$\boldsymbol{\xi}, \boldsymbol{\eta}$ は，それぞれ S_{β_1}, S_{β_2} に属するから，$\sum_{\tau_1=1}^{\beta_1} \xi_{\tau_1} = \sum_{\tau_2=1}^{\beta_2} \eta_{\tau_2} = 1$，したがって，$\sum_{\tau_1=1}^{\beta_1} \sum_{\tau_2=1}^{\beta_2} \xi_{\tau_1} \eta_{\tau_2} = 1$ であり，$K(\boldsymbol{\xi}, \boldsymbol{\eta})$ は $K(\boldsymbol{\xi}, \boldsymbol{\eta}) - w$ で置きかえられる．その結果，v_1', v_2' は，$v_1' - w, v_2' - w$ によって置きかえられる[2]．したがって，これらの $v_1' - w, v_2' - w$ に (17:7) を適用すると，

(17:8) $\qquad v_1' < w < v_2'$ が排除される

ことがわかる．

いま仮に，$v_1' < v_2'$ とすると，$v_1' < w < v_2'$ であるような w を選ぶことができる．ところが，w はまったく任意であったから，これは (17:8) と矛盾する．したがって，$v_1' < v_2'$ ではありえず，求める $v_1' = v_2'$ が証明された．証明終り．

17.7. 純粋戦略による取扱いと混合戦略による取扱いとの比較

17.7.1. 先へ進む前に，もう一度，

$$v_1' = v_2'$$

---

[1] すなわち，最後の決済で，プレイヤー 1 が Γ におけるよりも一定量 w だけ少なく利得を得る（したがって，プレイヤー 2 は w だけ多くの利得を得る）という点を除けば，他はまったく同じにプレイされる新しいゲームを，ゲーム Γ の代わりに考えるわけである．

[2] このことは，脚注 1 の解釈からも容易にわかる．

の意味を考えてみよう．ここで本質的なことは，$v'_1 = v'_2$ はつねに成り立つが，$v_1 = v_2$ はつねに成り立つとは限らない，つまり，一般確定性はつねに成り立つが，特殊確定性はつねに成り立つとは限らない，ということである（17.6. の最初の部分を参照）．

それを数学的に表現すれば，つねに

(17:9)　　$\text{Max}_\xi \text{Min}_\eta K(\boldsymbol{\xi}, \boldsymbol{\eta}) = \text{Min}_\eta \text{Max}_\xi K(\boldsymbol{\xi}, \boldsymbol{\eta})$

すなわち，

$$(17{:}10) \quad \text{Max}_\xi \text{Min}_\eta \sum_{\tau_1=1}^{\beta_1} \sum_{\tau_2=1}^{\beta_2} \mathscr{K}(\tau_1, \tau_2) \xi_{\tau_1} \eta_{\tau_2}$$
$$= \text{Min}_\eta \text{Max}_\xi \sum_{\tau_1=1}^{\beta_1} \sum_{\tau_2=1}^{\beta_2} \mathscr{K}(\tau_1, \tau_2) \xi_{\tau_1} \eta_{\tau_2}$$

が成り立つということである．さらに (17:A) を用いて，この代わりに

$$(17{:}11) \quad \text{Max}_\xi \text{Min}_{\tau_2} \sum_{\tau_1=1}^{\beta_1} \mathscr{K}(\tau_1, \tau_2) \xi_{\tau_1}$$
$$= \text{Min}_\eta \text{Max}_{\tau_1} \sum_{\tau_2=1}^{\beta_2} \mathscr{K}(\tau_1, \tau_2) \eta_{\tau_2}$$

と書くこともできる．しかし，

$$(17{:}12) \quad \text{Max}_{\tau_1} \text{Min}_{\tau_2} \mathscr{K}(\tau_1, \tau_2)$$
$$= \text{Min}_{\tau_2} \text{Max}_{\tau_1} \mathscr{K}(\tau_1, \tau_2)$$

はつねに成り立つとは限らないのである．

(17:9) と (17:12) を比較してみると，(17:9) はつねに成り立つが，(17:12) はそうではない．これまでのところ，これらの違いは，$\boldsymbol{\xi}, \boldsymbol{\eta}, K$ と $\tau_1, \tau_2, \mathscr{K}$ との違いだけである．

後者を前者で置きかえると,どうして真でない命題 (17:12) が,恒真の命題 (17:9) に変わるのだろうか.

それは,(17:12) の $\mathscr{K}(\tau_1, \tau_2)$ が,変数 τ_1, τ_2 のまったく任意の関数である(14.1.3.を参照)のに対して,(17:9) の $\mathrm{K}(\boldsymbol{\xi}, \boldsymbol{\eta})$ は,変数 $\boldsymbol{\xi}, \boldsymbol{\eta}$(すなわち,$\xi_1, \cdots, \xi_{\beta_1}, \eta_1, \cdots, \eta_{\beta_2}$)のきわめて特殊な関数,つまり双線型形式だからである(17.6.の最初の部分を参照).このように,$\mathscr{K}(\tau_1, \tau_2)$ のまったく任意であることが (17:12) の証明を不可能にしているのに対して,$\mathrm{K}(\boldsymbol{\xi}, \boldsymbol{\eta})$ の双線型形式という特殊な性質は,17.6.で述べたように (17:9) の証明の基礎を与えているのである[1].

17.7.2. このことは,もっともらしく思われるが,しかし,$\mathrm{K}(\boldsymbol{\xi}, \boldsymbol{\eta})$ が一般化のあらゆる特徴をもつ手続きによって,$\mathscr{K}(\tau_1, \tau_2)$ から導かれたのに,$\mathrm{K}(\boldsymbol{\xi}, \boldsymbol{\eta})$ の方が $\mathscr{K}(\tau_1, \tau_2)$ より特殊だというのは逆説的な感じがする.すなわち,われわれは,17.2.で述べたように,純粋戦略というもとの

---

[1] $\mathrm{K}(\boldsymbol{\xi}, \boldsymbol{\eta})$ が双線型形式であるのは,確率が介在するところではどこでも《数学的期待値》を用いたからである.この概念の線型性が,われわれの見いだした意味において,解の存在と関連しているということは,意味があるように思われる.このことは,数学的に興味深い展望を開いてくれる.すなわち,《数学的期待値》の代わりに,他のどのような概念がわれわれの解と矛盾しないか,つまり,ゼロ和2人ゲームについての 17.6.の結論と矛盾しないかを調べてみてもよいだろう.

明らかに,《数学的期待値》という概念は,種々な意味で基本的な概念である.効用理論の視点からするときの《数学的期待値》の意義は,とくに,3.7.1.で明らかにした.

厳密な概念を混合戦略に置きかえることによって，つまり，τ_1, τ_2 を ξ, η に置きかえることによって，$K(\xi, \eta)$ を導いたのだから，これの方が一般的なはずであろう．

しかし，詳しく調べてみると，この逆説は解消する．$\mathscr{K}(\tau_1, \tau_2)$ と比較すると，$K(\xi, \eta)$ は非常に特殊な関数である．しかし，その変数 ξ, η は前の変数 τ_1, τ_2 とくらべて，はるかに広い定義域をもっている．事実，τ_1 の定義域は，有限集合 $\{1, \cdots, \beta_1\}$ であるのに対して，ξ の変域は集合 S_{β_1} である．S_{β_1} は，β_1 次元線型空間 L_{β_1} の中の $(\beta_1 - 1)$ 次元の超平面である（16.2.2. の終りと，17.2. を参照）．τ_2 と η についても同じことがいえる[1]．

実際，S_{β_1} に属する ξ のなかには，$\{1, \cdots, \beta_1\}$ に属するそれぞれの τ_1 に対応する特殊な点が存在する．このような τ_1 が与えられれば（16.1.3. と 17.2. の終りで述べたように），基底ベクトル $\xi = \delta^{\tau_1}$ をつくることができる．そしてこれは，他のすべての戦略を排除して，戦略 $\Sigma_1^{\tau_1}$ を選択することを意味する．同様にして，$\{1, \cdots, \beta_2\}$ に属する τ_2

---

[1] ξ_{τ_1} $(\tau_1 = 1, \cdots, \beta_1)$ を成分とするベクトル $\xi = (\xi_1, \cdots, \xi_{\beta_1})$ は，たしかにその中に τ_1 を含んでいるが，そこには根本的な違いのある点に注意したい．$\mathscr{K}(\tau_1, \tau_2)$ では，τ_1 そのものが1つの変数である．$K(\xi, \eta)$ では，ξ は変数であるのに対して，τ_1 はいうならば変数 ξ に含まれる変数である．ξ は実際に τ_1 の関数であり（16.1.2. の終りを参照），この関数が今度は $K(\xi, \eta)$ の変数なのである．τ_2 と η についても同様のことがいえる．あるいは，τ_1, τ_2 の側から見れば，$\mathscr{K}(\tau_1, \tau_2)$ が τ_1, τ_2 の関数であるのに対して，$K(\xi, \eta)$ は τ_1, τ_2 の関数の関数である（数学的な用語を使えば，汎関数なのである）．

を S_{β_2} に属する特殊な η と関係づけることができる．そしてこれは，他のすべての戦略を排除して，戦略 $\Sigma_2^{\tau_2}$ を選択することを意味している．

さて，明らかに，

$$K(\boldsymbol{\delta}^{\tau_1}, \boldsymbol{\delta}^{\tau_2}) = \sum_{\tau_1'=1}^{\beta_1} \sum_{\tau_2'=1}^{\beta_2} \mathscr{K}(\tau_1', \tau_2') \delta_{\tau_1'\tau_1} \delta_{\tau_2'\tau_2}$$
$$= \mathscr{K}(\tau_1, \tau_2)$$

である[1]．したがって，関数 $K(\boldsymbol{\xi}, \boldsymbol{\eta})$ は，その特殊な性格にもかかわらず，関数 $\mathscr{K}(\tau_1, \tau_2)$ をそっくり含んでいる．それゆえ，$K(\boldsymbol{\xi}, \boldsymbol{\eta})$ は当然のことながら，2つのうち，より一般的な概念なのである．実際，$K(\boldsymbol{\xi}, \boldsymbol{\eta})$ は $\mathscr{K}(\tau_1, \tau_2)$ よりはるかに一般的である．それは，$\boldsymbol{\xi}, \boldsymbol{\eta}$ がすべて特殊な形 $\boldsymbol{\delta}^{\tau_1}, \boldsymbol{\delta}^{\tau_2}$ なのではなく，したがって，すべての混合戦略が純粋戦略なのではないからである[2]．$K(\boldsymbol{\xi}, \boldsymbol{\eta})$ は $\mathscr{K}(\tau_1, \tau_2)$ を，τ_1, τ_2 つまり $\boldsymbol{\delta}^{\tau_1}, \boldsymbol{\delta}^{\tau_2}$ の狭い定義域から $\boldsymbol{\xi}, \boldsymbol{\eta}$ のより広い定義域へ，つまり，S_{β_1}, S_{β_2} の範囲へ拡張したものと考えることもできるだろう．それはまた，純粋戦略から混合戦略への拡張とも考えられる．$K(\boldsymbol{\xi}, \boldsymbol{\eta})$ が双線型形式だという事実は，この拡張が線型補間法によって行なわれていることを意味しているに過ぎない．線型補間とならざるをえないのは，もちろん《数学的期待値》が線型性をもって

---

1) この式の意味は，戦略 $\boldsymbol{\delta}^{\tau_1}, \boldsymbol{\delta}^{\tau_2}$ の選択が何を表わすかを考えれば明らかである．
2) 混合戦略では，いくつかの戦略が，正の確率で効果的に用いられるからである．

いるからである[1].

17.7.3. (17:9)–(17:12) に立ち帰って考えてみると，(17:9) から (17:11) までの命題が真であり，(17:12) が真でないという事実は，つぎのように表現できる．

(17:9) と (17:10) は，各プレイヤーが純粋戦略 τ_1, τ_2 の代わりに混合戦略 ξ, η を採用すれば，自己の戦略を相手に見抜かれることに対して完全に防衛できるということを示している．(17:11) は，相手の戦略を見抜いているプレイヤーが純粋戦略 τ_1, τ_2 を用い，自分の戦略を見抜かれてしまったプレイヤーだけが ξ, η による防衛措置をとる場合にも，なおかつこのことが成り立つことを示している．最後に (17:12) が真でないという事実は，双方のプレイヤーはどちらも，とくに自分の戦略を見抜かれてしまったプレイヤーは，安全のために ξ, η という防衛措置をとらざるをえないということを示している．

17.8. 一般確定性の解析

17.8.1. 今度は，17.6. で確かめられた，ゼロ和2人ゲーム Γ はすべて一般確定的であるという事実をとくに考慮しながら，17.4. の終りで述べたように，14.5. の内容を定式化しなおしてみよう．上の結果に基づいて，

---

[1] 数値的効用の概念と線型の《数学的期待値》の概念とのあいだの基本的関連については，3.7.1. の終りで指摘した．

$$v' = \text{Max}_{\xi} \text{Min}_{\eta} K(\xi, \eta) = \text{Min}_{\eta} \text{Max}_{\xi} K(\xi, \eta)$$
$$= \text{Sa}_{\xi|\eta} K(\xi, \eta)$$

と定義することができる（13.5.2.の（13:C*）と 13.4.3. の終りを参照）．

14.5.1.の（14:D:a），（14:D:b）において集合 A, B を定義したのと同じように，それぞれ S_{β_1}, S_{β_2} の部分集合である2つの集合 $\overline{A}, \overline{B}$ を定義しよう．これら2つの場合は，13.5.1.の集合 A^{φ}, B^{φ} に相当している（そこでの φ はここでの K に対応している）．すなわち，

(17:B:a) $\overline{A}$ は $\text{Min}_{\eta} K(\xi, \eta)$ がその最大値をとるようなすべての $\xi \in S_{\beta_1}$ の集合である．つまり，

$$\text{Min}_{\eta} K(\xi, \eta) = \text{Max}_{\xi} \text{Min}_{\eta} K(\xi, \eta) = v'$$

であるような ξ の集合である．

(17:B:b) $\overline{B}$ は $\text{Max}_{\xi} K(\xi, \eta)$ がその最小値をとるようなすべての $\eta \in S_{\beta_2}$ の集合である．つまり，

$$\text{Max}_{\xi} K(\xi, \eta) = \text{Min}_{\eta} \text{Max}_{\xi} K(\xi, \eta) = v'$$

であるような η の集合である．

これについて，14.5.の論法をくり返すことができる．

この議論を進めるにあたって，14.5.で述べた命題 (14:C:a)–(14:C:f) と同じ番号をつけていくことにしよう[1]．

---

[1] したがって，ここでは (a)–(f) がアルファベットの順にはならない．14.5.でもそうであったが，それは，14.3.1., 14.3.3.

第 1 に,
(17:C:d) プレイヤー 1 は, 適切にプレイすれば, プレイヤー 2 がどのような手を用いようと, v' 以上の利得を確保できる.

プレイヤー 2 は, 適切にプレイすれば, プレイヤー 1 がどのような手を用いようと, $-v'$ 以上の利得を確保できる.

証明:プレイヤー 1 が $\xi \in \overline{A}$ を選択するならば, プレイヤー 2 がどのような手を用いようと, すなわち, どんな η に対しても, $K(\xi,\eta) \geq \mathrm{Min}_\eta K(\xi,\eta) = v'$ である. またプレイヤー 2 が $\eta \in \overline{B}$ を選択するならば, プレイヤー 1 がどのような手を用いようと, つまり, どんな ξ に対しても, $K(\xi,\eta) \leq \mathrm{Max}_\xi K(\xi,\eta) = v'$ である. 証明終り.

第 2 に, (17:C:d) はつぎのことと同値である.

(17:C:e) プレイヤー 2 は, 適切にプレイすれば, プレイヤー 1 がどのような手を用いようと, プレイヤー 1 の利得を v' 以下にすること, つまり, プレイヤー 1 が v' より大きい利得を得られないようにすることができる.

プレイヤー 1 は, 適切にプレイすれば, プレイヤー 2 がどのような手を用いようと, プレイヤー 2 の利得を $-v'$ 以下にすること, つまり, プレイヤー 2 が $-v'$ より大きい利得を得られないようにすることができる.

───────────────

の順序に基づいていたからであり, また, それらの節における論法が多少異なった道筋をとったからである.

17.8.2. 第3に,今度は (17:C:d) と (17:C:e),ならびに (17:C:d) の証明での考察に基づいて,つぎのようにいうことができよう.

(17:C:a)　プレイヤー1がゲーム Γ をプレイする際のよい方法（戦略の組合せ）とは,$\overline{A}$ に属する任意の $\boldsymbol{\xi}$ を選択することである.ただし $\overline{A}$ は,さきの (17:B:a) の集合である.

(17:C:b)　プレイヤー2がゲーム Γ をプレイする際のよい方法（戦略の組合せ）とは,$\overline{B}$ に属する任意の $\boldsymbol{\eta}$ を選択することである.ただし $\overline{B}$ は,さきの (17:B:b) の集合である.

第4に,(17:C:d)の命題,あるいは同じことだが(17:C:e)の命題を結合すると,つぎの命題が得られる.

(17:C:c)　プレイヤー1と2の双方がゲーム Γ を適切にプレイするならば,つまり,それぞれ $\boldsymbol{\xi} \in \overline{A}, \boldsymbol{\eta} \in \overline{B}$ を選択する場合には,$K(\boldsymbol{\xi}, \boldsymbol{\eta})$ の値は（プレイヤー1にとっての）プレイの価値 v' になる.

さらに,13.5.2.の (13:D*) と (17:B:a),(17:B:b) の前で述べた集合 $\overline{A}, \overline{B}$ に関する説明から,つぎのことが導かれる.

(17:C:f)　プレイヤー1と2の双方がゲーム Γ を適切にプレイするのは,つまり,$\boldsymbol{\xi} \in \overline{A}, \boldsymbol{\eta} \in \overline{B}$ となるのは,$\boldsymbol{\xi}, \boldsymbol{\eta}$ が $K(\boldsymbol{\xi}, \boldsymbol{\eta})$ の鞍点であるとき,しかもそのときだけに限られる.

以上の考察から,v' は実際に（プレイヤー1にとっての）

Γ のプレイの価値と解釈できること，また $\overline{A}, \overline{B}$ はそれぞれ，プレイヤー1および2が Γ をプレイする際のよい方法から成ることが一層はっきりする．(17:C:a)–(17:C:f) の論法には，発見法的なものや不確かなものはなにもない．われわれは，プレイヤーの《知力》や《誰が誰の戦略を見抜いたか》などについて余分な仮定を設けなかった．実際，一方のプレイヤーについてわれわれの得た結論は，相手のプレイヤーが理性的に行動するという前提に基づいて得られたものではない．このことは重要なのでくり返し強調しておきたい（4.1.2.の終り，および 15.8.3. を参照）．

17.9. 良い戦略の，さらにいくつかの特性

17.9.1. 17.8.2. の最後の結論 (17:C:c) と (17:C:f) は，また，上で得られた解の要素，つまり，数 v' とベクトルの集合 $\overline{A}, \overline{B}$ についての単純明解な特徴づけを与えている．

上記の (17:C:c) から，v' は $\overline{A}, \overline{B}$ によって決まる．したがって，$\overline{A}, \overline{B}$ を調べてみさえすればよい．これを (17:C:f) を用いて調べてみよう．

(17:C:f) によって，$\boldsymbol{\xi}, \boldsymbol{\eta}$ が $K(\boldsymbol{\xi}, \boldsymbol{\eta})$ の鞍点であるときにだけ，$\boldsymbol{\xi}$ が $\overline{A}$ に，$\boldsymbol{\eta}$ が $\overline{B}$ に属する．これは，

$$K(\boldsymbol{\xi}, \boldsymbol{\eta}) = \begin{cases} \text{Max}_{\boldsymbol{\xi}'} K(\boldsymbol{\xi}', \boldsymbol{\eta}) \\ \text{Min}_{\boldsymbol{\eta}'} K(\boldsymbol{\xi}, \boldsymbol{\eta}') \end{cases}$$

ということである．この式の意味は，17.4.1. と 17.6. の $K(\boldsymbol{\xi}, \boldsymbol{\eta})$ に関する式 (17:2)，および 17.5.2. の $\text{Max}_{\boldsymbol{\xi}'} K(\boldsymbol{\xi}',$

$\boldsymbol{\eta}$) と $\mathrm{Min}_{\eta'} \mathrm{K}(\boldsymbol{\xi}, \boldsymbol{\eta}')$ に関する補助定理 (17:A) の式を用いると明確になる．それらを用いると，上の等式はつぎのようになる．

$$\sum_{\tau_1=1}^{\beta_1} \sum_{\tau_2=1}^{\beta_2} \mathscr{K}(\tau_1, \tau_2)\xi_{\tau_1} \eta_{\tau_2} = \begin{cases} \mathrm{Max}_{\tau_1'} \sum_{\tau_2=1}^{\beta_2} \mathscr{K}(\tau_1', \tau_2)\eta_{\tau_2} \\ \mathrm{Min}_{\tau_2'} \sum_{\tau_1=1}^{\beta_1} \mathscr{K}(\tau_1, \tau_2')\xi_{\tau_1} \end{cases}$$

ここで，$\sum_{\tau_1=1}^{\beta_1} \xi_{\tau_1} = \sum_{\tau_2=1}^{\beta_2} \eta_{\tau_2} = 1$ であるから，これをさらにつぎのように書きかえることができる．

$$\sum_{\tau_1=1}^{\beta_1} \left[\mathrm{Max}_{\tau_1'} \sum_{\tau_2=1}^{\beta_2} \mathscr{K}(\tau_1', \tau_2)\eta_{\tau_2} - \sum_{\tau_2=1}^{\beta_2} \mathscr{K}(\tau_1, \tau_2)\eta_{\tau_2} \right] \xi_{\tau_1} = 0$$

$$\sum_{\tau_2=1}^{\beta_2} \left[-\mathrm{Min}_{\tau_2'} \sum_{\tau_1=1}^{\beta_1} \mathscr{K}(\tau_1, \tau_2')\xi_{\tau_1} + \sum_{\tau_1=1}^{\beta_1} \mathscr{K}(\tau_1, \tau_2)\xi_{\tau_1} \right] \eta_{\tau_2} = 0$$

これらの等式の左辺における $\xi_{\tau_1}, \eta_{\tau_2}$ の係数は，すべて非負であり[1]，$\xi_{\tau_1}, \eta_{\tau_2}$ 自体もまた非負である．したがって，これらの等式は，左辺を構成している各項がいずれも 0 になるときにだけ成り立つ．すなわち，それは，$\tau_1(=1,\cdots,\beta_1)$ について，その係数が 0 でないなら，$\xi_{\tau_1}=0$ となり，また $\tau_2(=1,\cdots,\beta_2)$ について，その係数が 0 でないなら，$\eta_{\tau_2}=0$ となるときである．

---

[1] そこでの Max と Min の現われ方に注意．

これまでのところを要約すると，つぎのようになる．

(17:D)　$\xi \in \overline{A}, \eta \in \overline{B}$ であるのは，以下のことが真のとき，しかもそのときに限られる．

$\tau_1 (=1, \cdots, \beta_1)$ に関して，$\sum_{\tau_2=1}^{\beta_2} \mathscr{K}(\tau_1, \tau_2) \eta_{\tau_2}$ が最大値とならないなら $\xi_{\tau_1} = 0$ となる．

$\tau_2 (=1, \cdots, \beta_2)$ に関して，$\sum_{\tau_1=1}^{\beta_1} \mathscr{K}(\tau_1, \tau_2) \xi_{\tau_1}$ が最小値とならないなら，$\eta_{\tau_2} = 0$ となる．

これらの原理は，言葉によってつぎのように容易に定式化できる．すなわち，ξ, η が良い混合戦略ならば，ξ は η に対して（プレイヤー 1 にとって）最適でないような戦略 τ_1 を 1 つも含んでいないし，また，η は ξ に対して（プレイヤー 2 にとって）最適でないような戦略 τ_2 を 1 つも含んでいない，ということである．すなわち，ξ, η は予想したとおり，互いに最適である．

17.9.2. ここで，もう 1 つの注意を述べておかなければならない．

(17:E)　ゲームが特殊確定的であるのは，各プレイヤーにとって良い純粋戦略が存在するとき，しかもそのときに限られる．

これまでの議論，とくに純粋戦略から混合戦略への一般化の過程における議論からすると，この主張は直観的にわかるようにも思えるが，同じく簡単な数学的証明を与えておこう．

17.5.2. の最後のところで考察したように，v_1 も v_1' も

$\operatorname{Min}_{\tau_2} \sum_{\tau_1=1}^{\beta_1} \mathscr{K}(\tau_1, \tau_2) \xi_{\tau_1}$ に Max_{ξ} という演算を行なうことによって得られるもので，その違いは，ξ の変域が異なることだけであった．すなわち，v_1 の場合の変域はすべての基底ベクトル δ^{τ_1} ($\tau_1 = 1, \cdots, \beta_1$) の集合であり，$v_1'$ の場合の変域は S_{β_1} 全体であった．すなわち，前者では純粋戦略が，後者では混合戦略が変域なのである．したがって，$v_1 = v_1'$，つまり，2つの最大値が等しくなるのは，後者の変域での最大値が，前者の変域内で（少なくとも 1 回）とられる場合である．このことは，さきの (17:D) から，（少なくとも）1つの純粋戦略が $\overline{A}$ に属さなければならない，つまり良い戦略であるということを意味する．すなわち，

(17:F:a) プレイヤー 1 にとって，良い純粋戦略が存在するとき，しかもそのときに限って，$v_1 = v_1'$ である．

同様にして，

(17:F:b) プレイヤー 2 にとって，良い純粋戦略が存在するとき，しかもそのときに限って，$v_2 = v_2'$ である．

ところで，一般に $v_1' = v_2' = v'$ であり，特殊確定的の場合には $v_1 = v_2 = v'$ である．したがって，$v_1 = v_1'$，$v_2 = v_2'$ となる．それゆえ，(17:F:a) と (17:F:b) を合わせると (17:E) が導かれる．

17.10. 失敗とそれらの帰結．恒久的な最適性

17.10.1. これまでの議論から，良い混合戦略とは何かということが明らかになった．そこで，その他の混合戦略について触れておこう．われわれは，良くない戦略（すな

わち，ベクトル $\boldsymbol{\xi}, \boldsymbol{\eta}$）について，良い戦略からのその隔りで，その《良くなさ》を表わし，失敗の結果，つまり，良くない戦略を用いた場合の結果について考えてみたいのである．もっとも，この問題は興味をそそる多くの事柄を含んでいるが，それをここで論じ尽くそうとは思わない．

任意の $\boldsymbol{\xi} \in S_{\beta_1}$ と任意の $\boldsymbol{\eta} \in S_{\beta_2}$ に対して，つぎのような数値関数がつくられる．

(17:13:a) $\qquad \alpha(\boldsymbol{\xi}) = \mathrm{v}' - \mathrm{Min}_{\eta} \mathrm{K}(\boldsymbol{\xi}, \boldsymbol{\eta})$

(17:13:b) $\qquad \beta(\boldsymbol{\eta}) = \mathrm{Max}_{\xi} \mathrm{K}(\boldsymbol{\xi}, \boldsymbol{\eta}) - \mathrm{v}'$

17.5.2. の補助定理 (17:A) から，これらは

(17:13:a*) $\quad \alpha(\boldsymbol{\xi}) = \mathrm{v}' - \mathrm{Min}_{\tau_2} \sum_{\tau_1=1}^{\beta_1} \mathscr{K}(\tau_1, \tau_2) \xi_{\tau_1}$

(17:13:b*) $\quad \beta(\boldsymbol{\eta}) = \mathrm{Max}_{\tau_1} \sum_{\tau_2=1}^{\beta_2} \mathscr{K}(\tau_1, \tau_2) \eta_{\tau_2} - \mathrm{v}'$

と書いても同じである．このとき定義

$\quad \mathrm{v}' = \mathrm{Max}_{\xi} \mathrm{Min}_{\eta} \mathrm{K}(\boldsymbol{\xi}, \boldsymbol{\eta}) = \mathrm{Min}_{\eta} \mathrm{Max}_{\xi} \mathrm{K}(\boldsymbol{\xi}, \boldsymbol{\eta})$

からつねに，

$\qquad\qquad \alpha(\boldsymbol{\xi}) \geqq 0, \qquad \beta(\boldsymbol{\eta}) \geqq 0$

であることが保証される．ところで，17.8. の (17:B:a)，(17:B:b) および (17:C:a)，(17:C:b) から，$\boldsymbol{\xi}$ が良い戦略であるのは $\alpha(\boldsymbol{\xi}) = 0$ のときだけであり，$\boldsymbol{\eta}$ が良い戦略であるのは $\beta(\boldsymbol{\eta}) = 0$ のときだけであることがわかる．

したがって，$\alpha(\boldsymbol{\xi}), \beta(\boldsymbol{\eta})$ は一般の $\boldsymbol{\xi}, \boldsymbol{\eta}$ に対して，良い戦略からのそれらの隔り，つまり戦略の《良くなさ》を表わすのに便利な数値測度である．$\alpha(\boldsymbol{\xi}), \beta(\boldsymbol{\eta})$ が何であるかを

言葉ではっきり定義すると,この解釈がもっと納得のいくものになる.さきの公式 (17:13:a), (17:13:b) あるいは (17:13:a*), (17:13:b*) をみると,特定の(必ずしも良くない)戦略を用いることによって,あるプレイヤーが,自分に対するそのプレイの価値を比較して,どれだけの損害[1]を被る危険があるかがわかる.ここで《危険》というのは,与えられた諸条件のもとで生じうる最悪の事態を意味している[2].

しかし,ここで注意しなければならないが,$\alpha(\xi), \beta(\eta)$ だけからは,相手のどの戦略がこの ξ あるいは η を用いるプレイヤーにこの最大損害を負わせるかはわからない.とくに,相手が特定の良い戦略,つまりプレイヤー 1 に対してプレイヤー 2 が $\eta_0 \in \overline{B}$ を,あるいはプレイヤー 2 に対してプレイヤー 1 が $\xi_0 \in \overline{A}$ を用いた場合に,この選択自体が問題の最大の損害をもたらすかどうかということは,まったくわからない.一方のプレイヤーが良くない戦略,つまりプレイヤー 1 が ξ を,あるいはプレイヤー 2 が η を用いた場合に,最大損害が生じるのは,それぞれ相手の選択

---

1) ここで損害というのは,プレイの価値から実際の利得を減じたものである.すなわち,プレイヤー 1 にとっては $v' - K(\xi, \eta)$ であり,プレイヤー 2 にとっては $(-v') - (-K(\xi, \eta)) = K(\xi, \eta) - v'$ である.

2) 事実,上の脚注 1 と (17:13:a), (17:13:b) を用いると,
$$\alpha(\xi) = v' - \mathrm{Min}_\eta K(\xi, \eta) = \mathrm{Max}_\eta \{v' - K(\xi, \eta)\}$$
$$\beta(\eta) = \mathrm{Max}_\xi K(\xi, \eta) - v' = \mathrm{Max}_\xi \{K(\xi, \eta) - v'\}$$
である.これらは,それぞれ最大の損害を意味している.

$\boldsymbol{\eta}'$, あるいは $\boldsymbol{\xi}'$ がそれぞれつぎの条件をみたすときである.
(17:14:a) $\quad\quad\quad K(\boldsymbol{\xi}, \boldsymbol{\eta}') = \text{Min}_\eta K(\boldsymbol{\xi}, \boldsymbol{\eta})$
(17:14:b) $\quad\quad\quad K(\boldsymbol{\xi}', \boldsymbol{\eta}) = \text{Max}_\xi K(\boldsymbol{\xi}, \boldsymbol{\eta})$
すなわち, $\boldsymbol{\eta}'$ が $\boldsymbol{\xi}$ に対して最適となる場合, あるいは $\boldsymbol{\xi}'$ が $\boldsymbol{\eta}$ に対して最適となる場合である. そして, ある固定された $\boldsymbol{\eta}_0$ がすべての $\boldsymbol{\xi}$ に対して最適でありうるかどうか, あるいは, ある固定された $\boldsymbol{\xi}_0$ がすべての $\boldsymbol{\eta}$ に対して最適でありうるかどうかは, まだ確かめられていない.

17.10.2. それゆえに, すべての $\boldsymbol{\xi}$ に対して最適な, したがってすべての $\boldsymbol{\xi}$ に対して 17.10.1. の (17:14:a) をみたす $\boldsymbol{\eta}'$ を, あるいは, すべての $\boldsymbol{\eta}$ に対して最適な, したがってすべての $\boldsymbol{\eta}$ に対して 17.10.1. の (17:14:b) をみたす $\boldsymbol{\xi}'$ を**恒久的最適**と呼ぶことにしよう. 任意の恒久的最適戦略 $\boldsymbol{\eta}'$, あるいは $\boldsymbol{\xi}'$ は, 当然良い戦略である. このことは概念的に明らかであろうし, 厳密な証明も容易である[1]. しかし, つぎのような疑問が残る. 良い戦略はすべて恒久的に最適でもあるのだろうか? さらに, そもそも恒久的に最適な戦略などというものが存在するのだろうか?

---

[1] 証明: $\boldsymbol{\eta}'$ についてこのことを証明すれば十分である. $\boldsymbol{\xi}'$ についての証明も同様にしてできる.
 $\boldsymbol{\eta}'$ が恒久的に最適だとする. $\boldsymbol{\eta}'$ に対して最適な $\boldsymbol{\xi}^*$, つまり,
$$K(\boldsymbol{\xi}^*, \boldsymbol{\eta}') = \text{Max}_\xi K(\boldsymbol{\xi}, \boldsymbol{\eta}')$$
であるような $\boldsymbol{\xi}^*$ を選択する. 定義によって,
$$K(\boldsymbol{\xi}^*, \boldsymbol{\eta}') = \text{Min}_\eta K(\boldsymbol{\xi}^*, \boldsymbol{\eta})$$
である. したがって, $\boldsymbol{\xi}^*, \boldsymbol{\eta}'$ は $K(\boldsymbol{\xi}, \boldsymbol{\eta})$ の鞍点であり, それゆえ, $\boldsymbol{\eta}'$ は, 17.8.2. の (17:C:f) によって, $\overline{B}$ に属する, つまり良い戦略である.

一般には答は否である．たとえば，硬貨合せやじゃんけんにおいて，プレイヤー1にとってもプレイヤー2にとっても，唯一の良い戦略は，それぞれ $\xi = \eta = \left\{\frac{1}{2}, \frac{1}{2}\right\}$ あるいは $\left\{\frac{1}{3}, \frac{1}{3}, \frac{1}{3}\right\}$ である[1]．プレイヤー1がたとえばつねに《表[2]》を出すとか，つねに《石[2]》を出すというように，良い戦略に従わなかった場合に，相手が《裏[3]》，あるいは《紙[3]》で立ち向かったとすれば，プレイヤー1は負けるだろう．しかし，そのときは相手の戦略もまた良い戦略，つまり，それぞれ $\left\{\frac{1}{2}, \frac{1}{2}\right\}$ あるいは $\left\{\frac{1}{3}, \frac{1}{3}, \frac{1}{3}\right\}$ ではない．相手が良い戦略を用いるならば，そのプレイヤーの失敗は問題にならないだろう[4]．

これについてのもう1つの，もっと微妙な，もっと複雑な例を，のちに19.2.と19.10.3.でポーカーと《ハッタリ》の必要性との関連で考察する．

以上を要約すると，われわれの良い戦略というのは，守備の面では完璧であるが，起こりうる相手の失敗につけ込んで最大の利得を得るというものではない．つまり攻撃の

---

1) 17.1.を参照．その他のどんな確率を用いても《見抜かれた》ときには損害を被る．以下の脚注を参照．
2) このときは，それぞれ，$\xi = \delta^1 = \{1, 0\}$，あるいは $\{1, 0, 0\}$ である．
3) このときは，それぞれ，$\eta = \delta^2 = \{0, 1\}$，あるいは $\{0, 1, 0\}$ である．
4) すなわち，《表》あるいは《石》という悪い戦略は，それ自体同じように悪い戦略である《裏》あるいは《紙》によらなければ，敗かされない．

面を計算に入れたものでないということができよう.

それにもかかわらず, 17.8.のわれわれの推論は, 十分説得力をもつことを銘記すべきであろう. つまり, この意味での攻撃の理論は, 本質的に新しい発想なしには不可能である. この点を承服しがたい読者は, もう一度, 硬貨合せかじゃんけんにおける状況を思い浮かべてみるとよい. これら2つのゲームは極度に単純なので, 重要な箇所がとくにはっきりする.

攻撃面を計算に入れてないという点を過大に強調すべきではない. というのは, 俗に《攻撃的》と呼ばれるものは, さきの意味での《攻撃的》とはまったく違っており, つまり, われわれの理論が完全に当てはまるものだからである. このことは, すぐあとの 17.10.3. で考察するような完全情報ゲームのすべてに妥当する[1]. それはまた, ポーカーの際の《ハッタリ[2]》のように, 不完全情報によって必要になるような, 典型的に《侵略的》動作にも当てはまることである.

17.10.3. ゼロ和2人ゲームには, 恒久的に最適な戦略の存在するような, 1つの重要な種類のゲームがあることを述べて, この節を終わることにする. その種のゲームは, 15., とくに 15.3.2., 15.6., 15.7. で分析したような完全情報ゲームである. 事実, そこで与えられた, これらのゲー

---

1) たとえば, チェスや西洋双六はこれに含まれる.
2) これまでの議論は, むしろ《ハッタリ》のない場合に妥当する. 19.2.と 19.10.3.を参照.

ムが特殊確定的であることの証明を少し修正すれば，この命題を確認するのに十分である．それによって，恒久的に最適な純粋戦略が与えられるだろう．しかし，ここでは，それらの検討は割愛する．

完全情報ゲームはつねに，特殊確定的であるから，特殊確定的ゲームと双方のプレイヤーにとって恒久的に最適な戦略が存在するゲームとのあいだに，より基本的な結びつきがありそうに思われるかもしれない．この点について，ここでこれ以上議論するつもりはないが，この結びつきに関するつぎの事実を述べておこう．

(17:G:a) 双方のプレイヤーにとって，恒久的に最適な戦略が存在する場合には，そのゲームは必ず特殊確定的である，ということが示される．

(17:G:b) (17:G:a) の逆は成り立たない，ということが示される．

(17:G:c) 特殊確定性という概念を精密にすれば，恒久的に最適な戦略の存在とより密接な関係がつけられるように思われる．

17.11. プレイヤーの入れかえ．対称性

17.11.1. 対称性の役割について，あるいはもっと一般的にゲーム Γ におけるプレイヤー1と2の入れかえの効果について考えてみよう．これは当然 14.6. の分析の続きになる．

14.6. で指摘したように，プレイヤーの入れかえによ

って，関数 $\mathscr{K}(\tau_1, \tau_2)$ は $-\mathscr{K}(\tau_2, \tau_1)$ に置きかえられる．17.4.1. の公式（17:2）と 17.6. から，この入れかえによって，$K(\boldsymbol{\xi}, \boldsymbol{\eta})$ が $-K(\boldsymbol{\eta}, \boldsymbol{\xi})$ で置きかえられることがわかる．16.4.2. の用語で表現すると，$\mathscr{K}(\tau_1, \tau_2)$ の行列（14.1.3. を参照）がその負の転置行列によって置きかえられる，ということになる．

したがって，14. における考察との完全な類似性が保たれる．すなわち $\tau_1, \tau_2, \mathscr{K}(\tau_1, \tau_2)$ を $\boldsymbol{\xi}, \boldsymbol{\eta}, K(\boldsymbol{\xi}, \boldsymbol{\eta})$ で置きかえれば，14. と同じ形式的結論が得られる（17.4. と 17.8. の該当箇所を参照）．

14.6. で，$\mathscr{K}(\tau_1, \tau_2)$ を $-\mathscr{K}(\tau_2, \tau_1)$ で置きかえると，v_1, v_2 が $-v_2, -v_1$ に変わることを見た．この考えをそのままくり返すと，$K(\boldsymbol{\xi}, \boldsymbol{\eta})$ を $-K(\boldsymbol{\eta}, \boldsymbol{\xi})$ で置きかえると v'_1, v'_2 が $-v'_2, -v'_1$ に変わることがわかる．要約すると，プレイヤー 1, 2 を入れかえると，v_1, v_2, v'_1, v'_2 が $-v_2, -v_1, -v'_2, -v'_1$ に変わるといえる．

特殊確定性に関して確認された 14.6. の結論は，$v = v_1 = v_2$ が $-v = -v_1 = -v_2$ に変わるということであった．そのような性質がない場合には，このようなまとめは不可能であった．

現在では，一般確定性がつねに存在し，したがって，$v' = v'_1 = v'_2$ であることがわかっている．したがって，これは $-v' = -v'_1 = -v'_2$ に変わる．

この結論の中味を言葉で表現することは簡単である．すなわち，Γ の（プレイヤー 1 に対する）プレイの価値 v' と

いう満足のゆく概念を定義することに成功したので，プレイヤーの役割を入れかえたときには，その量の符号が変わるという以外に考えようがない．

17.11.2. なおどのようなときにゲーム Γ が対称的であるかを正確に述べることもできる．ゲーム Γ が対称的なのは，そのゲームにおいて2人のプレイヤー1と2がまったく同じ役割を果たすとき，つまり，ゲーム Γ における2人のプレイヤー1と2の果たす役割を入れかえることによって得られるゲームが，もとの Γ とまったく一致するときである．このことは，上に述べたことによれば，

$$\mathscr{K}(\tau_1, \tau_2) = -\mathscr{K}(\tau_2, \tau_1)$$

あるいは，同じことだが，

$$\mathrm{K}(\boldsymbol{\xi}, \boldsymbol{\eta}) = -\mathrm{K}(\boldsymbol{\eta}, \boldsymbol{\xi})$$

であることを意味する．行列 $\mathscr{K}(\tau_1, \tau_2)$ あるいは双線型形式 $\mathrm{K}(\boldsymbol{\xi}, \boldsymbol{\eta})$ のこの性質については，16.4.4. で導入し，それを交代性[1],[2]と呼んだのであった．

---

[1] 行列 $\mathscr{K}(\tau_1, \tau_2)$ に対しては，あるいはそれに対応する双線型形式 $\mathrm{K}(\boldsymbol{\xi}, \boldsymbol{\eta})$ に対しては，対称性は，

$$\mathscr{K}(\tau_1, \tau_2) = \mathscr{K}(\tau_2, \tau_1)$$

によって，あるいは同じことだが，

$$\mathrm{K}(\boldsymbol{\xi}, \boldsymbol{\eta}) = \mathrm{K}(\boldsymbol{\eta}, \boldsymbol{\xi})$$

によって定義される．

特徴的なことは，ゲーム Γ の対称性は，その行列あるいは双線型形式の交代性に等しいのであって，それらの対称性とは一致しない，という点である．

[2] 交代性とは，14.1.3. の表 15 の行列を（欄 $(1,1), (2,2)$ 等々からなる）主対角線に関して折り返し，この行列自身の符号を変えることを意味する．（上の脚注の意味における対称性は，行列を

この場合には，v_1, v_2 はそれぞれ $-v_2, -v_1$ と一致せねばならない．したがって $v_1 = -v_2$ でなければならない．ところが，一般に $v_1 \leqq v_2$ であるから，$v_1 \leqq 0$ である．しかし，v' は $-v'$ と一致しなければならないから

$$v' = 0$$

となることもいえる[1]．したがって，対称ゲームの各プレイの価値は 0 であることがいえる．

ここで注意しなければならないのは，ゲーム Γ の各プレイの価値 v' は，そのゲームが対称でなくとも 0 になることがありうることである．$v' = 0$ であるようなゲームは，公平なゲームと呼ばれる．

14.7.2., 14.7.3. の例はこのことを示している．つまり，じゃんけんは対称的であり，したがって公平である．硬貨

主対角線に関して折り返せばそれ自身に移る，つまり変わらない，ということを意味する．)

ところで，表 15 の行列は，β_1 行 β_2 列の長方行列である．いま問題にしている行列の場合には，この折り返しによって，その形が変わらないものでなければならない．したがって，それは正方行列，つまり，$\beta_1 = \beta_2$ でなければならない．ところで，プレイヤー 1 と 2 は，ゲーム Γ において同じ役割を果たすと仮定されているのだから，この行列が正方行列になるのは当然である．

1) いうまでもなく，これは $v_1' = v_2'$ となることがわかっていることに基づいている．これがわかっていない場合，つまり，16.4.3. の一般的定理 (16:F) の成り立つことが知られていなければ，さきに v_1, v_2 について得られたのと同じことしか v_1', v_2' についても，主張できない．つまり，$v_1' = -v_2'$ であること，および $v_1' \leqq v_2'$ であるから $v_1' \leqq 0$ であることしか主張できない．

合せは，対称的でないが公平である（17.1. を参照）[1].

---

1) 硬貨合せでは，プレイヤー1と2は，それぞれ異なった役割を演ずる．プレイヤー1は，面を一致させようとするのに対して，プレイヤー2は一致させまいとする．もちろんこの違いは本質的なものではなく，硬貨合せの公平性は，この非対称性が本質的でないことによると思われよう．この点を詳しく論証することもできようが，硬貨合せに関して，ここで論証しようとは思わない．非対称であって，公平であるようなゲームのもっと適切な例としては，全体は非対称であるが，個々のプレイヤーの有利さ，不利さがうまく調節されていて，その結果，ゲームが公平になる，つまり，価値 $v' = 0$ をもつようなものを考えればよい．

あまりうまい試みではないが，通常の《サイコロ投げ》を，そうしたゲームとしてあげることができる．このゲームでは，プレイヤー1（《お客》）はそれぞれ1から6までの目のついた2つのサイコロを投げる．1回投げるごとに，目の和は2から12までのいずれかの数になる．そして，それらの目の和は，つぎのような確率をもつ．

目の和	2	3	4	5	6	7	8	9	10	11	12
場合の数（合計36）	1	2	3	4	5	6	5	4	3	2	1
確率	$\frac{1}{36}$	$\frac{2}{36}$	$\frac{3}{36}$	$\frac{4}{36}$	$\frac{5}{36}$	$\frac{6}{36}$	$\frac{5}{36}$	$\frac{4}{36}$	$\frac{3}{36}$	$\frac{2}{36}$	$\frac{1}{36}$

このゲームの規則は，つぎのとおりとする．お客が 7 または 11 (《ナチュラル》訳注：無条件にすぐ勝ちになる手) を出せばお客の勝ち．2,3 または 12 を出したらお客の負け．その他の目 (4,5,6 あるいは 8,9,10) を出したら，もとの目がもう一度出る（このときはお客の勝ち）か，7 が出る（お客の負け）までくり返して投げる．プレイヤー2（《胴元》）は，そのプレイに何の影響も与えない．

プレイヤー1と2（《お客》と《胴元》）に対する規則の影響は，いちじるしく異なっているけれども，両者の勝ち目はほとんど等しい．詳しくは計算しないが，全体で 495 のうち《お客》が 244

対称ゲームにおいては，17.8.の (17:B:a), (17:B:b) の集合 $\overline{A}, \overline{B}$ は，明らかに一致する．$\overline{A}=\overline{B}$ であるから，17.9.の最後の判定基準 (17:D) において，$\xi=\eta$ と置くことができる．そこで対称ゲームの場合にはこの判定基準をつぎのようにいいかえることができる．

(17:H)　対称ゲームにおいては，ξ が $\overline{A}$ に属するのは，$\tau_2(=1,\cdots,\beta_2)$ に関して，$\sum_{\tau_1=1}^{\beta_1}\mathscr{K}(\tau_1,\tau_2)\xi_{\tau_1}$ がその最小値をとらないなら，$\xi_{\tau_2}=0$ となるとき，しかもそのときに限る．

17.9.の最後の注意の言葉を用いると，上の条件は ξ が自分自身に対して最適であることを表現していることがわかる．

17.11.3.　対称ゲームでは，どんな場合でも $v'=0$ であるという 17.11.1., 17.11.2. の結論を 17.8. の (17:C:d) と結びつけることができる．そうすると，つぎのことがいえる．

(17:I)　対称ゲームにおいては，各プレイヤーが適切にプレイすれば，相手がどのような手を用いようとも，

の勝ち目をもつのに対して，《胴元》は 251 の勝ち目をもつことが，簡単な計算でわかる．すなわち，単位の賭け金でプレイしたとき，1 回のプレイの価値は，

$$\frac{244-251}{495}=-\frac{7}{495}=-1.414\%$$

である．したがって，公平性に対する近似はかなり良好で，これ以上のことが望めるかどうかは疑問であろう．

損害を避けることができる[1].

数学的には，これをつぎのように述べることができる．

行列 $\mathscr{K}(\tau_1, \tau_2)$ が交代行列であれば，条件

$$\sum_{\tau_1=1}^{\beta_1} \mathscr{K}(\tau_1, \tau_2)\xi_{\tau_1} \geqq 0 \quad (\tau_2 = 1, \cdots, \beta_2)$$

をみたすベクトル $\boldsymbol{\xi} \in S_{\beta_1}$ が存在する．

この命題は直接導きだすこともできる．実際これは，16.4.4.の最後の結論（16:G）と一致している．このことを理解するには，(16:G) における $i, j, a(i,j)$ という記号を今の記号 $\tau_1, \tau_2, \mathscr{K}(\tau_1, \tau_2)$ に変え，$\boldsymbol{w}$ を $\boldsymbol{\xi}$ に変えるだけで十分である．

この事実の上に全理論を基礎づけること，つまり，上の結論から，17.6.の主定理を導きだすことさえ可能である．換言すれば，すべてのゲーム Γ の一般確定性は，対称ゲームの一般確定性から導きだすことができる．この証明には，それ自身ある種の興味があるが，17.6.の導き方の方がより直接的なので，それについての議論は省略する．

対称ゲームにおいて，損害から自分を守ることができるのは，混合戦略 $\boldsymbol{\xi}, \boldsymbol{\eta}$ を用いるときだけである（17.7.の終りの部分を参照）．プレイヤーの用いる戦略が，純粋戦略 τ_1, τ_2 に限られるならば，自分の戦略を見抜かれ，結局，損害を被る危険はまぬがれない．このことを理解するには，じゃんけんに関して考察した事柄を想起するだけで十分で

---

[1] すなわち，非負の利得を確保することができる．

ある（14.7.と17.1.1.を参照）．同じことは，ポーカーとの関連で，また19.2.1.における《ハッタリ》との関連で認められるであろう．

第4章 ゼロ和2人ゲーム：実例

18. いくつかの基礎的なゲーム

18.1. 最も単純なゲーム

18.1.1. ゼロ和2人ゲームの一般的議論が終わったので，今度は，ゼロ和2人ゲームの特定の例の検討に移ろう．これらの例は，ゼロ和2人ゲームの理論のさまざまな要素の真の意味を，どんな一般的抽象的な議論よりもいっそうはっきりさせてくれるだろう．とくに，それらの実例から，われわれの理論が示す形式的な諸段階に対して，どのように直接的な常識的解釈ができるかがわかるであろう．のちに示すように，この章では，19.2., 19.10.および19.16.で述べるような《実践的》および《心理的》現象の主要な側面について厳密な定式化がなされる[1]．

18.1.2. 数 β_1, β_2 の大きさ，つまりゲームの標準型において2人のプレイヤーのもつ選択肢（戦略）の数は，ゲーム Γ の複雑性の度合を判定するための第1の合理的な尺度

---

[1] この点を強調するのは，実践的，心理的現象は，もともと厳密な数学的取扱いには適さないという意見が広範にゆきわたっているからである．

になる．β_1 と β_2 のいずれか一方，または双方が 1 の場合には，ゲームの結果を左右できるような選択権が，当のプレイヤーに与えられていない[1]のだから，検討するまでもない．したがって，われわれにとって関心のある最も単純なゲームは，

(18:1) $$\beta_1 = \beta_2 = 2$$

なるゲームである．14.7.ですでにみたように，硬貨合せはこの種のゲームである．このゲームの行列は，13.4.1.の表 12 に示してある．この種のゲームのもう 1 つの例が，表 14 である．

	1	2
1	$\mathscr{K}(1,1)$	$\mathscr{K}(1,2)$
2	$\mathscr{K}(2,1)$	$\mathscr{K}(2,2)$

表 27

つぎに，(18:1) をみたすような，つまり表 27 に該当するような最も一般的な（ゼロ和 2 人）ゲームを考えてみよう．たとえば，硬貨合せで 2 通りの面の一致が必ずしも同額の利得を表わすとは限らず（あるいは，まったく利得でないこともありうる），また 2 通りの面の不一致も必ずしも同額の損失を表わすとは限らない（あるいは，まったく損

---

1) したがって，このゲームは実際には 1 人ゲームになってしまう．しかし，そう考えると，当然，ゼロ和ではなくなってしまう．12.2. を参照．

失でないこともありうる）場合が，これにあたる[1]．そこで，17.8.で得られたゲーム Γ の価値という概念と良い戦略の集合 $\overline{A}, \overline{B}$ という概念を，この形の2人ゲームに即して考えてみよう．これらの概念は，17.6.の定理に基づいて，17.8.の存在証明によって確立されたが，われわれはこの特殊な場合における具体的な計算によって，再びこれらの概念を導き出し，それによってこれらの概念の機能と可能性とに対するより深い見通しを得たいと考えている．

18.1.3. 表27で与えられたゲームに二，三の些細な修正を加えることができるが，それによって，徹底した議論をかなり単純にすることができる．

第1に，プレイヤー1の2つの手のうち，どちらを $\tau_1 = 1$ とし，どちらを $\tau_1 = 2$ とするかはまったく任意である．これらを入れかえてもさしつかえない．つまり，行列の2つの行は入れかえることができる．

第2に，プレイヤー2の2つの手のうち，どちらを $\tau_2 = 1$ とし，どちらを $\tau_2 = 2$ とするかも同様にまったく任意である．これらを入れかえてもさしつかえない．つまり，行列の2つの列は入れかえることができる．

最後に，2人のプレイヤーのどちらを1と呼び，どちらを2と呼ぶかもまったく任意であって，これらを入れかえてもさしつかえない．つまり，$\mathscr{K}(\tau_1, \tau_2)$ を $-\mathscr{K}(\tau_1, \tau_2)$ に

---

[1] 表12と表27とを対比してみると，硬貨合せでは，$\mathscr{K}(1,1) = \mathscr{K}(2,2) = 1$（面の一致による利得），$\mathscr{K}(1,2) = \mathscr{K}(2,1) = -1$（面の不一致による損失）となっていることがわかる．

よって置きかえることができる（14.6. と 17.11. を参照）．この置きかえは，行列の行と列とを入れかえて，各成分の符号を変えることにあたる．

以上 3 つの修正をすべて考え合わせると，$2 \times 2 \times 2 = 8$ 通りの修正が可能であるが，それらの結果はすべて本質的には同じゲームを表わしている．

18.2. これらのゲームについての詳しい定量的な議論

18.2.1. では本来の議論に移ることにしよう．この議論は，以下にあげる《いくつかの場合》の考察，つまりいくつかの可能性の考察をその内容としている．

これらの場合は，行列のどの欄で 2 変数 τ_1, τ_2 の関数 $\mathscr{K}(\tau_1, \tau_2)$ がその最大値と最小値をとるか，その欄の位置のさまざまな可能性によって区別される．これらの判定基準は，一見恣意的であるように思われるかもしれないが，この基準に従うと，すべての可能性がすみやかに分類できるという事実が，この基準の妥当なことを事後的に示してくれる．

そこで，$\mathrm{Max}_{\tau_1, \tau_2} \mathscr{K}(\tau_1, \tau_2)$ と $\mathrm{Min}_{\tau_1, \tau_2} \mathscr{K}(\tau_1, \tau_2)$ を考えてみよう．これらの値は，それぞれ少なくとも一度は現われるだろうし，2 箇所以上で現われるかもしれないが[1]，その問題はここでの関心事ではない．まず，さまざまな場

---

1) 硬貨合せでは（前ページの脚注 1 を参照），$\mathrm{Max}_{\tau_1, \tau_2}$ の値は 1 であり，$(1,1)$ と $(2,2)$ でその値をとる．それに対して $\mathrm{Min}_{\tau_1, \tau_2}$ の値は -1 であり，$(1,2)$ と $(2,1)$ でその値をとる．

合の定義からはじめよう.

18.2.2. 場合 (A): $\text{Max}_{\tau_1, \tau_2}$ の欄と $\text{Min}_{\tau_1, \tau_2}$ の欄とが同じ行にも同じ列にもこないようにそれらの欄を選ぶことができる場合.

この場合には $\tau_1 = 1, 2$ ならびに $\tau_2 = 1, 2$ を入れかえることによって, $\text{Max}_{\tau_1, \tau_2}$ の欄を $(1, 1)$ にくるようにすることができる. そのとき $\text{Min}_{\tau_1, \tau_2}$ の欄は $(2, 2)$ にくるはずである. その結果,

$$(18:2) \quad \mathscr{K}(1,1) \begin{Bmatrix} \geqq \mathscr{K}(1,2) \geqq \\ \geqq \mathscr{K}(2,1) \geqq \end{Bmatrix} \mathscr{K}(2,2)$$

となる. したがって, $(1, 2)$ が鞍点である[1].

したがって, この場合にはゲームは確定的で,
$$(18:3) \quad \text{v}' = \text{v} = \mathscr{K}(1, 2)$$
となる.

18.2.3. 場合 (B): (A) のように欄を選ぶことができない場合.

この場合には, $\text{Max}_{\tau_1, \tau_2}$ と $\text{Min}_{\tau_1, \tau_2}$ という2つの欄をどのように選んでも, これら2つの欄が同じ行あるいは同じ列にくる. 2つの欄が同じ行にあるときには, プレイヤー1, 2 を入れかえてこれら2つの欄がとにかく同じ列にくるようにする[2].

---

1) 13.4.2. を思いおこせば, 鞍点は $(1, 2)$ であって $(2, 1)$ でないことがわかる.
2) この2人のプレイヤーの入れかえによって, 行列の各成分の符号が変わり (上述参照), したがって, $\text{Max}_{\tau_1, \tau_2}$ と $\text{Min}_{\tau_1, \tau_2}$ が入れかわるが, それにもかかわらず2つの欄は同じ列にくる.

さらに必要ならば $\tau_1=1,2$ ならびに $\tau_2=1,2$ を入れかえて，$\mathrm{Max}_{\tau_1,\tau_2}$ の欄が $(1,1)$ にくるようにすることができる．このとき問題の列は $\tau_2=1$ となるから，$\mathrm{Min}_{\tau_1,\tau_2}$ の欄は $(2,1)$ にくるはずである[1]．その結果，

$$(18:4) \quad \mathscr{K}(1,1) \begin{Bmatrix} \geqq \mathscr{K}(1,2) \geqq \\ \geqq \mathscr{K}(2,2) \geqq \end{Bmatrix} \mathscr{K}(2,1)$$

となる．

実際には，$\mathscr{K}(1,1)=\mathscr{K}(1,2)$ または $\mathscr{K}(2,2)=\mathscr{K}(2,1)$ の場合は含めなくてもよい．というのは，これらの場合には $\mathrm{Max}_{\tau_1,\tau_2}$ と $\mathrm{Min}_{\tau_1,\tau_2}$ の欄として $(1,2)$ と $(2,1)$，あるいは $(1,1)$ と $(2,2)$ を選んでもよいということになり，場合 (A) に帰着されるからである[2]．

したがって，(18:4) を強くして，

$$(18:5) \quad \mathscr{K}(1,1) \begin{Bmatrix} > \mathscr{K}(1,2) \geqq \\ \geqq \mathscr{K}(2,2) > \end{Bmatrix} \mathscr{K}(2,1)$$

とすることができる．つぎに，この場合をさらに分けて考察しなければならない．

18.2.4. 場合 (B_1)：
$$(18:6) \qquad \mathscr{K}(1,2) \geqq \mathscr{K}(2,2)$$

---

1) 厳密にいえば，$(1,1)$ も $\mathrm{Min}_{\tau_1,\tau_2}$ であるかもしれないが，そのときには，$\mathscr{K}(\tau_1,\tau_2)$ の $\mathrm{Max}_{\tau_1,\tau_2}$ と $\mathrm{Min}_{\tau_1,\tau_2}$ とが同じ値となり，したがって $\mathscr{K}(\tau_1,\tau_2)$ は定数となる．その場合でも $(2,1)$ を $\mathrm{Min}_{\tau_1,\tau_2}$ の欄として用いることができる．

2) 硬貨合せの例からわかるように，$\mathscr{K}(1,1)=\mathscr{K}(2,2)$ しかも $\mathscr{K}(1,2)=\mathscr{K}(2,1)$ ということは十分に起こりうることである．396 ページの脚注 1 と 400 ページの脚注 1 を参照．

の場合．このときには，(18:5) が強められて
(18:7)　　$\mathscr{K}(1,1) > \mathscr{K}(1,2) \geqq \mathscr{K}(2,2) > \mathscr{K}(2,1)$
となるから，この場合にも (1,2) が鞍点である．したがって，ゲームは確定的で
(18:8) $$v' = v = \mathscr{K}(1,2)$$
となる．

18.2.5. 場合 (B_2)：
(18:9) $$\mathscr{K}(1,2) < \mathscr{K}(2,2)$$
の場合．このときには，(18:5) が強められて
(18:10)　$\mathscr{K}(1,1) \geqq \mathscr{K}(2,2) > \mathscr{K}(1,2) \geqq \mathscr{K}(2,1)$
となる[1]．このゲームは確定的でない[2]．

しかしながら，17.9. の特性条件 (17:D) をみたすことによって良い戦略，つまり $\boldsymbol{\xi} \in \overline{A}$, $\boldsymbol{\eta} \in \overline{B}$ を見いだすことは容易である．もっと強くつぎのようにいうことさえできる．すなわち，すべての τ_1 に対して $\sum_{\tau_2=1}^{2} \mathscr{K}(\tau_1, \tau_2)\eta_{\tau_2}$ が同じ値をとるように $\boldsymbol{\eta}$ を選ぶことができるし，また，すべての τ_2 に対して $\sum_{\tau_1=1}^{2} \mathscr{K}(\tau_1, \tau_2)\xi_{\tau_1}$ が同じ値をとるように $\boldsymbol{\xi}$ を選ぶことができる[*]．実際，そのためには

---

1) 実際，硬貨合せはこの場合である．396 ページの脚注 1，399 ページの脚注 2 を参照．
2) $v_1 = \text{Max}_{\tau_1} \text{Min}_{\tau_2} \mathscr{K}(\tau_1, \tau_2) = \mathscr{K}(1,2)$, $v_2 = \text{Min}_{\tau_2} \text{Max}_{\tau_1} \mathscr{K}(\tau_1, \tau_2) = \mathscr{K}(2,2)$ となることは明らか．したがって $v_1 < v_2$ である．
*) このような $\boldsymbol{\xi}, \boldsymbol{\eta}$ が (17:D) の条件をみたすことは明らかである．[訳注]

(18:11)
$$\begin{cases} \mathscr{K}(1,1)\eta_1 + \mathscr{K}(1,2)\eta_2 = \mathscr{K}(2,1)\eta_1 + \mathscr{K}(2,2)\eta_2 \\ \mathscr{K}(1,1)\xi_1 + \mathscr{K}(2,1)\xi_2 = \mathscr{K}(1,2)\xi_1 + \mathscr{K}(2,2)\xi_2 \end{cases}$$
であれば十分である．これは
(18:12)

$$\xi_1 : \xi_2 = \mathscr{K}(2,2) - \mathscr{K}(2,1) : \mathscr{K}(1,1) - \mathscr{K}(1,2)$$
$$\eta_1 : \eta_2 = \mathscr{K}(2,2) - \mathscr{K}(1,2) : \mathscr{K}(1,1) - \mathscr{K}(2,1)$$

を意味する．これらの比はさらに，確率ベクトルの条件

$$\xi_1 \geqq 0, \qquad \xi_2 \geqq 0 \qquad \xi_1 + \xi_2 = 1$$
$$\eta_1 \geqq 0, \qquad \eta_2 \geqq 0 \qquad \eta_1 + \eta_2 = 1$$

をみたしていなければならないが，このことは可能である．というのは，(18:12) の右辺の比は (18:10) によっていずれも正だからである．したがって，

$$\xi_1 = \frac{\mathscr{K}(2,2) - \mathscr{K}(2,1)}{\mathscr{K}(1,1) + \mathscr{K}(2,2) - \mathscr{K}(1,2) - \mathscr{K}(2,1)}$$
$$\xi_2 = \frac{\mathscr{K}(1,1) - \mathscr{K}(1,2)}{\mathscr{K}(1,1) + \mathscr{K}(2,2) - \mathscr{K}(1,2) - \mathscr{K}(2,1)}$$

また，

$$\eta_1 = \frac{\mathscr{K}(2,2) - \mathscr{K}(1,2)}{\mathscr{K}(1,1) + \mathscr{K}(2,2) - \mathscr{K}(1,2) - \mathscr{K}(2,1)}$$
$$\eta_2 = \frac{\mathscr{K}(1,1) - \mathscr{K}(2,1)}{\mathscr{K}(1,1) + \mathscr{K}(2,2) - \mathscr{K}(1,2) - \mathscr{K}(2,1)}$$

であることがわかる．さらに，良い戦略 $\boldsymbol{\xi}, \boldsymbol{\eta}$ がこれしかないこと，つまり $\overline{A}, \overline{B}$ がこれ以外の元をもたないことも証明できる．

証明：ξ あるいは η のいずれか一方が，上に求めたものと違うとする．たとえば ξ が違うとしよう．$\sum_{\tau_1=1}^{2} \mathscr{K}(\tau_1, \tau_2)\xi_{\tau_1}$ は τ_2 について定数でないから，17.9. の特性条件（17:D）によって η は 0 の成分をもたなければならない．ところが，上に求めた η の成分は両方とも正なのだから，この η も上に求めたものとは異なっているはずである．同様に η が上に求めたものと違うとすると，ξ も上に求めたものと違うことが結論される．したがって，つぎのことがわかる．すなわち，ξ あるいは η のいずれか一方が上に求めたものと違うときには，双方とも異なり，双方とも 0 の成分をもつはずである．そしてこれら双方について，もう一方の成分は 1 である．すなわち，双方とも基底ベクトルとなってしまう[1]．したがって，それらが表わす $K(\xi, \eta)$ の鞍点は，実は $\mathscr{K}(\tau_1, \tau_2)$ の鞍点にほかならない（17.9. の（17:E）を参照）．そうすると，ゲームは確定的になるが，いまの場合にはそうでないことがわかっている．

これで証明が終わった．

ところで，(18:11) の 4 つの式はすべて同じ値，つまり

$$\frac{\mathscr{K}(1,1)\mathscr{K}(2,2)-\mathscr{K}(1,2)\mathscr{K}(2,1)}{\mathscr{K}(1,1)+\mathscr{K}(2,2)-\mathscr{K}(1,2)-\mathscr{K}(2,1)}$$

という値をもつことは容易に確かめられる．ところが 17.5.2. の（17:5:a）と（17:5:b）によってこれは v′ の値である．したがって，

---

[1] $(1, 0)$ あるいは $(0, 1)$．

(18:13)
$$v' = \frac{\mathscr{K}(1,1)\mathscr{K}(2,2) - \mathscr{K}(1,2)\mathscr{K}(2,1)}{\mathscr{K}(1,1) + \mathscr{K}(2,2) - \mathscr{K}(1,2) - \mathscr{K}(2,1)}$$

が得られる．

18.3. 定性的特性

18.3.1. 18.2.で得られた形式的な結果は，それらの意味をもっとはっきりさせるような，さまざまな方法で要約することができる．まずつぎの判定基準から検討していこう．

表27の行列において，$(1,1)$ と $(2,2)$ の欄は**主対角線**をなしており，$(1,2)$ と $(2,1)$ の欄はもう1つの**副対角線**をなしている．

数の集合 E と F があって，E のどの元をとっても F のどの元よりも大きいか，あるいは，E のどの元をとっても F のどの元よりも小さいとき，E と F は**分離されている**という．

そこで，18.2.の $(A), (B_1), (B_2)$ の場合を考えてみよう．はじめの2つの場合は，ゲームが確定的で，行列の一方の対角線上の成分と他方の対角線上の成分とは分離されていない[1]．最後の場合には，ゲームは確定的でなく，行列の一方の対角線上の成分と他方の対角線上の成分とは分

---

1) (A) の場合には，(18:2) によって，$\mathscr{K}(1,1) \geqq \mathscr{K}(1,2) \geqq \mathscr{K}(2,2)$ である．(B_1) の場合には，(18:7) によって，$\mathscr{K}(1,1) > \mathscr{K}(1,2) \geqq \mathscr{K}(2,2)$ である．

離されている[1].

したがって両対角線が分離されていることは，ゲームが確定的でないための必要十分条件である．この判定基準は，18.1.3.で述べた修正を18.2.におけるようにほどこすことによって得られたものである．しかし，18.1.3.で述べた3通りのいずれの修正によっても，確定性と対角線の分離は何らの影響も受けない[2]．したがって，この最初の判定基準はつねに成り立つ．この判定基準をもう一度述べれば，つぎの通りである．

(18:A)　ゲームが確定的でないのは行列の一方の対角線上の成分が，他方の対角線上の成分と分離されているとき，しかもそのときに限る．

18.3.2. ゲームが確定的でない（B_2）の場合には，さきにただ1通りに決った $\xi \in \overline{A}$ と $\eta \in \overline{B}$ の両成分はいずれも0ではない．このことも，一意性の命題と同様に，18.1.3.で述べた修正によっては何らの影響も受けない[3]．したがって

(18:B)　ゲームが確定的でないときには，良い戦略 ξ および η，つまり，$\xi \in \overline{A}$ と $\eta \in \overline{B}$ はそれぞれ1つしか存在せず，それらの両成分はともに正である．

---

1) （B_2）の場合には，(18:10) によって，$\mathscr{K}(1,1) \geqq \mathscr{K}(2,2) > \mathscr{K}(1,2) \geqq \mathscr{K}(2,1)$ である．
2) 確定性については，これらの修正が，そのゲームにとって非本質的な，表記法の変更に過ぎないことから，明らかである．対角線の分離については，直接に確かめられる．
3) これらも直接に確かめられる．

すなわち，両プレイヤーとも実際に混合戦略に訴えるほかはない．

(18:B) に従えば，$\boldsymbol{\xi} \in \overline{A}$, $\boldsymbol{\eta} \in \overline{B}$ の両成分はいずれも 0 ではない．したがって，17.9. の判定基準 (17:D) から，これら両成分はいずれも最大値となって一致する．したがって，前には $\boldsymbol{\xi} \in \overline{A}$, $\boldsymbol{\eta} \in \overline{B}$ であるための単なる十分条件であった (18:11) が今度は，必要条件でもあることがわかる．それゆえ $\boldsymbol{\xi}, \boldsymbol{\eta}$ が良い戦略であるときは (18:11) は成り立たねばならず，したがって，それ以後の結果もすべて成り立つ．このことは，とくに (18:11) のあとで与えられた $\xi_1, \xi_2, \eta_1, \eta_2$ の値，および (18:13) で与えられた v' の値にもあてはまる．これらの公式はすべて，ゲームが確定的でないときには，つねに成り立つ．

18.3.3. つぎに，もう 1 つの判定基準を定式化しよう．

254 ページの表 15 にあげたような一般の行列 $\mathscr{K}(\tau_1, \tau_2)$ において（しばらく β_1, β_2 は任意とする），ある行（たとえば τ_1'）の各成分が，もう 1 つの行（たとえば τ_1''）の対応する成分よりつねに大きいかまたは等しいとき，つまりすべての τ_2 に対して $\mathscr{K}(\tau_1', \tau_2) \geqq \mathscr{K}(\tau_1'', \tau_2)$ が成り立つとき，行 τ_1' は行 τ_1'' を**支配する**という．同様に，ある列（たとえば τ_2'）の各成分が，もう 1 つの列（たとえば τ_2''）の対応する成分よりつねに大きいかまたは等しいとき，つまりすべての τ_1 に対して $\mathscr{K}(\tau_1, \tau_2') \geqq \mathscr{K}(\tau_1, \tau_2'')$ が成り立つとき，列 τ_2' は列 τ_2'' を**支配する**という．

この概念のもつ意味は単純である．すなわち，プレイヤ

−1にとって，τ_1'という手がτ_1''という手と同程度か，またはそれより良い戦略であり，プレイヤー2にとっては，τ_2'という手がτ_2''という手と同程度か，またはそれより悪い戦略であることを意味する．これらは，ともに相手がどのような戦略を用いるかにかかわりなく成り立つ[1]．

そこで，$\beta_1 = \beta_2 = 2$という当面の問題にもどろう．ふたたび，18.2.の (A), (B_1), (B_2) の場合を考えてみる．はじめの2つの場合は，1つの行あるいは1つの列が他の行あるいは列を支配しているが[2]，第3の場合には，行についても列についても，支配関係は存在しない[3]．

以上のことから，ある行あるいはある列が他の行あるいは列を支配することが，Γが確定的であるための必要十分条件であることがわかる．第1の判定基準と同様，この判定基準も 18.1.3. で述べた修正を 18.2. におけるようにほどこすことによって得られた．しかし，この場合にもさきの場合と同様に，いずれの修正によっても，確定性ならびに行あるいは列の支配関係は何らの影響も受けない．したがって，この判定基準はつねに成り立つ．これをもう一度

---

1) これは，もちろん例外的な現象である．一般には，2つの手のどちらがより有利であるかは相手がどのような戦略を用いるかに応じて，異なってくる．
2) (A) の場合には，(18:2) によって第1列が第2列を支配する．(B_1) の場合には，(18:7) によって第1行が第2行を支配する．
3) (B_2) の場合には，容易に確かめられるように，(18:10) によって，4つの可能性がすべて成り立たない．

述べれば，つぎのとおりである．

(18:C)　　ゲーム Γ が確定的であるのは，1つの行あるいは1つの列が他の行あるいは列を支配するとき，しかもそのときに限る．

18.3.4. (18:C) がゲームの確定性の十分条件であるということは，不思議なことではない．というのは，これは，2人のプレイヤーの一方にとって，自分に可能な手の1つが，相手がどんな手を打つかに関係なく他の手と同程度かあるいはそれよりましであることを意味しているからである (18.3.3. を参照)．このように，当のプレイヤーはどういう手を打つべきかを知っており，相手もまた，何を期待すべきかを知っているのであるから，その場合，確定性ということが導かれるのはもっともなことだ．

もちろん，この考察は，相手のプレイヤーが理性的に行動するということを前提としてはいるが，われわれのはじめの議論ではそうした前提を置いていなかった．15.8.の最初と最後にある注意は，このはるかに単純な状況にもある程度あてはまる．

しかしながら，この (18:C) の結論の中で本当に重要なことは，その条件の必要性も確認されたということである．いいかえると，確定性を確かめるのに，行あるいは列の支配ということ以外のうまい判定基準はほかにありそうもないということである．

これまで考察してきたのは，最も単純な $\beta_1 = \beta_2 = 2$ の場合であることを，ここで思い出してほしい．β_1, β_2 の数

が増すにつれて、条件があらゆる点でどのように複雑になってくるかについては、18.5.で考察することにしよう．

18.4. 二，三の特定のゲームについての議論
（一般化された硬貨合せ）

18.4.1. 以下に述べることは，18.2.と 18.3.で得られた結論の応用である．

(a) 普通の硬貨合せ．この場合の利得行列[*]は，243ページの表 12 で与えられている．このゲームの値は，

$$v' = 0$$

でただ 1 つの良い戦略は，

$$\boldsymbol{\xi} = \boldsymbol{\eta} = (0.5, 0.5)$$

であることは知っている（17.1.を参照）．（このことはもちろん 18.2.の公式からもすぐにでてくる．）

18.4.2. (b) 《表》が一致したとき 2 倍の割増しが得られる硬貨合せ．この場合の利得行列は，表 12 とは異なり (1,1) の成分が 2 倍になっている（表 28 a）．主対角線上の成分 2,1 はいずれも副対角線上の成分 −1 より大きいから，両対角線は分離されており，したがって良い戦略はただ 1 つで，混合戦略である（(18:A) と (18:B) を参照）．18.2.5.の (B_2) の場合の公式を用いると，

$$v' = 0.2$$

という値と

$$\boldsymbol{\xi} = (0.4, 0.6), \qquad \boldsymbol{\eta} = (0.4, 0.6)$$

---

[*] 表 27 に示したような行列 $[\mathscr{K}(\tau_1, \tau_2)]$ を，以後，利得行列と呼ぶことにする．[訳注]

	1	2
1	2	−1
2	−1	1

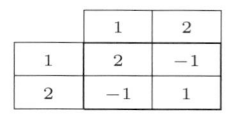

表 28 a

という良い戦略が得られる．

　《表》が一致したときに割増しが得られるという条件によって，面の一致をねらうプレイヤー 1 に対するプレイの価値が大きくなったことに気付かれるであろう．しかし，プレイヤー 1 が《表》を選択する機会は逆に少なくなる．というのは，割増しがつくことから，《表》を選択するだろうと相手に読まれ，したがって《表》を選ぶことは危険を伴うからである．また，《表》が一致すると 2 倍の損失になるという心配から，プレイヤー 2 も同じ影響を受ける．こうした言葉による議論はある程度うなずけるが，決して厳密なものではない．しかし，この結論を導いた公式は厳密なものであった．

18.4.3. (c) 《表》が一致すれば 2 倍の割増しが得られるが，プレイヤー 1 が《表》を選んで一致しなかったときには 3 倍の罰金をとられるという硬貨合せ．この場合，利得行列はつぎのように修正される（表 28 b）．主対角線上の成分 2, 1 はいずれも副対角線上の成分 −1, −3 より大きいから，両対角線は分離されており，したがって良い戦略はただ 1 つで，混合戦略である．前の場合と同様，18.2.5. の (B_2) の場合の公式を用いると，

	1	2
1	2	-3
2	-1	1

表 28 b

$$v' = -\frac{1}{7}$$

という値と

$$\xi = \left(\frac{2}{7}, \frac{5}{7}\right), \quad \eta = \left(\frac{4}{7}, \frac{3}{7}\right)$$

という良い戦略が得られる.

この結果を言葉によって解釈することは,読者にまかせよう.同じ要領でこの種のさまざまな例をつくることも容易である.

18.4.4. (d) 以上でみたような硬貨合せのさまざまな変種が,ある意味でゼロ和2人ゲームの最も単純な形であるということは,すでに 18.1.2. で考察した.この事実から,これらの変種はある種の一般的な意義をもつことになるが,このことは 18.2. と 18.3. の結果によっても確証される.事実,この種のゲームは,どのような条件のもとで確定的な場合と確定的でない場合とに分かれるかを最も単純な形で示してくれる.さらにもう1つ付け加えておくが,これらのゲームの硬貨合せに対する関係では,ただ1つの特殊な側面だけが問題になっている.外見上まったく異なった装いで現われてくるゲームでも,実はこれと同じ種類

に属するものがほかにも存在する．つぎにその1例をあげよう．

例としてここで考察しようとするゲームは，シャーロック・ホームズの冒険の中の1つのエピソードである[1),2)]．

シャーロック・ホームズは，モリアーティ教授の追跡から逃れるために，ロンドンからドーバーへ，そこからヨーロッパ大陸へ行こうとして汽車に乗る．汽車がまさに停車場を離れようとするとき，シャーロック・ホームズはプラットホームにモリアーティの姿を見つける．シャーロック・ホームズは，自分を見つけたモリアーティが，特別列車を仕立てて追いつこうとするに違いないと考える．そこで，

---

1) Conan Doyle: *The adventures of Sherlock Holmes*, New York, 1938, pp. 550-551; 邦訳：菊地武一訳『シャーロック・ホームズの回想』(岩池文庫)「ホームズの失踪」.

2) 問題になっている状況は，ここでも当然，現実の生活において生ずる可能性のあるさまざまな葛藤の1つの模型と考えるべきであろう．この話も，O.モルゲンシュテルンが，そのような模型としての解説を加えたものである．O. Morgenstern: *Wirtschaftsprognose*, Vienna, 1928, p. 98.

しかしながら著者は，現在は前掲書あるいは *Zeitschrift für Nationalökonomie*, vol. 6, 1934 に掲載された "Vollkommene Voraussicht und wirtschaftliches Gleichgewicht" において表明された悲観的見解を支持しているわけではない．

したがって，われわれの解は，K.メンガーによって表明された同様の趣旨の疑問にも答えるものとなっている．K. Menger: *Neuere Fortschritte in der exakten Wissenschaften*, "Einige neuere Fortschritte in der exakten Behandlung Sozialwissenschaftlichen Probleme", Vienna, 1936, pp. 117, 131.

シャーロック・ホームズはドーバーへ直行すべきか，それとも途中のただ1つの停車駅であるカンタベリで途中下車すべきか，その選択を迫られる．モリアーティもこれらの可能性を考え合わせるだけの十分な知恵をもっているから，同様の選択に迫られる．相戦うこの2人は，それぞれ相手の決定を知らずに下車すべき駅を選ばなければならない．こうした策をめぐらした結果，もしも彼らが同じプラットホームででくわすことにでもなれば，シャーロック・ホームズがモリアーティに殺害されることは確実である．もし，シャーロック・ホームズが無事にドーバーまで行き着けば，めでたく逃げ切ることができる．

ここで，とくにシャーロック・ホームズにとって良い戦略とは何であろうか．一方のモリアーティ教授は，でくわすことをねらっているのだから，このゲームは明らかに硬貨合せに類似している．そこで，モリアーティをプレイヤー1，シャーロック・ホームズをプレイヤー2としよう．そしてドーバーまで直行するという選択を1，カンタベリで途中下車するという選択を2で表わそう（このことは，τ_1, τ_2の両方にあてはまる）．

そこで，表27に相当する利得行列 $\mathscr{K}$ を考えてみよう．シャーロック・ホームズがモリアーティに捕えられることに対応する欄 (1,1) と (2,2) とがきわめて高い値をもつのは当然で，それをたとえば100としよう．欄 (2,1) は，シャーロック・ホームズが首尾よくドーバーまで逃げ切り，モリアーティがカンタベリで途中下車してしまったことを

意味する.ここでの筋書きに関する限り,これはモリアーティの敗北であって,この欄には当然大きな負の値,とはいっても絶対値ではさきの正の値 100 より小さい値,たとえば -50 を与えるべきであろう.欄 $(1,2)$ は,シャーロック・ホームズが途中下車してモリアーティから逃れはしたが,大陸へ渡ることができなかったことを表わす.これは引分けと考えるのが妥当であり,この欄には 0 が与えられる.

そこで,利得行列は表 29 のようになる.

	1	2
1	100	0
2	−50	100

表 29

さきの (b), (c) の場合と同様に,主対角線上の成分 100 は副対角線上の成分 $0, -50$ より大きいから,対角線は分離されており,したがって,良い戦略はただ 1 つで,混合戦略である.そこでさきに用いた公式から,モリアーティにとってのゲームの値は,

$$v' = 40$$

となり,良い戦略は,

$$\boldsymbol{\xi} = (0.6, 0.4), \qquad \boldsymbol{\eta} = (0.4, 0.6)$$

である.

したがって,モリアーティは 60% の確率でドーバーへ行

くべきであり，これに対して，シャーロック・ホームズは60％の確率で途中駅カンタベリで下車すべきである．そして，両者とも残りの40％の確率で他方の手を選択すべきである[1]．

18.5. もう少し複雑な二，三のゲームについての議論

18.5.1. 17.8.で得られたゼロ和2人ゲームの一般的解から，ゲームに確定性があるかどうかという問題，ならびにプレイの価値 v' と良い戦略の集合 $\overline{A}, \overline{B}$ という概念がとくにはっきり浮かび上ってきた．そしてこれらに対してきわめて簡明な特徴づけと判定法が 18.2. で得られた．それ

---

[1] コナン・ドイルの物語は，やむをえないことながら，混合戦略に思い至らず，その代わりに実際の場面の展開を述べている．それに従うと，シャーロック・ホームズは途中駅で下車して，モリアーティの乗ったドーバー行きの急行列車が走り去るのを意気揚々と見送る．ドイルは相戦う2人に対して，ここでの計算の確率の大きい方の経路をとらせている（すなわち，60％の確からしさを，100％の確実性で置きかえている）限りでは，ドイルの解は（純粋戦略という）限定内での最善のものである．しかしながら，この手続きによって，シャーロック・ホームズが完全に勝利を得たというのは，誤解を生みかねない．というのは，さきに見たように，勝ち目（つまりプレイの価値）は，はっきりモリアーティの方にあるからである．（シャーロック・ホームズとモリアーティが出合う確率は，上に求めた ξ, η によると，$0.6 \times 0.4 + 0.4 \times 0.6 = 0.48$ であるから，シャーロック・ホームズの乗った列車がビクトリア駅を発車したとき，すでに彼は48％だけ死んだも同然である．出発する前に敗者が決まっているのであるから，全体の経過は不要であるという，さきに引用したモルゲンシュテルンの著書の98ページにおける示唆とここでの解とを対照せよ．）

らの点は，18.3.でそれらの結果をまとめなおしたことによっていっそう明確になった．

これらがあまり簡単なので誤解を招く危険さえ感じられる．事実，18.2.，18.3.の結果は，きわめて初等的な具体的な計算によって得られた．確定性に対する組合せ論的判定基準（18:A），(18:C）もまた，少なくとも最終的な形に関する限り，これまで遭遇してきたものより，はるかに直截なものであった．そこから，17.8.のかなり立ち入った考察（および 14.5.の確定的な場合についての同様な考察）が本当に必要だったのだろうかという疑問さえ生まれてくる．とくに，それらの判定基準は，16.の線型性と凸性との分析を必要とした 17.6 の数学的公理を基礎としているのだから，そうした疑問が生ずるのも当然かもしれない．もし仮に，これらすべてが，18.2.，18.3.の形の議論によって置きかえることができるとすれば，16.や 17.のような議論の仕方は，まったく不適当だということになろう[1]．

しかし，そうではない．18.3.の終りで指摘したように，18.2.と 18.3.の手続きと結論がきわめて簡単なのは，それらの手続きや結論が最も単純なゼロ和 2 人ゲーム，つまり $\beta_1 = \beta_2 = 2$ によって特徴づけられる硬貨合せ型のゲームにだけあてはまるものだからである．一般の場合には，

---

[1] もちろん，不適当だといっても，厳密さに欠けるというわけではない．ただ，初等的な問題に対して，必要以上に高度な数学的道具立てを用いること，つまり鶏頭をさくのに牛刀を使うということになってしまうというのである．

16., 17. で与えたもっと抽象的な道具立てがこれまでのところ不可欠であるように思われる．

いくつかの例をあげて，β の値が大きくなったとき，18.2., 18.3. の主張がどの点で妥当しなくなるかを示せば，これらのことがらを正しく理解する助けになるであろう．

18.5.2. それには $\beta_1 = \beta_2 = 3$ のゲームを考察すれば，実際に十分であろう．事実，これらのゲームは硬貨合せにいくらか関連していて，一般的になったとはいっても，第3の選択肢が追加されただけなのである．

したがって，2人のプレイヤーは，ともに τ_1, τ_2 に対する値として選択肢 1, 2, 3 をもつことになる．1 が《表》を出すこと，2 が《裏》を出すこと，3 が《手を引く》ことと考えれば，読者にはわかり易いであろう．今度もプレイヤー1 が硬貨の面の一致をめざすものと仮定する．そしてどちらか一方のプレイヤーが《手を引いた》ときには，他方のプレイヤーが《表》を出したか《裏》を出したかは問題ではなく，重要なのは，他方のプレイヤーがこれらのうちのいずれかを出したか，それとも彼も《手を引いた》かということだけであるとする．したがって，このゲームを表わす行列はつぎのようになる（表 30）．

はじめの4つの成分，つまり，最初の2行2列に含まれる4つの成分は，すでによく知っている硬貨合せと同じパターンになっている（表 12 参照）．α と記した2つの欄は，プレイヤー1 が《手を引き》，プレイヤー2 が《表》か《裏》のいずれか一方を出した場合に相当する．γ と記した

τ_1 \ τ_2	1	2	3
1	1	-1	γ
2	-1	1	γ
3	α	α	β

表 30

2つの成分は，その逆に，プレイヤー2が《手を引き》，プレイヤー1が《表》か《裏》のいずれか一方を出したときに当たる．βの欄は両方のプレイヤーが《手を引いた》場合をさす．われわれは，α, β, γのそれぞれに（正，負または0の）適当な値を割り当てることによって，それらが生じたときに，割増しをつけたり，罰金を課したり，あるいは損得なしにすることができる．

このα, β, γの値を適当に選んでこの行列を特殊化することによって，ここで必要なすべての例を得ることができる．

18.5.3. ここでの目的は，18.3.の結論である（18:A），(18:B)，(18:C)のどれもが一般的には成り立たないということを証明することである．

(18:A) について：確定性についてのこの判定基準は，明らかに$\beta_1 = \beta_2 = 2$という特殊な場合と不可分に結びついている．β_1, β_2の値が3以上の場合には，2つの対角線が行列のすべての成分をつくしているわけではなく，したがって，$\beta_1 = \beta_2 = 2$の場合のように対角線上で生ずることだけで，ゲームを特徴づけるわけにはいかない．

τ_2 τ_1	1	2	3
1	1	-1	0
2	-1	1	0
3	α	α	$-\delta$

表 31

(18:B) について：ゲームは確定的ではないが，一方のプレイヤーにとって良い純粋戦略が存在するような例をあげてみよう（もちろん，確定的でないのだから他方のプレイヤーにとってはそうした純粋戦略は存在しない）．この例にはさらにもう1つの特徴，つまりプレイヤーの一方が良い戦略をいくつももっているのに，他方のプレイヤーは，ただ1つの良い戦略しかもっていないという特徴がある．

いま表30のゲームにおいて，α, β, γ を表31のように選んだとしよう．ただし $\alpha > 0$, $\delta > 0$ とする．このときさきに述べた意味で，《手を引く》ことと，相手のどの手との組合せが割増しで，どの手との組合せが罰金であるかは，読者が自分で考えてみるとよい．

17.8. の判定基準を用いると，このゲームについての完全な議論はつぎのようになる．

$\xi = (0.5, 0.5, 0)$ に対しては，つねに $K(\xi, \eta) = 0$ つまりこの戦略を用いればプレイヤー1は絶対に敗けることがない．したがって $v' \geq 0$ である．他方 $\eta = \delta^3 = (0, 0, 1)$ に対

してはつねに $K(\boldsymbol{\xi}, \boldsymbol{\eta}) \leq 0$ である[1]，つまりこの戦略を用いればプレイヤー 2 は絶対に敗けることがない．したがって，$v' \leq 0$ である．それゆえ，

$$v' = 0$$

となる．したがって $\boldsymbol{\xi}$ が良い戦略といえるのは，つねに $K(\boldsymbol{\xi}, \boldsymbol{\eta}) \geq 0$ のとき，しかもそのときだけであり，また $\boldsymbol{\eta}$ が良い戦略といえるのは，つねに $K(\boldsymbol{\xi}, \boldsymbol{\eta}) \leq 0$ のとき，しかもそのときだけである[2]．ところが容易にわかるように，$K(\boldsymbol{\xi}, \boldsymbol{\eta}) \geq 0$ （すべての $\boldsymbol{\eta}$ について）は，

$$\xi_1 = \xi_2 = 0.5, \qquad \xi_3 = 0$$

のとき，しかもそのときに限って成り立ち，$K(\boldsymbol{\xi}, \boldsymbol{\eta}) \leq 0$ （すべての $\boldsymbol{\xi}$ について）は

$$\eta_1 = \eta_2 \leq \frac{\delta}{2(\alpha+\delta)}, \qquad \eta_3 = 1 - 2\eta_1$$

のとき，しかもそのときに限って成り立つ*)．

---

1) 実際，$\boldsymbol{\eta} = \boldsymbol{\delta}^3$ なら任意の $\boldsymbol{\xi}$ に対して $K(\boldsymbol{\xi}, \boldsymbol{\eta})$ は $-\delta\xi_3$ に等しい．
2) これらの命題の簡単な言葉による説明は読者にまかせる．
*) $K(\boldsymbol{\xi}, \boldsymbol{\eta}) = \xi_1\eta_1 + \xi_2\eta_2 - \xi_1\eta_2 - \xi_2\eta_1$
$\qquad + \alpha\xi_3\eta_1 + \alpha\xi_3\eta_2 - \delta\xi_3\eta_3$
$\qquad = (\xi_1 - \xi_2 + \alpha\xi_3)\eta_1 + (\xi_2 - \xi_1 + \alpha\xi_3)\eta_2 - \delta\xi_3\eta_3$
からすべての $\eta \geq 0$ に対して $K(\boldsymbol{\xi}, \boldsymbol{\eta}) \geq 0$ となるのは，$\xi_1 - \xi_2 + \alpha\xi_3 \geq 0$, $\xi_2 - \xi_1 + \alpha\xi_3 \geq 0$, $-\delta\xi_3 \geq 0$ のときで，前 2 式から，$2\alpha\xi_3 \geq 0$, $\xi_3 \geq 0$, あとの式から $\xi_3 \leq 0$, $\xi_3 = 0$. したがって，$\xi_1 - \xi_2 \geq 0$, $\xi_2 - \xi_1 \geq 0$, したがって，$\xi_1 = \xi_2 = 0.5$ が得られる．

それゆえ，求める良い戦略：$\boldsymbol{\xi} = (0.5, 0.5, 0)$.
同じく

図 32   図 33

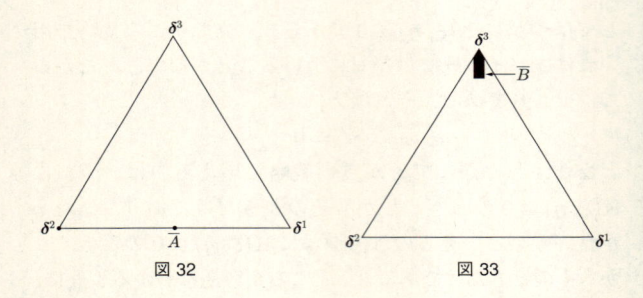

したがって，プレイヤー 1 のすべての良い戦略 $\boldsymbol{\xi}$ の集合 $\overline{A}$ は，ただ 1 つの戦略しか含まず，それは純粋戦略ではない．他方，プレイヤー 2 のすべての良い戦略 $\boldsymbol{\eta}$ の集合 $\overline{B}$ は無限に多くの戦略を含み，それらのうちの 1 つ，つまり $\boldsymbol{\eta} = \boldsymbol{\delta}^3 = (0,0,1)$ は純粋戦略である．

図 21 のように図示してみると，集合 $\overline{A}, \overline{B}$ を視覚的にとらえることができる（図 32, 33 を参照）．

$K(\boldsymbol{\xi}, \boldsymbol{\eta}) = \xi_1(\eta_1 - \eta_2) + \xi_2(\eta_2 - \eta_1) + \xi_3(\alpha\eta_1 + \alpha\eta_2 - \delta\eta_3)$
から，すべての $\boldsymbol{\xi} \geqq 0$ に対して $K(\boldsymbol{\xi}, \boldsymbol{\eta}) \leqq 0$ となるのは，$\eta_1 - \eta_2 \leqq 0$，$\eta_2 - \eta_1 \leqq 0$，$\alpha\eta_1 + \alpha\eta_2 - \delta\eta_3 \leqq 0$ のときで，前 2 式から，$\eta_1 = \eta_2$，$\eta_3 = 1 - 2\eta_1$，あとの式から，$2\alpha\eta_1 \leqq \delta\eta_3 = \delta(1 - 2\eta_1)$．

したがって，$2\alpha\eta_1 + 2\delta\eta_1 \leqq \delta$，$\eta_1 \leqq \dfrac{\delta}{2(\alpha+\delta)}$ が得られる．
それゆえ，求める良い戦略：

$\boldsymbol{\eta} = (\eta_1, \eta_2, \eta_3)$, $\eta_1 = \eta_2 \leqq \dfrac{\delta}{2(\alpha+\delta)}$, $\eta_3 = 1 - 2\eta_1$

（あるいは，$2\eta_1 = 1 - \eta_3$ から，$\alpha(1-\eta_3) \leqq \delta\eta_3$，$\alpha\eta_3 + \delta\eta_3 \geqq \alpha$，$\eta_3 \geqq \dfrac{\alpha}{\alpha+\delta}$，$\eta_1 = \eta_2 = \dfrac{1-\eta_3}{2}$）．［訳注］

（18:C）について：確定的ではあるが，どの2つの行も互に他を支配しないし，同様に，どの2つの列も互に他を支配しないようなゲームの例をあげてみよう．実際には，多少それ以上のことを示すことになろう．

18.5.4. さしあたり，β_1, β_2 はどんな数でもよいとしよう．行あるいは列の支配の意味については 18.3. の後半で述べた．支配の意味は，1人のプレイヤーに，可能な手の1つを，いま1つの手に比べて無視するだけの簡単な直接的な動機があるということであった．これによって，可能性がせばめられ，結局，確定性と結びつくことにもなったのであった．

もっと明確に述べればつぎのようになる．行 τ_1'' が行 τ_1' に支配されるならば，つまり，すべての τ_2 に対して $\mathscr{K}(\tau_1'', \tau_2) \leqq \mathscr{K}(\tau_1', \tau_2)$ が成り立つならば，プレイヤー1は τ_1'' の選択をまったく考慮する必要がない．というのは，相手がどんな手を打つかに関係なくプレイヤー1にとっては，τ_1' の方が少なくとも τ_1'' と同程度かあるいはそれよりましな戦略だからである．また列 τ_2'' が列 τ_2' を支配するならば，つまりすべての τ_1 に対して $\mathscr{K}(\tau_1, \tau_2'') \geqq \mathscr{K}(\tau_1, \tau_2')$ が成り立つならば，プレイヤー2は τ_2'' の選択をまったく考慮する必要がない．というのは，相手がどんな手を打つかに関係なくプレイヤー2にとって，τ_2' の方が少なくとも τ_2'' と同程度かあるいはそれよりましな戦略だからである（18.3.，とくに 406 ページの脚注1を参照．もちろん，これらは発見法的考察に過ぎない．423 ページの脚注1を参

照).

ところで，もっと一般的な構成を用いることもできる．行 τ_1''（τ_1'' に対応する，プレイヤー 1 の純粋戦略）が τ_1'' 以外のすべての行 τ_1' の加重平均（成分 $\xi_{\tau_1''}=0$ をもつ混合戦略 ξ）によって支配されるならば，プレイヤー 1 は τ_1'' の選択をまったく考慮する必要がない，とみなしてもよいであろう．というのは，相手がどんな手を打つかに関係なく，プレイヤー 1 にとって残りの τ_1' 全部の方が少なくとも τ_1'' と同程度かあるいはそれよりましな戦略だからである．この状況を数学的に表現すれば,

$$(18:14\text{:a}) \quad \begin{cases} \text{すべての } \tau_2 \text{ に対して} \\ \qquad \mathscr{K}(\tau_1'', \tau_2) \leqq \sum_{\tau_1=1}^{\beta_1} \mathscr{K}(\tau_1, \tau_2)\xi_{\tau_1} \\ \text{ただし} \quad \boldsymbol{\xi} \in S_{\beta_1}, \quad \xi_{\tau_1''}=0 \end{cases}$$

となる．

列 τ_2''（τ_2'' に対応する，プレイヤー 2 の純粋戦略）が τ_2'' 以外のすべての τ_2' の加重平均（成分 $\eta_{\tau_2''}=0$ をもつ混合戦略 η）を支配するならば，プレイヤー 2 にとっても同様の状況が生ずる．この状況を数学的に表現すれば,

$$(18:14\text{:b}) \quad \begin{cases} \text{すべての } \tau_1 \text{ に対して} \\ \qquad \mathscr{K}(\tau_1, \tau_2'') \geqq \sum_{\tau_2=1}^{\beta_2} \mathscr{K}(\tau_1, \tau_2)\eta_{\tau_2} \\ \text{ただし} \quad \boldsymbol{\eta} \in S_{\beta_2}, \quad \eta_{\tau_2''}=0 \end{cases}$$

となる．これらの結論は，さきのものに類似している．

このように，(18:14:a) あるいは (18:14:b) が成り立つ

ゲームでは，プレイヤーの一方にとっての可能な選択が直接せばめられる[1]．

18.5.5. 今度は (18:14:a), (18:14:b) がきわめて限られた範囲でしか適用できないことを示そう．確定的ではあるが (18:14:a), (18:14:b) のどちらも妥当しないようなゲームをあげてみよう．

そのために，表30で示したような種類のゲーム ($\beta_1 = \beta_2 = 3$) に立ち帰ろう．ここで，$0 < \alpha < 1$, $\beta = 0$, $\gamma = -\alpha$ とする．

τ_1＼τ_2	1	2	3
1	1	-1	$-\alpha$
2	-1	1	$-\alpha$
3	α	α	0

表 34

---

[1] これは，もちろん発見的な論法である．われわれは，14.5. と 17.8. で完全な議論を行なったのであるから，このような論法は今さら必要ではない．しかし，この発見的な論法によってさきの完全な議論の代わりをするか，あるいは少なくともそれらを単純化できるのではないかと考える読者もあろう．だが，つぎに本文であげる例（18.5.5. を参照）から，そうした望みはすべて消失するものと思われる．

同様の結果に至るもう1つの経路がある．すなわち，(18:14:a) あるいは (18:14:b) が成り立つならば，それと 17.8. とを結びつけることによって，良い戦略の集合 $\overline{A}, \overline{B}$ についての情報が得られる．しかしここでは，この問題は取りあげないことにする．

さきに述べた意味で,《手を引く》ことと,相手のどのような手との組合せが割増し,あるいは罰金になるかについては,読者は自分で判断することができよう.

このゲームについての議論はつぎのようになる.すなわち:

成分 $(3,3)$ は明らかに鞍点であり,したがってこのゲームは確定的で,

$$v = v' = 0$$

である.18.5.3.で用いた方法の助けを借りれば,すべての良い戦略 ξ の集合 $\overline{A}$ も,すべての良い戦略 η の集合 $\overline{B}$ も,ただ1つの元しか含まないこと,そして,その元が純粋戦略 $\delta^3 = (0,0,1)$ であることが容易にわかる.

他方読者は,(18:14:a) も (18:14:b) もここでは成り立たないということ,つまり表34では,どの行も他の2つの行の加重平均によって支配されないし,またどの列も他の2つの列の加重平均を支配しないということを容易に確かめることがきよう.

18.6. 偶然と不完全情報

18.6.1. これまでの節で論じてきた例から,ゲームにおける偶然の役割,もっと正確にいえば確率の役割が,必ずしも,ゲームの規則によって直接規定されるような明白なものではないということがわかる.表27および30のゲームの規則では,偶然についてなに1つ規定されていない.

手番は例外なしに人為手番である[1]．けれども，それらの
ゲームのほとんどが，確定的でなく，それらのゲームにお
ける良い戦略は確率を積極的に使う混合戦略であった．

他方，完全情報ゲームの分析でわかったように，完全情
報ゲームはつねに確定的で，それらのゲームにおける良い
戦略は確率をまったく含まない純粋戦略であった（15.を
参照）．

したがって，プレイヤーの行動，つまり用いられる戦略
という視点からすれば，重要なのは，ゲームが確定的であ
るかどうかということであって，偶然手番を含んでいるか
どうかということではない．

完全情報ゲームに関する 15.の結論は，ゲームの確定性
とプレイヤーの情報状態を規定する規則とのあいだに緊密
な関連のあることを示している．この点をはっきり確認す
るために，とくに偶然手番の有無がゲームの確定性にまっ
たく関係のないことを示すために，ここでつぎのことを証
明しよう．すなわち，あらゆるゼロ和 2 人ゲームにおいて，
どんな偶然手番も適当な人為手番の組合せによって置きか
えられ，しかも，それによってゲームの戦略的可能性がま
ったく変わらないようにすることができるということを証
明しよう．そのためには，当然プレイヤーの不完全情報を

---

1) あらゆるゲームは標準型に帰着できるわけだが，このことはさ
らにつぎのことを物語っている．それは，標準型に含まれるのは人
為手番だけであるから，どんなゲームも偶然手番を含まないゲー
ムと同値になるということである．

含むような規則を考察しなければならないわけだが*），証明したいのはまさに，不完全情報が（とりわけ）あらわな形で存在する偶然手番のあらゆる可能な結果を含み込んでしまうということである[1]．

18.6.2. そこで，ゼロ和2人ゲーム Γ とそこにおける1つの偶然手番 $\mathscr{M}_\kappa$ とを考えてみよう[2]．例のように選択肢の番号を $\sigma_\kappa = 1, \cdots, \alpha_\kappa$ とし，それらの確率 $p_\kappa^{(1)}, \cdots, p_\kappa^{(\alpha_\kappa)}$ は一様ですべて $\frac{1}{\alpha_\kappa}$ に等しいものとする[3]．つぎに，$\mathscr{M}_\kappa$

---

*) もし，完全情報だとすると，ゲームは確定的となって偶然性のはいり込む余地はなくなるからである．［訳注］

1) 偶然手番を直接的に除去できるのは，もちろん，11.1.で述べたように，（純粋）戦略と審判員の選択という2つの概念を導入したあとのことである．事実，ゲームを標準型に変形する最後の段階で，11.2.3.において期待値を積極的に導入することによって，残っていた偶然手番を完全に消去したのであった．

しかし，ここでは，ゲームの構造をそのように根本的に変えることなしに，偶然手番を消去したいわけである．そのために各偶然手番をそれぞれ別々に（あとでわかるように2つの）人為の手番によって置きかえる．その結果，プレイヤーの戦略を決定する際の，それらの手番の果たす役割がつねに互いに区別され，個々に評価できるようになるであろう．こうした詳しい取扱いによって，それに含まれる構造上の問題についての考えが，さきに述べた期待値で一括する手続きの場合よりも，より明確になるように思われる．

2) ここでの目的にとっては，$\mathscr{M}_\kappa$ の性質がこの手番以前のプレイの経過に依存するかどうかということは重要ではない．

3) これによって実質的には，一般性が失われることはない．この点を確かめるために，問題の確率の値が任意の有理数値，たとえば $r_1/t, \cdots, r_{\alpha_\kappa}/t$ であると仮定する（$r_1, \cdots, r_{\alpha_\kappa}$，および t は整数）．（これは実際には1つの制約であるが，どんな確率も有理数でいくらでも正確に近似できるから，その制約はいくらでも小さ

18. いくつかの基礎的なゲーム

を2つの人為手番 $\mathscr{M}'_\kappa, \mathscr{M}''_\kappa$ で置きかえる. $\mathscr{M}'_\kappa$ と $\mathscr{M}''_\kappa$ はそれぞれプレイヤー1と2の人為手番である. これらの手番はいずれも α_κ 個の選択肢をもつとし, それらに対応する手を $\sigma'_\kappa = 1, \cdots, \alpha_\kappa$, $\sigma''_\kappa = 1, \cdots, \alpha_\kappa$ と書くことにする. この2つの手番が行なわれる順序はどうでもよいが, 他のいっさいの手番 ($\mathscr{M}'_\kappa, \mathscr{M}''_\kappa$ のうちの他の方も含めて) の結果については, 何も知らずにそれらの手番が行なわれるものと決めておく. このとき関数 $\delta(\sigma', \sigma'')$ をつぎの行列によって定義する (表35を参照. 行列の成分は $\delta(\sigma', \sigma'')$ である). このゲームの結果に対する $\mathscr{M}'_\kappa, \mathscr{M}''_\kappa$ の影響, すなわち, それに対応する (人為的な) 手 $\sigma'_\kappa, \sigma''_\kappa$ を選んだ場合の影響は, もとの偶然手番 $\mathscr{M}_\kappa$ においてそれに対応する (偶然的な) 選択 $\sigma_\kappa = \delta(\sigma'_\kappa, \sigma''_\kappa)$ がなされたときの影響と同じである[1]. この新しいゲームを Γ^* と表わすことにすると,

---

くできる.)

つぎに, 偶然手番 $\mathscr{M}_\kappa$ を修正してそれが (α_κ 個の代わりに) $r_1 + \cdots + r_{\alpha_\kappa} = t$ 個の選択肢をもつようにする. それらの選択肢を ($\sigma_\kappa = 1, \cdots, \alpha_\kappa$ の代わりに) $\sigma'_\kappa = 1, \cdots, t$ と表わす. そして σ'_κ のはじめの r_1 個の値のおのおのは, プレイに対して $\sigma_\kappa = 1$ のときと同じ効果をもち, σ'_κ のつぎの r_2 個の値のおのおのは, プレイに対し $\sigma_\kappa = 2$ のときと同じ効果をもつとする. 以下同様である. そうすると, $\sigma'_\kappa = 1, \cdots, t$ のそれぞれに等確率 $1/t$ を与えることは, $\sigma_\kappa = 1, \cdots, \alpha_\kappa$ のそれぞれにもとの確率 $r_1/t, \cdots, r_{\alpha_\kappa}/t$ を与えるのと同じ効果をもつ.

1) 式で表わすと,

σ'' σ'	1	2	……	$\alpha_\kappa-1$	α_κ
1	1	α_κ	……	3	2
2	2	1	……	4	3
⋮					
$\alpha_\kappa-1$	$\alpha_\kappa-1$	$\alpha_\kappa-2$	……	1	α_κ
α_κ	α_κ	$\alpha_\kappa-1$	……	2	1

表 35

Γ^* の戦略的可能性は Γ の戦略的可能性と同じである,ということを示そう.

18.6.3. 事実,プレイヤー 1 は Γ^* において,Γ における任意の混合戦略をそのまま用いるものとし,ただ,手番 $\mathscr{M}'_\kappa$ に関しては,どの $\sigma'_\kappa=1,\cdots,\alpha_\kappa$ も等確率 $\dfrac{1}{\alpha_\kappa}$ で選択するという指定を追加するものとする[1].そうすると,プレイヤー 1 がこの戦略を用いた場合,プレイヤー 2 の立場からすると,ゲーム Γ^* は Γ とまったく同じになるであろう.というのは,プレイヤー 2 が $\mathscr{M}''_\kappa$ でどんな手を打っても,

---

$$\delta(\sigma',\sigma'')\begin{cases}=\sigma'-\sigma''+1 & \sigma'\geqq\sigma'' \text{ に対して}\\ =\sigma'-\sigma''+1+\alpha_\kappa & \sigma'<\sigma'' \text{ に対して}\end{cases}$$

である.したがって,$\delta(\sigma',\sigma'')$ の値はつねに数 $1,\cdots,\alpha_\kappa$ のうちの 1 つとなる.

[1] $\mathscr{M}'_\kappa$ はプレイヤー 1 の人為手番であるから,Γ^* におけるプレイヤー 1 の戦略ではそれに対する規定をしておかねばならない.Γ においては,$\mathscr{M}_\kappa$ は偶然手番であったから,その必要はなかった.

つまりどの $\sigma''_\kappa = 1, \cdots, \alpha_\kappa$ を選んでも，もとの偶然手番 $\mathcal{M}_\kappa$ のときと同じ結果が生ずるからである．実際，表 35 をみれば，この行列の $\sigma'' = \sigma''_\kappa$ の列は，$\sigma = \delta(\sigma', \sigma'') = 1, \cdots, \alpha_\kappa$ の各番号をそれぞれちょうど 1 回ずつ含んでおり，$\delta(\sigma', \sigma'')$ は偶然手番 $\mathcal{M}_\kappa$ が行なわれたときと同様に $\dfrac{1}{\alpha_\kappa}$ の等確率でそれぞれの値 $1, \cdots, \alpha_\kappa$ を（プレイヤー 1 の戦略によって）とることがわかっているからである．したがって，プレイヤー 1 の観点からみれば，Γ^* は少なくとも Γ と同じである．

プレイヤー 1 と 2 を入れかえて，同じ論法を使えば，したがって表 35 の行列の行が上述の列の役割を果たすものと考えれば，プレイヤー 2 の観点からみても，Γ^* は少なくとも Γ と同じであることがわかる．

2 人のプレイヤーの観点は反対であるから，このことは Γ^* と Γ とが同値であることを意味している[1]．

18.7. この結果の説明

18.7.1. Γ のすべての偶然手番に 18.6.2., 18.6.3. で述べた操作をくり返し適用すると，すべての偶然手番が取り除かれ，18.6.1. の最後に述べた主張が確認される．この操作のいくつかの例を実際に示せば，この結論の意味がよ

---

[1] これらの考察を 11. と 17.2., 17.8. のような厳密な形式に整えることは読者にまかせよう．それには困難な点は何もないが，記述がいくらか長くなる．上記の言葉による議論は，考察している現象の本質的理由をより明確，簡潔に示すものと，われわれは考えている．

りはっきり理解できるであろう．

(A) 2人のプレイヤーが，五分五分の確率発生装置を使って，どちらのプレイヤーが相手に1単位を支払うかを決めるというきわめて初歩的な《偶然ゲーム》を考えてみよう．18.6.2.と18.6.3.の方法を用いて，ただ1つの偶然手番からなるこのゲームを2つの人為手番からなるゲームに変形することができる．表35で $\alpha_\kappa = 2$ とし，$\delta(\sigma', \sigma'')$ の値 1, 2 を実際の利得 1, -1 で置きかえてみると，それが表12とそっくり一致することがわかる．14.7.2., 14.7.3. を思い返してみると，当然のことながら，それが硬貨合せのゲームにほかならないことがわかる．

すなわち，硬貨合せは，人為手番と不完全情報との結合によって，五分五分の確率を生みだす自然的な装置であるということができる（17.1.を思い起こすこと）．

(B) (A)を修正して《引分け》を含むようにしよう．つまり，2人のプレイヤーが $\frac{1}{3}, \frac{1}{3}, \frac{1}{3}$ の確率を生みだす装置を使って，どちらのプレイヤーが相手に1単位を支払うか，それともどちらのプレイヤーもまったく支払わないでよいかを決めるとする．ふたたび，18.6.2., 18.6.3. の方法を用いて，表35の行列で，$\alpha_\kappa = 3$ とし，$\delta(\sigma', \sigma'')$ の値 1, 2, 3 を実際の利得 0, 1, -1 で置きかえると，表13とそっくり一致する．14.7.2., 14.7.3. から，これはじゃんけんのゲームであることがわかる．

すなわち，じゃんけんは，人為手番と不完全情報との結合によって，$\frac{1}{3}, \frac{1}{3}, \frac{1}{3}$ の確率を生みだす自然的な装置で

あると考えられる（17.1. を思い起こすこと）．

18.7.2. (C) 表35の関数 $\delta(\sigma', \sigma'')$ を別の関数で置きかえ，定義域 $\sigma'_\kappa = 1, \cdots, \alpha_\kappa$, $\sigma''_\kappa = 1, \cdots, \alpha_\kappa$ も別の定義域 $\sigma'_\kappa = 1, \cdots, \alpha'_\kappa$, $\sigma''_\kappa = 1, \cdots, \alpha''_\kappa$ で置きかえても，表35の行列でどの列も $1, \cdots, \alpha_\kappa$ の各番号を同じ回数[1]だけ含んでおり，どの行も $1, \cdots, \alpha_\kappa$ の各番号を同じ回数[2]だけ含んでさえいれば，いっこうにさしつかえない．事実 18.6.2. の考察においては，$\delta(\sigma'_\kappa, \sigma''_\kappa)$（と $\alpha'_\kappa, \alpha''_\kappa$）についての，上の2つの性質だけを用いたのであった．

トランプ遊びをする前に行なわれる1組のカードの《カット》（上下いれかえ）という予防策が，この種の行為であることは容易にわかる．52枚のカードのうちの1枚を偶然手番によって $\frac{1}{52}$ の確率で選びだすときには，通常，1組のカードをよく《シャッフル》（混合）する．これは選び出しを偶然手番にするためであるが，シャッフルするプレイヤーがペテン師ならば，それがかれの《人為》手番になってしまうこともある．そこで，この不正を防ぐ策として，もう1人のプレイヤーが，シャッフルしたカードの中の任意の場所を指定し，そこで1組のカードを2分し，下半分を上半分の上に重ねて，その一番上から問題の1枚のカードを取る，ということが許されている．この2つの手

---

[1] すなわち，$\alpha'_\kappa/\alpha_\kappa$ 回，したがって，α'_κ は α_κ の倍数でなければならない．

[2] すなわち，$\alpha''_\kappa/\alpha_\kappa$ 回，したがって，α''_κ は α_κ の倍数でなければならない．

番は，それ自体は人為手番であるけれども，それらの組合せははじめに意図した偶然手番と同値なのである．このやり方が有効であるための不可欠な条件は，もちろん情報が欠けているということである．

ここで，$\alpha_\kappa = 52$，$\alpha'_\kappa = 52! = $（1組のカードの可能な並び方の数），$\alpha''_\kappa = 52 = $（《カット》の指定の仕方の数）である．この構成に対して，細部を補ない，$\delta(\sigma'_\kappa, \sigma''_\kappa)$ を決めることは読者にまかせよう[1]．

19. ポーカーとハッタリ

19.1. ポーカーの記述

19.1.1. 18.3. およびさらに明確に 18.4. において論じた，$\beta_1 = \beta_2 = 2$ という場合は，これまでくり返し強調してきたように，ゼロ和 2 人ゲームの最も単純なものに過ぎない．そのあと，18.5. で一般ゼロ和 2 人ゲームに生じる複雑な場合の例をいくつかあげたが，17.8. の一般的結論の意味をよりよく理解するためには，おそらくもっと複雑な型の特殊なゲームについて，もっと立ち入った議論が必要であろう．実はそうした複雑なゲームの分析こそより望ま

---

1) ここではただ 1 枚のカードをぬき出すためにシャッフルすると仮定した．《手札》全部をぬき出すという場合には，《カット》という方法は絶対的な安全策とはならない．ペテン師なら，1 回の《カット》によってはくずれないようにカードの中に連係をつけておくことができるし，そのような知識はこのペテン師に不当な利益を与えることになるからである．

しいことである．というのは，$\beta_1 = \beta_2 = 2$ のゲームでは，τ_1, τ_2 の選択は（純粋）戦略と呼ぶにはあまりにも単純すぎて，それを《手番》と呼ぶ方がむしろふさわしいともいえるからである．事実，このような極端に単純なゲームでは，その展開型と標準型とのあいだにほとんど差がつけられない．したがって，これらのゲームでは，手番と標準型の特徴である戦略との同一視がどうしても避けられない．そこで，今度はプレイヤーにいくつかの手番があって，展開型から標準型へ，および手番から戦略への移行が，重要な意味をもつようなゲームを，展開型で考察してみよう．

19.1.2. われわれがここで詳細に議論しようと考えているのはポーカーである[1]．しかし，現実に行なわれているポーカーは，それを隅々まで検討するにはあまりに複雑すぎるので，いくつかの単純化をはからねばならない．実

---

[1] ポーカーに関する一般的考察および以下の数節で言及されるさまざまな変種についての数学的議論は，1926年から28年にかけて，ジョン・フォン・ノイマンによってなされたが，これまで公表されることがなかった（"Zur Theorie der Gesellschaftsspiele"，*Math. Ann.*, Vol.100（1928）の中の文献を参照）．この研究には，とくに19.4.-19.10.で扱われる対称型のポーカー，19.11.-19.13.の(A)，(B)の型およびこれらの議論のすべてにおいて中心的な地位を占める《ハッタリ》の解釈全体が含まれていた．19.14.-19.16.の非対称型の(C)の考察は，1942年本書の出版のためになされたものである．

365ページの脚注1で触れたE. BorelとJ. Villeの研究でも，ポーカーが考察されている（Vol. IV, 2: "Applications aux Jeux de Hasard", Chap. V: "Le jeu de Poker"）．これらの研究はきわめて有益なものであるが，主として，多少とも発見法

は，その単純化のいくつかはかなり大幅なものであるが[1]，それにもかかわらず，ポーカーの基本的な考え方およびその決定的な特性は，単純化されたゲームのなかに保存されているとわれわれは考えている．したがって，さきに確立した理論を適用することによって以下で得られる結論に基づいて，ポーカーに関する一般的結論をひき出し，またそ

的方法でポーカーに関する確率を計算したもので，その根底にあるゲームの一般理論を系統的に利用したものではない．

前掲書の 91-97 ページでは，ポーカーにおける一定の戦略的側面（La Relance ＝ The Overbid）が分析されている．そこで扱われているポーカーも単純化された型のもので，本書の 19.4.-19.10. と 19.14.-19.16. で考察する 2 つの型のポーカーに相当するように思われる．それは本書の 2 つの型のポーカーと実際に密接に関連しているのである．

前掲書で扱われたポーカーと本書のそれとを比較してみようと考えている読者には，つぎのことが役立つであろう．

（Ｉ）　本書のビッド a, b は前掲書の $1+\alpha, 1$ に対応する．

（Ⅱ）　本書の 19.4.-19.10. で扱うポーカーと前掲書のそれとの違いは，つぎの点である．

たとえばプレイヤー 1 が《低い》ビッドをもってゲームを開始したとすると，本書では，それにつづいて手札の比較が行なわれるのに対して，前掲書では，プレイヤー 1 が無条件に《低い》ビッドの額を失う．すなわち，本書では，この最初の《低い》ビッドが《コール》とみなされる（19.14. の初めの部分，とくに 487 ページの脚注 1 を参照）のに対して，前掲書では本書の《ドロップ》とみなされる．われわれは，本書の扱いの方が現実のポーカーにおけるさきの戦略的側面にいっそう近いと考えている．とくに，《ハッタリ》を正しく分析し，解釈するためには，本書のような扱い方が必要であると考えている．技術的な細かい点については 503 ページの脚注 1 を参照のこと．

1)　なお，19.11. および 19.16. の終りの部分を参照のこと．

れに解釈を与えることができるであろう.

まずはじめに,現実のポーカーは何人でもできるが[1],われわれがここで議論しているのはゼロ和2人ゲームであるから,プレイヤーの数は2人であるとしておこう.

ポーカーでは,最初に1組のカード[2]から各プレイヤーにカードが5枚ずつ配られる.こうして配られた《手札》と呼ばれる5枚のカードの可能な組合せは,2598960通りあるが[3],それらは強弱の順に1列に配列される.すなわち,どの手札が1番強いか,2番目はどれか,3番目は,……,というように,1番強いものから1番弱いものまでをもれなく決める完全な規則が存在する[4].ポーカーには,さまざまな変種があるが,大きく《スタッド》と《ドロー》という2種類に分類されている.スタッドの場合には,最

---

1) ある意味で,《最適規模》は4人あるいは5人と考えられているが,それについて,ここで説明しようとは思わない.
2) ここではたまたま52枚全部を用いているが,参加者の数が少ないときには,その一部(通常,32枚あるいは28枚)だけが,用いられる.ときには《ジョーカー》のような特殊な役のカードが余分に1枚あるいは2枚,加えられることもある.
3) これは,52枚のすべてのカードを用いたときである.組合せ理論の初歩に通じている読者であれば,これが《52個のものから,重複を許さずに,5個をとる組合せ》の数
$$\binom{52}{5} = \frac{52 \cdot 51 \cdot 50 \cdot 49 \cdot 48}{1 \cdot 2 \cdot 3 \cdot 4 \cdot 5} = 2\,598\,960$$
であることに気づかれるであろう.
4) これには,よく知られた用語,《ロイヤル・フラッシュ》,《ストレート・フラッシュ》,《フォー・オブ・ア・キング》,《フル・ハウス》などが含まれるが,それらについては,ここで議論する必要はない.

初に手札5枚が全部配られ，プレイヤーは，プレイの最初から最後まで，その手札をそのまま持っていなければならない．《ドロー》の場合には，プレイヤーが自分の手札の全部または一部を交換するいろいろなやり方があり，またある種のものでは，プレイの過程で何回かにわたって，自分の手札をとることができる．われわれは最も単純な形態のゲームについて議論したいので，ここではスタッド・ゲームだけを調べることにする．

この場合，手札を手札として，つまり5枚のカードの組合せとして論ずる必要は少しもない．手札のあらゆる可能な組合せの総数は，さきにも述べたように，52枚1組のカードに対して 2 598 960 であるが，この総数を S で表わせば，各プレイヤーは5枚のカードの組をひく代わりに1つの番号 $s=1,\cdots,S$ を選ぶといっても同じことであろう．このとき，$s=S$ は可能な手札の中での最強のものに対応し，$s=S-1$ は2番目に強いものに，……というようにきて，最後に $s=1$ が最も弱いものに対応するものとしておこう．《公平に手札を配る》ということは，あらゆる可能な手札が等確率で配られるということであるから，番号 s を選ぶというさきの行為は，可能な値 $s=1,\cdots,S$ のそれぞれが等確率 $\dfrac{1}{S}$ をもつような，1つの偶然手番であると解釈しなければならない．このようにして，ゲームは2つの偶然手番，つまりプレイヤー1が番号 s を選ぶ行為 s_1，およびプレイヤー2の同様の行為 s_2 をもって開始され

る[1].

19.1.3. 普通のポーカーでは，つぎにプレイヤーによる《ビッド》（せり値の宣言）という行為が行なわれる．ここではプレイヤーの1人がある額の金額でビッドしたあと，それに対して，その相手が《ドロップ》（そのビッドに応じられないで，ゲームからぬけること），《コール》（そのビッドを受けてゲームに残ること）あるいは《レイズ》（そのビッドより高いビッドをして，せり値をさらにあげること）のいずれかを選択するものとする．ドロップというのは，それ以上戦うことを止め，自分が前回のビッドで宣言した金額（当然，現在のビッドよりも低い）を甘んじて相手に支払うことを意味する．この場合には，2人のプレイヤーの手札が何であったかは問われない．それらの手札はまったく公開されないのである．それに対して，《コール》というのは，相手のビッドを受けて勝負することを意味する．この場合には2人の手札が比較され，より強い手札をもっていたプレイヤーが現在のビッドの金額を受け取る．《コール》を選んだときには，そこでそのプレイは終了する．《レイズ》というのは，より高額のビッドを宣言して，現在のビッドと張り合うことを意味する．この場合には，プレイヤーの立場が入れかわり，これまでのビッドを宣言

---

[1] 実際のポーカーでは，最初のプレイヤーがまず手札を取り，そのあとに残ったカード・デックから，2番目のプレイヤーが自分の手札を取ることになる．ここでは，ポーカーのあまり本質的でない複雑さは無視するが，この点についても同様に無視することにする．

した人が，今度は，ドロップ，コールあるいはレイズのいずれかを選択する立場に置かれることになる[1].

19.2. ハッタリ

19.2.1. 以上のように，ポーカーの要点は，強い手札をもったプレイヤーが自分に勝ち目があると予想して，おそらく高いビッドをし，また何回もレイズするだろうという点にある．したがって，高いビッドをしたり，あるいはレイズをすると，それに接した相手には，そのプレイヤーが強い手札をもっているようにみえるかもしれない．そしてこのことが，相手に《ドロップ》を決意させることになるかもしれない．しかし，《ドロップ》の場合には，手札を比較するということがないのだから，弱い手札をもったプレイヤーでも，場合によっては強い相手から利得を得ることができるかもしれない．そうしたことは，高いビッドをしたり，あるいはレイズをしたりして，強いという（偽りの）印象を与えて相手をドロップに追い込むことから生ずる．

この策略は《ハッタリ》として知られている．たしかに，老練なプレイヤーはみなこの手を使う．もっともこの手を

---

[1] この場合，通常はもっと複雑であって，ゲームの最初に《アンティー》（参加料）を無条件に支払わなければならないが，その支払いを受ける相手が，あるタイプのポーカーでは最初にビッドする人であったり，他のタイプでは参加を希望するすべてのプレイヤーであったりする．また別のタイプのポーカーでは，ドローする権利が与えられる代償として特別な支払いが要求されることもある．これらのことについては，ここでは無視することにする．

使う真の動機が上に述べたようなことか否かについては疑問の余地がある．実際に，その動機について別の解釈が成り立ちうる．すなわち，あるプレイヤーが，自分の手札が強いときにだけ高いビッドをする人だと知られてしまうと，そのようなときには相手はおそらくドロップしてしまうであろう．だから，そうしたプレイヤーは，実際に強い手札がきてまさに荒稼ぎができるときに，高いビッドをしたり，何回もレイズしたりして荒稼ぎをするということができなくなってしまうであろう．したがって，プレイヤーは，この相関関係について相手の心中に一種の不確かさを生みだすことが望ましい．つまり，弱い手札でもときには高いビッドをすることがあるのだということを知らせることが望ましいということになる．

要約すると，ハッタリをかける可能な動機には2つあり，そのうち前者は，（実際には）弱い手札なのに強いという（偽りの）印象を与えたいためであり，後者は，（実際には）強い手札をもっているのに弱いという（偽りの）印象を与えたいためである．両者とも負の合図（6.4.3.を参照）であって，相手を迷わせるという場合の1例である．しかしながら，つぎの点には注意すべきである．すなわち，前者の場合には，ハッタリがうまくいって実際に相手が《ドロップ》してくれたら，それによって望みの利得が保証されるのだから，成功であるのに対して，後者の場合には，ハッタリが《失敗》したとき，つまり相手がそれに乗らずに《コール》したときに成功なのである．というのは，それに

よって望みどおりに相手に情報の混乱を与えることになるからである[1].

19.2.2. そのように間接的な動機をもった（したがって，外見上，非理性的な）ビッドがありうるということは，またもう1つの結果をもたらす．実際そうしたビッドには必然的に危険がともなう．したがって，適当な対抗策によってそれらのビッドをいっそう危険なものにし，そのことによって相手のハッタリに制限を加えるということが当然考えられる．しかし，そうした対抗策もまた，それ自身としては，間接的な動機をもった行為なのである．

われわれがこうした発見法的考察をながながと述べたの

---

[1] この時点で，前に述べたわれわれの指導原理を無視しているといって，再度非難されるかもしれない．上の議論は，明らかに（相手のくせを統計的に観察できるような）一連のプレイの列を前提としており，明確な《動的》性格をもっている．ところが，くり返し述べてきたように，われわれの考察は1回限りの孤立したプレイに適用できるものでなければならず，したがって厳密に静的なものに限られるのである．

この外見上の矛盾については，その点を詳しく調べた 17.3. を参照してほしい．そこでの考察は，ここでも完全にあてはまるので，われわれの手続きの正しさを示してくれるはずである．ただ1つここで付け加えておきたいのは，多数回のプレイと動的な用語を使用しているという，指導原理との不一致が，単に言葉の上だけのものだということである．この方法によって，われわれの議論をより簡潔にすることができたし，日常語で語られているものにいっそう近づけることができたのである．しかし，17.3. ではこれらのあいまいな構図のすべてが，良い戦略を求めるというまったく静的な問題によって，どのように置きかえられるかということが完全に論じつくされている．

は，われわれの正確な理論によって，これらすべての入り混った動機の分析が可能になるからである．ハッタリにかかわる諸現象がどのようにして定量的に把握されるか，またそれらの動機が，機先を制するというような，ゲームの主要な戦略的特質とどのように関連しているか，などについては，19.10., 19.15.3., 19.16.2. で考察することにしよう．

19.3. ポーカーの記述（つづき）

19.3.1. ここでポーカーの技術的規則にもどろう．無際限にレイズされるのを避けるために，ビッドの回数はふつう制限されている[1]．相手に予想もつかないような心理的効果をねらって，途方もなく高いビッドをするような行為を避けるために，おのおののビッドとレイズには最高値が決められている．逆にあまりにも少額差のレイズを禁止する習慣もある．それを禁止する理由と思われるものについてはあとで述べることにする（19.13. の終りを参照）．ここではビッドとレイズに対するこれらの制限を最も簡単な形で表わすことにしよう．すなわち，

$$a > b > 0$$

という関係にある2つの数 a, b がはじめから与えられていて，どのビッドに対しても《高い》場合と，《低い》場合との2つの可能性しか許されていないものと仮定する．つま

---

1) これが，7.2.3. で述べた停止規則である．

り，aの場合を《高い》ビッド，bの場合を《低い》ビッドとするのである．ここで問題になるのは，明らかに比 $\dfrac{a}{b}$ だけであるが，これを変化させることによって，そのゲームを危険なものにしたり，比較的安全なものにしたりすることができる．つまりこの比 $\dfrac{a}{b}$ が1よりずっと大きいときには，ゲームは危険になり，1よりほんの少ししか大きくないときには比較的安全になるのである．

さらにゲームの全体の構成を単純化するために，ビッドとレイズの回数を制限することにしよう．実際のポーカーでは，はじめにプレイヤーの1人が最初のビッドをし，その後はプレイヤーが交互にビッドを行なう．

最初に行動せねばならないことも含めて，先手をとったプレイヤーが有利か，あるいは不利かということは，それ自体1つの興味ある問題である．われわれは，19.14., 19.15.で先手であることが1つの重要な役割を演ずるような（非対称な）種類のポーカーについて議論するが，この問題には，さしあたりあまりかかわり合わないことにする．換言すれば，ポーカーの他の本質的な特徴が最も純粋な，そして最も単純な形で得られるように，われわれはさしあたり，対称性からのあらゆるずれを避けていきたいと考えている．したがって，2人のプレイヤーはどちらも，お互いに相手の選択については何も知らずに，最初のビッドをするものと仮定する．両者が最初の選択をし終ったのちにはじめて，相互に相手のビッドについて，それが《高い》ビッドであったか《低い》ビッドであったかが知らされる．

19.3.2. さらに問題を単純化して，プレイヤーは《ドロップ》かあるいは《コール》しか選択できないものと仮定する．つまり《レイズ》は用いられないものとする．事実，《レイズ》というのは，最初に高いビッドをするということにすでに含まれている傾向を，もっと巧妙で，強力な仕方で表現したものにすぎない．われわれは物事をできるだけ単純にしたいので，同一方向へむかういくつもの経路を与えることは避けたいのである（しかし，19.11.の(C)と19.14., 19.15.を参照）．

以上のことから，つぎのように定めておくものとする．双方のプレイヤーが互いに相手のビッドを知らされる瞬間を考えてみよう．ビッドを公けにしたとき，両者のビッドがともに《高い》か，あるいはともに《低い》場合には，両者の手札を比較して強い手札をもっていたプレイヤーが相手から，それぞれの場合に応じて，a あるいは b を受けとる．もし両者の手札が同じ強さであったら，支払いは生じない．他方，一方のビッドが《高く》て，他方のビッドが《低い》場合には，低いビッドをしたプレイヤーが《ドロップ》か《コール》のいずれかを選択する．《ドロップ》を選んだときには，双方の手札の強さに関係なく低いビッドの額を相手に支払う．《コール》を選んだときには，それは，《低い》ビッドを《高い》ビッドに変更することを意味しており，両者のビッドがともに最初から《高い》ビッドであったとして扱われる．

19.4. 規則の正確な定式化

19.4. 単純化されたポーカーについてこれまで述べてきたところをまとめれば，規則の正確な記述はつぎのようになる．

最初に，各プレイヤーは偶然手番によって自分の手札をとる．つまり，それぞれ $\frac{1}{S}$ の確率をもつ S 個の番号の中から1つの番号 $s=1, \cdots, S$ を選ぶ．プレイヤー1，2の手札をそれぞれ s_1, s_2 で表わすことにする．

つぎに，各プレイヤーは人為手番によって，a, b のいずれか一方，つまり《高い》か，《低い》かのいずれか一方のビッドを選択する．この選択を行なうとき，各プレイヤーはそれぞれ自分の手札については知っているが，相手の手札とビッドについては何も知らないものとする．最後に，各プレイヤーは相手のビッドについて知らされるが，相手の手札については依然として何も知らされない（自分の手札とビッドについてはもちろん，各自知っている）．その結果，一方が《高い》ビッドで，他方が《低い》ビッドであったときには，《低い》ビッドをしていたプレイヤーが《コール》か《ドロップ》のいずれかを選択する．

以上がプレイの全経過である．プレイが終了したとき，清算はつぎのように行なわれる．両方のプレイヤーがともに《高い》ビッドをした場合，あるいは一方が《高い》ビッドをし，他方が《低い》ビッドをしたが，続いて《コール》を選択した場合，これらの場合には，プレイヤー1は

プレイヤー 2 から, $s_1 > s_2$ なら a を, $s_1 = s_2$ なら 0 を, $s_1 < s_2$ なら $-a$ をそれぞれ獲得する. 両方のプレイヤーがともに《低い》ビッドをした場合には, プレイヤー 1 はプレイヤー 2 から $s_1 > s_2$ なら b を, $s_1 = s_2$ なら 0 を, $s_1 < s_2$ なら $-b$ をそれぞれ獲得する. 一方のプレイヤーが《高い》ビッドをし, 他方のプレイヤーが《低い》ビッドをし, 続いて《ドロップ》を選択した場合には,《高いビッドをしたプレイヤー》が 1 であるか 2 であるかに応じて, プレイヤー 1 はプレイヤー 2 から b あるいは $-b$ を獲得する[1].

---

1) 形式的な正確さを保証するためには, これらの規則を第 2 章の 6., 7. の形式に従って整理しておく必要があろう. そうすると, 手札を配るというはじめの 2 つの偶然手番は, 手番 1, 2 と呼ばれ, それに続く 2 つの人為手番 (ビッド) は, 手番 3, 4 と呼ばれ, そして最後の人為手番 (《ドロップ》あるいは《コール》) は手番 5 と呼ばれることになる.

手番 5 の場合, これがどちらのプレイヤーにかかわる人為手番であるか, またその選択肢の数がいくつかは 7.1.2. と 9.1.5. で述べたように, 手番 5 に至るプレイの経過に依存する. (両方のプレイヤーのビッドがともに《高い》か, あるいはともに《低い》ビッドであったときには, 選択肢の数は 1 であって, この実効力のない人為手番がどちらのプレイヤーに属するかということは問題ではない. 一方のビッドが《高く》て, 他方が《低い》ときには, この人為手番は後者の手番となる).

さきにあげた箇所での記号法に従うとすれば, s_1, s_2 を σ_1, σ_2,《高い》あるいは《低い》ビッドを σ_3, σ_4,《ドロップ》あるいは《コール》を σ_5 と表わさなければならないが, こうした記号上の相異を取除く作業はすべて読者にまかせることにする.

19.5. 戦略の記述

19.5.1. このゲームにおける（純粋）戦略とは，明らかにつぎのことを指定することである．つまり，戦略を記述するには，各手札 $s=1,\cdots,S$ に対して，《高い》ビッドをするか，《低い》ビッドをするかを決め，そして後者の場合には，さらにこの《低い》ビッドに対して相手が《高い》ビッドをしたときに，《コール》するか《ドロップ》するか，について指定しなければならない．上の選択をつぎのように番号 $i_s=1,2,3$ で表わすと，明解になる．すなわち，$i_s=1$ は《高い》ビッドを表わし，$i_s=2$ は《低い》ビッドをして（いざというときに），それに続いて《コール》を選択することを表わし，$i_s=3$ は《低い》ビッドをして（いざというときに），それに続いて《ドロップ》を選択することを表わすとする．したがって，戦略とは $s=1,\cdots,S$ のそれぞれに対してこのような指標 i_s を指定すること，つまり系列 $i_1,\cdots,i_S$ を指定することである．

このことは，プレイヤー 1, 2 のどちらにもあてはまる．これに従って，上記の戦略を $\Sigma_1(i_1,\cdots,i_S)$ あるいは $\Sigma_2(j_1,\cdots,j_S)$ と表わすことにする．

したがって，各プレイヤーは同数の戦略，つまり系列 $i_1,\cdots,i_S$ の個数だけの，正確には 3^S 個だけの戦略をもつ．11.2.2. の記号に従えば，

$$\beta_1 = \beta_2 = \beta = 3^S$$

となる．もし，そこでの記号法に厳密にあわせるとすれば，

系列 $i_1, \cdots, i_S$ に適当に番号をつけて,それを $\tau_1 = 1, \cdots, \beta$ とし,同様に系列 $j_1, \cdots, j_S$ についても $\tau_2 = 1, \cdots, \beta$ とし,プレイヤー 1, 2 の(純粋)戦略を $\Sigma_1^{\tau_1}, \Sigma_2^{\tau_2}$ と書くべきであろう.しかし,ここでは,いままで使用してきた記号をそのままひき続いて用いることにする.

つぎに,2 人のプレイヤーがそれぞれ $\Sigma_1(i_1, \cdots, i_S)$, $\Sigma_2(j_1, \cdots, j_S)$ という戦略を用いたときに,プレイヤー 1 が獲得する利得を表現しなければならない.この利得は,行列の成分 $\mathscr{K}(i_1, \cdots, i_S; j_1, \cdots, j_S)$ である[1].

2 人のプレイヤーが実際に《手札》 s_1, s_2 をもっているとすれば,プレイヤー 1 の受けとる利得は(上述の規則を用いて)$\mathscr{L}_{\mathrm{sgn}(s_1-s_2)}(i_{s_1}, j_{s_2})$ のように表現される.ここで $\mathrm{sgn}(s_1 - s_2)$ は $s_1 - s_2$ の符号であり[2],それに応ずる 3 つの関数

$$\mathscr{L}_+(i,j), \quad \mathscr{L}_0(i,j), \quad \mathscr{L}_-(i,j) \quad (i,j=1,2,3)$$

は表 36-38 の行列で表わされる[3].

---

[1] 1 つの列 $i_1, \cdots, i_S$ 全体で行の番号が示され,1 つの列 $j_1, \cdots, j_S$ 全体で列の番号が示される.もとの記号では,戦略は $\Sigma_1^{\tau_1}, \Sigma_2^{\tau_2}$, 行列の成分は $\mathscr{K}(\tau_1, \tau_2)$ であった.

[2] すなわち,$\mathrm{sgn}(s_1 - s_2)$ は,$s_1 > s_2$ なら $+$,$s_1 = s_2$ なら 0,$s_1 < s_2$ なら $-$ である.これは手札の強弱を式の形で表現したものである.

[3] 読者は,これらの行列を,さきの言葉による規則の記述と比較し,それらが正しいことを確かめるのは何の造作もないであろう.
注目に価するもう 1 つの状況は,ゲームの対称性が,等式
$$\mathscr{L}_+(i,j) = -\mathscr{L}_-(j,i) \qquad \mathscr{L}_0(i,j) = -\mathscr{L}_0(j,i)$$
に対応しているということである.

i \ j	1	2	3
1	a	a	b
2	a	b	b
3	$-b$	b	b

$\mathscr{L}_+(i,j)$

表 36

i \ j	1	2	3
1	0	0	b
2	0	0	0
3	$-b$	0	0

$\mathscr{L}_0(i,j)$

表 37

i \ j	1	2	3
1	$-a$	$-a$	b
2	$-a$	$-b$	$-b$
3	$-b$	$-b$	$-b$

$\mathscr{L}_-(i,j)$

表 38

さきにも述べたように, s_1, s_2 は偶然手番から得られる. したがって, プレイヤー1の利得の期待値(確率を乗じて加えたもの)は,

$$\mathscr{K}(i_1,\cdots,i_S\,;j_1,\cdots,j_S) = \frac{1}{S^2} \sum_{s_1, s_2 = 1}^{S} \mathscr{L}_{\mathrm{sgn}(s_1 - s_2)}(i_{s_1}, j_{s_2})$$

である[1].

---
[1] 前ページ脚注3の後半で述べた関係から, 読者は,
$$\mathscr{K}(i_1,\cdots,i_S\,;j_1,\cdots,j_S) = -\mathscr{K}(j_1,\cdots,j_S\,;i_1,\cdots,i_S)$$
であることを確かめることができよう. つまり
$$\mathscr{K}(i_1,\cdots,i_S\,;j_1,\cdots,j_S)$$
は交代的であり, このこともゲームの対称性を表現している.

19.5.2. 今度は，17.2.の意味における混合戦略の考察に移ろう．混合戦略は，S_β に属するベクトル $\boldsymbol{\xi}, \boldsymbol{\eta}$ である．ここで用いている記号法に従って，これらのベクトルの成分にも新しい方法で添字をつけなければならない．つまり，$\xi_{\tau_1}, \eta_{\tau_2}$ の代わりに $\xi_{i_1, \cdots, i_S}$, $\eta_{j_1, \cdots, j_S}$ と書かなければならない．

17.4.1.における (17:2)，すなわちプレイヤー 1 の利得の期待値を求める式は，

$$K(\boldsymbol{\xi}, \boldsymbol{\eta}) = \sum_{i_1, \cdots, i_S, j_1, \cdots, j_S} \mathscr{K}(i_1, \cdots, i_S; j_1, \cdots, j_S) \xi_{i_1, \cdots, i_S} \eta_{j_1, \cdots, j_S}$$

$$= \frac{1}{S^2} \sum_{i_1, \cdots, i_S, j_1, \cdots, j_S} \sum_{s_1, s_2} \mathscr{L}_{\mathrm{sgn}(s_1 - s_2)}(i_{s_1}, j_{s_2}) \xi_{i_1, \cdots, i_S} \eta_{j_1, \cdots, j_S}$$

と表わされる．2つの $\sum$ を入れかえて，

$$K(\boldsymbol{\xi}, \boldsymbol{\eta}) = \frac{1}{S^2} \sum_{s_1, s_2} \sum_{i_1, \cdots, i_S, j_1, \cdots, j_S} \mathscr{L}_{\mathrm{sgn}(s_1 - s_2)}(i_{s_1}, j_{s_2}) \xi_{i_1, \cdots, i_S} \eta_{j_1, \cdots, j_S}$$

と書くと都合がよい．ここで

(19:1) $$\rho_i^{s_1} = \sum_{i_1, \cdots, i_{s_1-1}, i_{s_1+1}, \cdots, i_S} \xi_{i_1, \cdots, i_{s_1-1}, i, i_{s_1+1}, \cdots, i_S}$$

($i_{s_1} = i$ と固定したときの)

(19:2) $$\sigma_j^{s_2} = \sum_{j_1, \cdots, j_{s_2-1}, j_{s_2+1}, \cdots, j_S} \eta_{j_1, \cdots, j_{s_2-1}, j, j_{s_2+1}, \cdots, j_S}$$

($j_{s_2} = j$ と固定したときの)

と置くとさきの式は

(19:3) $\quad K(\boldsymbol{\xi}, \boldsymbol{\eta}) = \dfrac{1}{S^2} \sum_{s_1, s_2} \sum_{i,j} \mathscr{L}_{\mathrm{sgn}(s_1 - s_2)}(i,j) \rho_i^{s_1} \sigma_j^{s_2}$

となる．

ここで (19:1)-(19:3) の意味を言葉で説明しておく必要がある．

(19:1) は，混合戦略 $\boldsymbol{\xi}$ を用いるプレイヤー 1 が，自分の《手札》が s_1 の場合に手 i を選択する確率が $\rho_i^{s_1}$ であることを示している．(19:2) は混合戦略 $\boldsymbol{\eta}$ を用いるプレイヤー 2 が，自分の《手札》が s_2 の場合に手 j を選択する確率が $\sigma_j^{s_2}$ であることを示している[1]．ところで，期待値 $K(\boldsymbol{\xi}, \boldsymbol{\eta})$ は確率 $\rho_i^{s_1}, \sigma_j^{s_2}$ だけに依存し，その基礎になっている確率 $\xi_{i_1,\cdots,i_S}, \eta_{j_1,\cdots,j_S}$ 自体には依存しないということが直観的にも明らかである[2]．(19:3) が正しいことは直接的にも容易

---

[1] 19.4. と 19.5.1. からわかるように，$i=1$ あるいは $j=1$ は《高い》ビッドを，$i=2,3$ あるいは $j=2,3$ は《低い》ビッドをして，つぎにそれぞれ（いざというときに）《コール》あるいは《ドロップ》を選択することである．

[2] このことは，（純粋）戦略の 2 つの異なった混合が，結果としては，同じになる場合があることを意味している．

これを簡単な例で説明しよう．$S=2$，つまり手札が《強》と《弱》の 2 通りしかないものとしよう．また，$i=2,3$ を一緒にまとめて考え，《高い》ビッドと《低い》ビッドしかないものとする．そのとき，4 つの可能な純粋戦略が存在する．それらに名前をつけて，

《大胆》：どんな手札に対しても《高い》ビッドをする．
《慎重》：どんな手札に対しても《低い》ビッドをする．
《通常》：《強》の手札のときには《高い》ビッド，《弱》の手札

にわかるが，それには，$\mathscr{L}_{\mathrm{sgn}(s_1-s_2)}(i,j)$ の意味と $\rho_i^{s_1}, \sigma_j^{s_2}$ についての今の説明とを思い出せば十分である．

19.5.3. $\rho_i^{s_1}, \sigma_j^{s_2}$ の意味からも，またそれらの形式的定義 (19:1), (19:2) からも，それらが

(19:4) $\qquad$ すべての $\rho_i^{s_1} \geqq 0, \qquad \displaystyle\sum_{i=1}^{3} \rho_i^{s_1} = 1$

(19:5) $\qquad$ すべての $\sigma_j^{s_2} \geqq 0, \qquad \displaystyle\sum_{j=1}^{3} \sigma_j^{s_2} = 1$

という条件をみたしていることは明らかである．他方，これらの条件をみたす任意の $\rho_i^{s_1}, \sigma_j^{s_2}$ は，適当な $\boldsymbol{\xi}, \boldsymbol{\eta}$ から (19:1), (19:2) によって得ることができる．このことは数学的[1]にも直観的にも明らかである．そうした $\rho_i^{s_1}, \sigma_j^{s_2}$ $(i, j$

のときには《低い》ビッドをする．

《ハッタリ》:《弱》の手札のときには《高い》ビッド，《強》の手札のときには《低い》ビッドをする．

そうすると，《大胆》と《慎重》とを五分五分で混合することは，《通常》と《ハッタリ》とを五分五分で混合するのと結果としては，同じである．両者はともに，プレイヤーが偶然にまかせて，どんな手札に対しても五分五分の確率で《高い》ビッドと《低い》ビッドをすることを意味している．

それにもかかわらず，いまの記号法では，これらは 2 つの異なった《混合》戦略，すなわち異なったベクトル $\boldsymbol{\xi}$ になる．

このことは，もちろん，一般的な場合に完全に適合していたわれわれの記号法が特定のゲームに対しては冗長でありうることを意味している．こうしたことは，一般的な目的をもった数学の議論ではしばしば起こることである．一般理論を展開している限りは，この冗長さを気にする必要はなかった．しかし，ここでは特定のゲームを考察しているので，この冗長さを取除くことにしよう．

1) たとえば，$\xi_{i_1,\cdots,i_S} = \rho_{i_1}^1 \cdots \rho_{i_S}^S$, $\eta_{j_1,\cdots,j_S} = \sigma_{j_1}^1 \cdots \sigma_{j_S}^S$ と置き，

$=1, 2, 3 ; s_1, s_2 = 1, \cdots, S$)の系はどれも,可能な操作を規定する確率分布の系である.したがって,それらの系はある混合戦略に対応しているはずである.

好都合なことに (19:4), (19:5) から3次元ベクトル

$$\boldsymbol{\rho}^{s_1} = (\rho_1^{s_1}, \rho_2^{s_1}, \rho_3^{s_1}), \qquad \boldsymbol{\sigma}^{s_2} = (\sigma_1^{s_2}, \sigma_2^{s_2}, \sigma_3^{s_2})$$

をつくることができる.このとき,(19:4), (19:5) はまさに,$\boldsymbol{\rho}^{s_1}, \boldsymbol{\sigma}^{s_2}$ がすべて S_3 に属することを表わしている.

このことから,これらのベクトルを導入するとどんなに事柄が単純化されるかがわかる.実際,$\boldsymbol{\xi}$(あるいは $\boldsymbol{\eta}$)は S_β に属する1つの(確率)ベクトルであった.つまりそのベクトルは,$\beta - 1 = 3^S - 1$ 個の数値に依存している.ところが $\boldsymbol{\rho}^{s_1}$(あるいは $\boldsymbol{\sigma}^{s_2}$)は S_3 に属する S 個のベクトルである.つまり,それらのベクトルのおのおのは,2個の数値に依存している.したがって,それらは全部で $2S$ 個の数値に依存していることになる.そして $2S$ は S がそう大きくない場合でさえ,$3^S - 1$ よりもはるかに小さいのである[1].

19.6. 問題の記述

19.6. ここで扱っているゲームは対称ゲームだから,17.11.2. の (17:H) で与えた良い(混合)戦略,つまり

17.2.1. の (17:1:a), (17:1:b) を,上の (19:4), (19:5) から導いてみよ.

[1] 実際には,S は約 250 万である(435 ページの脚注 3 を参照).したがって,$3^S - 1$ も $2S$ もともに非常に大きい数になるが,前者は本当に途方もなく大きい数である.

$\xi \in \overline{A}$ のための判定基準を用いることができる．それによると，ξ はそれ自身に対して最適でなければならない．つまり，最小値 $\mathrm{Min}_\eta \mathrm{K}(\xi, \eta)$ は $\eta = \xi$ に対して達成されるはずである．

ところで，19.5. でわかったように $\mathrm{K}(\xi, \eta)$ は実際は ρ^{s_1}, σ^{s_2} にだけ依存している．したがって，それを $\mathrm{K}(\rho^1, \cdots, \rho^S ; \sigma^1, \cdots, \sigma^S)$ と書いてもよい．そうすると，19.5.2. の (19:3) は ($\sum$ の順を少しいれかえて)，

$$(19:6) \quad \mathrm{K}(\rho^1, \cdots, \rho^S ; \sigma^1, \cdots, \sigma^S)$$
$$= \frac{1}{S^2} \sum_{s_1, i} \sum_{s_2, j} \mathscr{L}_{\mathrm{sgn}(s_1 - s_2)}(i, j) \rho_i^{s_1} \sigma_j^{s_2}$$

となる．そして $\sigma^1 = \rho^1, \cdots, \sigma^S = \rho^S$ のとき，最小値

$$\mathrm{Min}_{\sigma^1, \cdots, \sigma^S} \mathrm{K}(\rho^1, \cdots, \rho^S ; \sigma^1, \cdots, \sigma^S)$$

が達せられるというのが良い戦略 $\rho^1, \cdots, \rho^S$ のための判定基準である．そのための条件は 17.9.1. の類似の問題の場合と本質的に同じ方法を用いて見いだすことができる．ここでは議論を単純化して別の形で結果を導こう．

(19:6) の最小値 $\mathrm{Min}_{\sigma^1, \cdots, \sigma^S}$ は $\sigma^1, \cdots, \sigma^S$ のそれぞれに関して別々に最小値をとっても同じである．そこで，そうした最小値をとる σ^{s_2} を考えてみよう．この σ^{s_2} に対しては S_3 に属するという条件，つまり，

$$\text{すべての} \quad \sigma_j^{s_2} \geqq 0, \quad \sum_{j=1}^3 \sigma_j^{s_2} = 1$$

という制約条件があるだけである．(19:6) はこれらの 3 つの成分 $\sigma_1^{s_2}, \sigma_2^{s_2}, \sigma_3^{s_2}$ についての 1 次式である．したがって，

このような1次式が $\boldsymbol{\sigma}^{s_2}$ に関してその最小値をとるのは，(j に関して，以下参照）最小の係数をもつ $\boldsymbol{\sigma}^{s_2}$ の成分 $\sigma_j^{s_2}$ だけを残して，他の2つの成分が0となるときである．

そこで $\sigma_j^{s_2}$ の係数を求めると，

$$\frac{1}{S^2}\sum_{s_1,i}\mathscr{L}_{\mathrm{sgn}(s_1-s_2)}(i,j)\rho_i^{s_1}$$

である．これを $\frac{1}{S}\gamma_j^{s_2}$ と表わすことにする．そうすると (19:6) は

(19:7) $\quad \mathrm{K}(\boldsymbol{\rho}^1,\cdots,\boldsymbol{\rho}^S;\boldsymbol{\sigma}^1,\cdots,\boldsymbol{\sigma}^S)=\dfrac{1}{S}\sum_{s_2,j}\gamma_j^{s_2}\sigma_j^{s_2}$

となる．そしてこれが ($\boldsymbol{\sigma}^{s_2}$ に関して）最小になるための条件は，

(19:8) 　　各 s_2 について，$\gamma_j^{s_2}$ が（j について[1]）最小値をとらなければ，$\sigma_j^{s_2}=0$

ということである．

したがって，$\boldsymbol{\sigma}^1=\boldsymbol{\rho}^1,\cdots,\boldsymbol{\sigma}^S=\boldsymbol{\rho}^S$ のとき最小化されるという，良い戦略の判定基準はつぎのようになる．

(19:A) 　　$\boldsymbol{\rho}^1,\cdots,\boldsymbol{\rho}^S$ が良い戦略であるのは，つまり $\boldsymbol{\xi}\in\overline{A}$ であるのは，各 s_1 について，$\gamma_j^{s_2}$ が（j について[2]）最小値をとらなければ，$\rho_j^{s_2}=0$ となるようなとき，しかもそのときに限られる．

最後に $\gamma_j^{s_2}$ の式を詳しく示しておこう．これにはもちろん，表36-38が用いられる．

---

1) j についてであって，s_2, j の両方についてではない．
2) 上記脚注1と同じ．

$$(19{:}9{:}\text{a}) \quad \gamma_1^{s_2} = \frac{1}{S} \Bigg\{ \sum_{s_1=1}^{s_2-1} (-a\rho_1^{s_1} - a\rho_2^{s_1} - b\rho_3^{s_1}) - b\rho_3^{s_2}$$
$$+ \sum_{s_1=s_2+1}^{S} (a\rho_1^{s_1} + a\rho_2^{s_1} - b\rho_3^{s_1}) \Bigg\}$$

$$(19{:}9{:}\text{b}) \quad \gamma_2^{s_2} = \frac{1}{S} \Bigg\{ \sum_{s_1=1}^{s_2-1} (-a\rho_1^{s_1} - b\rho_2^{s_1} - b\rho_3^{s_1})$$
$$+ \sum_{s_1=s_2+1}^{S} (a\rho_1^{s_1} + b\rho_2^{s_1} + b\rho_3^{s_1}) \Bigg\}$$

$$(19{:}9{:}\text{c}) \quad \gamma_3^{s_2} = \frac{1}{S} \Bigg\{ \sum_{s_1=1}^{s_2-1} (b\rho_1^{s_1} - b\rho_2^{s_1} - b\rho_3^{s_1}) + b\rho_1^{s_2}$$
$$+ \sum_{s_1=s_2+1}^{S} (b\rho_1^{s_1} + b\rho_2^{s_1} + b\rho_3^{s_1}) \Bigg\}$$

19.7. 離散的問題から連続的問題への移行

19.7.1. 19.6.の判定基準 (19:A) は，(19:7)，(19:9:a)，(19:9:b)，(19:9:c) とともに，すべての良い戦略を決定するために用いることができる[1]．この議論は多数の可能性の分析を含む組合せ論的なもので，かなり退屈である．そこで得られる結果は，以下で，いくらか修正した仮定のもとで導かれる結果と質的に同様のもので，ただ戦略の《微細構造》とでも呼べるような，きわめて細かいところで多少違っているだけである．この点については，19.12.でさらに論ずることにする．

---

[1] この決定問題は著者の1人が取り組んできたもので，別のところで発表する予定である．

可能な《手札》	古い尺度	$s=$	1	2	3	⋯	$S-1$	S
	新しい尺度	$z=$	0	$\dfrac{1}{S-1}$	$\dfrac{2}{S-1}$	⋯	$\dfrac{S-2}{S-1}$	1

表 39

 さしあたり,ここでの主な関心事は,解の主要な特徴を明らかにすることであって,《微細構造》を問題にすることではない.まず,可能な手札の列 $s=1,\cdots,S$ の《粒状構造》に注目することからはじめよう.

 あらゆる可能な《手札》の強さを 0% から 100% という尺度,あるいは 0 から 1 までの小数の尺度で表わすとすれば,最も弱い手札 1 には 0 が対応し,最も強い手札 S には 1 が対応することになる.したがって,この尺度上では,《手札》$s(=1,\cdots,S)$ の強さは,点 $z=\dfrac{s-1}{S-1}$ で表わされることになり,番号 s には量 z が対応することになる.この対応関係を表わすと上の表のようになる.

 したがって,z の値は,区間

(19:10) $$0 \leqq z \leqq 1$$

にきわめて密に分布してはいるが[1],それでもそれらの値は離散的な列をなしていることに変わりはない.これが上述の《粒状構造》である.今度はこれを連続的構造で置きかえよう.

 すなわち,手札 s つまり z を選ぶ偶然手番は,区間

---

[1] S が約 250 万であることを思い起こしてほしい(435 ページの脚注 3 を参照).

(19:10) の任意の z の値を生みだしうると仮定する．そして，z が区間 (19:10) の任意の部分に落ちる確率は，その部分の長さで表わされるものと仮定する．つまり，z は区間 (19:10) 全体に，一様に分布しているものと仮定するわけである[1]．いま 2 人のプレイヤー 1, 2 の《手札》をそれぞれ z_1, z_2 で表わすことにする．

19.7.2. このように変換すると，当然ベクトル $\boldsymbol{\rho}^{s_1}$, $\boldsymbol{\sigma}^{s_2}$ $(s_1, s_2 = 1, \cdots, S)$ が，ベクトル $\boldsymbol{\rho}^{z_1}, \boldsymbol{\sigma}^{z_2}$ $(0 \leq z_1, z_2 \leq 1)$ で置きかえられることになるが，これらはもちろん，前と同様の S_3 に属する確率ベクトルであることに変わりはない．その結果，その成分（確率）$\rho_i^{s_1}, \sigma_j^{s_2}$ $(s_1, s_2 = 1, \cdots, S,\ i, j = 1, 2, 3)$ は，成分 $\rho_i^{z_1}, \sigma_j^{z_2}$ $(0 \leq z_1, z_2 \leq 1,\ i, j = 1, 2, 3)$ となり，同様にして，(19.6. の (19:9:a), (19:9:b), (19:9:c) における) $\gamma_j^{s_2}$ は $\gamma_j^{z_2}$ となる．

これに応じて，19.6. の公式 (19:7), (19:9:a), (19:9:b), (19:9:c) の中の K と γ_j^s の式はつぎのように書きかえられる．すなわち，すべての和

$$\frac{1}{S}\sum_{s_1=1}^{S}, \qquad \frac{1}{S}\sum_{s_2=1}^{S}$$

は，明らかに積分

$$\int_0^1 \cdots dz_1, \qquad \int_0^1 \cdots dz_2$$

で，また和

---

[1] これがすなわち幾何的確率といわれるものである．

$$\frac{1}{S}\sum_{s_1=1}^{s_2-1}, \qquad \frac{1}{S}\sum_{s_1=s_2+1}^{S}$$

は,積分

$$\int_0^{z_2}\cdots dz_1, \qquad \int_{z_2}^1\cdots dz_1$$

で置きかえられねばならない.他方,因子 $\frac{1}{S}$ のかかっている孤立した項[1] は無視してよい[2].このように理解すれば,K と γ_j^s(つまり γ_j^z)の式はつぎのようになる.

$$(19{:}7^*)\qquad \mathrm{K} = \sum_j \int_0^1 \gamma_j^{z_2}\sigma_j^{z_2}dz_2$$

$$(19{:}9{:}\mathrm{a}^*)\quad \gamma_1^{z_2} = \int_0^{z_2}(-a\rho_1^{z_1}-a\rho_2^{z_1}-b\rho_3^{z_1})dz_1$$
$$+\int_{z_2}^1(a\rho_1^{z_1}+a\rho_2^{z_1}-b\rho_3^{z_1})dz_1$$

$$(19{:}9{:}\mathrm{b}^*)\quad \gamma_2^{z_2} = \int_0^{z_2}(-a\rho_1^{z_1}-b\rho_2^{z_1}-b\rho_3^{z_1})dz_1$$
$$+\int_{z_2}^1(a\rho_1^{z_1}+b\rho_2^{z_1}+b\rho_3^{z_1})dz_1$$

---

1) はっきりというと,式 (19:9:a) と (19:9:c) の括弧の中の第 2 項 $-b\rho_3^{z_2}$ と $b\rho_1^{z_2}$ がそれである.

2) これらの項は,$s_1 = s_2$ に,新しい記号では $z_1 = z_2$ に対応している.z_1, z_2 は連続変数であるから,それらが(たまたま)一致する確率は実際,0 である.

数学上では,この操作は $S \to \infty$,つまり S を限りなく大きくすることとして表現してもよい.

$$(19:9:c^*) \quad \gamma_3^{z_2} = \int_0^{z_2} (b\rho_1^{z_1} - b\rho_2^{z_1} - b\rho_3^{z_1}) dz_1$$
$$+ \int_{z_2}^1 (b\rho_1^{z_1} + b\rho_2^{z_1} + b\rho_3^{z_1}) dz_1$$

さらに，19.6. の特徴づける (19:A) はつぎのようになる．

(19:B) ρ^z ($0 \leqq z \leqq 1$) はすべて，S_3 に属するベクトルであるが，これらが良い戦略であるのは，各 z について，γ_j^z が（j について[1]）最小値をとらなければ，$\rho_j^z = 0$[2] となるようなとき，しかもそのときに限る．

---

[1] j についてであって，z, j の両方についてではない．

[2] 公式 (19:7*), (19:9:a*), (19:9:b*), (19:9:c*) とこの判定基準とは最初から ξ, η を ρ^{z_1}, σ^{z_2} で置きかえて，この《連続的》な配置について議論したとしても導かれるであろう．われわれが，19.4.-19.7. にわたってより長く，より明確な手続きについて述べてきたのは，われわれの手続きの厳密性と完全性とをはっきりさせるためである．上に述べた，より短い直接的な議論を展開することは，読者にとってよい演習になるであろう．

ここまでくると，こうした連続的パラメータが入っているような連続的ゲームの理論を系統的，直接的に構築しようという誘惑にかられるであろう．ここで系統的直接的というのは，ここで問題にしているようなゲームに適用できるだけの十分一般的な形で，しかも離散的ゲームからの極限移行の必要なしにということである．

このような方向での興味ある研究の第一歩が，J. Ville によって（365 ページの脚注 1 にあげた研究において）あみ出された．前掲書 110-113 ページを参照．しかしながら，その研究で設けられた連続性の仮定は，あまりにも制約が強くて，多くのゲーム，とくにわれわれが問題にしているゲームには適用できないように思われる．

19.8. 解の数学的決定

19.8.1. 今度は良い戦略 $\boldsymbol{\rho}^z$ の決定，つまり 19.7. の陰伏的な条件 (19:B) をみたす解を決定するという問題に移ろう．

まず，ある z に対して $\rho_2^z > 0$ であると仮定しよう[1]．そうした z に対しては，(19:B) によって，必ず $\mathrm{Min}_j \gamma_j^z = \gamma_2^z$，したがって $\gamma_1^z \leqq \gamma_2^z$，つまり

$$\gamma_2^z - \gamma_1^z \leqq 0$$

である．これに (19:9:a*), (19:9:b*) を代入すると，

(19:11)
$$(a-b)\left(\int_0^z \rho_2^{z_1} dz_1 - \int_z^1 \rho_2^{z_1} dz_1\right) + 2b\int_z^1 \rho_3^{z_1} dz_1 \leqq 0$$

となる．つぎに $\rho_2^z > 0$ をみたす z の値の上限を z^0 としよう[2]．すると，積分の連続性によって $z = z^0$ に対しても (19:11) が成り立たなければならない．仮定によって，$z_1 > z^0$ に対しては $\rho_2^{z_1} > 0$ とはならないから，(19:11) の

---

[1] すなわち，いま考えている良い戦略によれば，$j=2$，つまりまず《低い》ビッドをし，そのあと一定の条件のもとではさらに《コール》するつもりであると仮定するわけである．

[2] すなわち，z^0 は，$\rho_2^z > 0$ をみたすすべての z より大きく（または等しく），しかも，z^0 のいくら近くにでも $\rho_2^z > 0$ をみたすような z が存在するようなものである．（しかし，$z < z^0$ であるすべての z に対して $\rho_2^z > 0$ となるとは限らない．）このような上限 z^0 は，$\rho_2^z > 0$ をみたす z が１つでも存在すれば，（$0 \leqq z \leqq 1$ から z は上に有界だから）たしかに存在する．

$\int_{z^0}^1 \rho_2^{z_1} dz_1$ の項は0となる．したがって，その項の符号を－から＋に書きかえてもさしつかえない．そうすると，(19:11) は

$$(a-b)\int_0^1 \rho_2^{z_1} dz_1 + 2b\int_{z^0}^1 \rho_3^{z_1} dz_1 \leqq 0$$

と書くことができる．しかし，つねに $\rho_3^{z_1} \geqq 0$ であり，また仮定によって，$\rho_2^{z_1} > 0$ となる z_1 が存在する．したがって，第1項は必ず正である[1),2)]．第2項は明らかに非負である．したがってこれは矛盾である．それゆえ，任意の z に対してつねに

(19:12) $\qquad \rho_2^z = 0$

でなければならないことが証明された[3)]．

---

1) いうまでもなく，$a-b>0$ である（19.3.1.参照）．

2) 積分や測度などの理論の細かい点にまで立ち入る必要はないと思う．ここで扱う関数は，十分滑らか（十分多数回微分可能）であると仮定しており，したがって，正の関数は必ず正の積分をもつということだけを承認していただければ十分である．もしも上に述べた積分や測度の理論を用いれば，正確な取扱いが容易にできるであろう．

3) これを言葉でいいなおすとつぎのようになる．すなわち，《低い》ビッドをして，そのあと《コール》する（つもりである）という戦略は，それができるような《手札》の上限となるべきものに対する条件を検討すると，それが良い戦略ではありえないことがわかる．しかも，少なくともそのような《手札》の上辺では，（すぐ上の積分の第2項=0 より $\rho_3^z = 0$ でもなければならないから）あからさまな《高い》ビッドの方が好ましい手であることも示されたわけである．

もちろん，これはさきに述べた《レイズ》を禁止するという単純化によって，はじめていえることである．

19.8.2. $j=2$ の場合が消えてしまったので,あとは $j=1$ と $j=3$ の場合の関係を分析すればよい.つねに $\rho_2^z=0$ であるから,つねに $\rho_1^z+\rho_3^z=1$,つまり,

(19:13) $$\rho_3^z = 1 - \rho_1^z$$

であり,また当然

(19:14) $$0 \leqq \rho_1^z \leqq 1$$

となっている.

ところで,区間 $0 \leqq z \leqq 1$ には,恒等的に $\rho_1^z=0$ となる部分開区間あるいは恒等的に $\rho_1^z=1$ となる部分開区間が存在するかもしれない[1].そのどちらの種類の開区間にも属さない点 z を考えてみよう.そのような z のどんな近傍にも $\rho_1^{z'} \neq 0$ となるような点 z' と $\rho_1^{z''} \neq 1$ となるような点 z'' とが存在する.このような点 z を**中間点**と呼ぶことにしよう.ところが $\rho_1^{z'} \neq 0$ ならば $\mathrm{Min}_j \gamma_j^{z'} = \gamma_1^{z'}$ となるし,$\rho_1^{z''} \neq 1$(つまり $\rho_3^{z''} \neq 0$)ならば $\mathrm{Min}_j \gamma_j^{z''} = \gamma_3^{z''}$ となるから,中間点 z のどんな近傍においても,$\gamma_1^{z'} \leqq \gamma_3^{z'}$ となる点 z' と $\gamma_1^{z''} \geqq \gamma_3^{z''}$ となる点 z'' とがともに存在することがわかる.従って,連続性によって[2] そうした中間点 z に対しては,$\gamma_1^z = \gamma_3^z$,つまり

$$\gamma_3^z - \gamma_1^z = 0$$

---

1) そのような部分開区間の点の近辺では,対応する戦略を用いると,プレイヤーはつねに《高い》ビッドをするか,あるいはつねに《低い》ビッドをする(そのあと《ドロップ》するつもりで)ことになる.

2) γ_j^z は積分 (19:9:a*), (19:9:b*), (19:9:c*) によって定義されている.したがって,それらはたしかに連続である.

が成り立たなければならない．これに (19:9:a*), (19:9:c*) を代入して, (19:12), (19:13) を考え合わせると,

$$(a+b)\int_0^z \rho_1^{z_1}dz_1 - (a-b)\int_z^1 \rho_1^{z_1}dz_1 + 2b\int_z^1 (1-\rho_1^{z_1})dz_1 = 0$$

すなわち,

(19:15)

$$(a+b)\left(\int_0^z \rho_1^{z_1}dz_1 - \int_z^1 \rho_1^{z_1}dz_1\right) + 2b(1-z) = 0$$

が得られる．

つぎに 2 つの中間点 z', z'' ($z' < z''$) を考えてみよう． $z = z'$ と $z = z''$ を (19:15) に代入し, それらの差を求めると

$$2(a+b)\int_{z'}^{z''} \rho_1^{z_1}dz_1 - 2b(z''-z') = 0,$$

したがって

(19:16) $$\frac{1}{z''-z'}\int_{z'}^{z''} \rho_1^{z_1}dz_1 = \frac{b}{a+b}$$

が得られる．これを言葉で表現すればつぎのようになる．すなわち,

2 つの中間点 z', z'' の間での ρ_1^z の

平均値は $\frac{b}{a+b}$ に等しい．

したがって, 区間

$$z' \leqq z \leqq z''$$

の全体で,恒等的に $\rho_1^z = 0$ となることも恒等的に $\rho_1^z = 1$ となることもありえない.というのは,もし恒等的に $\rho_1^z = 0$ あるいは $\rho_1^z = 1$ であるとすれば,この区間での ρ_1^z の平均値は 0 あるいは 1 となるはずだからである.したがって,この区間には(両端 z', z'' 以外に,少なくとも)もう 1 つの中間点が存在しなければならない[*].つまり,任意の 2 つの中間点の間には必ず第 3 の中間点が存在することがわかった.この結論を反復適用することによって,2 つの中間点 $\bar{z}', \bar{z}''$ の間には,中間点がいたるところ密に存在していることがわかる.したがって,z' と z'' の間には (19:16) をみたすような $\bar{z}', \bar{z}''$ がいたるところ密に存在する.ところが,その場合には,連続性によって z' と z'' の間にあるすべての $\bar{z}', \bar{z}''$ $(\bar{z}' < \bar{z}'')$ に対して (19:16) が成り立たなければならない[2].しかし,そのためには,z', z'' の間のいたるところにおいて,$\rho_1^z = \dfrac{b}{a+b}$ であるという可能性しか残されていない[3].

---

[*] もし中間点がないとすると,開区間 $z' < z < z''$ は,$\rho_1^z = 0$ となる開区間と $\rho_1^z = 0$ となる開区間の合併に含まれるが,開区間は連結だから,実はどちらか一方に含まれていなければならなくなり,矛盾を生ずる.[訳注]

2) (19:16) における積分はたしかに連続である.

3) もちろん,測度が 0 の z の集合,つまり確率が 0 となるような z の事象(たとえば,有限個の z の値といったような)を除いての話である.そのような z があっても,積分の値は少しも変わらないからである.厳密な数学的取扱いもそうむずかしくはないが,ここではその必要はないであろう(461 ページ脚注 2 参照).そ

19.8.3. ところで，中間点 z が 1 つでも存在するとすれば，そのうち，最小のものと最大のものとが存在するはずである[*]．$\bar{z}', \bar{z}''$ をそのようなものに選ぶと，

(19:17) $\quad \bar{z}' \leqq z \leqq \bar{z}''$ においてつねに $\quad \rho_1^z = \dfrac{b}{a+b}$

である．

中間点 z が 1 つも存在しない場合には，（すべての z に対して）$\rho_1^z = 0$，あるいは（すべての z に対して）$\rho_1^z = 1$ でなければならない[**]．そのどちらも解でないことは容易にわかる[1]．したがって，中間点が必ず存在し，それと

こで，簡単のために，$\bar{z}' \leqq z \leqq \bar{z}''$ において例外なく $\rho_1^z = \dfrac{b}{a+b}$ となるものと仮定しているのである．

また，465-467 ページで，一方では区間 $\bar{z}' \leqq z \leqq \bar{z}''$，他方では区間 $0 \leqq z < \bar{z}'$ と $\bar{z}'' < z \leqq 1$ に関する公式が出てくるが，それらの公式を見る際にも，このことはつねに念頭に置いておかなければならない．これらの公式では，点 $\bar{z}', \bar{z}''$ は最初にあげた区間に算入してあるが，実はこれはどちらでもよいのである．この場合の $\bar{z}', \bar{z}''$ のような孤立した 2 つの点は，問題の区間（上述）のどちらに含めようが結果に影響ないからである．

しかしながら，z 自身を比較する際には，$<$ であろうが $\leqq$ であろうが重大な違いはないが，γ_j^z についてはそうはいかないことに注意しなければならない．たとえば，$\gamma_1^z > \gamma_3^z$ だと，$\rho_1^z = 0$ となるが，$\gamma_1^z \leqq \gamma_3^z$ からはこのような確定的な結論は何らひき出すことができない（図 41，および図 47,48 についての議論をも参照のこと）．

[*] 恒等的に $\rho_1^z = 0$ となる開区間と恒等的に $\rho_1^z = 1$ となる開区間の合併は開集合であるから，中間点の全体は閉集合をなすことに注意．[訳注]

[**] 前ページ訳注参照．[訳注]

[1] つまり，いかなる条件の下でも《低い》ビッド（とそのあと

ともに上述の $\bar{z}', \bar{z}''$ が存在し，それに対して (19:17) が成り立つ．

19.8.4. (19:15) の左辺は，任意の z に対して $\gamma_3^z - \gamma_1^z$ に等しい．したがって，$z=1$ に対して，(恒等的に $\rho_1^{z_1} = 0$ となる場合は除かれているから)

$$\gamma_3^1 - \gamma_1^1 = (a+b) \int_0^1 \rho_1^{z_1} dz_1 > 0$$

となる．連続性によって，z が 1 に十分近くありさえすれば，$\gamma_3^z - \gamma_1^z > 0$，つまり $\gamma_1^z < \gamma_3^z$ が成り立つ．したがって，それらの z に対しては $\rho_3^z = 0$，つまり $\rho_1^z = 1$ である．ゆえに，(19:17) により，どうしても，$\bar{z}'' < 1$ でなければならない．ところで，$\bar{z}'' \leqq z \leqq 1$ には $\bar{z}''$ 以外に中間点 z が存在しない．したがって，この区間では，恒等的に $\rho_1^z = 0$ か恒等的に $\rho_1^z = 1$ でなければならない．さきの結論から，$\rho_1^z = 0$ ではありえない．したがって，

(19:18)　　　$\bar{z}'' \leqq z \leqq 1$　はつねに，　$\rho_1^z = 1$

である．

19.8.5. 最後に (19:17) の下端，つまり $\bar{z}'$ を考えて

《ドロップ》する）をするということは，明らかに良い戦略ではない．またいかなるときも《高い》ビッドをするというのもよい戦略とはいえない．

数学的証明はつぎのとおり．すなわち，つねに $\rho_1^z = 0$ とすると，(19:9:a*), (19:9:c*) の計算によって，$\gamma_1^0 = -b$, $\gamma_3^0 = b$, したがって，$\gamma_1^0 < \gamma_3^0$ となり，(19:B) から $\rho_3^0 = 0$ となるが，これは $\rho_3^0 = 1 \neq 0$ と矛盾する．同じく，つねに $\rho_1^z = 1$ とすると，$\gamma_1^0 = a$, $\gamma_3^0 = b$, したがって，$\gamma_3^0 < \gamma_1^0$ となるが，これは，$\rho_1^0 = 1 \neq 0$ と矛盾する．

みよう．もし $\bar{z}'>0$ とすると，区間 $0 \leq z \leq \bar{z}'$ が存在し，この区間は $\bar{z}'$ 以外に中間点 z を含まない．したがって，$0 \leq z \leq \bar{z}'$ ではつねに $\rho_1^z=0$ あるいはつねに $\rho_1^z=1$ でなければならない．$\gamma_3^z-\gamma_1^z$ の導関数，つまり (19:15) の左辺の導関数は，明らかに $2(a+b)\rho_1^z-2b$ である．したがって，$0 \leq z < \bar{z}'$ において，この導関数は，もし恒等的に $\rho_1^z=0$ ならば，$2(a+b)\cdot 0-2b=-2b<0$ であり，恒等的に $\rho_1^z=1$ ならば，$2(a+b)\cdot 1-2b=2a>0$ である．すなわち，$\gamma_3^z-\gamma_1^z$ は，$0 \leq z < \bar{z}'$ 全体で，それぞれの場合に応じて単調減少あるいは単調増加である．その値は，区間上端（中間点 $\bar{z}'$）では 0 であるから，$0 \leq z < \bar{z}'$ で，それぞれつねに $\gamma_3^z-\gamma_1^z>0$，あるいはつねに $\gamma_3^z-\gamma_1^z<0$，つまり，つねに $\gamma_1^z<\gamma_3^z$ あるいはつねに $\gamma_3^z<\gamma_1^z$ でなければならない．もし前者ならば，$0 \leq z < \bar{z}'$ においてつねに $\rho_3^z=0$，つまりつねに $\rho_1^z=1$ でなければならず，後者ならば，つねに $\rho_1^z=0$ でなければならない．しかし，最初の仮定では，これらはそれぞれ恒等的に $\rho_1^z=0$ の場合，あるいは恒等的に $\rho_1^z=1$ の場合であったから，どちらの場合も最初の仮定と矛盾する．

したがって，

(19:19) $$\bar{z}' = 0$$

でなければならない．

19.8.6. つぎに，今決定した中間点 $z=\bar{z}'=0$ に対して (19:15) を書きくだすことによって，$\bar{z}''$ の値を決定しよう．$z=\bar{z}'=0$ とすると，(19:15) は

$$-(a+b)\int_0^1 \rho_1^{z_1} dz_1 + 2b = 0$$
$$\int_0^1 \rho_1^{z_1} dz_1 = \frac{2b}{a+b}$$

となる.しかし,(19:17),(19:18),(19:19) から,
$$\int_0^1 \rho_1^{z_1} dz_1 = \overline{z}'' \cdot \frac{b}{a+b} + (1-\overline{z}'') \cdot 1$$
$$= 1 - \frac{a}{a+b} \cdot \overline{z}''$$

である.したがって,
$$1 - \frac{a}{a+b}\overline{z}'' = \frac{2b}{a+b}$$
$$\frac{a}{a+b}\overline{z}'' = 1 - \frac{2b}{a+b} = \frac{a-b}{a+b}$$

すなわち,

(19:20) $$\overline{z}'' = \frac{a-b}{a}$$

とならなければならない.

(19:17),(19:18),(19:19),(19:20) を合わせると,

(19:21) $$p_1^z = \begin{cases} \dfrac{b}{a+b}, & 0 \leqq z \leqq \dfrac{a-b}{a} \text{ に対して} \\ 1, & \dfrac{a-b}{a} < z \leqq 1 \text{ に対して} \end{cases}$$

が得られる.(19:12),(19:13) と合わせ考えると,これによって戦略は完全に決定された.

19.9. 解の詳細な分析

19.9.1. 19.8.の結論から[1]，ここで考察しているポーカーには，1つしかもただ1つの良い戦略が存在するということが確かめられた．それは，19.8.の (19:21),(19:12),(19:13) によって記述されている．つぎにこの戦略を図示するが，それによって以下に述べる言葉による議論がより容易になるであろう（図40を参照．図中の実際の比率は，$\frac{a}{b} \sim 3$ にしてある）．

実線 ——— は曲線 $\rho = \rho_1^z$ を示している．したがって，横軸 $\rho = 0$ からその実線までの高さが《高い》ビッドをする確率，つまり ρ_1^z であり，その実線から $\rho = 1$ までの高さが《低い》ビッドをする（必要なら，続いて《ドロップ》する）確率 $\rho_3^z = 1 - \rho_1^z$ である．

19.9.2. ここまでくれば 19.7.の式 (19:9:a*),(19:9:b*),(19:9:c*) を用いて，係数 γ_j^z を算出することができる．つぎに，これらの式を示す代わりに，それらを図示するが，その検証はやさしいので読者に任せることにする（図41を参照．実際の比率は図40と同様，$\frac{a}{b} \sim 3$ として

---

[1] われわれが実際に証明したのは，19.8.で決定された戦略以外に良い戦略はありえないということだけである．《連続的》な場合への移行の過程には明確さに欠けるところがあるかもしれないが，上に得られた戦略が実際に良い戦略であるということは，良い戦略が（少なくとも）1つ存在するという基本定理から結論することもできよう．しかし，以下で，問題の戦略が，19.7.の (19:B) をみたす良い戦略であることを検証することにする．

図 40

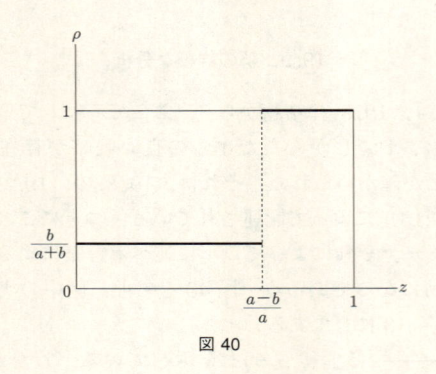

ある).実線 ——— は曲線 $\gamma = \gamma_1^z$ を,点線 ……… は曲線 $\gamma = \gamma_2^z$ を,破線 ------ は $\gamma = \gamma_3^z$ を示している.図 41 から,$0 \leq z \leq \dfrac{a-b}{a}$ においては,実線と破線(つまり,γ_1^z と γ_3^z)が一致し,$\dfrac{a-b}{a} \leq z \leq 1$ においては,点線と破線(つまり,γ_2^z と γ_3^z)が一致していることがわかる.これら 3 本の曲線(実際は折れ線)は,それぞれ 2 本の線分からなり,それら 2 本の線分は $z = \dfrac{a-b}{a}$ でつながっている.臨界点 $z = 0, \dfrac{a-b}{a}, 1$ における γ_j^z の実際の値が図に示されている[1],[*].

---

[1] これらの結果の検算はやさしいので読者にまかせる.
[*] 訳者が計算したところによると,曲線 $\gamma = \gamma_2^z$(点線)は,区間 $\dfrac{a-b}{a} \leq z \leq 1$ では,曲線 $\gamma = \gamma_3^z$(破線)と一致するのではなく,曲線 $\gamma = \gamma_1^z$(実線)と一致する.しかし,関連する箇所が多いので,訳文は原文どおりとしておくが,19.9. および 19.10. の関連する箇所は書き改める必要があるように思われる.[巻末訳

図 41

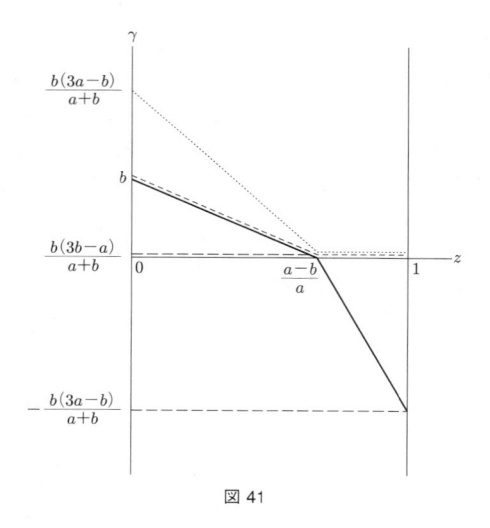

19.9.3. 図 40 と 41 とを対照してみると,問題の戦略が実際に 19.7. の (19:B) をみたす良い戦略であることがわかる.事実,ρ_1^z と ρ_3^z がともに,$\rho_1^z \neq 0$,$\rho_3^z \neq 0$ であるような区間 $0 \leq z \leq \dfrac{a-b}{a}$ では,γ_1^z と γ_3^z はともに最低の曲線であり,$\mathrm{Min}_j \gamma_j^z$ に等しい.ρ_1^z だけが $\rho_1^z \neq 0$ であるような区間 $\dfrac{a-b}{a} < z \leq 1$ では,γ_1^z だけ*) が最低の曲線であり,$\mathrm{Min}_j \gamma_j^z$ に等しい(つねに $\rho_2^z = 0$ だから,いずれに

者補注参照]
 *) $\rho_1^z \neq 0$ なるこの区間では,たしかに γ_1^z は最低の曲線である.[訳注]

しても γ_2^z の動きは問題にならない).

また,19.7.の (19:7*) から,プレイの価値 K も計算することができる.その結果,K＝0 であることが容易にわかる.これは予想された値で,ゲームが対称であることから,当然な結果である.

19.10. 解の解釈

19.10.1. 19.8.,19.9.の結果は,数学的には完全であるけれども,言葉である程度の注釈と説明を与える必要がある.以下でそれらを行なうことにしよう.

まず第1に,図40に示された良い戦略の曲線は,十分に強い手札に対しては,$\rho_1^z = 1$ であること,つまり,そのときプレイヤーは《高い》ビッドをすべきであって,それ以外のことをすべきではないことを示している.これは手札が $z > \dfrac{a-b}{a}$ の場合である.しかし,より弱い手札に対しては,$\rho_1^z = \dfrac{b}{a+b}$, $\rho_3^z = 1 - \rho_1^z = \dfrac{a}{a+b}$ であり,したがって,$\rho_1^z, \rho_3^z \neq 0$ であり,プレイヤーは(この指定された確率で)《高い》ビッドと《低い》ビッドとを不規則に併用すべきである.これは,手札が $z \leq \dfrac{a-b}{a}$ の場合である.この場合,《高い》ビッドの相対頻度は《低い》ビッドの相対頻度より当然低いはずであり,実際 $\dfrac{\rho_3^z}{\rho_1^z} = \dfrac{a}{b}$ で $a > b$ となっている.この式は,(《低い》ビッドの額に比べて)《高い》ビッドの額が増大するにつれて,弱い手札のときに《高い》

ビッドをする相対頻度が相対的にますます低くなることを示している．

さて，こうした《弱い》手札のときの《高い》ビッドは，指定された確率によって規定される以外は不規則になされ，《高い》ビッドの相対額が増大するにつれて，その相対頻度が低くなるのだが，これには明確な説明がつけられるように思う．実はこれらが通常のポーカーの《ハッタリ》にほかならない．

われわれは，ここでの議論の目的のためにポーカーを極端に単純化したので，《ハッタリ》もきわめて初歩的な形でしか生じないが，それでも，《ハッタリ》の徴候は，はっきりと現われている．すなわち，プレイヤーは，強い手札 $\left(z > \dfrac{a-b}{a}\right)$ のときは，つねに《高い》ビッドを行ない，《弱い》手札 $\left(z < \dfrac{a-b}{a}\right)$ のときには，たいていは $\left(\text{確率}\ \dfrac{a}{a+b}\ \text{で}\right)$，《低い》ビッドをするが，たまに $\left(\text{確率}\ \dfrac{b}{a+b}\ \text{で}\right)$，《ハッタリ》を不規則に併用するのが得策である．

19.10.2. 第2の点は，《ハッタリ》の区域 $0 \leqq z \leqq \dfrac{a-b}{a}$ における条件によって，いま1つの問題もある程度明らかになるということである．それは，17.10.1., 17.10.2.で論じたように，良い戦略からそれた場合の結果，つまり《恒久的に最適な》戦略，《防御的》戦略，《攻撃的》戦略の問題である．

たとえば，プレイヤー 2 が良い戦略からはずれた，つまり，さきに得た良い戦略 ρ_j^z とは違った確率 σ_j^z を用いたと仮定する．それに対して，プレイヤー 1 は，依然として良い戦略 ρ_j^z を用いたとする．そのとき，19.7. の (19:9:a*)，(19:9:b*)，(19:9:c*) の γ_j^z として図 41 を依然として用いることができるし，また，プレイヤー 1 の利得を，19.7. の (19:7*) に従って，

$$(19:22) \qquad K = \sum_j \int_0^1 \gamma_j^z \sigma_j^z dz$$

と表わすことができる．したがって，プレイヤー 2 の σ_j^z がプレイヤー 1 の ρ_j^z に対して最適であるのは，19.6. の条件 (19:8) と同様の条件，つまり，

(19:C) 各 z について，γ_j^z が（j について[1]）その最小値をとらないなら $\sigma_j^z = 0$ である

という条件をみたすときである．すなわち，(19:C) は ρ_j^z 自体にとってと同様に，ρ_j^z に対して σ_j^z が良い戦略であるための必要十分な条件である．したがって，そのときは $K = 0$ となるはずである．それ以外では $K > 0$ となり，σ_j^z は良い戦略ではなくなる．換言すれば，

(19:D) 相手が良い戦略をとっているときに，良い戦略 ρ_j^z とは違った戦略 σ_j^z を用いても，つまり・失・敗しても損害を被らないのは，σ_j^z が (19:C) をみたしているとき，しかもそのときに限る．

---

[1] j だけについてであって，z, j の両方についてではない．

(19:C) によれば，$z > \frac{a-b}{a}$ に対して $\sigma_2^z = \sigma_3^z = 0$ であるのに[*] $z \leq \frac{a-b}{a}$ に対しては $\sigma_2^z = 0$ となるに過ぎないことは，図41を一見すれば明らかである[1]．換言すれば，(19:C) は，強い手札 $\left(z > \frac{a-b}{a}\right)$ に対しては《高い》ビッドをすべきであって，それ以外のことはすべきでないと指示している[*]．そして，(19:C) は，あらゆる手札に対して，(《コール》を伴う)《低い》ビッドを禁じているが[*]，弱い手札に対して，つまり《ハッタリ》の区域 $\left(z \leq \frac{a-b}{a}\right)$ においては，《高い》ビッドと (《ドロップ》を伴う)《低い》ビッドの確率の比をいくらにしたらよいかは指示していない．

19.10.3. したがって逆に，よい戦略からの何らかのずれが，前節の終りに述べたような単なる不適切な《ハッタリ》以上のものを含む場合には，直接損失につながる ((19:D) 参照)．それに対しては，相手はただ良い戦略を守っていさえすればよい．一方，単なる不適切な《ハッタリ》は，良い戦略を固執する相手プレイヤーに対しては，何の

---

1) 実際に $\sigma_2 \neq 0$ であるのは $z = \frac{a-b}{a}$ の1点においてだけである．しかし，この孤立した点 z の確率は 0 であるから，それを無視することができる．464 ページの脚注 3 を参照．

[*] 訳者の計算の結果では，$z > \frac{a-b}{a}$ に対しては，$\sigma_3^z = 0$ だけを与える．したがって，強い手札に対しても，コールを伴う低いビッドをまぜる《ハッタリ》が許される．こうしても (19:22) の $K = 0$ となることは保証される．[訳注]

損害も与えないが，このプレイヤーが良い戦略から少しでもはずれると，損失を与えることがありうる（19.10.4. の終りを参照）．こうして，《ハッタリ》の重要性は，素直なプレイヤーとの対局における現実のプレイでの直接的効果にあるのではなく，むしろ相手が良い戦略からあまりはずれないようにするための予防的措置だということができる．

このことは，19.2. の終りで述べた注意，とくに《ハッタリ》に対してわれわれが与えた第2の解釈と一致している[1]．事実，《ハッタリ》によってつくり出される不確定性という要素は，この節で言及し，また 19.2. の終りで分析したような，相手の戦略を拘束するという性格をもつのである．

《ハッタリ》についてのこうした結果は，17.10.2. の結論とも整合している．このようにして，この単純化されたポーカーにおけるただ1つの良い戦略が，恒久的に最適ではないことがわかる．したがって，このゲームには恒久的に最適な戦略というものは存在しない（17.10.2. の最初の注意，とくに 383 ページの脚注 1 を参照）．そして，《ハッタリ》は，17.10.2. の後半で述べた意味で1つの防御手段なのである．

19.10.4. 最後に第3の点として，上の引用箇所で指摘した攻撃的措置について考察しておこう．つまり，相手の《ハッタリ》が適切でなかったときに，こちらが良い戦略か

---

[1] これらすべてのことは，いま考察しているタイプのポーカーについて成り立つ．さらにいくつかの見地については 19.16. を参照．

らずれた戦略を用いることによって，利益を得ることができるか，ということを考えてみよう．

プレイヤーの役割を逆にして，プレイヤー1が不適切な《ハッタリ》をかけたとしてみよう．つまり，図40の ρ_j^z とは違った ρ_j^z を用いたと仮定する．不適切な《ハッタリ》が含まれているだけであるから，ここでも

すべての z に対して，$\rho_2^z = 0$

$z > \dfrac{a-b}{a}$ であるような

すべての z に対して，$\begin{cases} \rho_1^z = 0 \\ \rho_3^z = 0 \end{cases}$

であると仮定する．したがって，いま問題なのは，

(19:23) $z = z_0 < \dfrac{a-b}{a}$ であるようなある z で，

$$\rho_1^z \leq \dfrac{b}{a+b}$$

とした場合の結果だけである[1]．

19.8. における (19:15) の左辺は，ここでも $\gamma_3^z - \gamma_1^z$ を正しく表わす式である．そこで，$z < z_0$ である z について

---

[1] 実際は，ただ1点 z_0 だけでこれが成り立つのではダメなのである（464ページの脚注3を参照）．最も簡単なのは，これらの不等式が問題の z_0 の小さい近傍で成り立つと仮定することである．

この問題を，461ページの脚注2と464ページの脚注3の意味で厳密に扱うことは容易であろう．しかしここでは，それらの脚注で述べた理由によって，それは省略する．

考えてみよう．(19:23) の不等号 ≦ は，$\int_0^z \rho_1^{z_1} dz_1$ には影響を与えないが，$\int_z^1 \rho_1^{z_1} dz_1$ の値を増加あるいは減少させるので，(19:15) の左辺，つまり $\gamma_3^z - \gamma_1^z$ の値を減少あるいは増加させる．$\gamma_3^z - \gamma_1^z$ は，(19:23) の変化を考えなければ（図41を参照），0のはずだから，この変化によって $\gamma_3^z - \gamma_1^z \leqq 0$，つまり $\gamma_3^z \leqq \gamma_1^z$ となる．つぎに

$$z_0 < z \leqq \frac{a-b}{a}$$

である z を考えてみよう．(19:23) の不等号 ≦ は，$\int_z^1 \rho_1^{z_1} dz_1$ には影響を与えないが，$\int_0^z \rho_1^{z_1} dz_1$ を増加あるいは減少させるから，(19:15) の左辺，つまり $\gamma_3^z - \gamma_1^z$ の値を増加あるいは減少させる．$\gamma_3^z - \gamma_1^z$ は，(19:23) の変化がなければ（図41を参照），0のはずだから，$\gamma_3^z - \gamma_1^z \leqq 0$，つまり $\gamma_3^z \leqq \gamma_1^z$ となる．要約すると，

(19:E)　不等号 ≦ による変化 (19:23) によって

$$z < z_0 \text{ に対しては，} \qquad \gamma_3^z \leqq \gamma_1^z$$
$$z_0 < z \leqq \frac{a-b}{a} \text{ に対しては，} \qquad \gamma_3^z \leqq \gamma_1^z$$

となる．

したがって，相手は良い戦略 ρ_j^z と違った戦略 σ_j^z を用いることによって利益をあげること，つまり (19:22) の K を減少させることができる．すなわち，$z < z_0$ である z に対しては，σ_1^z をへらして σ_3^z を増加させるか，あるいは σ_3^z

をへらして σ_1^z を増加させることによって,つまり,σ_1^z を ρ_1^z の値 $\dfrac{b}{a+b}$ から極端な値 0 に減少させるか,あるいは 1 に増加させることによって,相手は利益をあげることができる.また,$z_0 < z \leqq \dfrac{a-b}{a}$ であるような z に対しては σ_3^z をへらして σ_1^z を増加させるか,あるいは σ_1^z をへらして σ_3^z を増加させることによって,つまり,σ_1^z を ρ_1^z の値 $\dfrac{b}{a+b}$ から極端な値 1 に増加させるか,あるいは 0 に減少させることによって,相手は利益を得ることができる.換言すれば,

(19:F)　　一定の手札 z_0 に対して相手があまりにも多く,あるいは少なく《ハッタリ》をかけてくるとき,こちらは,つぎのような,良い戦略からはずれた戦略を用いることによって,相手に打撃を与えることができる.それは,z_0 より弱い手札のときには,それぞれ,より少なく,あるいはより多く《ハッタリ》をかけ,z_0 より強い手札のときには,それぞれ,より多く,あるいはより少なく《ハッタリ》をかけることである.

　　いいかえると,z_0 より強い手札のときは,相手の失敗に歩調を合わせ,z_0 より弱い手札のときには,その逆の行動をとることによって相手に損害を与えることができる.

以上で,適切な《ハッタリ》が相手のあまりにも多い,あるいはあまりにも少ない《ハッタリ》をどのようにして防ぎうるかということ,そしてその直接の結果がどのようなものであるかということを,詳しく正確に記述した.こ

19.11. より一般な形態のポーカー

19.11. これまでに行なった議論から、ポーカーの戦略的構造とポーカーのさまざまな可能性がかなり明確になったが、これまでの議論がうまくいったのは、もっぱらゲームの規則をあのように極端に単純化したからである。そうした単純化については、19.1., 19.3., 19.7. で述べてある。このゲームを本当に理解するためには、それらの単純化の規定を取り除く努力をしなければならない。

とはいっても、これまで無視してきた（19.1. を参照）このゲームの奇抜な複雑さをすべて復元させねばならないというわけではない[1]。単純化によって、ゲームのいくつかの単純で重要な特徴も一緒に失われてしまっているので、それらをもう一度考察することによって、大きな利益が得られるだろう、といっているのである。とくにつぎの点が重要である。

(A) 《手札》の強さは連続的ではなく、離散的なはずである（19.7. を参照）。

(B) ビッドのやり方は2種より多いはずである（19.3. を参照）。

(C) 各プレイヤーに対して2回以上のビッドの機会が

---

[1] また、ここでは2人ゲーム以外のものを考えようとしているわけではない。

与えられており,しかも各プレイヤーが同時にビッドするのではなく,交互にビッドするものと考えねばならない(19.3.を参照).

これらの要請 (A), (B), (C) を同時にみたすという条件のもとで良い戦略をみいだす問題は解けていない.それゆえ,当面は (A), (B), (C) の要請を別々に付加してゆくことで満足しなければならない.

(A) と (B) に対しては完全な解が知られているが,(C) についてはごくわずかの進歩がみられているに過ぎない.これらの数学的推論のすべてを詳細に記述することは主題からあまりにもはずれてしまうので,ここでは,(A), (B), (C) に関する結論だけを簡単に述べておこう.

19.12. 離散的手札

19.12.1. まず (A) を考察しよう.つまり,19.1.2. の終りで導入し,19.4.-19.7.で用いた,手札 $s=1,\cdots,S$ の離散的尺度に立ち帰ることにしよう.この場合,解は多くの点で図40の解に類似している.一般に $\rho_2^s = 0$ であって,ある s^0 が存在して,$s > s^0$ である s に対しては $\rho_1^s = 1$,$s < s^0$ である s に対しては $\rho_1^s \neq 0, 1$ となる.そして再び z の尺度に変換すれば(表39を参照),$\dfrac{s^0 - 1}{S - 1}$ は $\dfrac{a-b}{a}$ に非常に近い値となる[1].したがって,ちょうど図40と同じように,《ハッタリ》の区域が存在し,その区域

---

[1] 正確にいえば,$S \to \infty$ のとき,$\dfrac{s^0 - 1}{S - 1} \to \dfrac{a-b}{a}$ である.

の上に（右に）《高い》ビッドの区域が存在する．

しかし，$s < s^0$ である s に対する，つまり《ハッタリ》の区域における ρ_1^s は，図 40 の $\dfrac{b}{a+b}$ に等しいわけでも，それに近いわけでもない[1]．ρ_1^s の値は，$\dfrac{b}{a+b}$ のまわりを，S のある数論的特性に依存する量だけ振動するが，この量は $S \to \infty$ のとき 0 に収束するわけではない．しかしながら，ρ_1^s の平均値は $\dfrac{b}{a+b}$ に収束する[2]．換言すれば；

離散的なゲームの良い戦略は，連続的ゲームの良い戦略に非常によく似ている．《ハッタリ》の区域と《高い》ビッドの区域への分割に関する限り，細部にいたるまでそうである．このことは，また，これらの区域の位置や大きさについても，《高い》ビッドの区域における諸事象についてもいえる．しかし，《ハッタリ》の区域においてこのことがいえるのは，（ほとんど同じ強さのいくつかの手札に関する）平均的な言明についてだけである．個々の手札に対する正確な手続きは，図 40 で与えられたものとは大きく違うこともあり，しかも，それらの手続きは（$\dfrac{a}{b}$ に関する）s と S の数論的特性に依存している[3]．

---

[1] s の値をどのようにとっても，$S \to \infty$ のとき $\rho_1^s \to \dfrac{b}{a+b}$ となることはない．

[2] $s < s^0$ であるたいていの s に対して，実際に $\dfrac{(\rho_1^s + \rho_1^{s+1})}{2} = \dfrac{b}{a+b}$ が成り立つ．

[3] たとえば，図 40 に相当する図を描いた場合に，図の左側の部分は直線（$0 \leq z \leq \dfrac{a-b}{a}$ で $\rho = \dfrac{b}{a+b}$）にはならないで，この平均値のまわりをはげしく振動するものとなろう．

19.12.2. したがって，図40により正確に対応している戦略は（図40では，$s < s^0$ であるすべての s に対して，恒等的に $\rho_1^s = \dfrac{b}{a+b}$ であったが），良い戦略ではなく，良い戦略からはかなりかけ離れたものとなる．しかしながら，この《平均的》な戦略を用いることから生ずる損害の最大値は，そう大きいものではないということが証明できる．より正確にいうと，$S \to \infty$ のときこの損害の最大値は 0 に収束する[1]．

したがって，離散的ゲームでは，《ハッタリ》の適切なやり方は，きわめて複雑な《微細構造》をもっているが，実際にそのやり方を用いることによってプレイヤーに保証される利益は，とるに足らぬほどのものであることがわかる．

この現象は，もっと複雑な現実のゲームにおいて，むしろ典型的なもので，繰返し生ずることである．これによって，ゲームの理論において連続性を主張あるいは期待するには，どんなに細心の注意を払わねばならないかがわかる[2]．しかし，勝ち敗けを左右するような実践的な重要性は少ないように思われるし，その全体は，もっとも老練なプレイヤーにとってさえ，おそらく未知の領域であろう．

---

1) 事実，その損害の最大値は $1/S$ の程度である．現実のポーカーでは，S の値が約 250 万であることを思い出してほしい（435ページの脚注 3 参照）．

2) この点に関連して，459 ページの脚注 2 の後半で指摘した点を思い出してほしい．

19.13. m 種の可能なビッド

19.13.1. つぎに (B) を考えよう．すなわち手札が連続的であるという点はそのままにして，3種類以上のビッドを許すことにしよう．つまり

$$a > b \quad (>0)$$

という 2 種類のビッドを，多数の，たとえば m 種の，順序づけられたビッド

$$a_1 > a_2 > \cdots > a_{m-1} > a_m \quad (>0)$$

で置きかえよう．この場合にも，解は図 40 の解とある種の類似性をもっている[1]．すなわち，この場合にもある値 z^0 が存在して，$z > z^0$ である z に対しては，最高のビッドを行ない，それ以外のことをしてはならないのに反して，$z < z^0$ なる z に対しては，さまざまなビッド（つねに最高のビッドを含むが，その他のビッドをも含む）を一定の確率で不規則に行なうべきことが示される[2]．どのビッドをどんな確率で用いるべきかは，z の値によって決まる[3]．し

---

1) 実際にこの解は，より高いビッドの《コール》を禁止するという形で規則を制限することによってはじめて決定された．すなわち，各プレイヤーは，ただ 1 回で自分の最後の最高のビッドを行なわなければならず，相手のビッドが自分のものより高かったときには，《ドロップ》して，その結果に従うものと仮定しているのである．

2) この z^0 は図 40 における $z = \dfrac{a-b}{a}$ に相当している．

3) つぎのことが証明できる．
　当のプレイヤーの行なうべきビッドが $a_1, a_p, a_q, \cdots, a_n$ $(1 < p < q < \cdots < n)$ であれば，それらの確率は，それぞれ

たがって，図40におけると同様に，《ハッタリ》の区域と，その上の（右の）《高い》ビッド（実際には最高のビッドであってそれ以外のものではない）の区域とが存在する．しかし，$z \leq z^0$ の区域での《ハッタリ》は，図40の場合よりもはるかに複雑で，変化に富んだ構造をもっている．この構造はきわめて興味のあるいくつかの側面をもっているが，ここでは，その詳細な分析は行なわない．しかしながら，その特性を1つだけ述べておこう．

19.13.2. 2つの値

$$a > b > 0$$

が与えられているとし，それらを最高のビッドと最低のビッド，つまり

$$a_1 = a, \qquad a_m = b$$

として用いるものとしよう．ここで $m \to \infty$ とし，残りのビッド $a_2, \cdots, a_{m-1}$ が区間

(19:24) $$b \leq x \leq a$$

を限りなく密にみたすように選ぶとする（次ページの脚注

$$\frac{1}{ca_1}, \frac{1}{ca_p}, \frac{1}{ca_q}, \cdots, \frac{1}{ca_n} \left(c = \frac{1}{a_1} + \frac{1}{a_p} + \frac{1}{a_q} + \cdots + \frac{1}{a_n} \right)$$

でなければならないことが示される．すなわち，もしもあるビッドを宣言するのであれば，その確率はそのビッドの額に反比例すべきである．

与えられた z に対して実際にどの $a_p, a_q, \cdots, a_n$ が生ずるかは，もっと複雑な判定基準によって決まるが，それについてはここでは議論しない．上記の c が必要なのは，ただ，すべての確率の和を1にするためであることに注意してほしい．読者は図40の確率が上記の値をもっていることを自分で検証してみるとよい．

1にあげた2つの例を参照）．もしも，上述の良い戦略が，1つの確定した極限に近づく，つまり $m \to \infty$ に対する漸近的戦略に近づくならば，そのような場合には，その戦略を，（a と b という）ビッドに対する上限と下限だけが設定され，ビッドはそれらの間の（つまり (19:24) の区間の）任意の値がとれるようなゲームの良い戦略と解釈することができよう．すなわち，19.3.の最初に述べた，ビッドの間に最小の間隔がなくてはならぬという要請が取り除かれることになる．ところが，そうはならないのである．たとえば，等差的数列をとっても，等比数列をとっても，$a_1 = a$ と $a_m = b$ の間に $a_2, \cdots, a_{m-1}$ を密に挿入することができる[1]．どちらの場合にも，$m \to \infty$ としたとき，1つの漸近的戦略が得られるが，この2つの漸近的戦略は，多くの本質的な点で異なっているのである．

あらゆるビッド (19:24) が許されるゲームをそれ自体として考察すれば，その良い戦略を直接的に決定することもできる．そうすると，上述の両方の戦略はその良い戦略であるが，その他にも多くの良い戦略があるということがわかる．

このことは，ビッドの間の最小間隔という条件を取り除

---

[1] 等差的数列は，
$$a_p = \frac{1}{m-1}((m-p)a + (p-1)b) \quad (p = 1, 2, \cdots, m-1, m)$$
によって定義され，等比的数列は，
$$a_p = \sqrt[m-1]{a^{m-p}b^{p-1}} \quad (p = 1, 2, \cdots, m-1, m)$$
によって定義される．

くと，どんなに複雑な状況が生ずるかを示している．たとえば，極限の場合の良い戦略は，有限個のビッドだけが許されたすべての近くの場合の良い戦略に対する近似とはなりえないのである．このようにして，19.12.の最終のところで述べた注意をここでも強調しておく必要がある．

19.14. 交互のビッド

19.14.1. 最後に第3の点として，(C) を考察しよう．この方向において，これまでなされたただ1つの進歩は，2人のプレイヤーが同時にビッドすることを，2人が順にビッドすることによって，つまり，プレイヤー1がまずビッドし，ついでプレイヤー2がビッドするような配列によって置換できたことである．

これによれば，19.4.で述べた規則はつぎのように修正される．

まず，各プレイヤーは，偶然手番によってそれぞれの手札 $s=1,\cdots,S$ をとる．その際，$1,\cdots,S$ の各番号は等確率 $\frac{1}{S}$ で生ずる．プレイヤー 1, 2 の手札をそれぞれ s_1, s_2 で表わすことにする．

このあと[1]，プレイヤー1が人為手番によって，a あるいは b のいずれか，つまり《高い》ビッドか《低い》ビッ

---

1) これ以後は，プレイヤー2がすでに《低い》ビッドを行なっていたという場面を想定し，今度はプレイヤー1の番で，《コール》あるいは《レイズ》を選ばねばならないという場合も含める．この場面では《ドロップ》は無視する．

ドのいずれかを選択することになる[1]．この選択をする際，プレイヤー 1 は自分の手札については知っているが，相手の手札については何も知らない．もし，プレイヤー 1 が《低い》ビッドをした場合には，それでプレイは終了する．もし，《高い》ビッドをした場合には，今度はプレイヤー 2 が，a あるいは b のいずれか，つまり《高い》ビッドか《低い》ビッドのいずれかを選択する[2]．この選択を行なうとき，プレイヤー 2 は自分の手札と，プレイヤー 1 の選択については知っているが，プレイヤー 1 の手札については何も知らない．

以上がこのプレイである．プレイが終了したとき，つぎの規則に従って決済が行なわれる．すなわち，プレイヤー 1 が《低い》ビッドをしたときには，$s_1 \geqq s_2$ に応じて，プレイヤー 1 はプレイヤー 2 からそれぞれ利得 $b, 0, -b$ を受けとる．両者が《高い》ビッドをしたときには，$s_1 \geqq s_2$ に応じて，プレイヤー 1 はプレイヤー 2 からそれぞれ利得 $a, 0, -a$ を受けとる．そして，プレイヤー 1 が《高い》ビッドをし，プレイヤー 2 が《低い》ビッドをした場合には，プレイヤー 1 はプレイヤー 2 から利得 b を受けとる[3]．

---

1) すなわち，《レイズ》か《コール》を選ぶ．前ページの脚注 1 を参照．
2) すなわち，《コール》か《ドロップ》を選ぶ．上記脚注 1 の時点以後，意味の変わる点に注意してほしい．
3) これらの規則を解釈する際に，前ページの脚注 1，および上記脚注 1, 2 を念頭においてほしい．形式的な点については，445 ページの脚注 1 を（必要な変更を加えて）参照してほしい．

19.14.2. 純粋戦略と混合戦略についての議論は，もとの形のポーカーについて 19.5. で行なったのと本質的に同じ方法で行なうことができる．

この議論の進め方は，19.4.-19.7. の手続きをおぼえている読者には完全に明らかであろうが，ここでは主要な点だけ述べることにする．

このゲームの純粋戦略は，明らかに，各手札 $s=1,\cdots,S$ に対して，《高い》ビッドをするか，それとも《低い》ビッドをするかを指定することである．このビッドを番号 $i_s=1,2$ で表わせば，より簡単になる．$i_s=1$ は《高い》ビッドを表わし，$i_s=2$ は《低い》ビッドを表わしている．このようにここでの戦略とは，各 $s=1,\cdots,S$ に対して，上のような番号 i_s を指定すること，つまり列 $i_1,\cdots,i_S$ を指定することである．

このことは，プレイヤー 1, 2 のどちらにもあてはまる．したがって，上記の戦略は，$\Sigma_1(i_1,\cdots,i_S)$ あるいは $\Sigma_2(j_1,\cdots,j_S)$ によって表わされる．このように，各プレイヤーは同数の戦略をもち，それは列 $i_1,\cdots,i_S$ の数だけ，つまり丁度 2^S 個だけ存在する．11.2.2. の記号法に従えば，
$$\beta_1 = \beta_2 = \beta = 2^S$$
となる（ただし，このゲームは対称でない点に注意せよ！）．

つぎに 2 人のプレイヤーが，それぞれ，戦略 $\Sigma_1(i_1,\cdots,i_S), \Sigma_2(j_1,\cdots,j_S)$ を用いたとき，プレイヤー 1 の獲得する利得を表現しなければならない．この利得は行列の成分 $\mathscr{K}(i_1,\cdots,i_S;j_1,\cdots,j_S)$ である．各プレイヤーがそれぞれ

j \ i	1	2
1	a	b
2	b	b

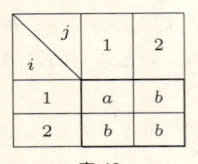

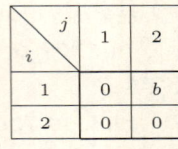

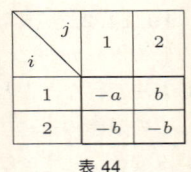

表 42

j \ i	1	2
1	0	b
2	0	0

表 43

j \ i	1	2
1	$-a$	b
2	$-b$	$-b$

表 44

手札 s_1, s_2 を実際にもっているとき,プレイヤー 1 の受けとる利得は(さきに述べた規則を用いて)$\mathscr{L}_{\mathrm{sgn}(s_1-s_2)}(i_{s_1}, j_{s_2})$ と表わすことができる.この式で $\mathrm{sgn}(s_1-s_2)$ は s_1-s_2 の符号であり,3つの関数

$$\mathscr{L}_+(i,j), \quad \mathscr{L}_0(i,j), \quad \mathscr{L}_-(i,j)$$

は,それぞれ表 42-44 の行列で表現することができる.

さきに述べたように,s_1, s_2 は偶然手番から生ずる.したがって,

$$\mathscr{K}(i_1,\cdots,i_S; j_1,\cdots,j_S) = \frac{1}{S^2} \sum_{s_1,s_2=1}^{S} \mathscr{L}_{\mathrm{sgn}(s_1-s_2)}(i_{s_1}, j_{s_2})$$

である.

19.14.3. つぎに 17.2. の意味における混合戦略の議論に移ろう.混合戦略は,S_β に属するベクトル $\boldsymbol{\xi}, \boldsymbol{\eta}$ である.これらのベクトルの成分に(純粋)戦略と同様の添字をつけなければならない.つまり,$\xi_{\tau_1}, \eta_{\tau_2}$ の代わりに $\xi_{i_1,\cdots,i_s}$, $\eta_{j_1,\cdots,j_s}$ と書かねばならない.

プレイヤー 1 の利得の期待値を求める式,つまり 17.4.1. の (17:2) は,

$\mathrm{K}(\boldsymbol{\xi}, \boldsymbol{\eta})$
$$= \sum_{i_1,\cdots,i_S,j_1,\cdots,j_S} \mathscr{K}(i_1,\cdots,i_S;j_1,\cdots,j_S)\xi_{i_1,\cdots,i_S}\eta_{j_1,\cdots,j_S}$$
$$= \frac{1}{S^2}\sum_{i_1,\cdots,i_S,j_1,\cdots,j_S}\sum_{s_1,s_2}\mathscr{L}_{\mathrm{sgn}(s_1-s_2)}(i_{s_1},j_{s_2})\xi_{i_1,\cdots,i_S}\eta_{j_1,\cdots,j_S}$$

と表わされる.ここで2つの $\sum$ を入れかえて,

$\mathrm{K}(\boldsymbol{\xi},\boldsymbol{\eta})$
$$= \frac{1}{S^2}\sum_{s_1,s_2}\sum_{i_1,\cdots,i_S,j_1,\cdots,j_S}\mathscr{L}_{\mathrm{sgn}(s_1-s_2)}(i_{s_1},j_{s_2})\xi_{i_1,\cdots,i_S}\eta_{j_1,\cdots,j_S}$$

と書くと都合がよい.そこで,

$$(19:25) \quad \rho_i^{s_1} = \sum_{i_1,\cdots,i_{s_1-1},i_{s_1+1},\cdots,i_S}\xi_{i_1,\cdots,i_{s_1-1},i,i_{s_1+1},\cdots,i_S}$$
$$(i_{s_1}=i \text{ と固定した和})$$

$$(19:26) \quad \sigma_j^{s_2} = \sum_{j_1,\cdots,j_{s_2-1},j_{s_2+1},\cdots,j_S}\eta_{j_1,\cdots,j_{s_2-1},j,j_{s_2+1},\cdots,j_S}$$
$$(j_{s_2}=j \text{ と固定した和})$$

と置くと,上の式は

$$(19:27) \quad \mathrm{K}(\boldsymbol{\xi},\boldsymbol{\eta}) = \frac{1}{S^2}\sum_{s_1,s_2}\sum_{i,j}\mathscr{L}_{\mathrm{sgn}(s_1-s_2)}(i,j)\rho_i^{s_1}\sigma_j^{s_2}$$

となる.

19.14.4. 以上のことはすべて,19.5.2.とまったく同じである.さきの場合と同様に,(19:25)は,混合戦略 $\boldsymbol{\xi}$ を用いるプレイヤー1が,自分の手札が s_1 のとき,i を選択する確率が $\rho_i^{s_1}$ であることを示している.(19:26)は,混合戦略 $\boldsymbol{\eta}$ を用いるプレイヤー2が自分の手札が s_2 のと

き，j を選択する確率が $\sigma_j^{s_2}$ であることを示している．ここでも，期待値 $K(\xi, \eta)$ はこれらの確率 $\rho_i^{s_1}, \sigma_j^{s_2}$ だけに依存し，その基礎になっている確率 $\xi_{i_1,\dots,i_S}$, $\eta_{j_1,\dots,j_S}$ 自体には依存していないことは直観的にも明らかである．(19:27) は，このことを表わしており，このことを基礎にして (19:27) を直接に導き出すことも容易であろう．

$\rho_i^{s_1}, \sigma_j^{s_2}$ の意味からも，それらの形式的定義 (19:25), (19:26) からも，それらが，

(19:28) すべての s_1, i について $\rho_i^{s_1} \geq 0$, $\quad \sum_{i=1}^{2} \rho_i^{s_1} = 1$

(19:29) すべての s_2, j について $\sigma_j^{s_2} \geq 0$, $\quad \sum_{j=1}^{2} \sigma_j^{s_2} = 1$

という条件をみたすことは明らかである．そして，これらの条件をみたす任意の $\rho_i^{s_1}, \sigma_j^{s_2}$ は (19:25), (19:26) によって適当な ξ, η から得られる（19.5.3. の対応箇所，とくに 451 ページの脚注 1 を参照）．したがって，それらから 2 次元ベクトル

$$\rho^{s_1} = (\rho_1^{s_1}, \rho_2^{s_1}), \qquad \sigma^{s_2} = (\sigma_1^{s_2}, \sigma_2^{s_2})$$

を作ると都合がよい．すると，(19:28), (19:29) は，まさにすべての ρ^{s_1}, σ^{s_2} が S_2 に属していることを表わしている．

ところで，ξ（あるいは η）は S_β に属するベクトルで，$\beta - 1 = 2^S - 1$ 個の定数に依存していた．それに対して，ρ^{s_1}（あるいは σ^{s_2}）は S_2 に属する S 個のベクトルで，各ベクトルは，1 個の数値定数に依存するから，それらを表

わすには S 個の数値定数ですむ．したがって，定数の数は 2^S-1 から S に減少する（19.5.3. の終りを参照）．

19.14.5. 今度は，(19:27) を 19.6. の場合と同様に

(19:30) $\quad \mathrm{K}(\boldsymbol{\rho}^1, \cdots, \boldsymbol{\rho}^S ; \boldsymbol{\sigma}^1, \cdots, \boldsymbol{\sigma}^S) = \dfrac{1}{S} \sum_{s_2, j} \gamma_j^{s_2} \sigma_j^{s_2}$

と書きかえることができる．ただし係数は，

$$\frac{1}{S} \gamma_j^{s_2} = \frac{1}{S^2} \sum_{s_1, i} \mathscr{L}_{\mathrm{sgn}(s_1 - s_2)}(i, j) \rho_i^{s_1}$$

である．これを表 42-44 の行列を使って表わせば，

(19:31:a) $\quad \gamma_1^{s_2} = \dfrac{1}{S} \left\{ \displaystyle\sum_{s_1=1}^{s_2-1} (-a\rho_1^{s_1} - b\rho_2^{s_1}) \right.$

$\left. \qquad\qquad\qquad + \displaystyle\sum_{s_1=s_2+1}^{S} (a\rho_1^{s_1} + b\rho_2^{s_1}) \right\}$

(19:31:b) $\quad \gamma_2^{s_2} = \dfrac{1}{S} \left\{ \displaystyle\sum_{s_1=1}^{s_2-1} (b\rho_1^{s_1} - b\rho_2^{s_1}) + b\rho_1^{s_2} \right.$

$\left. \qquad\qquad\qquad + \displaystyle\sum_{s_1=s_2+1}^{S} (b\rho_1^{s_1} + b\rho_2^{s_1}) \right\}$

となる．今度はゲームが対称でないから，2 人のプレイヤーの役割を入れかえたときの対応した式も必要である．すなわち，

(19:32) $\quad \mathrm{K}(\boldsymbol{\rho}^1, \cdots, \boldsymbol{\rho}^S ; \boldsymbol{\sigma}^1, \cdots, \boldsymbol{\sigma}^S) = \dfrac{1}{S} \sum_{s_1, i} \delta_i^{s_1} \rho_i^{s_1}$

ただし，係数は，

$$\frac{1}{S} \delta_i^{s_1} = \frac{1}{S^2} \sum_{s_2, j} \mathscr{L}_{\mathrm{sgn}(s_1 - s_2)}(i, j) \sigma_j^{s_2}$$

である．これを表 42-44 の行列を使って表わせば，

$$(19{:}33{:}a) \quad \delta_1^{s_1} = \frac{1}{S}\left\{\sum_{s_2=1}^{s_1-1}(a\sigma_1^{s_2}+b\sigma_2^{s_2})+b\sigma_2^{s_1} \right.$$
$$\left. + \sum_{s_2=s_1+1}^{S}(-a\sigma_1^{s_2}+b\sigma_2^{s_2})\right\}$$

$$(19{:}33{:}b) \quad \delta_2^{s_1} = \frac{1}{S}\left\{\sum_{s_2=1}^{s_1-1}(b\sigma_1^{s_2}+b\sigma_2^{s_2}) \right.$$
$$\left. + \sum_{s_2=s_1+1}^{S}(-b\sigma_1^{s_2}-b\sigma_2^{s_2})\right\}$$

となる．良い戦略のためのこの判定基準は，本質的に 19.6. の基準のくり返しである．すなわち，いま考察しているゲームが非対称であるために，今度の判定基準は，17.9. の一般的判定基準 (17:D) から導かれる．その導出の方法は，19.6. の場合に 17.11.2. の終りの対称な判定基準から導かれたのと同様の方法による．すなわち，

(19:G) $\rho^1, \cdots, \rho^S$ と $\sigma^1, \cdots, \sigma^S$ （これらはすべて S_2 に属する）が良い戦略であるのは，つぎの条件がみたされるとき，しかもそのときに限る．すなわち，

各 s_2 について，$\gamma_j^{s_2}$ が（j について）[1] その最小値をとらないなら，$\sigma_j^{s_2}=0$ である．また，各 s_1 について，$\delta_i^{s_1}$ が（i について）[2] その最大値をとらないなら，$\rho_i^{s_1}=0$ である．

19.14.6. つぎに，離散的な手札 s_1, s_2 を，19.7. の意

---
[1] j だけについてであって，s_2, j の両方についてではない．
[2] i だけについてであって，s_1, i の両方についてではない．

味における連続的なものに置きかえる(とくに,表39を参照). 19.7.で述べたと同じように,ベクトル $\boldsymbol{\rho}^{s_1}, \boldsymbol{\sigma}^{s_2}$ ($s_1, s_2 = 1, \cdots, S$)を同種の確率ベクトル,つまり同じ S_2 に属するベクトル $\boldsymbol{\rho}^{z_1}, \boldsymbol{\sigma}^{z_2}$ ($0 \leq z_1, z_2 \leq 1$) で置きかえる.そうすると,成分 $\rho_i^{s_1}, \sigma_j^{s_2}$ は $\rho_i^{z_1}, \sigma_j^{z_2}$ に変わる.同様に,$\delta_i^{s_1}, \gamma_j^{s_2}$ は $\delta_i^{z_1}, \gamma_j^{z_2}$ に変わる.そして,式 (19:30), (19:31:a), (19:31:b) および (19:32), (19:33:a), (19:33:b) における和は, 19.7.の (19:7*), (19:9:a*), (19:9:b*), (19:9:c*) の場合と同様に,積分に変わり,つぎの式が得られる.

$$(19:30^*) \qquad K = \sum_j \int_0^1 \gamma_j^{z_2} \sigma_j^{z_2} dz_2$$

$$(19:31:a^*) \quad \gamma_1^{z_2} = \int_0^{z_2} (-a\rho_1^{z_1} - b\rho_2^{z_1}) dz_1 \\ + \int_{z_2}^1 (a\rho_1^{z_1} + b\rho_2^{z_1}) dz_1$$

$$(19:31:b^*) \quad \gamma_2^{z_2} = \int_0^{z_2} (b\rho_1^{z_1} - b\rho_2^{z_1}) dz_1 \\ + \int_{z_2}^1 (b\rho_1^{z_1} + b\rho_2^{z_1}) dz_1$$

また

$$(19:32^*) \qquad K = \sum_i \int_0^1 \delta_i^{z_1} \rho_i^{z_1} dz_1$$

$(19{:}33{:}\mathrm{a}^*)$ $\quad \delta_1^{z_1} = \int_0^{z_1}(a\sigma_1^{z_2}+b\sigma_2^{z_2})dz_2$
$$+ \int_{z_1}^1 (-a\sigma_1^{z_2}+b\sigma_2^{z_2})dz_2$$

$(19{:}33{:}\mathrm{b}^*)$ $\quad \delta_2^{z_1} = \int_0^{z_1}(b\sigma_1^{z_2}+b\sigma_2^{z_2})dz_2$
$$+ \int_{z_1}^1 (-b\sigma_1^{z_2}-b\sigma_2^{z_2})dz_2.$$

同様に良い戦略についての判定基準も,つぎのように変形される.(これは,19.6.の離散的な判定基準から 19.7.の連続的なものへの移行と同じである.)

(19:H) 　つぎの条件がみたされるとき,しかもそのときに限って,ρ^{z_1}, σ^{z_2} $(0 \leqq z_1,\ z_2 \leqq 1,\ \rho^{z_1}, \sigma^{z_2} \in S_2)$ は良い戦略である.

　　各 z_2 について $\gamma_j^{z_2}$ が(j について)[1] その最小値をとらないなら,$\sigma_j^{z_2}=0$ である.また各 z_1 について $\delta_i^{z_1}$ が(i について)[2] その最大値をとらないなら,$\rho_i^{z_1}=0$ である.

19.15. すべての解の数学的記述

19.15.1. 良い戦略 ρ^z, σ^z,つまり 19.14.の終りで述べた陰伏的条件をみたす解は完全に決定される.これらを実現する数学的方法は,19.8.で,もとの形のポーカーに

---

[1] j だけについてであって,z_2, j の両方についてではない.
[2] i だけについてであって,z_1, i の両方についてではない.

図 45

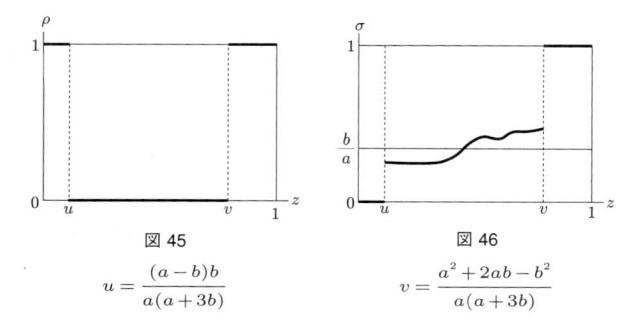

図 46

$$u = \frac{(a-b)b}{a(a+3b)}$$

$$v = \frac{a^2 + 2ab - b^2}{a(a+3b)}$$

関する良い戦略，つまり 19.7. の終りで述べた同様の陰伏的条件をみたす解を決定したときの方法に類似している．

ここで，その数学的議論を行なうつもりはないが，その議論から結論として得られる良い戦略 ρ^z と σ^z をあげておこう．

良い戦略 ρ^z は，ただ1つであるのに対して，良い戦略 σ^z の方は，1つの広大な族になる（図 45-46 を参照．この図の実際の比率は $\frac{a}{b} \sim 3$ にしてある）．

実線 ——— は，それぞれ曲線 $\rho = \rho_1^z$ と $\sigma = \sigma_1^z$ を示している．したがって，横軸 $\rho = 0$ $(\sigma = 0)$ からその実線までの高さが《高い》ビッドをする確率 ρ_1^z (σ_1^z) であり，その実線から $\rho = 1$ $(\sigma = 1)$ までの高さが《低い》ビッドをする確率 $\rho_2^z = 1 - \rho_1^z$ $(\sigma_2^z = 1 - \sigma_1^z)$ である．区間 $u \leq z \leq v$ における（図 46 の）曲線 $\sigma = \sigma_1^z$ の不規則な部分は，良い戦略 σ^z が多数存在することを表わしている．事実，曲線

$\sigma = \sigma_1^z$ のこの部分は，つぎのような（必要かつ十分な）条件に従っていさえすればよい．

$$\frac{1}{v-z_0}\int_{z_0}^{v}\sigma_1^z dz \begin{cases} = \dfrac{b}{a}, & z_0 = u \text{ のとき} \\ \geq \dfrac{b}{a}, & u < z_0 < v \text{ のとき} \end{cases}$$

言葉でいえば，u と v の間の σ_1^z の平均値は $\dfrac{b}{a}$ であり，この区間の右の方の任意の部分区間での σ_1^z の平均値は $\dfrac{b}{a}$ 以上である．

したがって，ρ^z も σ^z も，これら3つの区間では3つの違ったタイプの動きを示すことになる[1]．

第1の区間は $0 \leq z < u$，第2の区間は $u \leq z \leq v$，第3の区間は $v < z \leq 1$ である．これら3つの区間の長さは，それぞれ，$u, v-u, 1-v$ である．これらの区間の長さの比が

$$u : 1-v = a-b : a+b$$
$$v-u : 1-v = a : b$$

となることは容易に検証されるが，このことを考えれば，さきの u, v を表わす少し複雑な式の意味もよくわかる．

19.15.2. 19.14.6.の式 (19:31:a*), (19:31:b*) および (19:33:a*), (19:33:b*) によれば係数 γ_j^z, δ_i^z を計算することができる．ここでは，式は示さないで，(19.9.の図41のように) 図示することにするが，その検証はやさしいので読者に任せよう．ρ^z, σ^z が良い戦略であるかどうかを確認するためには，差 $\delta_1^z - \delta_2^z, \gamma_2^z - \gamma_1^z$ だけが問題にな

---

[1] これらの区間の端点などについては，464ページの脚注3を参照．

図 47   図 48

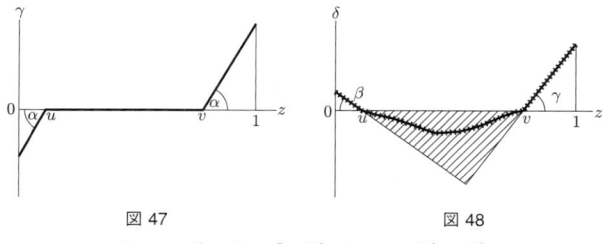

$\tan\alpha = 2a,\ \tan\beta = 2b,\ \tan\gamma = 2(a-b)$

る．事実，19.14. の最後の判定基準は，この差が正のときには，それぞれ $\rho_2^z = 0$，あるいは $\sigma_2^z = 0$ であり，負のときには，それぞれ，$\rho_1^z = 0$，あるいは $\sigma_1^z = 0$ という形に述べることもできる．それゆえ，この差のグラフを描くことにする（図 47, 48 を参照．実際の比率は図 45, 46 と同様，$\dfrac{a}{b} \sim 3$ にしてある．図 45, 46 を参照）．

実線 ——— は，曲線 $\gamma = \gamma_2^z - \gamma_1^z$ を示し，線 ……… は，曲線 $\delta = \delta_1^z - \delta_2^z$ を示している．区間 $u \leqq z \leqq v$ における（図 48 の）曲線 $\delta = \delta_1^z - \delta_2^z$ の不規則な部分は，同じ区間における（図 46 の）曲線 $\sigma = \sigma_1^z$ の同様に不規則な部分に対応している．そして，曲線 δ のこの部分の不規則性も，良い戦略 σ^z が多数存在することを表わしている．曲線 $\sigma = \sigma_1^z$ のその部分に課された制約（図 46 のあとの議論を参照）は，曲線 $\delta = \delta_1^z - \delta_2^z$ のこの部分が，斜線を引いた三角形の内部になければならないということを意味している（図 48 を参照）．

19.15.3. 図45と図47を,また図46と図48を対照してみると,問題の戦略が (19:H) をみたしている良い戦略であることがわかる.この対照は,19.9.で行なった図40と図41との対照と類似しているので,この検証は読者に任せることにする.

Kの値は,19.14.6.の (19:30*) あるいは (19:32*) から得られる.その結果は

$$K = bu = \frac{(a-b)b^2}{a(a+3b)}$$

となる[1].したがって,プレイヤー1はこのプレイに対して正の期待値をもっている.いいかえると,先手をとることによって生ずる有利性[2]をもっている.

19.16. 解の説明.まとめ

19.16.1. 19.15.の結果は,19.8., 19.9.の結果を19.10.において議論したのと同じやり方で,議論すべきである.ここではこの議論を完全な形で行なうつもりはないが,この問題に関するいくつかの注意だけは述べておこう.

図40においては,2つの区域が現われたが,図45, 46では3つの区域が現われた.一番強い区域,つまり一番右の区域は,これらすべての図において(すなわち,両方のプ

---

[1] 数値を入れてみるとつぎのとおり.これまでのすべての図で用いてきた比率,$a/b=3$ によると,$u=1/9$, $v=7/9$, $K=b/9$ となる.

[2] $a/b \sim 3$ のときは,この有利性は約 $b/9$(上記脚注1を参照),すなわち,《低い》ビッドの約11パーセントとなる.

レイヤーに対して），高いビッドに対応しており，それ以外ではありえない．

しかし，他の区域での動きは，それほど一様ではない．

プレイヤー 2 に対して，（図 46 の）真中の区域は，図 40 の最も弱い（左の）区域で行なったと同じ種類の《ハッタリ》，つまり，同じ強さの手札に対して《高い》ビッドと《低い》ビッドを不規則に行なうべきことを示している．しかし，その確率はまったく任意というわけではないが，図 40 におけるようには一意的には決まらない[1]．さらに，プレイヤー 2 にとって（図 46 の）最弱の区域が存在していて，そこでは，プレイヤー 2 はつねに《低い》ビッドしかできない．つまり，手札があまりにも弱いので，混合しようがないのである．

さらに，プレイヤー 2 の真中の区域においては，γ_j^z は図 41 におけると同様に図 47 においても $\gamma_2^z - \gamma_1^z = 0$ となって，どちらでもよいことがわかる[*]．したがって，この区域

---

[1] 図 46 のあとの議論を参照．事実，$\sigma_1^z = 0$ と $\sigma_1^z = 1$ だけで，これらの条件をみたすことすらできる．たとえば，図 46 の真中の区域のうち低い（左の）方の $\frac{a-b}{a}$ に当たる部分では $\sigma_1^z = 0$，高い（右の）方の $\frac{b}{a}$ に当たる部分では $\sigma_1^z = 1$ とすると，これらの条件はみたされる．

そうした解（すなわち，決して $\sigma_1^z \neq 0, 1$ とはならない解，また図 45 によって，決して $\rho_1^z \neq 0, 1$ ともならない解）が存在するということは，もちろん，この種のゲームが確定的であることを意味する．しかし，純粋戦略に基づいた議論によっては，実際に図 46 に描かれたような解は，発見できないであろう．

[*] 図 41 の弱い区域では，$\gamma_3 - \gamma_1 = 0$ となっていて，そこでは $\sigma_2^z = 0$ となるだけだったから，高いビッド σ_1^z と（ドロップを伴

におけるプレイヤー2の行為の基礎になる動機は，19.10.の最後の部分で論じたのと同様に間接的なものとなる．事実，この区域での《高い》ビッドは，本来の意味の《ハッタリ》というよりは，むしろ相手の《ハッタリ》に対する防御措置なのである．プレイヤー2のこのビッドでプレイは終了するから，実際に本来の《ハッタリ》に対する動機はありえない．しかし，ときどき《高い》ビッドを行ない，相手を《コール》することによって，相手の《ハッタリ》を牽制することは必要である．

プレイヤー1（図45）にとっては事情はこれと異なっている．プレイヤー1は最も弱い（一番左の）区域においては，もっぱら《高い》ビッドをしなければならず，真中の区域においてはもっぱら《低い》ビッドをしなければならない．いずれの区域においてもそれ以外であってはならない．まったく弱い手札のときに，このように《高い》ビッド（他方，中程度の手札に対して《低い》ビッドをする）を行なうというのは，純粋な形における攻撃的な《ハッタリ》である．δ_i^z は，この《ハッタリ》の区域（つまり，最も弱い区域）において，どちらでもよいということにはならない．図48においては $\delta_1^z - \delta_2^z > 0$ である．すなわち，これらの条件のもとで《ハッタリ》に失敗すれば，即座に損害を被ることになる．

う）低いビッド σ_3^z の比率は定まらなかった（19.10.2.の終りを参照）．ここでも，高いビッド σ_1^z と低いビッド σ_2^z との比率は決まらない．[訳注]

19.16.2. 以上のことをまとめると，新しい型のポーカーでは，2種類の《ハッタリ》が区別されねばならない．1つは純粋に攻撃的な《ハッタリ》で，これは先手をとったプレイヤーがかける．もう1つは，あとでビッドするプレイヤーがかける防御的な《ハッタリ》で，これは相手に《ハッタリ》の疑いがあるとき，自分の手札が中程度の強さであっても，ときどき不規則に《コール》をかけて相手の手札を見るというものである．さきの型のポーカーでは，両者のプレイヤーが同時にビッドするので，2人のプレイヤーが先手を分かちもっていた．そうしたタイプのポーカーに含まれる《ハッタリ》は，いまとなってみれば，これら2種類の《ハッタリ》の混合物とでもいえるものであることがわかる[1]．

以上の議論から，（交互）のビッドとレイズの長い列をもつ現実のポーカーに対して，どのように取り組むべきかということについて，貴重な発見法的な手懸りが与えられ

---

[1] 433ページの脚注1で言及したE.Borelの型のポーカーは，そこで引用した著書のうちで，われわれの手続きとある種の類似性をもった方法で扱われている．本書の用語を用いると，E.Borelの行き方は，つぎのように述べることができる．

Max-Min（プレイヤー1が最大値追求者，プレイヤー2が最小値追求者）が，純粋戦略についても，混合戦略についても決定される．そして両者は一致する．つまり，この型のポーカーは確定的である．この方法で得られる良い戦略は，どちらかといえば本書の図46のものに類似している．したがって，その《ハッタリ》の性格も，本書，図40，45におけるほど明確でないように思われる．上掲書における同様の考察を参照のこと．

る．数学的な問題はきわめてむずかしいけれども，おそらく，現在利用できる諸手法をもって到達できないものではないと考えられる．これについての考察は他の機会にゆずりたい．

訳者補注

$\gamma = \gamma_2^z$ の計算 (470 ページ)

$$\gamma_2^z = \int_0^z (-a\rho_1^{z_1} - b\rho_2^{z_1} - b\rho_3^{z_1}) dz_1$$
$$+ \int_z^1 (a\rho_1^{z_1} + b\rho_2^{z_1} + b\rho_3^{z_1}) dz_1$$

に, $\rho_2^z = 0$, $\rho_3^z = 1 - \rho_1^z$ を代入すると,

$$\gamma_2^z = \int_0^z (-a\rho_1^{z_1} - b(1-\rho_1^{z_1})) dz_1$$
$$+ \int_z^1 (a\rho_1^{z_1} + b(1-\rho_1^{z_1})) dz_1$$
$$= -b \int_0^z dz_1 - (a-b) \int_0^z \rho_1^{z_1} dz_1$$
$$+ b \int_z^1 dz_1 + (a-b) \int_z^1 \rho_1^{z_1} dz_1.$$

したがって, $0 \leq z \leq \dfrac{a-b}{a}$ においては,

$$= -bz - (a-b)\frac{b}{a+b} \cdot z + b(1-z)$$
$$+ (a-b)\left[\frac{b}{a+b}\left(\frac{a-b}{a} - z\right) + \left(1 - \frac{a-b}{a}\right)\right]$$
$$= -\frac{4ab}{a+b}z + \frac{a-b}{a+b} \cdot 2b + b$$

また, $\dfrac{a-b}{a} \leq z \leq 1$ においては,

$$= -bz-(a-b)\left[\frac{b}{a+b}\cdot\frac{a-b}{a}+z-\frac{a-b}{a}\right]$$
$$+b(1-z)+(a-b)(1-z)$$
$$= -2az-\frac{a-b}{a+b}\cdot 2b+(2a-b)$$

となる．

監訳者・訳者略歴

銀林　浩（ぎんばやし・こう）
1927-2020 年．明治大学名誉教授．

橋本 和美（はしもと・かずみ）
1933-2018 年．元明治大学教授．

宮本 敏雄（みやもと・としお）
1913-2001 年．元関東学園大学教授．

阿部 修一（あべ・しゅういち）
1942 年生まれ．立正大学名誉教授．

本書は『ゲームの理論と経済行動』全五巻（東京図書、一九七二―七三年刊）のうち、第一巻（第一、二章）および第二巻（第三、四章）を文庫化したものである。

現代の初等幾何学　赤攝也

ユークリッドの平面幾何を公理的に再構成するには？　現代数学の考え方に触れつつ、幾何学が持つ面白さも体感できるという初学者への配慮溢れる一冊。

現代数学概論　赤攝也

初学者には抽象的でとっつきにくい〈現代数学〉「集合」「写像とグラフ」「群論」「数学的構造」といった「論理的・体系的な思考」を培う数学、また基本的な概念を手掛かりに概説した入門書。

数学と文化　赤攝也

諸科学や諸技術の根幹を担う数学、この数学とは何ものなのか？　数学の思想と文化を究明する入門概説。

微積分入門　小松勇作訳　W・W・ソーヤー

微積分の考え方は、日常生活のなかから自然に出てくるもの。∫や lim の記号を使わず、具体例に沿って説明した定評ある入門書。（瀬山士郎）

新式算術講義　高木貞治

算術は現代でいう数論。数の自明を疑わない明治の読者のために基礎を当時の最新学説で説く。「解析概論」の著者若き日の意欲作。

ガウスの数論　高瀬正仁

青年ガウスは目覚めとともに正十七角形の作図法を思いついた。初等幾何に露頭した数論の一端！　創造の世界の不思議に迫る原典講読第2弾。（高瀬正仁）

評伝 岡潔 星の章　高瀬正仁

詩人数学者と呼ばれ、数学の世界に日本的情緒を見事開花させた不世出の天才・岡潔。その人間形成と研究生活生誕を克明に描く。誕生から研究の絶頂期へ。

評伝 岡潔 花の章　高瀬正仁

野を歩き、花を摘むように数学的自然を彷徨した伝説の数学者・岡潔。本巻は、その圧倒的数学世界を、絶頂期から晩年、逝去に至るまで丹念に描く。

高橋秀俊の物理学講義　藤村靖

ロゲルギストを主宰した研究者の物理的センスは、力について、示量変数と示強変数、ルジャンドル変換、変分原理などの汎論四〇講。（田崎晴明）

物理現象のフーリエ解析	小出昭一郎	熱・光・音の伝播から量子論まで、振動・波動にもとづく物理現象とフーリエ変換の関わりを丁寧に解説。物理学の泰斗による名教科書。（千葉逸人）
ガロワ正伝	佐々木力	最大の謎、決闘の理由がついに明かされる！ 難解なガロワの数学思想をひもといた後世の数学者たちにも迫った、文庫版オリジナル書き下ろし。
ブラックホール	佐藤文隆／R・ルフィーニ	相対性理論から浮かび上がる宇宙の「穴」。星と時空の謎に挑んだ物理学者たちの奮闘の歴史と今日的課題に迫る。写真・図版多数。
はじめてのオペレーションズ・リサーチ	齊藤芳正	問題を最も効率よく解決するための科学的意思決定の手法。当初は軍事作戦計画として創案されたが、現在では経営科学等多くの分野で用いられている。
システム分析入門	齊藤芳正	意思決定の場に直面した時、問題を解決し目標を達成する多くの手段から、最適な方法を選択するための論理的思考。その技法を丁寧に解説する。
数学をいかに使うか	志村五郎	「何でも厳密に」などとは考えてはいけない──。世界的数学者が教える「使える」数学とは。文庫版オリジナル書き下ろし。
数学をいかに教えるか	志村五郎	日米両国で長年教えてきた著者が日本の教育を斬る！ 掛け算の順序問題、悪い証明と間違えやすい公式のことから外国語の教え方まで。
記憶の切繪図	志村五郎	世界的数学者の自伝的回想。幼年時代、プリンストンでの研究生活と多くの数学者との交流と評価。巻末に「志村予想」への言及を収録。（時枝正）
通信の数学的理論	C・E・シャノン／W・ウィーバー 植松友彦訳	IT社会の根幹をなす情報理論はここから始まった。発展いちじるしい最先端の分野に、今なお根源的な洞察をもたらす古典的論文が新訳で復刊。

ゲームの理論と経済行動 I

二〇〇九年五月十日　第一刷発行
二〇二四年九月十日　第八刷発行

著　者　J・フォン・ノイマン
　　　　O・モルゲンシュテルン
監訳者　銀林浩・橋本和美・宮本敏雄
　　　　ぎんばやしこう　はしもとかずみ　みやもととしお
訳　者　阿部修一・橋本和美
　　　　あべしゅういち　はしもとかずみ
発行者　増田健史
発行所　株式会社筑摩書房
　　　　東京都台東区蔵前二-五-三　〒一一一-八七五五
　　　　電話番号　〇三-五六八七-二六〇一（代表）
装幀者　安野光雅
印刷所　大日本法令印刷株式会社
製本所　株式会社積信堂

乱丁・落丁本の場合は、送料小社負担でお取り替えいたします。
本書をコピー、スキャニング等の方法により無許諾で複製する
ことは、法令に規定された場合を除いて禁止されています。請
負業者等の第三者によるデジタル化は一切認められていません
ので、ご注意ください。

©M. SARASHINA/Y. HASHIMOTO/K. MIYAMOTO/
S. ABE 2024　Printed in Japan
ISBN978-4-480-09211-3　C0141